U0938874

Science

Technology

Development

RESEARCH ON AGRICULTURAL AND RURAL SCIENCE AND TECHNOLOGY DEVELOPMENT IN ZHEJIANG PROVINCE

浙江省农业和农村科技发展研究报告

浙江省科学技术厅 编著

浙江省科技发展“十二五”规划专题研究报告

ZHEJIANG UNIVERSITY PRESS
浙江大学出版社

图书在版编目(CIP)数据

浙江省农业和农村科技发展研究报告/浙江省科学技术厅编著. —杭州：浙江大学出版社，2011.7
ISBN 978-7-308-08622-6

Ⅰ.①浙… Ⅱ.①浙… Ⅲ.①农业经济—经济发展—研究报告—浙江省②农业技术—技术发展—研究报告—浙江省 Ⅳ.①F327.55

中国版本图书馆 CIP 数据核字（2011）第 071174 号

浙江省农业和农村科技发展研究报告
浙江省科学技术厅 编著

策划编辑 阮海潮
责任编辑 张 鸽
封面设计 联合视务
出版发行 浙江大学出版社
（杭州市天目山路 148 号 邮政编码 310007）
（网址：http://www.zjupress.com）
排　　版 杭州大漠照排印刷有限公司
印　　刷 杭州日报报业集团盛元印务有限公司
开　　本 787mm×1092mm 1/16
印　　张 15.75
字　　数 403 千
版 印 次 2011 年 7 月第 1 版 2011 年 7 月第 1 次印刷
书　　号 ISBN 978-7-308-08622-6
定　　价 60.00 元

浙江大学出版社发行部邮购电话（0571）88925591

浙江省农业和农村科技发展研究报告

编委会名单

主　　　编　邱飞章

副　主　编　张咸益　叶翠萍

编务组人员　叶祥发　戴丹丽　吴家胜

　　　　　　郑荣泉　刘晓聪

浙江省农业和农村科技发展研究报告

参加研究单位及人员

牵 头 单 位 浙江省科学技术厅

参加研究单位 浙江省科学技术厅、浙江省农业与农村工作办公室、浙江省农业厅、浙江省林业厅、浙江省水利厅、浙江省海洋与渔业局；浙江大学、浙江工业大学、浙江工商大学、浙江农林大学、浙江科技学院、浙江海洋学院、宁波大学、浙江万里学院；中国水稻研究所、中国农科院茶叶研究所、中国林科院亚林所、浙江省农业科学研究院、浙江省林业科学研究院、浙江省淡水水产研究所、浙江省海洋水产研究所、浙江省海水养殖研究所；杭州、嘉兴、湖州、绍兴、宁波、温州、台州、舟山、金华、衢州、丽水等11个科技局

参 加 人 员 研究报告分24个专题，共360多名农业科技、教学和推广人员参与调研

前　言

浙江省委省政府十分重视农业和农村科技工作，于2001和2006年先后两次召开了全省农业科学技术大会，对“十五”和“十一五”的农业和农村科技工作进行全面部署，有力地促进了全省农业和农村科技发展。根据2010年2月23—24日浙江省委省政府召开的全省农村工作会议上提出的要求，省科技厅在组织实施《“十一五”农业和农村科技发展规划》的基础上，第三次组织了浙江大学、浙江农林大学、浙江工业大学、浙江工商大学、浙江科技学院、浙江海洋学院、中国水稻研究所、中国农科院茶叶研究所、浙江省农科院、浙江省林科院、浙江省淡水水产研究所等涉农高校、科研院所，以及省农办、省农业厅、省林业厅、省水利厅、省海洋与渔业局等省级有关厅局、各市科技局的专业科技人员和科技管理人员等360余人，在为期一年的24个专题战略研究基础上，共同研制提出了2011—2015年浙江省战略性新兴产业发展、涉农高科技产业培育和农业主导产业提升等3个大类23个产业科技发展研究报告。每个研究报告包括现状与形势、发展思路与主要目标、发展重点与主要内容（包括共性关键技术、成果转化及产业化和新型创新主体培育）、组织与管理和保障措施等5个部分。这是对浙江省“十二五”农业和农村科技发展五年计划的全面部署与总体规划，对促进浙江省高效生态农业和社会主义新农村建设具有重要的现实意义和指导意义。23个产业科技发展研究报告体现了6个方面的创新点：一是突出了产业科技发展需求，重点加强了3个战略性新兴产业和10个涉农高科技产业培育发展的科技创新；二是突出了自主创新，把自主创新摆在全省农业和农村科技工作的首位；三是突出了科技引领作用，强调涉农高校科研院所是原始创新核心主体，加快引领未来产业的发展；四是突出重点，选择具有一定基础和优势的种子种苗产业、农产品精深加工产业、农业生物技术产业等3个产业科技创新研究，集中力量重点突破，实现跨越发展；五是突出新型创新主体培育和发展，把涉农高校科研院所与产业龙头企业联建重点实验室、创新团队和产业技术创新战略联盟作为现代产业创新体系建设的突破口；六是以制度和机制创新为核心，统筹城乡科技资源配置和科技成果转化体制改革，引导高校科研院所建立以应用为导向的科研评价体系，建立面向应用和以产业化为导向的工作导向机制，从源头创新、成果转化和创新主体培育三个层面进行顶层设计，力图通过对23个产业科技发展的研究，进一步深化完善具有浙江省特点的新型农业和农村科技创新服务体系。到2015年，全省农村科技总体达到全国领先水平，部分领域居于世界前列，加快浙江省由农业小省向农业科技强省转变。

2011年4月

目　录

第一篇　概　述

第二篇　战略性产业科技发展研究

第三篇　涉农高科技产业培育与发展研究

第四篇　农业主导产业提升技术研究

第五篇　相关政策文件

第一篇　概　述

GAI SHU

第一章 浙江省“十二五”农业和农村科技发展规划及其政策研究

第一节 浙江省农业和农村科技发展规划研究

为认真贯彻落实省委十二届七次全会精神，加快农业和农村科技进步，推进创新型省份和科技强省建设，增强新农村建设的科技支撑，特制定本规划。

一、“十二五”农业和农村科技发展的基础条件

“十一五”期间，全省认真组织实施《浙江省“十一五”农业和农村科技发展规划》和《浙江省农业和农村科技创新能力提升行动计划》，全面启动现代农业科技创新工程和现代农村科技推广工程，构建新型农业和农村科技创新服务体系，科技进步对促进高效生态农业和新农村建设的支撑作用日益增强，各项工作均取得明显成效。

（一）农村科技政策扶持力度明显加大

制定了《关于加快农业科技进步的若干意见》等28个与农业和农村科技创新有关的政策文件，10个重大农业科技专项和科技促进行动方案，加强科技攻关项目的主动设计，推行重大项目招投标和厅市会商制度，加大农业和农村科技经费的投入力度。5年共获16项国家和省先进集体奖或优秀奖。组织实施各类农业和农村科技计划项目4001项，投入科研经费20.9亿元；其中争取国家各类农业和农村科技计划项目1306项，获经费资助13.2亿元，比“十五”时期的2.7亿元增长3.9倍；省本级5年累计投入农业科技经费7.5亿元，比“十五”时期的3.1亿元增长1.4倍。同时，省政府还设立了农业科技成果转化推广奖，累计有510名农业科技工作者荣获省农业科技成果转化推广奖。

（二）涉农高科技产业培育明显加快

重点围绕种子种苗、农产品精深加工、农业生物技术、农业生物质新材料、现代农业装备与设施、蓝色（海洋）农业、林化产品制造、工厂化设施农业、农业信息技术、林业生态与新能源等10个涉农高科技产业的培育，组织实施科研与成果转化项目2366项。并通过项目带动和机制创新，用科研项目带动科技企业、产业集群和产业基地建设，用科技示范带动产业培育。据不完全统计，10个涉农高科技产业的总产值已经突破1000亿元，其增加值占农业GDP的比重明显提高，为浙江省未来农业发展和产业结构调整打下了扎实基础。

（三）粮食及农业主导产业科技支撑作用明显增强

重点加强了粮油与远洋渔业2个战略性产业，蔬菜、茶叶、果品、畜牧、水产、竹木、花卉、蚕桑、食用菌、中药材10个农业主导产业共性关键技术攻关、成果转化及产业化、示范与推广三条技术路线的集成，提高了浙江省农业科技贡献率、成果转化率和良种覆盖率（分别达到61%、60%和90%），推动了浙江省高效生态农业，特别是10个农业主导产业的提升，10个产

业产值已占农业总产值70%以上；吸纳农民就业人数达1700万人，占农村就业人数的70%以上；每亩效益达到1500元以上，就业劳动力人均收入达3500元以上。浙江省茶叶、竹木花卉种苗和远洋渔业3大产业居全国第一；桑蚕茧丝绸居全国第二，出口量占全国30%。杭嘉湖平原成为全国3大淡水渔业中心之一。

（四）农业科技及其产业发展领域明显拓宽

为适应现代农业和新农村建设发展需要，加快了农业科学研究方向与重点的调整，基本实现了从主要追求农产品产量增长向更加注重质量和效益提高转变，从动植物向微生物、农田向山地森林、陆地向海洋与空间方向转变，促使浙江省60多个技术领域研发水平达到全国领先或部分国际领先水平，荣获省部级以上科技进步奖300多项。

（五）科技服务“三农”成效十分明显

重点开展科技特派员基层创业和科技富民强县等5个科技促进行动。累计选派7135人次、120个团队和19个法人科技特派员，实施科技特派员项目8381项，帮助入驻乡镇农业龙头企业建立企业研发中心186个，培育省级农业科技企业432个，创办利益共同体502个，创建特色农业科技示范基地106万亩，建立科技示范大户4万多户，培训农民676.6万人次，帮助农民扩大就业204.1万人。实施科技富民强县促进行动，已有27个县被科技部列为试点县，33个为省级试点县。据20个试点县统计，特色产业总产值累计实现244.6亿元，参与项目实施的农民人均收入达12651元，年财政收入累计达34.5亿元，新增农民就业人数226.1万人，为欠发达县（市）农村经济跨越发展、农民脱贫致富和新农村建设作出了积极贡献。

（六）农业科技自主创新能力明显提高

① 创新人才队伍建设取得长足发展。全省43个涉农高校科研院所有科技人员4763人，其中专业研究人员2627人。通过项目实施，发表学术论文12183篇，出版各类著作342部，申请专利1001项，获授权专利466项。② 科研基础条件得到明显改善。全省拥有农业科学研究的专业实验室405个，其中国家部属重点实验室13个、省级重点实验室12个；实验室建筑面积27.4万平方米，仪器设备总值8.4亿元；建有野外试验基地198个，面积达18.6万亩。③ 新型农业科技创新主体基本形成。建立省级农业企业科技研发中心195家，企业中参与科学研究人员达到2122人，研发中心已建实验室5万平方米，科研设备总值达1.5亿元，投入研发经费3.7亿元。培育省级农业科技企业477家，累计投入研发经费7.5亿元，占企业总销售额的3.8%，企业技术性收入与科技产品销售的总和占企业总收入的60%，科技投入产生的产值占企业总产值的38%，企业产值比认定前增长21.8%。④ 创建了12个农业高科技园区。核心区与示范区面积达302万亩，已建有孵化器面积129.5万平方米，并建有一批组培室、智能温室、检验检测实验室、新产品试制实验室、科技产品展示中心、科技培训中心等公共设施，引入各类人才1002人，建立研发机构51个，科技企业520家。⑤ 创建了8个农业主导产业科技创新服务平台。整合了全省20多家科研院所、294家企业、51个示范基地县的科技创新及服务网络。参加平台建设科技人员达1100人，整合和添置共享仪器设备达1.8亿元。⑥ 创建了51个区域性农业科技创新服务中心，已覆盖全省51个县（市、区），涉及51个农业区域特色产业。据39个服务中心统计，总资产已达3.3亿元，并与全国121家科研院所建立了长期合作关系。

“十二五”是浙江省进入以工促农、以城带乡，大力发展高效生态农业，着力破解城乡二元结构、形成城乡经济社会发展一体化新格局的重要时期。浙江省农业和农村科技发展任务十分艰巨。① 大幅度提高农业综合生产能力，促进粮食和主要农产品的持续丰产，必须依靠科技创新；② 突破水土等资源短缺的“瓶颈”约束，改善农业生态，适应全球气候变化，抵御自然灾害，降低农业风险，实现可持续发展，必须依靠科技进步；③ 延长农业产业链，建设现代农业产业体系，加强农业社会服务，提高农业效益，改善农村民生，需要充分发挥科技作用；④ 推进农业农村节能减排、发展农村新能源、促进农业节本增效，离不开科技的有力支撑；⑤ 培养有文化、懂技术、会经营的新型农民，增强自我增收能力，迫切需要加快科技培训和普及的步伐；⑥ 优化城乡要素配置，促进城乡统筹，需要科技支撑。面对新形势和新任务，浙江省农业和农村科技还不完全适应需要：① 农村科技人才短缺的状况没有根本改变；② 农村科技资源配置总体薄弱；③ 农业和农村科技自主创新能力亟待提升；④ 科技服务“三农”的能力需进一步加强。

二、指导思想、基本原则和发展目标

（一）指导思想

以科学发展观统领农业和农村科技工作，按照“培育农业高科技产业，提升主导产业，保障安全供给，服务城乡民生”的基本思路，重点围绕做优粮食和远洋渔业 2 个战略性产业；做大种子种苗、农产品精深加工、农业生物技术、农业信息技术、农业生物质新材料、现代农业装备与设施、蓝色（海洋）农业、工厂化设施农业、林业生态与新能源、林化产品制造等 10 个涉农高科技产业，做强畜牧、水产、蔬菜、果品、茶叶、竹木、花卉、蚕桑、食用菌、中药材等 10 个农业主导产业（以下简称 3 类 22 个产业）的科技创新能力建设，以及城乡民生生活品质提升，继续实施新一轮现代农业科技创新工程和现代新农村科技推广工程，不断完善创新研究与普及推广协调发展格局，推动现代农业产业结构调整和农村经济发展方式的转变，为未来农业和现代新农村建设提供强大的科技支撑。

（二）基本原则

根据科技发展规律，结合农业科技的特点和新农村建设的实际，“十二五”浙江省农业和农村科技发展应遵循以下原则的结合。

1. **自主创新**。立足于原始创新、集成创新和引进消化吸收再创新，把自主创新作为农业和农村科技发展的战略基点，完善科技创新体系，加强涉农高校科研体制和服务基层机制改革，强化涉农企业技术创新主体地位，培育自主知识产权核心技术和自主品牌，着力提升农业和农村科技自主创新能力。

2. **着力应用**。立足于现代和未来农业发展的需要，把做优 2 个战略性产业、做大 10 个涉农高科技产业作为未来农业发展的战略重点，同时运用高新技术做强 10 个传统农业主导产业，并在提升人民生活品质和提高现代农民素质方面取得新进展，为高效生态低碳农业和新农村建设提供科技服务。

3. **产业集聚**。立足于资源的优化配置，把产业集聚作为做优战略性产业、做大涉农高科技产业和做强传统农业主导产业的战略途径，加快涉农高科技产业向优势县（市、区）和主要乡镇集聚，建设涉农高科技产业的块状特色农业示范基地，发挥辐射带动作用，不断延伸完善涉农高科技产业链，形成具有较强竞争力的产业集群。

4. **规模发展**。立足于加快培育农业和农村经济新的增长点，把自主创新、创新成果的转化及产业化作为做大涉农高科技产业和做强传统农业主导产业的战略突破口，优化产业环境，发展创业风险投资，培育具有较强竞争力的涉农科技企业，开拓新型市场，促使科技成果转化为现实生产力，实现产业持续快速发展。

5. **国际合作**。立足于充分利用全球科技资源，把扩大国际合作作为做优战略性产业、做大涉农高科技产业和做强传统农业主导产业的战略选择，引导外资投向，加强科技合作，发展重点产业，开拓海外市场，推进跨国经营，培育国际化产业配套体系，更高层次、更大范围地参与国际分工。

（三）发展目标

“十二五”期间，浙江省农业和农村科技发展的主要目标：进一步完善以涉农高校院所、创新团队及其产业技术创新联盟、农业技术推广中心三个载体为基本架构的开放式现代农业农村科技创新服务体系建设；着力打造高效生态农业、涉农高科技产业和农村新社区建设强省。到 2015 年，力争农业高科技研究取得重大突破，涉农高科技产业发展规模明显扩大，其增加值占农业 GDP 的比重明显提高，涉农高科技产业销售收入突破 2000 亿元；粮食及其农业主导产业技术取得明显提升，基本满足浙江省农产品有效供给和食物安全技术支撑；农民收入水平和生活质量明显提高，人均年收入突破 17000 元；主要动植物良种及种养技术的覆盖率达到 95%以上，农产品加工率达到 50%以上，农业科技成果转化率和科技进步贡献率达到 65%以上，农业和农村科技总体水平达到全国领先，部分领域达到世界先进水平，加快浙江省由农业小省向农业农村科技强省转变。

三、现代农业科技创新工程

围绕高效生态和未来农业的发展，以增强农业市场竞争力和可持续发展能力为核心，突出种植业、畜牧业、渔业、林特业、现代农业装备和水土资源保护利用等 6 个重点领域，实施农业生物技术、农产品精深加工技术和农业新品种选育 3 个重大科技专项，创建一批农业科技产业创新载体，加快农业科技创新与发展，为农业结构调整和发展方式转变提供有力支撑。

（一）农业科技发展重点领域

1. **种植业**。围绕提高农业综合生产能力，重点开展农作物分子设计育种关键技术；水稻、蔬菜、油菜、旱粮（大小麦、薯类、豆类、玉米）等主要农作物新品种选育及产业化开发；粮食超高产科技示范工程，主攻提高单位面积生产能力的技术集成创新研究。力争在优异材料创制、高技术育种、优良新品种选育、重大病虫害防治、水稻旱粮和油料三大作物超高产技术集成创新研究与科技示范基地建设方面取得明显突破。形成一批拥有自主知识产权的重大科技成果、国内外发明专利和技术标准，加快新品种、新组合的推广应用，推动农业新品种结构和产业结构的调整。

2. **畜牧业**。围绕培育畜禽种业及其健康养殖、饲料及其添加剂产业、畜产品加工业、动植物疫病防控体系 4 条产业科技链，重点开展：畜禽分子与细胞育种关键技术，生猪、家禽、奶牛、兔、羊、鸭、鹅、蜜蜂等畜禽新品种（系）选育与中试；饲料资源开发及高效利用、新型饲料添加剂研制与中试；畜禽规模化健康养殖模式、养殖场配套设施和舍内外环境控制技术；乳、蛋、肉制品精深加工及其副产物高值利用技术研究，加工装备和质量安全及其标准技术研究；畜禽主要疫病诊断、监测和预警关键技术，新型高效疫苗和兽药研制，养殖场疫病综合防控关键技术集成研究与应用。力争在畜禽良种选育、新型兽药和饲料添加剂研发、重大动物疫病防控等核心技术方面取得重大突破，并将成果转化应用到 500 家以上规模养殖场、养殖小区和畜产品加工企业，争取到 2015 年全省畜禽良种覆盖率达到 95%，畜产品加工率达到 45%，主要食用畜产品自给率超过 80%以上，中大规模养殖污染综合治理率达到 80%，主要技术基本实现与国际接轨，生产技术与效益居国内领先。

3. **渔业**。围绕甬温台舟海洋渔业养殖产业、杭嘉湖绍水网地带名特优水产养殖产业和金丽衢山塘小水库高效养殖产业等3个产业带建设，培育远洋渔业、海洋资源增养殖业、淡水资源名优特养殖业、海洋生物技术、现代设施渔业和水产品精深加工6条产业科技链。重点开展专业远洋渔业船舶、高性能远洋捕捞装备及其节能降耗技术的自主设计与制造关键技术；海水养殖新品种(系)选育及中试；海洋微生物资源开发利用、海水主养品种功能基因组及其分子设计育种、海洋生物活性物质提取及功能食品研制；淡水养殖主导品种和特色品种选育及中试；水产品精深加工关键技术设备及其新产品研制等产业共性关键技术研究、成果转化及产业化和示范推广，力争取得突破性进展，形成一批具有自主知识产权的原创性成果。到2015年，全省水产良种覆盖率达到90%以上，安全水产品比例达到80%以上，加工率达到45%以上，渔民人均收入突破1.5万元，渔业科技综合实力达到国内领先水平。

4. **林特业**。围绕培育林木种苗、林业生态及其碳汇、生物质(基)新材料、生物质新能源、林化产品制造5个林业新兴产业科技链；提升森林食品(经济林)、竹、茶、园林花卉、食用菌和中药材6个林特主导产业。重点开展毛竹、经济林、花卉、中药材、食用菌、林木种苗及其沿海防护林、生态公益林和生物防火林、珍贵用材林、木材加工及其林化产品制造、生物质能源与生物基材料等产业共性关键技术研究、成果转化与产业化开发，力争在沼气集中生产、高质生物燃气装备与高值化利用共性关键技术，纤维类生物质燃料乙醇、丁醇、烃烷醚类燃料等新型液体燃料关键技术；在低产低效林改造技术集成研究与应用，竹林效益倍增技术集成研究与应用，木本油料产业培育技术集成研究与应用，村镇林业与现代园林工程、生物多样性和湿地保护与利用、重大森林病虫害防控等方面取得突破性进展，形成一批具有自主知识产权的原创性成果。到2015年，为全省森林覆盖率达到60%以上、林特良种覆盖率达到90%以上、成果转化率达到70%以上及森林蓄积和森林面积“双增”提供全面的科技支撑，发展水平继续保持全国领先地位。

5. **现代农业装备**。围绕种植、养殖、林特和农产品加工等4个农业装备产业科技链的培育，重点突破农业装备数字化设计、智能化控制、主动可靠性及柔性生产、计算机集成制造等核心技术。加强节油减排电控喷射发动机、高抗与可靠负载传动系与农用节能雾化、精密排种、农用电子与机械协同系统等绿色制造技术研究。攻克机载通讯、总线控制、检测监测、机器视觉、自律行走等农业装备智能制造关键技术。研制微小型农业机械通用动力底盘，山区粮油经济作物生产机械装备与技术，陆地立体设施农业种植、管理和收获作业机具、山区畜牧业饲料生产加工机械装备与技术，低喷量、高附性、低污染小型植保机械设备等。到2015年，为全省现代农机装备数量快速增长、结构明显优化，机械化作业领域不断扩大，农机新型服务主体培育加快，新机具、新技术推广明显提速，优势特色6大农机产品加快产业集聚提供科技支撑。

6. **水土资源保护利用技术**。围绕水土资源保护与高效利用、农村生活环境整治与水土保持、防灾减灾、循环农业发展，攻克一批水、土地、能源等紧缺资源的替代技术和农业环境建设与保护亟须解决的技术难点，重点开展陆地立体设施农业、水资源高效利用、土地整治与耕地质量培育、农业环境污染防控与修复、农业重大灾害防控、农业废弃物资源循环利用，加强应对气候变化与固碳减排、海洋生态安全技术等关键技术的研究，建立节地型、立体型、节水型和节肥型、节能型未来农业生产技术体系，增强农业和农村可持续发展的科技支撑。

(二) 重大农业科技专项

1. **农业生物技术**。围绕动植物和微生物、农业药物与生物制剂、海洋和林业生物技术、农业生物质材料与能源等7个产业科技链的培育，重点开展动植物分子设计与细胞育种、重要农业生物功能基因组研究；突破农业生物药物靶标发现和分子设计、新载体发掘利用、药物源头的微生物及产物高通量挖掘等前沿技术。创制新型生物“二料”（肥料、药品辅料）、“三药”（农药、兽药、鱼药）和“五剂”（食品和饲料添加剂、酶制剂、微生态制剂、生长调节剂）等农业生物药物和生物制剂，进行可再生生物质能源和材料、林特与海洋生物技术研究，形成一批具有自主知识产权的成果。转化一批商业化应用生物技术成果，做大扶强一批农业生物科技企业，并使其成为研发主体，形成现代农业的先导产业和基础核心产业。

2. *农业新品种选育技术*。围绕种子种苗产业科技链的培育，重点开展动物、植物和微生物三大种质资源挖掘、保存和利用，突破动植物分子（细胞）育种、转基因、杂种优势利用等育种高技术，加强优质育种材料创制，水稻、蔬油菜、旱粮等主要农作物新品种选育及中试；畜禽、水产等优势特色养殖新品种选育及中试；竹木、果品、茶叶、蚕桑、食用菌、中药材、花卉等林特新品种选育及中试；创建新品种（系）中试与区域示范基地，加快生物育种产业科技企业培育；加速新品种、新组合推广应用，推动浙江省种子种苗产业发展。

3. *农产品精深加工技术*。围绕现代食品设计与制造、现代食品生物工程、功能性配料与食品添加剂、农产品精深加工装备研制、食品物流与安全等 5 条新兴产业链的培育，提升畜产品、水产品、粮油、果蔬、森林食品 5 个加工主导产业链，重点开展具有全局性、前瞻性和紧迫性的产业共性关键技术与重大产品产业化开发研究。关键技术研究立足前沿先进、节能高效和生态环保；装备开发立足产业急需、配套先进；产品开发立足方便、惠民和农业产业链延伸。同时配合省现代农业园区加工功能区建设，通过实施各类科技计划项目，引导和支持农产品加工企业创建企业研发机构，做大扶强一批农产品精深加工科技企业，并成为农产品加工科技创新的研发、成果转化应用和投资的主体，进而推进企业和产业的集聚，开展产业集群创新，形成一批科技产业链和产品市场，实现科技对加工产业的振兴。

（三）农业科技产业创新载体建设

重点支持 25 家省级、国家级涉农重点学科和实验室进一步调整研究方向，紧密结合浙江省高效生态农业发展的需要开展源头创新科研工作，争取成为国际先进或国内领先的重点学科和实验室；同时围绕 3 类 22 个产业，整合高校院所的优势资源，调整和增建一批重点学科和重点实验室，支持改善科研条件，招聘一批高层次的科研人才，推进研究方向从“促进学科发展”向“满足产业科技发展需求”转变。同时加快农业科技创新团队及其产业技术创新战略联盟建设。重点创建水稻、畜禽、淡水养殖、海水养殖、茶产业、竹产业、果品、花卉、蚕桑、食用菌、中药材、林木种苗、饲料、粮油果蔬加工、水产品加工、畜产品加工、木材加工、农副产品生化制造、林化产品制造、农产品现代物流、转基因生物技术、农业生物“三药”、植物病毒与组培、陆地立体设施农业、数字农业与农业信息技术、现代农业装备、林业生态产业、旱粮产业、园林产业、森林碳汇、生物质材料、生物质能源、远洋渔业、农产品安全等 40 个以上农业科技创新团队及其产业技术创新战略联盟，形成一批高层次创新人才聚集、创新机制灵活、持续创新能力强、创新绩效明显，具有国内领先或部分国际领先水平的省级和国家级创新团队及其产业技术战略联盟。

四、现代新农村建设科技推广工程

围绕统筹城乡科技资源配置和成果转化体制改革与发展，着力提高农民生活质量和生活水平，以成果转化应用为主线，实行上下联动与部门协作，实施科技特派员基层创业、科技成果转化及产业化、科技富民强县、低收入农户增收和新农村建设科技示范 5 项科技促进行动，加快民生科技进步，为现代新农村建设提供科技支撑。

(一) 农村科技特派员基层创业促进行动

紧紧围绕浙江省新农村建设和统筹城乡发展中对科技的要求，以科技特派员创业链项目建设为重点，以体制机制创新为动力，以政策引导支持为保障，促进科技要素带动资金、人才、信息、管理等其他生产要素向农村集聚，加速农业科技成果转化，促进区域优势特色产业及县域经济发展。以法人和团队科技特派员制度建设为核心，创建一批科技特派员创业链，实施一批科技特派员创业重大项目，深入产业链各环节开展创业和服务，提高农民组织化程度；创建全省性互联互通的科技特派员创业服务平台，建立健全的现代农民科技培训体系，推进多元化农村科技服务体系建设。

(二) 农业科技成果转化及产业化促进行动

继续实施农业科技成果转化计划，重点加强动植物优良新品种和优质高效安全种养技术、农产品精深加工与贮藏保鲜流通技术、农林生态保育与生态产业培育技术、农业生物技术、生物质新材料和新能源、现代农业装备与设施、"山上"和"海上"农业综合生产能力提升、陆地立体设施农业等 3 类 22 个产业科技创新成果转化与应用，培植一批农业企业科技研发机构和农业高科技企业，新建一批农业科技示范基地，加快国家级、省级农业高科技园区和环杭州湾都市型高科技农业、甬台温舟沿海蓝色农业、金丽衢山区绿色农业三大特色农业产业带建设步伐，推动农业科技成果产业化。

(三) 科技富民强县促进行动

以法人和团队科技特派员为技术依托，以深化产学研用合作推进欠发达县(市、区)科技进步与创新为重点，从培育"一村一品"、"一县一业"的特色产业起步，逐步发展成为具有比较优势的块状经济或产业集群为目标，做强一批具有较强区域带动性的特色支柱产业，有效带动农民致富和财政增收，促进建立富民强县的长效机制，实现民"富"、县"强"。重点在欠发达地区，每年启动一批试点县(市、区)，实施一批重点科技项目，集成先进适用技术。通过 5 年的努力，从整体上带动浙江省欠发达县(市、区)依靠科技富民强县，实现跨越式发展，成为浙江省农村新的经济增长点。

(四)"低收入农户奔小康"科技促进行动

以科技特派员基层创业和科技富民强县促进行动为抓手，在欠发达县(市、区)低收入农户集中村和村级集体经济空白村实施一批科技成果产业化开发项目和科技扶贫项目，培育一批农业、工业科技企业，发展一批优势特色产业，创建一批科技示范基地，建设一批农村科技公共服务组织，培训一批农村劳动力，增强欠发达县(市、区)跨越发展的科技支撑。结合"山海协作"工程的实施，充分利用结对帮扶政策，增强欠发达地区的科技创新能力。

(五) 新农村建设科技示范(试点)促进行动

围绕科技促进新农村建设，拟在部分县(市、区)选择一批有代表性的村镇，开展统筹城乡科技资源配置和创新成果转化体制改革与发展的探索和试验。重点开展村镇规划与相关政策、村镇特色产业集群创新、村镇非农产业、村镇土地资源利用与管理、村镇新社区与绿色住宅建设、村镇建筑新材料、村镇基础设施与公共服务设施建设、村镇水资源利用与管理、村镇新能源利用与节能、居民健康与安全保障、村镇生态建设与环境保护、村镇信息化与运行管理、现代农民科技培训与素质提升等 13 个方面的关键技术开发和集成应用、普及与推广，加快新农村建设民生科技进步，力争在广大农民最关心、最现实、最迫切的问题上取得突破，为现代新农村建设提供持续的科技示范与技术支撑。

五、强化农业和农村科技发展保障措施

（一）深化完善农业科技创新服务体系

1. **加强涉农高校科研院所创新能力建设。**鼓励和支持浙江大学、浙江工业大学、浙江农林大学、浙江海洋学院、浙江工商大学、浙江科技学院等涉农高校从自身优势出发，围绕浙江省高效生态农业发展需要，积极组建一批新型涉农研究机构。同时积极创造条件，支持省属农林牧渔和水利等科研院所加快发展、做大做强。充分发挥中国水稻所、中国农科院茶叶研究所、中国林科院亚林所等在浙部属院所的科技优势，提升浙江省产业科技创新能力。进一步办好地市农业科研院所，支持有条件的地市农业科研院所整合力量，创建区域性地市级农业科学研究院，由市政府直接管理，提高区域农业产业科技创新能力。

2. **加快新型创新主体培育。**支持规模以上涉农企业吸引国内外高校科研院所科技人员带项目、技术、成果到企业参与研发机构的创建，建设一批整体达到国内先进水平的企业研发机构。支持企业联合高校科研院所组织申报各类科技计划项目，成为科技创新和成果转化应用的主体，加大对创新成果转化和产业化投入。

3. **发挥农业高科技园区的示范带头作用。**重点支持省级以上农业高科技园区创建高科技农业企业孵化器，强化农业高科技成果的组装集成、转化示范、孵化带动，促进 3 类 22 个产业科技创新及其能力提升。支持各级农业科技园区和特色农产品生产基地成为科技成果产业化的载体，孵育一批科技企业、科技农场、科技大户，发挥农业科技示范带动作用。

（二）加快农业科技创新创业人才队伍建设

鼓励和支持创新领军人物带领创新团队，承担重大科技攻关和产业化项目。在政府各类科技计划项目评审、验收等综合绩效评估中，把创新创业人才培养作为重要的考评指标。实施“百千万科技创新人才培养计划”，着力培养一批创新能力强的高水平农业学科带头人和优秀农业科技创新人才群体。打破论资排辈，完善学术交流制度，促进中青年优秀科技人才脱颖而出。鼓励成果完成人与项目承担单位以入股、转让等形式，直接进行成果产业化。设立省农业科技突出贡献与成果转化推广奖，重点奖励一批对农业科技有突出贡献和成果转化推广成效显著的农业科技工作者，特别是基层农技推广人员。引导科技人才到农业企业从事科技开发工作，创办农业科技企业。培养和挖掘农村乡土科技人才，为有一技之长的农民专家发挥作用创造必要条件。

（三）加大农业科技投入力度

认真落实国家和省有关增加财政农业科技投入的法律法规和政策规定，确保各级财政对农业科技经费投入的稳定增长。省市县三级的科技经费继续确保 1/3 用于农业科技；省级重点实验室专项资金的 1/3 用于农业类重点实验室；省自然科学基金以不低于 20%的比例用于农业前沿技术和科技基础性研究。省农口部门实施的种子种苗、品质提升工程建设要与重大农业科技专项及其相关项目紧密结合，在经费安排上予以重点倾斜。市县政府对在本区域实施的国家和省级农业科技项目要保证一定的配套经费。积极发展农业科技创新风险投资，鼓励以农业企业为主体建立农业科技创新风险投资公司和创业风险投资基金。引导社会资金投向农业科技企业，支持企业、个人等社会力量投资建立农业科技基金会。引导金融机构为农业

科技创新和成果转化推广开展融资、担保和保险等服务。落实有关税收支持政策，降低农业科技创新、成果转化、推广服务成本。

（四）加大对实施农业科技知识产权、标准化和品牌战略的支持力度

加强农业科技知识产权工作，引导农业科技企业、涉农高校和科研院所开发、申请、拥有专利技术特别是发明专利技术，把发明专利作为科技项目立项和绩效考评的重要内容。加强区域优势农产品的品牌培育，鼓励注册使用农产品证明商标和原产地标识，鼓励农业科技企业申报省知名商号，在全省范围内享受跨区域、跨行业的商号保护政策。加强农业技术标准工作，引导产学研用联合研制农业技术标准；跟踪研究国际标准、国外先进标准和本省农产品主要出口贸易国的技术性贸易措施，增强应对技术壁垒的主动性；鼓励农业企业和行业组织采用国内外先进标准。

（五）加强农业科技管理制度创新

要着眼前瞻部署，围绕浙江省农业和农村发展需求，瞄准国际技术和产业前沿，组织实施一批重大共性关键技术攻关项目，建立面向未来的农业农村科技创新引领机制；着眼现实需求，加快涉农高校科研院所的科研与服务基层评价体制改革，对科技人员创新创业进行表彰奖励，建立以面向应用为导向的科研评价与奖励体系及其工作导向机制；着眼资源整合，建立重大项目会商制度，省市县联动，实行集成创新支持，建立科学高效的工作协调机制。从过多地注重计划项目立项转向更多地进行社会创新资源组织和工作发动，将科技计划分为资金计划和工作计划，根据工作计划安排资金计划；从比较关注投入转向更加注重科技产出，培育科技产业，引导科技工作重心转到切实增强创新绩效上来。重视研发链到创新链的拓展，突出全要素集成、管理方式变革、机制创新等全过程创新管理的统筹与集成。加强产业链项目的主动设计和联合攻关，完善招投标制、课题制和合同制；加强科技项目的全过程管理和绩效评价，推行重大项目监理制，强化中期评估和验收考评，建立评审专家和项目负责人信用制度，努力提高科技经费的使用绩效。

（六）加强对农业和农村科技工作的组织领导

各级党委、政府要把加快农业和农村科技创新与发展作为全面推进新农村建设和统筹城乡发展的重大措施，研究制定“十二五”农业与农村科技发展规划，并把工作实绩列入市县新农村建设工作督查考核内容。各级科技、农口等部门要把农业与农村科技工作放在突出位置，在项目、经费、人才等方面给予支持。认真贯彻落实科技法律法规，加大执法力度，提高全社会科技法制意识，把农业与农村科技进步纳入法制化轨道。充分发挥各级科协、工青妇等社会团体和农村工作指导员、科技特派员的作用，开展形式多样的农村科普活动和科技信息服务。充分利用广播、电视、报刊、网络等各种媒体，广泛宣传农业与农村科技的政策法规、科学思想、科学精神、科技知识、科技工作的先进典型，向公众公布科技成果，让公众了解科技的最新进展和科技发展对新农村建设的作用。

第二节 关于加快农业科技进步与创新的若干政策研究

为加快转变农业增长方式，推动现代农业和农村经济发展，建设现代新农村，按照《浙江省“十二五”规划纲要》，现就“十二五”及今后一段时期，加快农业科技进步与创新的有关问题提出如下意见。

一、“十二五”时期农业科技进步与创新的思路与目标

（一）发展思路

以科学发展观统领农业科技工作，按照在工业化和城镇化深入发展中同步推进农业现代化的要求，以及“培育农业高科技产业、提升主导产业、保障安全供给、服务城乡民生”的基本思路；遵循“自主创新、着力应用、产业集群、规模发展、国际合作”的基本原则。以统筹城乡科技资源配置为主体，以加快产业科技创新为主线，以全面深化农业科技体制机制改革为动力，突出种植业、畜牧业、渔业、林特业、现代农业装备和水土资源保护利用等6个重点领域；加强现代农业原始创新，培育农业高科技产业；启动实施农业现代园区和粮食生产功能区、动植物种子种苗选育、农产品精深加工、农产品质量安全与标准化等4个重大农业科技创新工程；深化实施新一轮农村科技特派员基层创业、农业科技成果转化及应用、科技富民强县和新农村建设科技示范等4个农业科技成果产业化促进行动；不断完善创新研究与普及推广协调发展格局，推动现代农业产业结构调整和农村经济发展方式的转变，为未来农业和现代新农村建设提供强大的科技支撑。

（二）发展目标

“十二五”时期，我省农业科技进步与创新的发展目标是：深化完善由涉农高校科研院所、创新团队及其产业技术创新联盟、农业技术推广中心3个层面组成的现代农业科技创新服务体系；着力加强农业前沿技术研究，提高自主创新能力，引领农业高科技产业发展；重点攻关一批共性关键技术，支撑现代农业产业体系建设，保障粮食安全和农产品有效供给；创制一批现代农业装备和环境友好型农业投入品，培育一批农产品精深加工产业科技链，延伸农业产业链；注重农村民生科技发展，为新农村建设提供支撑；加强农业资源环境科技创新，为应对全球气候变化提供科技储备。到2015年，建成一批具有国内领先的农业科技创新基地，造就一支高水平的农业科技创新队伍，形成一批具有自主知识产权的重大创新性成果。推动我省农业高科技研究取得重大突破，涉农高科技产业规模明显扩大，销售收入突破3000亿元；粮食及农业主导产业技术取得明显提升，基本满足我省农产品有效供给和食物安全技术支撑；农村人居环境明显改善，生态更加文明；农民收入水平和生活质量明显提高，农民人均年收入突破17000元；主要动植物良种及其种养技术的覆盖率达到95%以上，农产品加工率达到50%以上，农业科技成果转化率达到65%以上，森林覆盖率达到61%以上，农业科技总体达到全国领先水平。

二、“十二五”农业科技进步与创新的主要任务

（一）加快培育农业高科技产业。围绕培育种子种苗、农产品精深加工、农业生物技术、农业生物质（基）材料、农业信息技术、现代农业装备、蓝色海洋农业、现代设施农业、林业生

态与林化产品制造、农业生物质能源等涉农领域高科技产业。加强现代和未来农业原始创新研究,重点开展动植物分子设计与细胞育种、重要农业生物功能组研究,创制新型生物"二料"(肥料、药品辅料)、"三药"(农药、兽药、鱼药)和"五剂"(食品和饲料添加剂、酶制剂、微生态制剂、生长调节剂)等农业生物药物和制剂,食品生物工程技术、农业数字化技术、农业先进制造技术、农业纳米和新材料技术、农业生境过程控制技术研究,形成一批具有自主知识产权的重大科技成果,并加快转化与应用,带动科技企业、产业集群和产业基地建设,用科技示范带动产业培育,推进农业高新技术产业的发展,为我省现代农业产业结构调整和未来农业发展提供科技储备。

(二)启动实施重大农业科技创新工程。围绕农业主导产业转型发展,重点加强粮食生产、畜牧和渔业健康养殖、海洋农业、现代林业、农业装备和水土资源保护利用等优先领域的关键技术研究与集成示范。启动实施粮食生产功能区和农业现代园区建设科技配套工程,动植物种子种苗发展工程、农产品精深加工技术创新工程、农产品质量安全与标准化技术工程等4个重大农业科技创新工程,分别研制提出重大农业科技创新工程方案及其政策举措,攻克一批产业共性关键技术难题及其配套技术集成创新项目,创建一批科技成果集成创新示范基地,形成一批新的经济增长点,推进一批知名品牌,培养一批实用型农业科技创新创业人才,组建一批企业研发机构,造就一批高竞争力的创新性农业高科技企业。优化产业布局,形成产业链和产品市场,实现科技对主导产业转型发展、保障粮食及农产品安全有效供给提供科技示范与技术支撑。

(三)深化实施新一轮农业科技成果产业化促进行动。围绕提高农业综合生产能力、抗风险能力和市场竞争能力;促进农业生产经营专业化、标准化、规模化和集约化;力求在缩小城乡差距、区域差距上取得新进展;推进城市公共科技资源向农业和欠发达地区倾斜,扩大基本公共服务人群覆盖面;加快美丽乡村建设,构建宜居宜业宜游新农村等方面的重大问题。着力加强统筹城乡科技资源配置和科技成果转化体制的改革发展,加快转化推广一批提高农民生活质量和生活水平的科技成果,进一步深化实施新一轮农业科技成果转化及产业化、农村科技特派员基层创业、科技富民强县和新农村建设科技示范等4个农业科技成果产业化促进行动。强化农民饮用水安全、疫病防控、清洁社区建设、康居工程建设、农村信息化等领域科技成果引进消化吸收再创新,完善新型农业科技服务与教育培训体系,提高农村富余劳动力向非农产业和城镇转移就业能力,加快农村民生科技进步,为现代新农村、现代新农民提供科技支撑。

三、深化农业科技体制机制改革,提高自主创新能力

(一)加快新型产业科学研究院所发展。加大对中央部属在浙6个涉农高校科研院所科技创新研发和各类科技计划项目的支持力度;鼓励和支持浙江大学、浙江农林大学、浙江工业大学、浙江海洋学院、浙江工商大学、浙江科技学院、中国计量学院、浙江师范大学、宁波大学、万里学院等涉农高校深化科研和服务基层体制机制改革,从自身优势出发,创建一批新型涉农产业科学研究院(所),使我省有优势特色的涉农领域建设成为国内领先的自主创新基地;同时创造条件加大支持农业、畜牧业、林业、渔业(含淡水、海洋和海水养殖3个研究所)和水利5个省属农林水等科学研究院所加快发展、做大做强;鼓励和支持省农科院牵头联合各市农业科研院所创建现代农业技术创新服务体系,着力办好地市农业科研院所,支持有条件的地市农业科研院所整合力量,创建区域性地市级农业科学研究院,由市政府直属管理,增强区域性地市级

农业科学研究院所综合创新实力和服务能力。

(二) 加快产业科技创新载体建设。鼓励和支持已建重点学科和实验室,进一步凝练研究方向,紧密结合产业发展的需要开展自主创新。继续扶持涉农类新兴交叉学科,围绕粮油、海洋农业、畜牧、水产、茶叶、竹木、果蔬、农产品精深加工、农业生物药物及制剂、林业生态及其碳汇、现代农业装备与设施等农业产业,新建一批重点学科和重点实验室、农业科技创新团队及其产业技术创新战略联盟,添加一批新型研究设备和仪器,招聘一批高层次的科研人才,推进研究方向从以“促进学科发展”向“满足产业科技创新需求”转变,建设具有国内领先的农业产业科技创新载体。

(三) 加快建立以应用为导向的科研评价与奖励体系。充分发挥计划、奖励及科技政策等导向作用,通过政策引导、资金扶持和工作推动等手段,形成一种能够激励涉农高校科研院所以应用为导向的内生动力机制,把科研和服务“三农”列入教师年终考核和职称评聘的指标体系中。对单位职务科技成果实施转化的,应当在项目投产后连续三至五年,从转化项目的新增留利中提取不低于5%的经费,奖励完成成果的研发人员,其中对关键研发人员应当不低于奖金总额的70%;对技术转让方式实施的转化项目,应从技术转让所得的税后净收入中提取不低于20%的经费奖励研发人员;与企业合作实施的转化项目,单位应当在项目投产后连续三至五年,从该项目新增留利中提取不低于5%的经费奖励研发人员;单位以股权方式实施转化项目,可采取股权或者出资比例方式,奖励研发人员的股权应当占据成果所占股份的20%以上。支持更多的科技人员通过多种方式帮助企业、专业合作社建立企业研发机构,将项目、技术、产品、设备、工艺、标准、和专利等成果带到企业参与研发机构的创建,并将科技人员是否参与企业研发机构建设作为年终考核、职称评定、任职待遇的主要考核指标,在同等条件下优先考虑,引导科技人才和创新成果流向农业和农村。

四、深化产学研合作,加快推进农业科技转化及应用

(一) 加快农业科技成果转化及企业研发机构建设。重点加强动植物优良新品种,农产品精深加工技术、“山海”农业综合生产能力提升等农业产业和生态科技创新成果转化与应用,鼓励将成熟的科技成果转化成生产经营标准,并简化成生产模式图,组织生产经营者按标准生产,培植一批农业企业科技研发机构和农业高科技企业,新建一批农业科技示范基地,加快环杭州湾都市型高科技农业、甬台温舟海洋农业、金丽衢绿色农业三大特色农业产业带和农村生态安全建设步伐。各级财政要加大对农业科技成果转化的支持力度,对列入的当地项目,根据其实际推广、应用情况,由同级财政对科研机构和推广单位实施以奖代补。着眼于国家水平和企业乃至行业的未来发展,支持涉农企业吸引国内外高校科研院所科技人员带项目、技术、成果到企业参与研发机构的创建,建设一批整体达到国内先进水平的企业科研院所。各市县(市、区)要设立企业研发机构专项引导资金,省里通过农业科技成果转化专项资金及其转化项目,集中支持各类农业企业创建企业研发机构,不断增强企业的自主创新能力和市场竞争力,发挥其对产业发展的引领和促进作用。

(二) 加快创新型农业高科技企业培育和发展。围绕产业做大做强三个层次的农业高科技企业,并成为新型创新主体。第一层次是农业高科技集团企业,第二层次是小型巨人企业,第三层次是中小型农业科技企业,鼓励3个层次的农业科技企业积极借鉴国内外融资经验,利用资产重组、控股、参股、兼并、租赁等多种方式扩大企业规模,增加企业实力。研究修订农业类高新技术产品(品种)和企业认定办法,对被认定为农业高科技企业的,按照税法规定减除

15%的税率征收企业所得税。鼓励和支持农业高科技企业引进各类创新型人才，为技术创新提供人才智力支持。

(三) 加快农业高科技园区及其科技企业孵化器建设。 配合"两区"建设，创建一批综合性农业高科技园区和优势特色产业科技园区(基地)，新一轮园区要形成"两端在内、中间在外"的服务模式，实现高端服务、总部经济研发、产业链创业和先导示范4大功能；建立园区"统一化、多元化、企业化"的运行管理机制，采取"一园多点"的建设布局，以建设农业科技网络服务中心、农业科技金融服务中心、农业科技创新产业促进中心、良种创制和种业交易中心、农业科技国内外合作交流中心等5个"中心"为重点，成为各地市农业科技自主创新的重要载体和标志。对省级综合性农业高科技园区的1万亩核心区块，所产生的财政贡献和土地出让金的省级和市(县)级留成部分全部用于核心区的开发建设，创新体系及相关资源集聚的政策扶持；强化土地要素支持，优先安排核心区块项目申请省市重点项目；同时积极开展农业高科技产业标准化研究和标准制订工作；支持园区依托涉农高校科研院所，创建农业高科技园区企业孵化器，引进一批领军人物和创业团队，加快建设高层次人才创新创业基地；鼓励民间资本在省级以上农业高科技园区投资组建新型农村金融机构试点；鼓励农业高科技园区设立农业高科技产业孵育创业投资引导基金，为农业高科技产业规模化发展提供科技示范。

五、完善农业科技创新服务体系，加快推进现代农业发展

(一) 加快现代农业产业技术体系建设。 重点围绕农业产业的发展规划，依托具有创新优势的涉农高校和科研院所，以产业为主线，以产品为单元，围绕产业发展需求，解决生产技术难题，建设从产地到餐桌，从生产到消费，从研发到市场，各个环节紧密衔接、环环相扣、服务现代农业发展的产业技术体系。总的要求以产业为主线，促进科技人才的有效整合和设施条件的合理配置，着力解决部门分隔问题；以产业需求为导向，促进产学研用的有机结合，着力解决科研与推广脱节，研发与需求脱节问题。主要任务要突出研发重点，突破技术"瓶颈"；着力组装配套，推进集成创新；综合试验示范，熟化创新成果；强化技术培训，加快推广应用；了解产业需求，提供信息服务。组织机构：由产业科学研究院(所)和企业研发机构⇄农业科技创新团队和产业技术创新战略联盟＋技术推广中心⇄综合试验示范园区或基地三个层级构成。该体系建设每5年为一个周期，实行"开放、流动、协作、竞争"的运行机制，各级财政每年安排专项资金，对体系内首席科学家、岗位科学家、区域试验站等给予稳定的扶持。

(二) 加快基层农技推广、动植物疫病防控和农产品质量监管"三位一体"的农业公共服务体系建设。 按照强化县一级、健全镇(乡)一级、发展村一级、延伸"户"一级的总体要求，重点加强县级专业机构建设，完善乡镇"三位一体"综合机构建设，开展村级服务站点及示范户建设。进一步理顺管理体制，完善改进"条块结合、双重领导"的乡镇农技推广管理体制，重点明确条与块的职责。原则上乡镇农技综合站的站点任务，人员调整及跨乡镇调动、职称评聘、业务考核、业务培训等由县级农口和人事部门为主组织实施。加强基层农业专业技术人员订单培养试点，采用"降分录取、定点培养、定向就业、财政补助"等方式，重点解决基层农技人员队伍老化、知识老化、青黄不接问题。鼓励涉农专业的大中专毕业生充实到"三位一体"基层农业公共服务机构中去，加强对农技人员的知识更新培训，提高先进实用技术推广服务能力。充分发挥农业龙头企业、农业高科技企业、农民专业合作社、农村科技示范户等在农业技术推广中产销

挂钩的独特优势，支持它们成为新型农技推广主体。鼓励基层供销社把销售农资与推广农机结合起来，加强与农业龙头企业、农民专业合作社、基层农技推广组织的合作，进一步发挥在农业技术推广中技物结合的特殊作用。

（三）加快农业科技信息综合服务能力提升。鼓励和支持农业龙头企业、农业高科技企业、专业合作社、专业大户等农产品产销单位利用党员现代科技远程教育、浙江科技信息网、网上技术市场和农民信箱等现代信息技术网，改善农产品流通环境，降低物流运输费用，建设从鲜活农产品生产基地到超市的冷链系统、物流配送系统和快递检测系统，健全农超供需对接机制。强化浙江科技信息网、农民信箱在农业和农村科技信息上的综合服务功能，集成现代信息网资源，提高网站的利用率，提高科技成果推广的成效。各地要因地制宜，组织举办各类农业新品种、新技术推广交易会和推介会，使更多的农业龙头企业、专业合作组织和农民群众应用科技创新成果。

六、加快发展农业高等和职业教育，强化农业科技创新创业人才队伍建设

（一）加快发展农业高等和职业教育。涉农高校和职业技术教育要根据产业科技创新需要，调整学科结构，创新教育体制机制，提高教育针对性和实用性，为农业和农村经济社会发展培养充足的、适应各方面需求的人才。浙江大学要充分发挥农业学科优势，在进一步加强硕士生、博士生高级农业人才培养的同时，扩大农业类本科生的招生规模，继续为培养我省农业科技人才作贡献。浙江农林大学、浙江海洋学院、浙江广播电视大学等农业类高等院校要在保持原有教育特色的基础上，整合资源，优化结构，适应需求，提升水平，努力把学校建设成为我省培养各类农业科技人才的骨干基地；其他涉农高校和各市县职业技术学院（校）都要积极为农村培养各类人才作出贡献。

（二）加快创新创业科技人才培养。鼓励和支持创新领军人物带领创新团队，承担重大科技攻关和产业化项目。在政府各类农业和农村科技计划项目评审、验收等综合绩效评估中，把创新创业人才培养作为重要的考评指标。实施“百千万创新创业人才培养计划”，支持研究生参与或承担科研项目，鼓励本科生参与创新实践。在科技创新重点领域培养一批45以下，具有较高研发水平和组织管理能力的复合型青年杰出创新人才。引导科技人才到农业企业从事科技开发工作，创办农业高科技企业。培养和挖掘农村乡土科技人才，为有一技之长的农民专家发挥作用创造必要条件。

（三）加快建立健全农村人才定向培养制度。深化完善大中专院校农业专业免费就读制度和乡村医生免费培养制度，省里在继续执行就读省内种养技术专业类基础上，扩展到与农业相关产业技术专业的本省学生实行免学杂费政策，对学习成绩优秀者给予奖学金。加快高校涉农产业学科专业建设力度，加强硕士、博士等高级人才的培养，在规模以上骨干企业设立博士后科研工作站，支持企业和种养殖基地建立涉农高校职业院校学生实习科研基地，培养和吸引创新人才。

（四）加快培养新型农民。把培养新型农民作为科技促进城乡统筹发展的基础工程。加强创业型和技能型人才培训，推进农民素质培训由数量型向质量型转型；加强对专业合作社、农业龙头企业经营骨干和行业协会负责人、家庭工业主、农家乐经营业主、农村经纪人等现有各类人才培训。加强农村党支部和村委会成员班子，尤其是大学生“村官”任前培训、任职培训和创业技术培训，鼓励大中专毕业生、专业技术人员、机关退居二线干部等各类人才到农村创业；不断完善城市人才服务农村制度，完善农村工作指导员、农村科技特派

员和城市学校、医院、社区等单位结对制度，形成机关干部、科技人员和各类人才服务“三农”发展的机制。

七、加强组织领导和服务保障，强化农业科技发展环境

（一）加大各级财政对农业科技的投入力度。 认真落实国家和省有关增加财政农业科技投入的法律法规和政策规定，确保各级财政对农业科技经费投入的稳定增长。除了继续执行省、市、县三级的科技经费1/3用于农业科技，省级重点实验室专项资金的1/3用于农业类重点实验室，省自然科学基金以不低于20%的比例用于农业前沿技术和科技基础性研究的有关政策以外。“十二五”期间省政府设立专项，支持新启动的4个重大农业科技创新工程实施，省农口部门实施的种子种苗、品质提升工程建设要与重大农业科技创新工程及其相关项目紧密结合，工程建设中不少5%的项目经费用于技术集成创新与推广。市县政府对在本区域实施的国家和省级农业科技项目要确保一定的配套经费。引导社会资金投入农业科技，鼓励以农业企业为主体建立农业科技创新风险投资公司和创业风险投资基金。各类金融机构要对农业科技创新和成果转化推广优先提供融资、担保和保险等服务，创新信贷品种，对符合条件的农业科技成果产业化基地基础设施提供信贷支持，积极探索利用贴息小额等方式，加大有效信贷投入。支持农业高科技企业利用资本市场融资，在中小企业和创业板上市筹资；具备条件的可进入证券公司代办系统进行股份转让试点，推进未上市农业高科技企业股权的流通，拓宽创业投资退出机制。鼓励和支持农业企业成为农业科技创新和成果转化应用的主体，加大对农业科技成果转化和产业化的投入，支持企业联合高校科研院所组织申报各类科技计划项目。研究开发新产品、新品种、新技术、新工艺所发生的费用，未形成无形资产计入当期损益，在规定据实扣除的基础上，按照研发经费的50%加计扣除；形成无形资产的，按照无形资产成本的150%摊销。

（二）加大农业科技知识产权保护力度。 鼓励农业科技企业、涉农高校和科研院所及其科技人员申请专利特别是发明专利，把获取发明专利作为科技项目立项和绩效考评的重要内容。加大知识产权保护力度，严厉打击各类侵权行为。加强动植物种质资源和新品种保护。加强区域优势农产品的品牌培育，鼓励注册使用农产品证明商标和原产地标识，鼓励农业科技企业申报省知名商号，在全省范围内享受跨区域、跨行业的商号保护政策。加强产学研联合研制农业技术标准工作，跟踪研究国际标准和本省农产品主要出口贸易国的技术壁垒；鼓励农业企业和行业组织采用国内外先进标准。

（三）深化农业科技管理制度创新。 要着眼前瞻部署，瞄准国际技术和产业前沿，组织实施一批产业共性关键技术项目，建立面向未来农业科技创新引领机制；着眼现实需求，加快涉农高校科研院所的科研与服务基层评价体制改革，建立面向应用为导向的科研评价与奖励体系及其工作导向机制；着眼资源整合，建立重大项目会商制度，省市县联动，实行集成创新支持，建立科学高效的工作协调机制。从比较关注投入转向更加注重科技产出，培育科技产业，引导科技工作重心转到切实增强创新绩效上来。重视研发链到创新链的拓展，突出全要素集成、管理方式变革、机制创新等全过程创新管理的统筹与集成。加强产业链项目的主动设计和联合攻关；加强科技项目的全过程管理和绩效评价，推行重大项目监理制，强化中期评估和验收考评，建立评审专家和项目负责人信用制度，努力提高科技经费的使用绩效。

（四）加强对农业科技工作的领导。 各级党委、政府要把加快农业和农村科技进步与创新

作为农村全面建设小康社会的重大措施，认真研究制定农业科技发展规划和年度实施计划，并把工作实绩列入各级党政领导科技进步目标责任制和新农村建设工作督查考核内容。充分发挥各级农科教协调领导小组的职能作用，加强对农业科技重大工作的组织协调。各级科技、农口等部门要把农业科技工作放在突出位置，在项目、经费、人才等方面给予支持。充分发挥各级科协、工青妇等社会团队和农村工作指导员、科技特派员的作用，广泛运用广播、电视、报刊、网络等各种媒体，开展形式多样的农村科普知识和科技信息宣传服务，不断提高农民群众的科技素质，为加快推进农业科技进步与创新创造条件。

第二篇　战略性产业科技发展研究

ZHAN LUE XING CHAN YE
KE JI FA ZHAN YAN JIU

第二章　浙江省粮食产业科技发展研究

确保粮食安全是浙江省农业和社会经济可持续发展的重大战略需求,本研究针对耕地面积、粮食播种面积、粮食总产量和人均占有量减少的4个突出问题,组织与实施《粮食超高产科技示范工程》,主攻水稻和旱粮(大小麦、薯类、豆类、玉米、油菜等),以推进四大板块粮食生产为核心,突出单项技术创新,重点突破关键技术,以技术集成带动技术创新,以示范转化提高粮食生产能力,以高新技术提升粮食产业现代化,显著增强粮食安全科技创新能力和技术储备能力。

一、形势与背景

(一) 粮食安全是浙江省社会稳定和经济可持续发展的基本保障

人多地少的基本国情决定了粮食生产始终是我国社会稳定和国民经济发展的重大战略问题,确保粮食安全是我国农业及经济可持续发展的永恒主题。尽管粮食及粮食安全的内涵随着人类生活水平的不断提高和生活方式的显著变化而变得日益丰富,但人口持续增长和资源不断减少的矛盾将日趋严重,全球粮食危机将长期存在。因此,粮食安全在我国政治和经济安全中的作用与地位与时俱进,确保粮食安全业已成为我国的一项基本国策。

1. *粮食安全是浙江省经济安全和社会稳定的重要基石*。民以食为天,无粮则乱。粮食是农业和国民经济发展的基础,作为一种特殊的商品,是国家重要的战略物资。改革开放以来,浙江省的国民经济快速发展,而粮食生产却经历了增长、减少和徘徊的起伏阶段。目前,浙江省户籍人口已近5200万,而粮食生产总量仅800万吨左右,人均占有量不足160千克,自给率不到40%。粮食安全系数已低于警戒线,对国民经济健康有序发展构成了巨大的威胁。

2. *粮食安全是应对国际政治经济格局变化的基本保证*。我国加入WTO后,粮食等主要农产品市场已逐渐对外开放,即直接面对国际市场竞争,这无疑会对国家粮食安全产生重大影响。随着经济全球化进程的加快,国际经济形势急剧变化,一定范围内发生的特大天灾或人祸(包括局部战争等)都会对全球经济秩序产生巨大扰动,形成共振性连锁反应,进而导致经济衰退乃至经济危机,同时经济问题会演变为政治问题。粮食必将成为继石油禁运之后的又一战略性物资,从而对国家政治和经济造成深刻影响。目前,浙江省的粮食从国外进口较少,主要依靠国内市场进行调运和补充,人口众多、耕地稀少、经济发展迅速的基本省情决定了浙江省的用粮问题难以实现完全自给。但是,确保300亿斤粮食的生产能力,基本解决口粮问题则是必须的,也是现实可行的,从而在全球粮食危机或外来粮食禁运发生时,社会稳定和经济发展基本不受影响。因此,在政治经济格局复杂多变的国际背景条件下,应充分认识粮食安全的重要性,防患于未然。

3. *粮食安全是全面建设小康社会的必要前提和可靠保障*。粮食产业作为农业和国民经济发展的基础产业,一方面要继续发挥粮食生产的基本功能,为全体居民的小康生活提供日益丰富的优质安全的食物;另一方面也要保持可持续发展的态势,加快现代化步伐,为浙江省农业和国民经济的持续发展作出新的贡献。全面建设小康社会对粮食安全提出了新的要求：一是粮食安全的内涵必须向优质、高产、安全、营养方向发展；二是粮食生产必须向与资源和环境相协调的可持续方向发展；三是粮食经营流通必须以农民自主经营和政府宏观调控相结合。因此，浙江省粮食产业只有依靠科技进步，大力发展产业化经营，优化资源配置，降低生产经营成本，提高质量、效益和竞争力，确保浙江省粮食安全，为全面建设小康社会提供物质基础。

（二）浙江省粮食安全保障水平处于“四低状态”

新中国成立以来，浙江的粮食产销状况经历了1955年由缺粮省变为余粮省，1984年创历史最高，1986年后又由余粮变为缺粮省。1986—1992年全省粮食总产变动在1550万～1600万吨，总体缺口不大，处于基本自给水平。1993年浙江省在全国率先推进粮食市场化改革，放开粮食购销价格，调整农业结构，在优化种植结构和提高农民收入上发挥了积极作用，但对粮食生产带来了重大冲击。当年粮食播种面积减少480万亩，减幅达10.1%；总产下降117.3万吨，减少7.6%。此后，粮食产销体制发生了根本性变化，全省粮食播种面积、粮食产量和粮食自给率持续下降，至2002年粮食自给率已降至50%以下，而近年已降至40%左右，成为我国粮食净调入量最多的省份之一。概言之，目前浙江省的粮食安全保障能力已处于“四低”水平。

1. **人均占有量低**。1984年，浙江省人均粮食占有量曾达404.2千克（总产达1817.15万吨），为历史最高水平，但这仅相当于发达国家平均水平的1/2，美国的1/3，按国际标准，尚处于基本解决粮食温饱的低保障能力水平。从2002年开始，浙江省人均粮食占有量降至200千克以下。2008年又进一步降至不到160千克，跌至历史最低谷。

2. **总产增长率低**。浙江省粮食总产，1984年突破1817.15万吨，但2002年跌破1000万吨，2008年进一步降至775.55万吨，仅为1984年总产的42.7%。1985年至今，全省粮食总产趋于负增长，且降幅呈不断扩大的趋势：平均年增长率：1985—1990年为－0.44%，1991—1995年为－2.55%，1996—2000年为－4.22%，2001—2008年达－3.79%。

3. **种粮效益低**。主要表现在：一是粮食生产成本逐年上升，特别是劳动力等生产性成本增幅较大，粮食提价难以补偿成本增加；二是由于国内粮食市场持续低迷，高产难以获得高收益；三是种粮规模小，农户仍以原有的承包田零散经营为主，种植效益难以体现。

4. **粮食质量低**。浙江省的水稻品种结构，早稻基本上以籼稻为主，主要用于加工、饲料和储备粮，晚籼稻和晚粳稻则主要用于农村人口消费。城镇居民的口粮主要依靠外省调入。总体上，目前浙江省种植生产的粳米，米质不及东北以及苏、皖等省生产的稻米。晚籼稻近年来引进和选育了部分新品种，米质有所改善，但大部分品种品质不佳，专用性差，国际市场上竞争力弱。

（三）浙江省粮食需求将持续增长

在今后一段时期内，浙江省人口仍将刚性增长，这就决定了粮食总需求量将持续增长。据预测，2010年全省粮食总需求量约为190.5亿千克，2015年将进一步增长至197亿千克左右，按目前的粮食生产能力，缺口达115亿千克以上，产需矛盾十分突出。

据有关专家研究，我国的粮食安全可粗略地分为4个阶梯。第1级是最低安全线：人均249千克，系每个公民每年至少应该拥有的粮食占有量，是生存性粮食安全标准；第2级是根据食品营养成分计算表推算的营养性粮食安全标准，即如果人体每日必需热量1.008×10^7J

全部由口粮提供，则年人均口粮消费量为300千克；第3级是经济性粮食安全标准，年人均消费量在360千克左右，这是粮食安全的经济警戒点；第4级是400千克，这是联合国粮农组织(FAO)关于粮食安全的基本要求，可以保障大多数公民的营养性粮食安全。据预测，到2015年浙江省人口总数达5300万，以农村居民每年人均口粮需求为165千克，城市居民每年人均口粮需求为135千克，若保持现有粮食总产量780万吨计，则2015年浙江省粮食产需缺口情况可概括为表1。

表1　浙江省2015年粮食产需缺口情况预测标准

	总需求量(万吨)	总产量(万吨)	产需缺口(万吨)	自给率(%)
生存性粮食安全	1319.7	780.00	−539.70	59.10
营养性粮食安全	1590.00	780.00	−810.00	49.06
经济性粮食安全	1908.00	780.00	−1128.00	40.88
FAO标准基本要求	2120.00	780.00	−1340.00	36.79

(四)粮食安全面临多重压力

1. **耕地面积逐年减少**。随着城市化和工业化的进一步发展，耕地资源逐步减少是必然趋势。浙江省耕地面积在1978—2007年平均每年减少12.03万亩，2007年人均耕地已降至0.51亩，大大低于联合国粮农组织确定的0.75亩的警戒线。因此，一方面应实行最严格的耕地保护政策，建设并保护1500万亩标准农田，同时应大力提高农田的综合生产能力，提升粮食生产能力。

2. **生态环境持续恶化**。水稻等大田作物生产化肥用量过多，利用率低，流失严重，造成农田和环境污染。同时，每年800万吨以上的作物秸秆仅有30%左右还田利用，其余大多焚烧，不仅浪费资源，而且严重污染环境。大量偏施化肥，恶化土壤结构与性状，造成土壤耕作层变浅，潜育化现象加剧，保肥供肥能力下降。长期以来，有机肥用量大幅度减少甚至不施，造成农田特别是稻田地力下降、缺素和毒素等问题突出，不仅阻碍作物高产潜力的发挥，而且严重影响农产品的品质和安全。

3. **气象灾害频繁发生**。全球气候的异常变化也对本省气候条件产生了深刻的影响，总体上表现为灾害波动加重，台风、洪涝、干旱等自然灾害的发生频率越来越高，程度越来越重。据统计，2008年全省受灾面积达1747.13万亩，其中水灾面积为251.58万亩。

4. **全球粮食危机加剧**。浙江省粮食自给水平低，国内外粮食市场的任何变化将对浙江省粮食供应产生深刻影响。总体上看，全球粮食生产的增幅和增量在今后一段时间内将低于粮食消费的增幅和增量，需求矛盾日益激化。同时，美国等发达国家利用粮食生产燃料乙醇和生物柴油的计划实施与推进，将会导致世界粮食市场价格上涨，粮食贮存进一步减少，粮食安全风险加重。

(五)发展水稻和旱粮生产是保证浙江省粮食安全的战略重点

1. **水稻是浙江省粮食的主体**。分析浙江省不同时期的粮食产量构成，水稻一直是粮食的主体，约占总产量的85%。近20年来，粮食播种总面积锐减，但水稻的比重相对保持稳定，大小麦的比重明显下降，而薯类、豆类和玉米的比重有所提高。

2. **旱粮发展潜力巨大**。平原稻区适合稻麦(油菜)复种，20世纪90年代中期以前大小麦和油菜年种植面积在1500万亩左右，在开发冬季农业、充分利用土地和光温等自然资源以及提高粮食(油料)产量上发挥了积极作用。近年来，随着大小麦、油菜优良新品种和配套栽培技术的推广，单位面积产量明显提高，显示出巨大的发展潜力。浙西南地区缓坡土地面积较大，但水资源匮乏，适合种植玉米、大豆和甘薯等旱粮作物。近年来，特色专用型玉米、大豆和甘薯等作物新品种的推广种植，大大提高了种植效益，促进了旱地的有效利用。

(六) 实现作物超高产潜力是解决粮食问题的根本途径

人多地少、资源缺乏和区域经济相对活跃是浙江省的基本省情，决定了实现300亿斤粮食生产能力的目标只能走提高单位耕地面积的生产能力、走作物超高产栽培的路子。一方面，大幅度提高作物单产和稳定与增加复种指数、提高土地利用率是促进浙江省粮食生产持续增长的主攻方向。自新中国成立至20世纪90年代初期，复种指数提高和作物单产增加使浙江省的粮食生产实现了飞跃式增长，此后由于种植结构调整和复种指数下降，粮食作物种植面积锐减，且单产增加相对缓慢，导致粮食生产持续滑坡。另一方面，以超级稻为代表的"超级"作物品种(组合)的培育与推广以及单季亩产水稻超800千克、大小麦超500千克和全年粮食亩产超1200千克的高产纪录，显示出实现作物超高产潜力的现实可能性及其在解决耕地减少与粮食需求增加矛盾上的作用。应该看到，尽管近年来作物单季产量和农田全年产量在一些田块上创造了新的高产纪录，但由于高产的形成规律和配套技术尚缺乏研究，尚未总结和形成具有克服高产障碍因子且具普遍指导意义的栽培技术体系，实现超高产受生态区域的限制性大，重演性差，影响超高产品总产量潜力的实现及其大面推广与应用。

据研究，技术进步对量单产提高的总贡献中，品种、栽培耕作、防灾减灾和突然改良分别占33.8%、34.1%、14.2%和17.9%，可见栽培技术在增加粮食产量中起着最关键性作用。通过多年努力，浙江省培育或引进了一批具有超高产潜力的作物品种，育种水平也得到了显著提升，为实施粮食超高产工程提供了必要的物质基础。

二、总体部署

(一) 总体思路

围绕保障国家粮食安全、增加农民收入和实现浙江省300亿斤粮食生产能力的战略任务，以加强作物科技自主创新为中心，整合多学科研发、推广力量，集成与示范作物超高产栽培技术，以科技进步推动土地产出率、资源利用率和劳动生产率的显著提高，为提高农田综合生产能力，增强粮食生产抗风险能力、市场竞争能力及可持续发展能力提供科技支撑。

"粮食超高产科技示范工程"的发展思路是"注重创新、强化集成、突出示范、加速转化"。进一步加强农业及粮食生产科技持续发展的理论与条件建设，促进粮食超高产重大关键技术的创新与突破；强化作物新品种应用、土壤培肥、植物保护、抗灾防灾、种植制度等领域新技术和高产、优质、低耗栽培技术的有机组装与集成，全面提升粮食超高产科技水平；加强与粮食主产区、粮食生产功能区以及农业科技园区等工程建设对接，建立一批具有重大显示度和带动作用的粮食超高产示范区；大力加快粮食超高产科技成果的转化推广，大幅度提高粮食生产效率，显著降低粮食生产成本，增加农民收入。

(二) 总体目标

以保障浙江省粮食安全为根本目标，结合浙江省现代农业园区和粮食功能区的建设，建成一批粮食超高产示范基地，形成一批粮食高产、优质、高效、生态、安全的栽培技术与体系，从技术创新、集成示范和大面积推广应用三个系统推进，全面提升浙江省粮食生产的技术创新能力、可持续发展能力和核心竞争力，为实现浙江省农业提升和保障粮食安全提供有力的科技支撑。

2011—2012 年：以技术集成组装为主，加快重大成果转化，促进水稻大面积高产稳产；扩大旱粮种植面积，提高复种指数和土地利用率，进一步挖掘增产潜力。

2013—2015 年：围绕四大板块科技示范，单项技术突出创新，关键技术重点突破，显著提高粮食产业科技水平，配合粮食功能区建设，实现 500 万亩亩产吨粮，为确保浙江省年 300 亿斤粮食生产能力提供技术支撑。

(三) 布局重点

1. **水稻**。选择嘉善县、秀洲区、吴兴区、余杭区、萧山区为单季粳稻高产示范区；桐乡市、绍兴县、上虞市为单季杂交粳稻高产示范区；建德市、永康市、临海市、温岭市、乐清市为单季杂交籼稻高产示范区；衢江区、江山市、龙游县、婺城区、余姚市、嵊州市、瑞安市、苍南县为双季稻高产示范区。

2. **小麦**。选择长兴市、海盐县、萧山区、鄞州区、安吉县为高产示范区。

3. **大麦**。选择嘉善县、秀洲区、平湖市、海宁市、上虞市为高产示范区。

4. **油菜**。选择海宁市、南浔区、萧山区、衢江区、兰溪市为高产示范区。

5. **薯类**。选择义乌市、遂昌县、衢江区、三门县为高产示范区。

6. **豆类**。选择嘉善县、萧山区、慈溪市、温岭市、常山县为高产示范区。

7. **玉米**。选择婺城区、淳安县、缙云县为高产示范区。

三、重大任务与主要内容

(一) 浙北麦(油)—稻超高产科技示范区

1. **项目概况**。杭嘉湖是浙江省最大的水稻平原区，粮食播种面积 780 万亩左右，占全省耕地的 32.8%，总产量约 330 万吨，约占全省总产量的 35.4%，土壤肥沃，适宜大、小麦(油菜)—单季粳稻两熟制粮油生产。

本项目针对该区麦(大、小麦)、油菜单产低，质量欠佳，生产成本高，水稻单产徘徊不前等技术问题，以嘉善县、秀洲区、平湖区、海宁市、海盐县、长兴市、吴兴区、南浔区、安吉县、余杭区、萧山区为核心示范区，通过筛选适合该生态区域种植的高产优质品种，研究集成和示范“麦(油)—稻”超高产生产技术体系，在杭、嘉、湖同类地区推广和辐射。

2. **实施范围与布局**。在上述县(市、区)开展核心试验示范，分别建立大麦—单季稻、小麦—单季稻、油菜—单季稻核心试验示范区各 1000 亩(要求 500 亩以上连片)，开发示范区 10 万亩，在杭、嘉、湖地区辐射带动 150 万亩。

3. **阶段任务与内容**。2011—2012 年：在现有审定推广品种基础上，筛选品种优、抗性好、增产潜力大的麦、油、稻新品种各 2～3 个，作为示范品种，集成麦(油)—稻周年免耕直播技术和全程机械化生产技术。

2013—2015 年：开展麦(油)—稻超高产模式、群体质量调控、肥水精确高效利用等技术研究；构建麦(油)—稻超高产栽培技术体系。

4. **近期启动项目**。① 麦(油)—稻超高产模式及品种筛选与示范。② 麦(油)—稻周年免耕直播关键技术研究与示范。③ 麦(油)—稻全程机械化生产关键技术研究与示范。④ 麦(油)—稻肥水精确高效利用技术研究与示范。

5. **预期成果与效益**。至2015年，核心示范区水稻单产750千克，大、小麦单产500千克，油菜单产220千克。开发示范区水稻单产700千克，大小麦单产400千克，油菜单产180千克。辐射推广200万亩，平均亩增50千克，年增产粮食10万吨，年创效益1.8亿元。

（二）浙中双季稻及旱粮超高产科技示范区

1. **项目概况**。金、衢、丽地处浙江省中部，耕地以丘陵水田和缓坡旱地为主，粮油播种面积600万亩，占全省粮食播种面积的25%，总产量220万吨，约占全省总产量的23.5%。该区域光温资源丰富，劳动力相对充足，适合发展双季稻生产，缓坡旱地发展旱粮生产潜力大。

本项目针对该区早、晚稻产量低，土壤保水蓄肥功能差，水稻生育后期易早衰等技术问题，以衢江区、江山市、龙游县、婺城区为重点示范区，通过筛选合适的高产品种，研究基础集成和示范双季稻超高产技术体系，在金华、衢州等同类地区推广应用。针对该区旱粮生产耕作粗放、产量低、效益差等问题，分别选择义乌市、缙云县、遂昌县、常山县为番薯（马铃薯）、玉米、大豆高产示范区，通过调整品种，优化结构，创新模式，集成示范旱粮高产高效技术体系，在全省同类地区推广应用。

2. **实施范围与布局**。在江山市、衢江区、龙游县、婺城区建立双季稻1000亩核心试验示范区各1个；在金、衢地区建立双季稻开发示范区6万亩，辐射带动70万亩。在义乌市建立马铃薯核心试验示范区300亩，缙云县玉米核心试验示范区300亩，常山县大豆核心试验示范区30亩；在金、衢、丽地区建立开发示范区3万亩，辐射带动30万亩。

3. **阶段任务与内容**。2011—2012年：筛选早、晚稻及番薯（马铃薯）、玉米、大豆超高产品种各2～3个；集成双季稻超高产旱育秧技术、机插栽培技术、早稻直播技术以及双季稻超高产群体质量栽培与肥水调控技术，开展双季稻1200千克和旱粮超高产示范。

2013—2015年：开展双季稻超高产组合模式与肥水精确高效利用技术研究；旱粮高产高效配套栽培技术研究；以粮食为主的稻田及旱地周年高产高效可持续农作制创新研究。

4. **近期启动项目**。① 双季稻亩产1200千克技术模式及品种筛选与示范。② 双季稻超高产技术途径及肥水精确管理技术研究与示范。③ 鲜食豆、薯、玉米高产、优质、高效、安全生产技术研究。④ 旱地粮作复合型节水高效农作物制度创新研究。

5. **预期成果与效益**。① 核心示范区双季稻亩产1200千克，开发示范区双季稻亩产1100千克，辐射带动面积70万亩，比项目实施前双季稻亩增产80千克以上，增产幅度10%以上，年增产量5.6万吨，年增加效益1亿元。② 鲜食大豆亩产600千克，大豆干籽粒亩产220千克，马铃薯亩产2200千克，鲜番薯亩产3000千克，鲜食玉米亩产1000千克；辐射带动面积30万亩，增产8%～10%。年增产量1.5万吨，年增加效益6000万元。③ 形成双季稻超高产栽培技术体系，主推旱粮高效农作制度2～3项。

（三）浙东粮经结合型高产高效科技示范区

1. **项目概况**。宁绍平原粮食播种面积约500万亩，占全省总播种面积的20.7%，产量水平仅次于杭嘉湖地区，年总产量约200万吨，占全省总产量的21.3%。土壤肥沃，以鲜食大豆（玉米）—稻、菜（瓜）—稻轮作为主。该区域农村经济发达，劳动力紧张，但机械化程度相对较高，适宜发展粮型结合的农作制度。多年水旱轮作，生产上存在化肥农药等用量过多、农田生态环境污染、作物连作障碍等技术难点。通过筛选优质抗病品种，集成示范粮经复合型农作制度，达到亩产粮食750千克，亩收益4000元高效种植模式。

2. **实施范围与布局**。分别在萧山区、慈溪市、余姚市、绍兴县、嵊州市、上虞市开展鲜食大豆(玉米)—单季稻和蔬菜—单季稻高产示范,核心试验示范区面积500亩以上;在宁、绍地区建立开发示范区5万亩,辐射带动100万亩。

3. **阶段任务与内容。** 2011—2012年:筛选优质高产水稻、鲜食大豆新品种。集成应用水稻、鲜食大豆(玉米)超高产栽培技术、肥水精确管理技术及水稻好气灌溉技术等。

2013—2015:开展稻田水旱轮作氮肥高效利用技术研究;粮经结合型周年高产、高效、可持续农作制度创新研究。

4. **近期启动项目。** ① 以水稻为主体的粮经结合型种植模式及配套品种筛选与示范。② 水稻全程机械化生产关键技术研究与示范。③ 水旱轮作和异作轮种的土壤肥力效应与作物产量品质效应研究。④ 减轻农田环境污染的精确施肥、灌溉技术研究。

5. **预期成果与效益。** 鲜食大豆(玉米)—单季稻模式,核心示范区面积500亩以上,鲜食大豆亩产600千克以上,玉米1000千克以上,单季稻产量750千克以上,亩效益4000元以上;蔬菜—单季稻模式,核心示范区面积500亩以上,单季稻产量750千克,亩效益10000元以上。在宁绍平原区建立开发示范区5万亩,水稻亩产700千克;辐射带动100万亩,水稻亩增产50千克,亩经济效益提高20%,氮肥利用率提高3~5个百分点,年增产粮食5万吨、增粮增效0.9亿元。

(四) 浙南粮食作物避灾减害稳产高产科技示范区

1. **项目概况。** 温台地处浙东南沿海,粮食播种面积约500万亩,占全省总播种面积的20.8%;年总产粮食约180万吨,约占全省总产量的19.3%;65%以上的水稻面积易受台风、洪涝等自然灾害的影响。

本项目通过水稻及旱作生育期的合理调整,建立水稻及旱粮防台避灾模式;通过水稻不同类型品种的搭配模式研究,提出灾后补救的有效措施。

2. **实施范围和布局。** 分别在临海市、温岭市、乐清市、苍南县设置双季稻避灾减害高产示范核心区,实施面积各1000亩(连片500亩以上),早稻以常规稻为主,晚稻以杂交稻为主。在温台地区建立开发示范区6万亩,辐射带动60万亩;在温岭市、三门市、天台县建立旱粮避灾减害高产示范核心区,实施面积各1000亩。建立开发示范区4万亩,辐射带动40万亩。

3. **阶段任务与内容。** 2011—2012年:筛选和示范水稻品种搭配模式、栽培模式及相应的优质高产抗倒品种;集成示范早稻促早发、晚稻强化栽培以及双季稻机插栽培等技术。筛选和示范适合当地种植的旱粮品种。

2013—2015年:开展以早稻夺高产、晚稻避灾减害为重点的关键技术研究与示范;以早稻直播、晚稻机插为模式的关键技术研究与示范;形成浙南双季稻避灾减害稳产高产技术体系。研究示范稻田灾后旱粮补种的栽培模式。

4. **近期启动项目。** ① 双季稻避灾减灾稳产高产栽培模式及品种搭配模式筛选与示范。② 早稻直播、晚稻机插超高产栽培技术研究与示范。③ 双季双杂机插高产高效栽培技术研究与示范。④ 再生稻品种筛选及配套栽培技术研究与示范。⑤ 稻田灾后旱粮补种的栽培模式研究与示范。

5. **预期成果与效益。** 核心试验示范区双季稻亩产1100千克以上,再生稻(头季+再生)亩产1000千克以上;开发示范区双季稻亩产1000千克以上,再生稻亩产900千克以上;辐射区面积60万亩,亩增产(含减灾)100千克,年增粮食6万吨,增收效益1.08亿元。旱粮高产稳产核心示范区鲜食大豆亩产600千克,大豆干籽粒亩产220千克,马铃薯亩产2200千克,鲜番薯亩产3000千克,鲜食玉米亩产1000千克;辐射带动面积40万亩,增产8%~10%。年增产量2万吨,年增加效益8000万元。合计年增产粮食8万吨,增效1.88亿元。

四、构建浙江省粮食安全预警系统

以建立科学、实用的浙江省粮食安全监测预警系统为目标,以现代信息技术为支撑,重点开展主要农作物生产、流通、加工转化等环节的信息采集网络体系建设,建立相应数据库,构建浙江省粮食安全信息网络平台并建立国内外粮食生产、消费、市场动态预测预警系统,加强浙江省粮食主产县(市)综合生产能力的动态监测,提升我国粮食生产的监测、预警能力,为浙江省粮食生产的宏观调控,保障粮食安全提供及时、准确的科学依据。重点开展以下工作。

1. **粮食生产、流通、加工转化等环节的信息采集网络体系建设。**建立相应数据库,实现实时监测,构建浙江省粮食安全信息网络平台。

2. **建立浙江省粮食生产、消费、市场动态预测预警系统。**对各县(市、区)粮食综合生产能力进行定期评估,为浙江省粮食的宏观调控,粮食综合生产能力的提升,粮食安全的保障,提供及时、准确的科学依据。

3. **加强与国家粮食生产、消费、市场动态监测预测系统的对接。**及时掌握主要产粮省粮食生产情况、主要粮食进口省粮食需求情况以及国际粮食供需和价格变动情况,为浙江省粮食贸易和宏观经济决策提供决策依据。

4. **建立浙江省粮食供需中长期预测系统。**针对自然资源变动情况和国民经济发展趋势,对浙江省粮食供需进行中长期预测,为省委省政府制定国民经济发展规划和粮食安全政策提供前瞻性战略性的决策建议。

五、保障措施

1. **多渠道筹措经费。**项目建设坚持以省和地方(市、县)投资为主,积极争取国家支持,带动企业和农户多渠道投资的原则。省政府投资和地方投资应按1∶1配套。省财政投资用于科技攻关、技术组装、集成和转化,地方投资主要用于大面积示范推广,企业和农户投资则要重点保证科技转化和示范推广的生产资金。各级金融部门也要对粮食科技的转化和推广提供优惠贷款支持。

2. **加强粮食科技能力建设。**浙江省农作物育种尤其水稻育种相继在"9406"、"8812"等项目的依托下,人才队伍培育和学科建设得以稳定和发展,与之相应的栽培学科主要由于缺乏稳定的项目经费扶持,人才培养和学科建设相对薄弱。借助"粮食超高产科技示范工程"带动粮食科技能力建设,良种良法配套,人才培养和学科建设同步推进,进一步完善作物栽培学重点实验室和区域农业科技创新中心建设,提高研发装备水平,实现资源共享。不断增强浙江省粮食科技创新能力。

3. **加强多部门联合和科技计划之间的衔接。**坚持多部门联合的原则,协调作战,形成合力。攻关重点和示范推广区域要与国家粮食丰产科技工程、各地区粮食功能区建设和现代农业园区建设紧密结合,要与浙江省主要产量县、商品粮基地县形成有效的合作机制。同时,要建立科技项目相互联系和相互支持的有效工作机制。粮食超高产科技示范工程的设计要与浙江省其他已有科技重大专项相衔接。项目技术组装和集成一定要广泛收集、采用所有科技计划的有效成果,专项攻关成果也要及时通过各种渠道和手段尽快提供给其他项目组织转化推广。

4. **创新项目运行机制,制定和完善相关政策。**要积极探索和建立与社会主义市场经济相适应的科技研究、转化和示范推广相结合新机制。组建以科研院所、高等院校、省市县农技推广部门、粮食专业合作社(种粮大户)为主的多元化的科技转化、推广应用和服务体系;积极鼓励农业技术推广单位和粮食专业合作社(种粮大户)同科研院所、高等院校开展横向的联合与协作,承担有关新品种、新技术的普及推广。引导和鼓励科技人员深入农业生产第一线,加强农业科技的成果转化和应用推广。加强对农民和各类农业技术人员的培训,切实提高农民的科技文化素质。项目组定期组织召开粮食超高产示范现场观摩会、年度总结会。

5. **建立科研院校科技专家为骨干,地方科技团队为主体的科技攻关和转化机制**。以浙江省农科院、浙江大学、中国水稻所为主,组织各地市农科院和重点产粮县农技推广站成立项目协作组,开展项目的实施,建立“核心示范区＋种粮大户＋普通农户”的示范、推广和辐射模式。在主要实施区域,科学选择核心示范区,示范区以1个县域为基础,根据实施区域的面积大小,确立若干个示范县,以此带动整个项目区和辐射区的科技示范工作。

6. **加强科技资源整合,建立开放、流动、竞争和协作的科研运行机制**。围绕项目的主体任务,统筹科技资源,强化攻关和成果转化的管理,制定相关配套政策,积极调动地方政府和地方科技人员积极性,确保项目总体目标的实现。坚持项目专家评议、择优支持的原则,确定主持和承担项目的单位和科技人员,本着公开、公平、公正的原则,择优确定项目区域、科技示范承担单位、示范大户。

六、组织管理

1. **建立项目领导小组会议制度**。成立“浙江省粮食超高产科技示范”领导小组,由省科技厅、省财政厅、省农业厅、省农科院、浙江大学、中国水稻所等部门主管领导组成,建立部门会商制度,负责项目组织与实施重大问题的决策和协调。

2. **建立专项集中管理制度**。设立“浙江省粮食超高产科技示范工程”管理办公室,具体负责本项目执行实施等有关具体工作。办公室原则上挂靠在主持单位,主要成员由省农科院、浙江大学、中国水稻所等在杭单位项目组负责人组成。

3. **建立专项的专家咨询会议制度**。成立由高层专家组成的“粮食超高产科技示范工程专家委员会”,负责项目的技术咨询、论证和评估等工作,提出浙江省粮食超高产科技示范研究建议等。

4. **建立专项实施区域领导责任制度**。在四大区域的实施县(区),根据项目具体任务和要求,确立县(市、区)分管领导为实施责任保证人,具体负责粮食超高产科技示范工程的落实工作。

执笔人:骆荣挺、张国平、张秀福、朱丹华、洪晓富

审改:张咸益　打印:戴丹丽　校对:郑荣泉

第三章　浙江省海洋渔业产业科技发展研究

一、发展现状与趋势分析

（一）国外发展现状

联合国粮农组织(FAO)统计表明:“水产养殖继续是动物食品生产部门增长最快的产业,其增速超过人口增长,来自水产养殖的人均供应量年平均增长率为6.9%。”经过稳定增长,尤其是过去40年的稳定增长,水产养殖产量将首次占全世界人类消费的水产品的一半,这不仅反映了水产养殖产业的活力,还反映了全球经济的增长以及水产品加工和贸易的持续发展。

历史上,全球的渔获主要依靠捕捞,由于野生渔业资源的过度开发,从20世纪80年代中期开始,捕捞的产量就不再增加,甚至负增长的情况也时有发生。FAO评估报告指出,目前世界渔业种群过度开发占19%、衰退占8%、已被完全开发占52%、从衰退中恢复占1%,渔业产量处于或接近最大潜在产量。与此同时,世界水产养殖产量年年增加,迄今人类消费的4800万吨水产品来自养殖。据预测,到2030年每年需另外增加3700万吨水产,才能维持不断增长的世界人口现有的水产消费水平,“水产养殖是能够填补水产供给与需求之差的唯一途径”。

（二）国内发展现状

近三十年来,我国水产养殖业取得了长足的发展,并成为大农业中发展最快的产业之一。据统计年报显示,我国水产品产量连续十多年居世界首位,2008年全国水产品总产量4896万吨,其中水产养殖产量3412万吨,占世界水产养殖总产量的69%,占全国水产品总量的70%,占全国动物性食物产量的30%,水产品出口也已占农产品出口净收入的50%以上,为我国建设和谐社会对优质食品的需求作出了突出贡献。

我国是海水养殖大国,海水养殖产量约占全球产量的2/3,产量和面积分别占我国海水产品总产量和水产养殖总面积的51.25%和23.18%。显然,海水养殖业已成为我国沿海地区国民经济发展的重要组成部分,是拉动农村经济、促进经济发展、调整产业结构、增加就业和渔民收入、改善食品结构、提高人民生活水平的重要行业,在保障供给、稳定市场、保障国家粮食安全、促进贸易发展等方面都发挥了重大作用,对建设和谐社会、实现国民经济又好又快发展具有重要意义。

（三）浙江省发展现状

2008年浙江省渔业产值407.82亿元,其中海水产品产值277.23亿元、淡水产品产值130.59亿元,比2000年增加110.46亿元,占农业总产值的22.91%。

2008年,浙江省水产品总产量达504.13万吨,其中海水产品产量385.13万吨、淡水产品产量92.86万吨、远洋渔业产量26.15万吨,人均占有水产品107.5千克,水产品总产量及人均占有量均居全国第4位。海水产品产量中,海洋捕捞301.08万吨、海水养殖84.05万吨,其中鱼类213.66万吨、虾蟹类83.7万吨、贝类69.02万吨、藻类3.49万吨、头足类13.38万吨。目前全省拥有海水养殖面积96.14千公顷、淡水养殖面积212.02千公顷。

全省拥有一定生产规模和配套能力的专业性远洋渔业企业31家、远洋渔船317艘，远洋渔业产量26.15万吨，产值达到20亿元以上，并形成了以大洋性鱿鱼钓业、超低温金枪鱼钓业、大洋金枪鱼围网和过洋性拖网渔业为主要作业方式的远洋渔业生产格局。

全省水产品加工量173.35万吨、加工产值300亿元。

二、技术发展趋势与重点方向

(一) 前沿技术将成为现代海洋渔业科技创新的突破点

随着大规模、高通量的序列分析技术和生物信息技术的发展，非模式生物在全基因组水平上开展遗传性状的深度解析已经成为可能，全基因组选择技术、分子设计育种等高新育种技术纷纷提出，为养殖生物育种的跨越性发展提供了机遇。细胞培养技术，特别是干细胞培养技术的重大突破是近年生命科学领域引人注目的重大事件，展示了美妙的应用前景。

突破和建立鱼类胚胎玻璃化冷冻保存技术是鱼类种质保存的研究重点，建立精子、卵子、胚胎及其幼虫的超低温保存技术及大容量冷冻保存技术，建立相对完善的冷冻精子质量评价体系。跟踪研究长期冷冻保存的精子，阐明鱼类、虾类的胚胎冷冻损伤机制，为突破和建立鱼类等胚胎冷冻保存技术提供理论依据。

(二) 现代与传统育种技术相结合是良种化的必然趋势

育种体系建设日益得到重视，数量性状分析技术与生物信息技术加快向水产育种界转移。育种体系包括种质资源体系、选育杂交体系和育种场管理体系等多个环节，需集成水产种质资源学、遗传育种学和生物信息学等多学科的研究成果。BLUP育种体系将得以加速推广应用。

生物高新技术加快了种质创新的步伐，精确育种技术实现跨越式发展。随着一批海洋生物的功能基因序列的测定、重要生产性状的分子标记和遗传解析、细胞遗传技术的突破，海水养殖生物育种研究由传统杂交选育技术向细胞工程育种和分子育种方向发展，走上精确育种轨道。一是寻找与生产性状相关的分子标记，研究和解析生物遗传性状的分子基础，探讨基因—性状—环境的相互作用，进而结合BLUP和REML数量育种技术，应用于良种培育；二是开展水生生物的基因组和功能基因组研究，克隆具有重要功能的生长、发育、免疫等相关的功能基因，进而应用于基因工程和良种培育中。

(三) 生态型、工程化生产模式是现代海洋渔业发展主流

目前，渔业生产模式正面临一场新的革命，传统的养殖生产模式产量的提高主要以牺牲资源和环境为代价，能耗高、排放多，一些水产养殖模式的发展常以盲目引进外来物种、过度抽取地下水、大量消耗野生资源、滥用化学品等为代价，导致资源消耗和环境污染。将强调养殖新模式和设施渔业中新材料与新技术的运用，建立自养和异养复合养殖系统，实施养殖系统的“生物操纵”与“自我修复”，优化已养海域的养殖结构，实现滩涂、浅海生态设施渔业。目前，国际上普遍提倡基于生态系统(ecosystem-based)的新养殖模式，将生物技术与工程结合起来，广泛采用新设施，科学配方的新饵料，用节能减排、环境友好、安全健康的新生产模式来替代传统养殖方式。

工程化养殖运用现代生物育种和育苗技术、饲料加工技术、水质处理、调控技术与病害防控技术，设计现代养殖工程设施，实施养殖良种生态工程化，依靠“人工操纵”实现养殖系统的环境修复，有效地控制养殖的自身污染及因养殖活动对海域环境造成的影响。积极推广和

完善水域增养殖技术、精准陆基养殖技术和基于生态工程的增养殖技术等高新养殖技术。

(四)产品精制与食品安全是国际产业发展的共同目标

高新技术在水产加工中的应用日益扩大。生物技术、膜分离技术、微胶囊技术、超高压、电子束冷杀菌技术、无菌大包装技术、微波能杀菌及干燥技术、热泵低温干燥技术、超微粉碎和真空技术等高新技术已在水产品加工业中得到广泛的应用;精制的高附加值产品发展迅速。从海洋生物和水产加工副产物中提取结构特殊、功能特异的生物活性物质,如降压肽、鱼皮胶原蛋白、鱼精蛋白等产品已经进入市场;水产品质量安全备受关注,质量控制技术飞速发展。

保证水产品的食用质量和安全的检测技术、净化技术和限量标准等质量安全控制关键共性技术更加完善;食品溯源技术日益成为保障海洋食品安全的重要措施。鉴于发达国家将食品安全跟踪与可溯源应用于食品安全管理体系的成功经验,也鉴于我国目前严峻的食品安全问题,建立和实施我国食品溯源制度,开展水产品全程控制和跟踪十分必要。

(五)渔业生物新资源开发利用是国际竞争的热点

区域性国际渔业管理组织和沿岸国对全球渔业资源管理日趋严格。世界主要渔业国家的发展理念从传统的掠夺式海洋资源开发利用向以资源养护、生态安全、质量保证的现代渔业资源开发利用转变,并逐渐建立了相应的技术和管理体系。捕捞技术发展迅速,新技术广泛应用。远洋渔船向专业化、自动化、信息化和节能高效发展。

与此同时,极地和深海资源的发掘、评估和利用技术亟待发展。南极磷虾资源十分丰富,可捕量是世界现有渔业产量的1倍以上,参与南极磷虾资源开发是中国远洋渔业可持续发展的重要途径。以最终产品的设计为导向,如提高产品的附加值、发展产品综合开发能力等以化解高成本的压力;以相关加工设备、加工工艺的研究和捕捞技术改进为出发点,重视项目的经济技术和盈利前景分析。研制深海生物多样性定点、可视取样装备;发展、完善船载和实验室深海微生物环境模拟培养/保藏体系,发展深海微生物培养/保藏技术,发掘用于工业催化、新药开发、能源利用和环境修复等需求的生物/化学制品。

(六)养护和修复已经成为世界海洋渔业持续发展的必要措施手段

基于生态系统的渔业要求首先掌握重要经济种类生活史、关键栖息地、生态功能,进而针对每一种类提出具体的管理规划与策略。人工鱼礁与海洋牧场建设是养护渔业资源的重要举措。在渔业资源学、水产工学、苗种培育等领域开展研究;近海渔业资源家域化的开发研究,亦称"海洋牧场"研究,旨在通过人工鱼礁投放、资源放流增殖、投饵驯化和海域生态化管理等技术手段,达到海域生产力提高、资源密度上升、鱼类行为可控和资源规模化生产的目标,实现近海渔业资源的可持续开发与利用。

重要海洋渔业资源的增值放流是解决人类对水产品的需求与资源困乏尖锐矛盾的有效手段。把"采捕型"渔业转变为"增殖型"渔业,将渔业的发展建立在人工资源的基础上,开发以增殖放流资源为基础特征的"栽培渔业"、"管理型渔业"。

修复保护技术的发展趋势是进一步开展恢复生态学理论研究,建立我国海湾恢复生态学理论体系;继续在重要养殖海湾对影响养殖容量的因素进行深入研究,完善养殖容量理论,推广基于养殖容量理论的健康养殖技术;深入研究典型海域生境修复和生物资源修复技术及模式,构建修复技术体系;集成污染控制、生物修复、生境修复、资源修复等技术,实施规模化示范。

三、基本思路、目标与任务

（一）基本思路

贯彻落实科学发展观，面向满足浙江省粮食安全战略需求和瞄准世界、国家海洋渔业科技前沿，紧紧围绕调整产业结构、改变经济发展方式、提高产业效益、改善生态环境、拓展产业空间和提高产品国际竞争力的需要，与国家科技计划、省其他科技计划形成分工互补、协调互动，选择和突破一批带有基础性、全局性、方向性、关键性的重大科学和技术问题，为提升海洋渔业主导产业、培育海洋渔业新兴产业、发展海洋渔业战略产业提供持续的引领与支撑。

（二）发展目标

针对浙江省海洋渔业重大科学技术问题和产业发展需求，构建现代海洋渔业高效可持续发展的新技术、新模式、新途径。重点研发远洋渔业技术、海水养殖良种选育技术、设施养殖工程技术、水产品精深加工技术、渔业资源修复养护技术以及海洋生物工程技术，实施海洋渔业自主创新发展、技术改造提升、产业集群培育与产业结构优化，形成一批居国际、国内前沿水平的创新性研究成果，建立若干个产业技术联盟与产业化示范基地，引领并促进浙江省海洋渔业产业的健康、高效和可持续发展。进一步扶持一批海洋渔业科技创新载体，支持一批在国际、国内相关前沿领域颇具创新能力的研究团队，造就一批在国内外有影响力的中青年学术带头人。

（三）主要任务

1. **实施海洋渔业自主创新发展。**增强自主创新能力，加强海洋渔业科研攻关，争取在渔业发展的重大和关键技术方面取得突破。切实推进海洋渔业科技"项目、人才、基地"一体化进程，加快形成国家、省、市科技机构和其他所有制科技组织共同发展、优势互补的海洋渔业科技体系，建立与海洋渔业产业带相适应的新型海洋渔业科技研发和推广服务体系。

2. **实施海洋渔业技术改造提升。**在提高海洋渔业生产设施化水平和抗御自然灾害能力以及改善生产条件基础上，加强产品加工、储运、流通设施建设，建立高效产品流通网络，有效推进渔业综合配套设施建设，建立健全良种体系、科技创新与应用体系、产品质量安全体系、产品市场信息体系、资源环境保护体系等现代海洋渔业产业体系建设。

3. **实施海洋渔业产业集群培育。**产业化经营是现代海洋农业发展的重要组织形式和有效载体。不但要发展壮大海洋渔业龙头企业，增强市场竞争力和对渔民的带动能力，引导海洋渔业龙头企业通过技术改造和资产重组，建立现代企业制度，提高企业的经营规模和整体素质，还必须加快渔民专业合作社建设，提高组织化程度，积极探索产业化利益联盟机制，鼓励海洋渔业龙头企业与农户建立紧密的利益联盟机制和稳定的产销关系，实现"双赢"发展。

4. **实施海洋渔业产业结构优化。**瞄准"高产、优质、高效、生态、安全"的现代产业目标，走精准化、集约化、产业化的道路，向海洋渔业发展的广度和深度进军。要继续调整海洋渔业区域布局，加快实施优势水产品区域布局规划，充分发挥浙江省海洋地区的比较优势，形成科学合理的生产力布局。

四、重点领域与主要内容

（一）远洋渔业技术

1. **南极磷虾资源开发与利用技术：**研究南极磷虾的时空分布、行为特性，开发捕捞南极磷虾的友好型渔具渔法；研发与集成南极磷虾探测设备、鱼泵装备系统和磷虾脱壳、虾粉、虾油加工及水溶性物质提取等加工装备技术与体系。

2. **智利竹荚鱼资源开发与利用技术**：研究智利竹荚鱼资源评估与渔场变动规律，研发节能高效的变水层拖网渔具渔法，构建渔情预报与渔业信息服务平台。

3. **金枪鱼资源开发与利用技术**：研究金枪鱼资源评估与渔场变动规律，研发节能高效的延绳钓和围网渔具渔法，构建渔情预报与渔业信息服务平台。

4. **柔鱼类资源开发与利用技术**：研究柔鱼类资源评估与渔场变动规律，研制生态节能型LED集鱼灯，构建渔情预报与渔业信息服务平台。

5. **远洋渔业重点种类冷链物流关键技术与配送体系**：优化远洋渔业重点种类产品冷藏工艺，开发远洋渔业重点种类配送装置和技术体系，构建远洋渔业重点种类物流信息平台。

6. **远洋渔业重点种类精、深加工关键技术**：研究远洋渔业重点种类生化特性，重点开发种类加工和食品系列，研制与开发重点种类下脚料营养活性肽、(DHA＋EPA)功能鱼油、牛磺酸等，研究远洋渔业产品质量安全控制体系关键技术。

（二）海水养殖良种选育技术

1. **海水养殖生物技术**：遴选若干在浙江省海水养殖中占主导地位的鱼虾贝藻代表生物为研究对象，利用高通量测序技术手段，深入开展结构基因组和功能基因组学研究；研究海水养殖生物转基因导入技术，进行转基因生物遗传和生态安全评估，以期早日获得具有遗传和生态安全保障的转基因海洋生物新品种；利用细胞、实验生物体系，对重要性状的功能基因进行筛查和验证，重视具有调控重要生产性状的功能基因开发利用技术。

2. **重要海洋渔业生物种质保存技术**：建立重要海洋渔业生物活体保存技术体系，研发重要海洋农业动物精子超低温冷冻保存技术，研发重要海洋渔业动物卵子或胚胎玻璃化冷冻技术及冷冻胚胎解冻方法，研发藻类孢子、配子体和原生质的低温或固相保存新技术及种质的鉴定、复苏和应用技术。

3. **主导海水养殖种类育种技术**：开展选择育种的研究，开发选择育种核心技术和工艺，建立海水养殖生物BLUP育种技术体系；开展杂交育种研究，特别是远缘杂交技术，建立海水养殖生物杂交育种体系；进行重要性状的QTL定位，研发分子标记在良种培育和鉴定中的应用技术，建立主导海水养殖生物的分子标记辅助育种技术体系。

4. **主导海水养殖种类良种培育技术**：针对选取的不同主导海洋农业种类，建立适用的良种培育体系和扩繁工艺，研发的技术包括野生种的驯化、生殖调控、家系的构建管理、优质高产抗逆等农艺性状的人工定向选育等。

5. **名优特新海水养殖生物苗种繁育与养成技术**：鉴于浙江省海洋生态环境，研发尚未成为海水养殖对象的名、优、特的新种类，研究技术体系包括驯化、促熟、人工繁殖、变态的人工诱导与管理、开口饵料研制、苗种培育、生长的调控与养成等多种技术。

6. **大规格健康苗种工程化繁育技术**：研究重要海水养殖生物苗种繁育生境，开发繁育生境控制、种苗繁育数学智能化影像判别等技术，研制主要品种专用育苗技术装备，构建工程化苗种繁育技术体系。

（三）设施养殖工程技术

1. **新能源智能化外侧岛屿工厂化养殖系统**：国内外海洋新能源技术集成、筛选与优化；具有高效自动温控，自动溶氧控制，自动排污以及自动温度、溶氧、pH监测的高效智能化养殖装备与技术；新能源智能化外侧岛屿工厂化养殖系统装置结构、工艺设计与质量标准。

2. **外海工程化养殖成套装备及技术**：设计研制适于－20 米以下深海域养殖的成套装备，集成开发远距离自动投饵、视频监控、数字控制装备，研制开发新型多功能养殖工作船，构建外海工程化养殖成套装备及技术体系。

3. **绿色休闲型近岸养殖装备与技术**：兼顾景观和休闲功能的新型近岸网箱养殖系统研发，在已提高网箱抗风浪性能的基础上，结合当地地形、地貌和景观特色，通过科技研发，实现传统近岸网箱的性能升级，同时发展其休闲和景观功能，提升近岸网箱的附加产值。

4. **陆基围塘生态养殖技术**：开发陆基围塘生态系统能量结构优化技术，构建重要经济种类的新型、高效、环境友好型多营养层次综合生态养殖技术体系，研发构建生物絮团及在围塘养殖中的高效利用技术，建立陆基海洋农业废水资源再生及无害化利用技术。

5. **浅海多营养级复合生态型养殖技术**：研发新型筏式系统及筏式养殖新种类，研究浅海多营养层次养殖系统中物质转运和能量传递规律，建立多营养层次养殖系统的养殖容量评估数值模型，开发出浅海滩涂养殖的多营养层次养殖系统共性关键技术，研究贝藻规模化养殖对碳收支的作用。

6. **海水养殖健康精确管理技术**：针对不同的养殖种类和养殖方式，综合集成苗种管理、水环境适时检测与调控、饵料科学饲喂、病害检测与防控技术，将生物技术、工程技术、信息技术和科学管理融为一体，确保海洋农业生物的健康养殖和过程的精确管理。

(四) 水产品精制工程技术

1. **水产品现代物流关键技术**：重点研究鱼贝类的生态冰温保活运输技术，鱼贝类超级快速冷却、冰温气调、栅栏保鲜及生物保鲜等新型保鲜技术与智能化包装及智能运输技术，研制集水质净化、杀菌、水温自动控制、水质检测、自动化报警等多功能于一体的新型低温充氧保活运输装置，建立大宗海水产品的冷链物流技术体系。

2. **海水产品蛋白质高效利用技术**：研究不同海水产品蛋白的加工特性，开发鱼糜的微波膨化加工技术及鱼肉的智能化适度油炸与真空油炸技术；研究海水产品在干制、腌制、熏制等传统加工中品质的影响因素和质量控制技术，开发海水产品的低温热泵干燥、液熏、喷雾腌制加工技术，水产品的低盐发酵技术及腌制水产品的生物氨与亚硝酸盐控制技术；研究开发多脂鱼的亚临界流体萃取脱脂技术。

3. **海洋渔业生物与精细化工产品加工技术**：针对海藻加工生产中海藻胶存在的产品质量不稳、藻胶提取效率偏低、废弃物中的活性成分未得到充分利用的现状，研究高品质褐藻胶、卡拉胶、琼胶的新型加工技术，开发不同用途海藻胶产品的制备技术及质量标准体系；研究岩藻黄素等海藻功能性色素的提取精制技术；开发海藻活性寡糖的酶工程与发酵工程制备技术及膜组合分离技术。

4. **水产品营养功效成分高效分离技术**：研究与开发海水产品功能肽、活性多糖、活性脂质的高效快速分离与制备技术，重点研究活性肽的定向酶解制备与分离技术、活性多糖的低成本规模化高效分离技术、富 DHA 磷脂的连续逆流超声提取技术。开展大宗海水产品中功能因子的结构解析、生物活性的研究。

5. **海水产品中生物与化学危害成分的高效脱除技术**：针对水体污染日益严重、贝藻类产品重金属超标严重的现状，研究开发养殖贝类活体的重金属快速脱除技术与脱除材料；研究开发海产加工品中重金属等脱除技术及材料；研究开发贝类病毒的灭活技术；研究开发食品中有机磷农药降解的海洋生物材料。

6. **重要海洋渔业产品质量全程跟踪与溯源技术**：研发海洋渔业动物信息快速获取技术、产品追踪标志技术、物流信息管理等数字化管理技术和产品质量可追溯技术，建立海洋渔业生产过程数字化决策管理系统、产品质量追溯系统编码体系，构建产品可追溯管理系统。

（五）渔业资源修复养护技术

1. **近海渔业资源评估技术**：建立渔业声学、拖网资源量评估、近海主要渔业资源经济种类生物学可捕量与捕捞配额评估技术体系。

2. **渔业资源安全友好型捕捞技术**：建立渔业生物学监测评价标准，评判近海重要渔业资源种类最佳适捕规格和年龄，研制适合不同作业品种和作业类型的资源安全优化的捕捞渔具。

3. **禁渔区和禁渔期实施效果评价技术**：研究重要渔业对象主要栖息地特征、繁殖期及其种群动态，模拟近海伏季休渔、禁渔时空的实施对重要渔业种类种群动态变化的影响，建立实施禁渔的时空综合效果评价技术。

4. **受损生境生物修复技术**：研究滤食性贝类集群生态系统的恢复和重建技术、沉积食性动物功能群的重构技术、海藻床人工构建技术、微生物修复技术。

5. **人工渔礁（岛礁）工程技术**：研究人工鱼礁材料、新型礁体设计及不同类型鱼礁使用年限估算及其受损过程；研发珊瑚生物的人工繁育和珊瑚岛礁的修护和构建；研究开展人工鱼礁渔场建设技术及海域生态调控技术；建立人工鱼礁建设效果综合评价技术体系。

6. **新型海洋牧场构建技术**：研究浅海牧式围栏养殖声光电应用技术、浅海围网围栏养殖工程与技术、定置围网—围网养殖复合型增养殖系统、沉式网箱—人工鱼礁复合型增养殖系统，研究开放水域海底藻林人工种植、海珍品人工增养殖技术，研发人工种苗放流、放牧群体行为驯化及生态与环境监控技术；实现海洋牧场区内的环境要素的实时在线监测，优化生态环境。

（六）海洋生物工程技术

1. **海洋生物质能源技术**：高能值微藻、微生物和大型海藻的选育与规模化培养；研究海洋微藻、微生物和大型海藻的生长环境，建立微藻、微生物和大型海藻高效培育技术；突破微藻、微生物和大型海藻中生物质转化为生物能源的核心技术。

2. **海洋生物材料技术**：建立海洋生物功能材料医用级原料的稳定生产及质控技术；研究创伤修复材料、组织工程材料、药物长效缓释材料、移植材料等新型医用材料及其规模化生产技术；研究开发黏膜免疫制剂、自发荧光检测制剂、新型基因给药和抗癌药物靶向纳米制剂等新型医用制剂及其规模化生产技术；研究利用海洋生物医用包埋材料对蛋白质药物活性保持的新技术；探索海洋功能材料的改性技术，研究琼脂糖等多种制剂的均一粒径控制技术及其规模化制备技术；研究海洋功能材料制剂对细胞行为影响、其在体内的代谢机制及其安全性评价，突破海洋生物功能材料终端产品的先进性制备关键技术；突破海洋多糖功能性改性修饰和分离纯化中试工艺、介入治疗栓塞剂规模化加工成型工艺及其过程安全性控制等关键技术。

3. **重要渔业生物制品和创新型海洋药物**：一类海洋创新药物；源自海洋生物的创伤修复材料、组织工程材料、药物长效缓释材料、移植材料等新型医用材料；海洋生物质转化的洁净生物能源；具有重大应用前景的源自海洋生物的酶类、纤维、多聚物、精细化工产品等。

五、科技创新服务体系

（一）产业技术创新战略联盟构建

加快建立以企业为主体、市场为导向、产学研相结合的技术创新体系，提升企业自主创新能力和产业核心竞争力，促进经济结构调整和产业优化升级，构建浙江省远洋渔业、海洋养殖及海产品加工产业技术创新战略联盟。

(二) 科技创新载体与科技创新团队建设

依托涉海高校与科研院所，建立浙江省海洋渔业科学研究院，凝练和培养一批具有国际、国内水平的学科带头人，构建浙江省远洋渔业、海洋养殖、海产品加工产业科技创新团队，重视年青一代科技人员的培养，注意发现和起用优秀的中青年科技人才。

(三) 企业研发中心建设与创新型农业科技企业培育

以企业为主体、坚持技术创新的市场导向、产学研结合的技术创新体系作为突破口，全面推进创新体系建设，使企业获得持续创新的能力，围绕现代海洋渔业发展建设 20 家企业研发中心、培育 50 家创新型农业科技企业，切实增强企业的核心竞争力。

(四) 人才培养

人才是自主创新的主体，构建浙江省现代海洋渔业科技自主创新体系必须坚持以人为本，培养出约 500 名本科，约 100 名硕士、博士研究生和博士后工作人员，建立起以中青年为主体在现代海洋渔业领域颇具创新力的研究团队，造就一批在国内外有重要影响的中青年学科带头人和管理人才，组建完善的技术推广服务体系，为浙江省现代海洋渔业的可持续健康发展提供有利的人才建设保障。

(五) 基地建设与产业集群创新

根据目标生物类型、技术类型、产业类型及区域特点等，建立 1～2 个现代海洋渔业生物基因研发基地；5～8 个种质创新与产业化示范基地；建立基于生态工程的 1 艘海洋养殖工船、1 座海洋大型养殖平台系统、5～8 个外海增养殖示范区；建立完善 300 个大型抗风浪网箱养殖示范基地、4 万亩多营养层次综合养殖示范基地、10 万亩滩涂生态养殖示范基地、10000 平方米精准陆基养殖示范基地；构建 5～8 个基于可追溯的活体运输、养殖产品开发与远洋渔业产品精深加工示范基地。

六、保障措施

(一) 加强投资力度

与陆地农业相比，渔业的科技发展现状尚有一定差距。渔业在国民经济生活中发挥越来越大的作用，政府应加强对渔业基础研究和高技术研究的投资规模，这是保证粮食安全、食品安全的重要举措。项目投入的同时，应以项目为导向，引导地方、企业资金走向，开拓科研资金的多渠道投入机制。

(二) 充分发挥企业在技术创新中的作用

企业作为创新主体，既是国家制定的科技发展战略，也是国际科技发展趋势，应在国家鼓励下发挥作用。以企业为主体、产学研结合的技术创新体系为突破口，全面推进国家创新体系建设，技术突破。只有以企业为主体，才能坚持技术创新的市场导向，有效整合产学研力量，切实增强国家竞争力。只有产学研结合，才能有效配置科技资源，激发科研机构的创新活力，并使企业获得持续创新的能力。

(三) 加强基地建设

高技术产业化示范基地是促进高技术产业化的重要媒介，是实现技术与产业衔接的桥梁。

建立起以渔业关键技术为支撑、以企业为主体的现代渔业示范基地，是保障渔业健康可持续发展的重要举措。遴选重大目标产品，集成重大技术成果，建成成果产业化示范基地，将研究、开发、应用和产业化工作有机结合起来，引导和带动我国具有自主知识产权的渔业技术产业健康快速发展。

（四）健全法规体系

遵循科学规律，把握国际趋势，按照“加快研究，推进应用，规范管理，科学发展”的指导思想，完善配套规章和相关法规，建立符合浙江省省情和产业发展的法规体系和管理制度，为渔业产业发展保驾护航。

执笔人：吴常文、王阳光、宋伟华、常抗美

打印：戴丹丽　校对：郑荣泉

第四章　浙江省村镇建设产业科技发展研究

一、发展现状与科技需求

(一) 发展情况

1. **基本境况**。2008 年浙江省共有 68 个城市，其中 11 个地级市，22 个县级市，35 个县城，747 个镇，446 个乡，318 个街道，32449 个村庄。全省的城市化水平从 2004 年的 54%增长到 2008 年的 57.6%。2010 年城镇化水平达到 60%，城镇人口 3100 万，其中中等规模以上城镇人口比例达 65%；预计 2020 年城镇化水平将达到 72%，城镇人口 4100 万，其中中等规模以上城镇人口比例达 73%。在 10 年间新增城镇人口 1000 万，其中农村人口转移 500 万～600 万人。

为了加快推进浙江省城镇化建设，省委、省政府颁布了《关于进一步加强城市工作，走新型城市化道路的意见》，指出“五个坚持”，即坚持把城市发展与新农村建设结合起来；坚持把城市发展与提高资源利用效率结合起来；坚持把城市发展与环境保护和生态建设结合起来；坚持把城市发展与增长方式转变结合起来；坚持把城市发展与构建和谐社会联系起来。浙江省开展了一系列的城乡规划和社会主义新农村建设工程：由省委、省政府、建设厅主持的“千村示范，万村整治工程”(简称“千万工程”)和“百家设计研究单位，千名设计研究人员下基层帮扶新农村建设工程”(简称“百千工程”)；科技厅立项研究了“村庄空间形态演变与规划关键技术”、“公共产品供给研究”；省社会科学界联合会开展了系列“古村落保护”为主题的文化工程，有关部门先后实施了“千村示范，万村整治”、“下山脱贫”、“强塘固房”等一系列惠民工程，在理论层面和实践层面都取得了显著成就。

2. **现实基础**。至 2009 年，浙江省城镇体系规划修编和县市域总体规划编制工作基本完成，中心镇培育工作力度加大，城镇基础设施和公共服务加快向农村延伸覆盖。等级公路通村率达到 99%，农村公路养护体系基本建立，城镇集中供水覆盖的农村人口新增 144 万，解决 231 万农村人口安全饮水问题，完成 3185 个村庄环境综合整治任务。积极支持欠发达地区和海岛地区发展，省财政转移支付 252 亿元，增长 14.5%，扶贫开发和新一轮“山海协作”工程取得新成效，对重点民族乡镇的支持力度加大，山区、海岛基础设施建设和产业结构调整加快。具体表现在以下几个方面。

(1) 带动了特色产业集群和村镇经济社会蓬勃发展。浙江省从农业自然资源稀少和市场经济比较发达的情况出发，按照高效生态农业基本特征，积极探索，形成了设施栽培模式、生态养殖模式、立体种植模式、农业休闲模式、种养一体化模式以及有机农业模式等一批效果显著、前景良好的高效生态农业模式，并建立了一批不同模式的高效生态农业示范园区。同时，浙江省大力发展生态旅游，一些生态良好农区、林区、海岛渔村把村庄环境整治、古村落保护等与特色农业、特色旅游发展结合起来，全省已开发农家乐特色村(点)2398 个，从业农民 7.8 万人，取得了良好的社会、经济和环境效益。

浙江村镇特色产业集群不仅包括工业中的众多领域，而且传统农业和新兴农业高科技产业集群也有了相当的发展。据初步统计，浙江村镇特色农业和涉农产业集群包括经营性农业中的30多个农副产品产业集群，这些产业集群都具有相当的规模，并在区域范围有很高程度的集聚。

(2) 促进了村镇规划、空间优化和村庄整治建设。至2009年底，全省基本完成了县(市)域总体规划，按照“减少村庄数量，扩大村庄规模”的要求，编制县域村庄布局规划，为基础设施与公共服务设施的合理配置提供了导向。按照有利于提高农民生活质量、传承历史文化和体现人与自然和谐相处的要求，编制村镇总体规划、详细规划和系列专项规划。全省村庄规划编制率在65%以上。乡村社区布局规划优化了农村社区基础设施和公共服务设施配置，提高了公共资源的利用效率。

在规划的指导下，积极开展村镇空间布局优化和建设，按照改善环境、方便生活、有利生产、彰显文化底蕴的要求，采用项目实施带动、城镇建设带动、强村发展带动、旧村改造带动和下山移民带动等形式，积极稳妥地开展村庄撤并，加快推进中心村建设。累计完成示范村建设800个，整治村8000个。

(3) 加快了农村基础设施整体配套建设。全省加快了城市市政公用设施向农村延伸，包括通村公路项目、改扩建和延伸城市供水排水管网、清水河道整治、实施乡村供水工程等。已初步形成了城乡衔接的供电、广电通讯、公共交通等基础设施体系。

至2006年，全省完成通村公路路基、路面建设里程2705公里；改扩建和延伸城市供排水管网2000公里，增加受益农民220万人，完成与示范村、整治村相结合的清水河道整治1505公里；实施700多个乡村供水工程，受益行政村6600个，受益农村人口524.6万人。

近年来，浙江省把村镇环境整治作为一个重点，积极推行平原村庄“户集、村收、镇中转、县处理”和山区海岛村庄“统一收集、就地分拣、综合利用、无害化处理”的垃圾处理模式，生活垃圾统一收集处理的村占全省行政村总数的66.4%，80%以上乡镇建成垃圾中转设施。

(4) 推进了村镇社区宜居及环境建设。全省先后实施了“千村示范，万村整治”、“下山脱贫”、“强塘固房”等一系列惠民工程，农民住房条件和农村人居环境得到了有效改善，有力地促进了浙江农村地区的现代化进程，已初步形成了城乡覆盖的商品连锁、文化卫生、应急救助等公共服务体系。同时，着眼于城乡卫生统筹发展，努力推进城乡社区卫生服务、完善新型农村合作医疗制度、维护村镇社区健康和农民健康，为村镇居民出行、就学、就医、娱乐等生活提供了许多便捷。

全省围绕“清洁水源、清洁家园、清洁田园”这一新农村生态环境建设目标，通过实施“三改”等一系列民生工程，已有1/3的村庄环境得到整治，完成的全面小康建设示范村1181个、环境整治村10303个。在农业面源污染治理、农村水环境保护、水资源高效利用、水土流失治理、污染土壤修复、农业农村废弃物处理与资源化利用、农村清洁能源的开发和利用等方面取得了显著成就，全面推动了村镇生态环境建设。

(二) 科技需求

长期以来，我国城市的发展比较受重视，村镇建设与发展相对落后，村镇建设与城镇化领域方面的研究也比较薄弱。随着国民经济的快速持续发展以及人民生活水平的普遍提高，特别是中央对“三农”问题的高度重视，广大农村的发展速度、发展水平、发展内涵、发展的普遍性与协调性将逐步提高，城乡一体化进程将逐步加快，当今浙江省城镇化发展已进入一个关键时期，在这个时期村镇建设和城镇化发展机遇与挑战并存。从浙江省城镇化发展的重大技术需求角度分析，主要表现为以下几个方面。

1. **从缓解资源能源短缺的需求出发，需要加强资源能源合理利用关键技术研究，为城镇化提供发展的物质基础。**浙江省经济发展较快，但土地资源和水资源人均占有量少，且在发展中这个问题越来越突出，而且村镇地区能耗正依照城市能耗消费模式急剧攀升，成为城镇化与村镇建设的重要约束“瓶颈”。迫切需要开展从土地资源调查到监测、从评价到规划、从整治到修复、从监察到调控等成套关键技术的研究。需要加强水资源的合理开发利用和优化配置，有效解决水资源短缺问题，加强饮用水处理与水资源循环利用研究，促进节约型社会建设，保障饮用水安全。需要开发节能和能源利用技术，加大可再生能、生物质能、低品位能的开发及低成本利用，提高村镇整体用能效率，优化村镇能源消费结构。

2. **从改善民生的需求出发，加强宜居社区和小康住宅技术研究，提高人居环境质量。**目前全省村镇住宅建设的总量和资金的投入量保持着平稳的增长态势，亟须对村镇的发展条件、资源环境承载力、土地利用、规划布局等展开深入研究，开发成套的规划技术。需要为实现村镇社区的宜居、环境改善、设施配套及住宅建设的功能提升、安全耐用、舒适健康提供技术支撑。需要研发符合国家产业政策和技术标准、具有浙江省地方特色和组合功能、经济适用的建筑材料。需要研究村镇基础设施和公共服务设施配置与建设技术，提高生活的便捷条件。需要开展地质、台风、洪水、火灾等灾害的综合减灾技术的研究，提升村镇防灾减灾的能力，保证人民生命和财产的安全。

3. **从村镇生态环境保护需求出发，加强村镇生态功能恢复和环境污染防治研究，开发废弃物无害化和资源化利用技术。**伴随着城镇化的快速发展，村镇地区人民群众生产、生活方式不断升级和改善，村镇居民生产、生活污染排放强度不断加强，城镇污染向村镇转移的压力加大，污染转移的趋势明显。迫切需要针对浙江省不同地区的地域特征，加强典型区域村镇的生态安全格局构建、受损生态系统强化修复和环境综合整治技术研究。需要加强生产、生活污水、垃圾以及养殖废水等污染物处理技术研究，以适用于不同村镇特点和经济发展水平。需要开展村镇垃圾等固体废弃物无害化及资源化利用技术、土壤污染综合防治与生态修复技术研究。

4. **从构建村镇信息平台的需求出发，加强服务村镇的信息化技术研究，缩小城乡、地域间的信息差距。**受到经济和科技发展水平的限制，目前村镇信息化发展比较缓慢，城乡之间的数字化差距存在并有进一步加大的趋势，村镇信息服务的终端问题尚未解决，信息资源共享程度低，信息服务能力不能满足村镇社会经济发展的要求。亟须解决村镇多网融合和信息低成本接入、村镇数字化管理、劳动力转移就业和社会化信息服务等方面的技术问题。需要研发不同层次用户低成本信息服务软硬件技术产品，发展村镇信息化服务资源高效利用、动态更新和多源融合的技术。同时，还亟须加强村镇社区建设、管理、服务信息化技术的发展，并为农村综合信息服务体系的构建和农民信息接受获取能力的提高提供切实的技术支撑，从而促进信息强政、信息兴业、信息惠民，为农村社会和谐稳定提供有效技术手段，缩小城乡、区域的数字信息差距。

5. **为了促进产业结构调整、保障劳动力转移，需要加强村镇服务业发展技术研究，发挥产业引领和带动效应。**多年以来浙江省乡镇发展结构不均衡，农村第三产业能力不足，特别是作为经济结构增长中最具创新活力的现代服务业，在农村呈现出基础薄弱、发展滞后、产业结构层次不高的特征，成为制约村镇发展动力的主导因素之一。浙江省以经济长期平稳较快发展为目标，迫切需要在金融服务业、物流业、旅游业等领域进行共性技术、关键技术、服务体系、创业能力等方面的重点攻关、系统推进，重点解决村镇现代化服务业产业模式、产业布局、产业结构中的技术问题，系统阐明城乡现代服务业发展的耦合机制，构建村镇现代服务业的辅助决策系统、人力资源数据库、创业信息服务平台和管理信息系统，以加快建立我国村镇现代服务业的科技支撑体系，促进村镇产业结构优化，扩大农民就业，提高农民收入，改善农村民生。

二、发展思路与基本原则

(一) 发展思路

以科学发展观为统领，按照中央统筹城乡发展的总体要求，围绕积极稳妥推进城镇化、提升城镇发展质量和水平的战略任务，贯彻落实《国家中长期科技发展规划纲要(2006—2020)》和《浙江省城镇体系规划(2008—2020)》的具体要求，瞄准国内外城镇化与村镇建设科技发展前沿，以经济与实效为根本，加强村镇建设和城镇化发展的科技自主创新和能力建设。建立“三三三”发展的总体思路，即立足省、市、县三个层面联动；主攻特色产业集群创新、村镇新社区与住宅建设、民生质量提升三个专题；集成科技攻关、成果转化、示范推广三条路线。结合浙江省资源能源短缺、块状经济活跃的实际，借鉴国内外城镇化的发展经验，大力促进村镇产业结构的调整与升级，发挥特色产业优势，走集群创新的道路；切实关注村镇的民生质量，加强社区的规划，在住宅建设上体现实用、环保、健康；对重点、难点领域集中力量攻关，大力推进重大科技工程和科技成果的集成应用示范。

(二) 基本原则

浙江省村镇建设与城镇化产业科技创新拟遵循三大原则和五个“结合”。

三大原则：

(1) 在专题设置上从“促进学科发展”向“满足产业科技发展需求”转变；

(2) 村镇建设定位为战略性产业，课题和项目按照其产业链设置，加强现代科技集成创新与应用；

(3) 项目管理服从统一部署、地方组织实施、人力集中攻关、资源集中配置的集成化工作机制。

五个“结合”(集成创新技术路线上体现五个结合)：

(1) 单项技术组装配套与区域示范村镇建设相结合；

(2) 攻关、转化、示范推广相结合；

(3) 关键技术突破与综合技术集成配套结合；

(4) 技术创新与知识创新相结合；

(5) 近期重点突破与中长期持续发展相结合。

三、发展重点与主要内容

(一) 发展重点

“十二五”及今后一段时期，农村科技创新与发展需突出村镇建设与城镇化发展现代科技集成创新与应用，优先发展三大类。第一类为村镇特色产业集群创新。从全省战略层面，综合考虑资源支撑和环境容量，充分体现集聚集约并适当兼顾地区平衡的原则，在政府明确规划的200个中心镇400个中心村内，选择一批区位条件较优、开发空间较大、发展潜力较好的村镇，开展产业集群创新，攻克一批产业发展共性关键技术难题，形成一批新的经济增长点，推进一批知名品牌，培养一批科技创新创业人才，形成产业链和产品市场，培育成为产业特色明显、生态环境优良、社会事业发达、功能设施齐全的区域中心。第二类是村镇新社区与绿色住宅建设技术。主要开展村镇新社区建设规划与设计、生态环境整治、传统村改造、功能提升与空间节约利用、建筑节能与绿色建筑等方面的技术集成创新与应用。第三类是农民生活质量提升技术。主要是加快公共卫生、社会保障、基础教育、文化体育、农民培训、城乡基本服务均等化等方面科技成果的推广与应用,建立健全多元化、社会化农村科技服务体系,加快农村科技成果转化应用和基层科技进步与创新。

(二) 主要任务

围绕上述三类发展重点,组织实施村镇特色产业集群创新、村镇新社区与绿色住宅建设技术和农民生活质量提升技术三个专题,开展 13 项共性关键技术研发、集成创新成果转化与应用和村镇建设科技示范。

1. **村镇建设与城镇化发展政策研究**。重点研究城镇化与村镇发展政策机制体系、城镇化与村镇发展运行管理支撑体系、城镇化与村镇发展社会保障体系。

2. **村镇建设规划与设计技术研究**。重点研究村镇发展中长期规划编制,城乡统筹发展规划与设计,县域村镇体系规划编制,镇乡村规划实施及体制建立,不同地域、不同类型村镇发展与建设规划,历史文化各镇(村)保护与规划设计,镇乡村旅游产业发展规划与设计,环境敏感性村镇低影响规划建设及标准,村镇景观与生态建设规划与设计。

3. **村镇建设与城镇化进程动态监测技术研究**。重点研究城乡空间识别与边界动态监测关键技术、村镇间人口流动动态监测关键技术、村镇建设基础设施监测与评价、农用地与建设用地动态监测技术、农民就业和社会保障动态监测技术、村镇土地利用效应监测和生态承载力评价、村镇建设安全评价体系与预警技术、产业化与生产方式监测和评价、人居环境监测和评价、进程动态检测技术集成。

4. **村镇土地资源利用与管理技术研究**。重点研究土地调查监测与评价、农村土地利用规划与设计、农村土地综合整治与利用、村庄整理与村镇废弃地修复、基本农田保护与建设、农村地质环境、土地监管与信息化。

5. **村镇新社区与住宅建设技术研究**。重点研究农村新社区规划与建设、农村住宅功能提升、农村住宅工业化、农村传统住宅更新与保护、农村社区与住宅节能、农村新社区与住宅减量排放与处理技术。

6. **村镇建筑材料研制**。重点研究传统乡村建筑材料性能优化与应用,工农业固体废弃物资源化再生与综合利用,功能型村镇建筑新材料研制,村镇建筑材料的制造与施工装备,体现民俗与地域特色的村镇绿色建筑示范,村镇建筑材料应用技术与发展策略。

7. **村镇基础设施与公共服务设施建设技术研究**。重点研究村镇设施规划建设标准与技术;基础设施与公共服务设施,包括村镇道路交通、村镇给排水设施与饮水安全建设、农村电网与电网降损节能建设、村镇新能源建设、环卫设施规划与设计、村镇安全技术等;基础设施和公共服务设施规划布局技术与系统,包括村镇基础设施和公共服务设施共建共享优化配置分析、村镇管网与设施规划设计评价、辅助选择和集成化设计系统、多种基础设施终端入户集成等;高效集约的村镇基础设施网络配置集成,村镇基础设施与公共服务设施配置共建共享。

8. **村镇水资源利用与管理技术研究**。重点研究村镇水资源管理信息支持系统,水资源安全评价、水资源利用与保护规划、水源地水质保护技术体系、非常规水资源的开发利用、水资源的优化配置、水环境治理、小水电开发利用。

9. **村镇能源利用与节能技术研究**。重点研究村镇建筑节能技术与节能设备开发、村镇建筑被动太阳能采暖技术、村镇太阳能主动应用技术、农村电网与设备节电关键技术、农村多能源互补发电微型电网关键技术、农村生物质能利用关键技术。

10. **村镇居民健康与安全保障技术研究。**重点研究村镇饮水安全、食品安全、室内环境健康技术保障与干预体系、农民卫生资源配置与村镇医疗卫生体系、社会保障技术体系、教育文化体系建设和科技扶贫模式及其机制研究。

11. **村镇生态建设与环境保护技术研究。**重点研究面源污染防治与土壤环境安全保护关键技术、村镇清洁生产指标体系与经济模式及运行机制、生活污水污染控制关键技术与设备、生活垃圾污染控制及资源化技术与设备、村镇绿色污染养殖技术、村镇生态安全体系与城乡生态综合保护、村镇生态环境保护机制体系研究。

12. **村镇信息化与运行管理。**重点研究村镇数字化管理、村镇网络"户联"、村镇劳动力转移就业服务平台、村镇社区公共服务信息平台、村镇信息同比、村镇信息化与运行管理技术规范和指标体系。

13. **村镇特色产业集群创新。**重点研究如何充分利用土地流转政策，培育和发展一批产业集聚和集约示范区，依靠科技推动城乡统筹产业布局结构调整，发展一批战略性新兴产业，提升一批传统主导产业，创建一批企业科研机构和科技型企业。同时推进村镇旅游产业、村镇房地产业、村镇生产性服务业、物流产业以及生活服务、金融服务等"三产"的发展。

四、主要保障措施(略)

五、组织与管理(略)

执笔人：王立忠、项品辉、王　竹、徐向阳、钱晓倩、李旺鸣
王柏生、单胜道、石道金、俞益斌、朱恺军、徐建军
审改：张咸益　打印：戴丹丽　校对：郑荣泉

第三篇　涉农高科技产业培育与发展研究

SHE NONG GAO KE JI CHAN YE
PEI YU YU FA ZHAN YAN JIU

第五章 浙江省种子种苗产业科技发展研究

一、现状与形势

(一) 国内外发展现状和形势

近 20 年来世界范围内农林动植物育种取得了显著成绩,为世界农业作出了巨大贡献。

1. **常规育种技术仍然是育种的重要技术手段。** 20 世纪 60 年代通过杂交技术育成的半矮秆品种 IR8(奇迹稻)为代表引发了第一次"绿色革命";20 世纪 70 年代我国成功选育出杂交水稻,产量比常规稻增产 15%以上。目前,水稻、油菜、番茄等作物的杂交种已广泛用于生产。

我国农作物常规育种技术成熟,成绩显著,实现了作物品种矮化和杂种优势利用两次重大突破,良种覆盖率已达 80%。

在林果与花草品种选育方面,近 20 多年来我国选育出 300 余个新品种,在生产量、观赏性状、抗逆性等方面得到改良。

在畜禽品种选育方面,杂交育种仍是主要的品种改良手段。目前,我国在猪及部分家禽品种方面都存在专门化品系较少的问题,产业化发展受到很大制约。

在水产品种选育方面,苏联、德国、以色列和日本等都普遍采用的是不同地理品系间和家养系与野生种间的杂交选育。

2. **常规育种技术的改造升级成为提高动植物育种效率的有效措施。** 经过几十年的努力,植物细胞培养、组织培养、体细胞杂交、分子育种等技术已在禾本科、茄科、十字花科等 50 多种植物上得到应用。

通过品种的杂交,肉、蛋、奶产量得到显著提高,用人工授精、超排等技术,实现跨国使用最优秀种公牛;在水产品种改良方面,国际上自 20 世纪 80 年代中期开始进行大规模的鱼类基因转移研究。

3. **优质专用新品种选育成为动植物育种的重要方向。** 日本、泰国、美国一直重视稻米品质研究。多数油菜主产国开展了双低油菜品种选育。蔬菜、花卉和花生育种研究的趋势仍然是进一步提高产品质量。

在林果与花草方面,选育专用型优质品种非常重要。我国在梅花、牡丹等名花培育上有很大的优势。

在水产方面,选育的"松浦鲤"具有抗寒能力强、生长快和耐高密度养殖的特点,极大地扩展了鲤鱼养殖的区域。"黄海一号"中国对虾提高生长速度近 20%。

4. **超级品种选育成为进一步提高农产品产量的重要途径。** 菲律宾国际水稻研究所启动了"新株型育种"项目,但其超级稻品种结实率低、充实度差而难以在生产上应用。我国先后提出了三系和两系超级稻育种技术,育成了亩产超 800 千克的超级稻新品种,如"协优 9308"、"两培优九"等。

以养猪业为例,猪的出栏率由过去的一年多缩短为现在的六个月。猪胴体瘦肉率由原先脂肪型猪的 35%提高到 55%左右,每头瘦肉型猪比脂肪型猪多产 15 千克以上的瘦肉。

在水产育种方面，超高产已成为重要育种目标。我国选育出的荷元鲤、三杂交鲤、丰鲤等良种，使鲤鱼的产量提高了30%以上。"黄海一号"中国对虾提高产量25%以上。

5. **育种技术进步和重大产品研发成为推动现代种业发展的原动力。**目前，重大新品种选育逐步成为跨国种业集团争夺"知识产权"的制高点。公益性研究与企业投资的商业育种合理分工，密切配合，形成了完善的科研、生产、加工和贸易的产业化体系。

我国作为世界上最大的种子消费市场，已为发达国家种业资本广泛关注。随着《中华人民共和国植物新品种保护条例》、《种子法》出台，企业对育种技术的创新日趋重视。目前，包括中国种子集团公司、山西屯玉种业科技股份有限公司、湖南亚华种业股份有限公司、袁隆平农业高科技股份有限公司等50强种子公司已开始建立自己的研究机构。

（二）国内外技术发展趋势

1. **常规育种技术不断被改造升级，育种效率和定向选育水平显著提高。**品质快速检测、分子标记辅助选择、胚胎移植、转基因技术等现代生物技术的开发与应用，使杂交选育、轮回选择、系统选育等传统育种技术不断升级，两者的有机结合使新品种的快速定向选育更加精准，育种效率不断提高。

2. **杂种优势利用将在更高层次、更广范围内实现超高产育种。**对于已大面积应用的杂交稻、油菜、蔬菜等作物，将通过进一步扩大亲本间的遗传差异，提高杂种优势利用水平；对于尚未形成杂种优势利用配套体系的作物，将加快相应的遗传系统和种苗繁育技术研究。

3. **在注重高产和优质的同时，将高产潜力与资源高效利用、抗逆稳产相结合，选育突破性新品种，不断提高农产品的竞争力。**集成作物种质资源学、遗传育种学、基因组学、生物信息学等多学科的研究成果，可综合评价优质、抗逆、资源高效相关新基因的育种价值；通过建立主要动植物抗逆性鉴定技术，创造更多的抗逆新种质用于育种。

4. **育种技术进步和重大产品研发将极大促进相关产业制度的创新，产业化成为推动种业发展的强劲动力。**动植物育种技术的发展，逐渐培育了现代种业和技术市场，也极大地促进了种业的竞争。杂种优势利用技术和杂交种作为知识产权保护的技术措施越来越受到种子公司、种畜公司和研究人员的重视。核心产品的研发成为跨国种业集团争夺"知识产权"的制高点。

二、浙江省农业新品种选育及种子种苗产业基础

（一）"十一五"我省农业新品种选育科研现状

"十一五"期间，浙江省农业新品种选育重大科技专项，重点是围绕构建区域优势农业种子种苗产业科技链，开展主要动植物新品种选育研究，创建新品种中试与区域示范基地，加快新品种新组合推广应用，推动种子种苗产业发展。2006—2009年，我省农业厅共立项428项，支持研究经费32009万元。其中争取国家科研经费17440万元，省财政拨款14569万元。在水稻、果蔬、生猪、家禽、奶牛、蜜蜂、优势特色水产品、竹木花卉等区域优势种子种苗产业链的培育中取得明显成效。据不完全统计，浙江省种子种苗产业销售收入累计超过100多亿元。在分子育种、转基因、杂种优势利用等育种高技术、超高产优质育种新材料创制、优质高产多抗专用新品种、新组合选育及中试研究方面取得重大突破。

1. **粮油育种。**一是多学科协作攻关成效显著。近五年来，多项粮油研究成果获得省部级以上奖励，其中国家科技进步一、二等奖各1项，浙江省科技一等奖3项。通过省级以上审（认）定新品种（组合）水稻120多个，旱粮41个，油菜12个，申报品种权32个。有10个水稻

品种被农业部认定为超级稻品种；水稻“国稻 1 号”、“浙粳 22”、“钱优 1 号”，油菜“浙双 72”、“浙双 758”，大豆“浙春 5 号”、“浙鲜豆 3 号”，大麦“浙秀 12”、“浙啤 33”及玉米“浙凤甜 2 号”、“浙凤糯 2 号”等相继被列为浙江省主导品种；迷你甘薯“金玉”、“心香”等在全省各地广泛种植。目前，自主育成的籼型杂交稻组合约占全省籼型杂交稻推广面积 75%，粳型杂交稻占 88%以上，早籼、晚粳、晚糯占 90%以上，双低油菜占 85%以上。二是研究成果国内领先。① 超级稻研究国内领先。省“8812”计划选育的组合“协优 9308”是我国第一代超级稻的典型代表，“超级稻协优 9308 的选育、超高产生理基础研究及生产集成技术的示范与推广”获 2004 年度国家科技进步二等奖。杂交籼稻“Ⅱ优 7954”2004 年在云南永胜现场实割验收，亩产达 1195.2 千克，产量达世界一流水平。“超级杂交稻育种亲本选配方法”、“钱优 0508”等获国家发明专利授权。② 双低油菜育种国内领先。相继育成双低油菜新品种 12 个，在省内外累计推广面积 2500 余万亩。2001 年育成我国第一个通过国审油蔬两用的双低油菜新品种“浙双 72”，被农业部列入长江流域双低油菜主推品种之一，2002 年获浙江省科技一等奖。双低高油分油菜新品种“浙双 758”在省内外累计推广 20 万公顷以上，2008 年获省科技二等奖。2006 年培育出高产株型紧凑适合机械化生产的双低油菜新品种“浙油 18”，2008 年被农业部列入油菜主导品种，2009 年冬种推广面积近 6.67 万公顷。③ 育成水稻印水型不育系。以野败型不育系作鉴别品种，创造了一种从栽培稻野败型恢复品种中发掘不育胞质的方法，发掘出印水型等 10 个新不育胞质，育成了印水型系列不育系，将推动我国水稻不育系的米质和制种产量提升到一个新的水平。三是攻克难题，品种培育取得突破。① 高新技术育种取得突破。传统的育种方法与分子育种、航天育种相结合，创建一批新的育种材料，已经在生产上发挥重要作用。通过分子标记辅助选择技术与常规育种技术相结合，成功选育出国稻系列和 218 系列组合。利用航天育种技术，成功育成常规稻“航育 1 号”和杂交稻“中浙优 1 号”。② 高效育种技术取得突破。通过主动设计育种目标，首次将分子标记辅助选择、花药培养和常规回交育种等技术有机结合，建立了高效、快速的育种新途径，并已应用育成籼型杂交稻新组合，从配组到应用于生产比常规方法提前 5～6 年。为解决高产不优质、优质不抗病的技术难点，提出了利用大分离群体进行优质高产抗病品种综合选育技术路线，结合品质抗性快速鉴定技术，育成南方主栽优质稻品种 12 个、优质不育系 2 个，育成品种累计推广 6000 万亩以上。③ 产量和品质结合取得突破。在香型优质稻育种上取得重大突破，育成米质达国标一级的超泰型香稻“中健 2 号”和清香型香稻“航香 18”，“香稻骨干亲本的利用研究”获 2009 年度国家科技进步二等奖。优质不育系中浙 A 等的选育成功，对配制优质杂交水稻组合发挥了关键作用。④ 杂交晚稻和籼粳型杂交稻育种取得突破。近年来连作杂交晚稻育种已有明显起色，一些新品种表现出优异的综合性状和良好的应用前景。如连作杂交晚稻新组合“天优华占”，在省“8812”计划联品和国家区试中均表现突出，产量高，米质优，抗性强，于 2008 年通过国家审定。育成的“甬优 6 号”，是国内审定的第一个籼粳杂交稻。四是机制创新，水稻单产和推广应用取得突破。

近年来，采取“科研—推广—企业”三位一体的成果转化机制，加速种业的快速发展。一是积极组织新品种、新技术的示范，创建高产模式，“中浙优 1 号”、“国稻 6 号”、“甬优 6 号”、“Ⅱ优 7954”等新组合在全省各地多个百亩示范方超 800 千克，多次刷新了浙江或全国高产记录。二是倡导科研单位与种子企业联合，加速成果转化。如中国水稻所与浙江省勿忘农种业合作开发“中浙优 1 号”，2004 年审定，2007 年即突破 150 万亩；浙江农科院与浙江农科种业联合开发“Ⅱ优 7954”；宁波农科院与宁波种子公司联合开发“甬优 6 号”。三是大力培训农技人员和农民，以点带面，提高技术到位率，加速新品种应用，以推动全省粮油单产的持续提高。

2. **蔬果育种**。一是育成通过省认定的新品种 36 个，累计推广应用 1000 多万亩次，新增社会效益约 45 亿元。开发了 6 个分子标记，小孢子离体培养技术和生理生化指标辅助鉴定与筛选技术得到应用，创新获得了一批优异种质材料。研究集成了嫁接育苗技术、利用分子标记进行种子纯度快速鉴定等一批产业化开发配套技术。获国家和部省科技奖项 12 项，其中国家二等奖 2 项，省一等奖和二等奖 3 项。二是育成了梨新品种"翠冠"、"脆绿"、"清香"、"玉冠"，杨梅新品种"早荠蜜梅"、"晚荠蜜梅"，葡萄新品种"矢富罗莎"、"早甜"，柑橘新品种"红玉柑"。同时果实套袋、避雨栽培、"三疏一改"、完熟栽培、果园滴灌、肥水同灌、采后分级包装等安全优质高效标准化生产关键技术得到推广应用，显著提高了果品的产量与品质。浙江省的水果平均单产在每亩 700 千克以上，高于全国 20%。宫川温州蜜柑、玉环柚、胡柚等果实品质在全国名列前茅；早熟砂梨质量位居南方各产区之首；杨梅的产量和质量均居全国第一；"软条白沙"、"丽白"、"大红袍"等枇杷品种于 2009 年获得全国十大枇杷称号。

3. **畜牧育种**。一是新培育了嘉兴黑猪新嘉系、杜洛克猪新品系、龙游大约克新品系；建立了猪联合育种技术体系；克隆了一批主要经济性状候选基因和分子标记；杜洛克、长白、大约克种猪的种质性能和生产性能处于国内领先水平，接近国际先进水平。优良种猪推广数量达 8 万多头，销往全国 20 多个省份；形成了优质猪生产区域布局，建立了一批生猪外向型生产和加工基地。二是培育了绍兴鸭系列配套品系、仙居鸡肉用系、梅岭土鸡和振宁土鸡等优质鸡配套系。绍兴鸭配套系"青壳 2 号"品系生产性能世界领先，绍兴鸭及其配套系已成为国内养殖范围最广、数量最多的蛋鸭品种。家禽科技体系得到完善，科研成果转化推广成效显著。三是组建了大规模的奶牛高产核心群，进行了奶牛耐热性改良研究；开展了湖羊肉用系的选育；完成了新一轮全省畜禽品种资源调查和规模奶牛场良种登记工作；长毛兔、肉兔和獭兔种质和生产性能均居于全国前列，长毛兔品种已经通过国家品种初审。四是蜜蜂种质居全国前列。培育的王浆高产蜂种已在全国范围内得到推广。2009 年浙江浆蜂通过了国家畜禽遗传资源委员会的鉴定。五是畜禽品种资源保护力度不断加大，全省共有 27 个畜禽品种列入省级畜禽遗传资源保护名录。新建了地方鸡国家级基因库和浙东白鹅、萧山鸡种质资源保护种群。

4. **水产育种**。2009 年全省生产各类苗种 1200 余亿尾(只、粒)，苗种产值约 20 亿元，为浙江省水产养殖业提供了优质苗种支撑。一是初步构建了全省水产良种繁育体系。至今已建成 24 家国家级、省级水产原良种场。"十一五"期间浙江省新启动了罗氏沼虾遗传育种中心、省级水产引种育种中心等建设项目，为开展水产引种、育种提供了良好的基础设施条件。二是突破了一批水产种类的人工繁育技术。"十一五"期间浙江省突破了鳡鱼、银鲳、曼氏无针乌贼等种类的人工繁育，为产业结构调整提供品种储备。三是引进、繁育推广了一批新的优良品种。浙江省已成功地从国内外引进了罗氏沼虾原种、大西洋浪蛤、观赏性鱼类等批优良品种，大多已得到推广应用。四是水产种质改良与选育工作取得新突破。"十一五"期间浙江省已育成中华鳖日本品系、清溪乌鳖、罗氏沼虾"南太湖 2 号"、杂交鳢"杭鳢 1 号"4 个国家水产新品种。

5. **林特育种**。一是林木育种，收集保存研究了杉木等 26 个用材树种的育种资源 5927 份，属国内省级层面保存最为丰富、全面的育种资源，桉树等 17 个生态树种的种质资源 327 份，银杏、香榧等干鲜果、木本药材的种质资源 700 多份，玉兰、桂花等观赏树木 200 余份。克隆了杉木、光皮桦、木荷等树种与木材材性相关的基因 16 个(在 GENEBANK 上登录)、盐碱诱导型启动子 Rd29A、耐盐转录因子 DREB2A 等，建立了枫香、美洲黑杨高效转基因体系，利用已克隆的材性相关基因，通过关联分析，开发 SNP 标记用于辅助材性性状的品种选择。选育良种 46 个；获得省部科技奖一等奖 2 项、二等奖 6 项、三等奖 15 项。同时在创新能力建设方面，建立了亚热带森林培育国家重点实验室培育基地和茶叶、木质资源综合利用国家工程技术中心，新增竹业科学与技术教育部重点实验室，组建了竹子、茶叶与林木种质保育等3个省级科技创新服务平台，竹子、山核桃、香榧、沿海防护林等一批省级区域创新服务中心。组建了5个与林特种业相关的省级科技创新团队，显著提高浙江省林特科技创新能力。二是桑茶育种，建立国内一流的育种、推广平台，积聚全省科技资源建立了国内第一个省级"桑蚕茧科技创新服务平台"和"茶产业科技创新服务平台"，国家茶树种质资源圃、国家茶树改良中心等。育成了一批具有重要应用价值的桑、蚕、茶良种，桑树新品种选育曾二度荣获国家科技进步二等奖；家蚕性别控制研究和专养雄蚕实用化技术研究居国际领先水平；育成了37个优良茶品种，其中"龙井43"等4个品种在省内的栽培面积均超过了20万亩。

（二）浙江省发展种子种苗产业及其生产对科技需求

粮食安全与农业可持续发展关系浙江省经济社会发展的长期重大战略需求。在人口压力居高不下、农业生产资源短缺、国际竞争日趋激烈的形势下，浙江省农业种子种苗产业同时面临巨大挑战：一是突破性品种选育，育种目标不适应新的形势和市场需求，超高产、品质问题突出；二是缺乏优异的育种材料；三是高技术育种技术体系亟待完善，一些关键的育种技术仍有待于突破；四是种子产业化水平低，缺少具有国际竞争力的种业企业（集团）。

三、基本思路与发展目标

（一）基本思路

"十二五"及今后一段时期，浙江省农业生物育种产业科技创新与发展的基本思路是，面对发展高效生态低碳农业和做大做强种子种苗产业的重大需求，瞄准国际发展，按照"突破前沿技术，创制育种新材料"，选育突破性新品种，培育龙头企业，做大生物育种产业，引领未来农业发展。集中资源创建以分子设计和全基因组选择为核心的植物分子育种和动物分子细胞育种技术体系，着重解决常规育种不能解决的科技问题，重点创制一批超级动植物生物育种新种质、新材料和新品种，做大做强一批动植物种子种苗集团（企业），抢占动植物生物育种产业战略制高点，显著增强浙江省种子种苗产业自主创新能力，培育和发展种子种苗产业，促进浙江省农业产业结构调整和技术升级，实现动植物产量、质量、效益、资源和环境的统一协调发展，推动农业经济增长方式的转变。

（二）发展目标

1. 种业培育目标：紧紧围绕浙江省高效生态低碳农业发展对种子种苗的重大需求，着力加强以分子设计和全基因组选择为核心的生物育种前沿技术研究，提高原始创新能力，引领生物育种产业发展；重点攻关一批动植物育种共性关键技术，创制一批超级动植物新种质、新材料和新品种（系），建立一批新品种（系）良种繁育和中试示范基地，打造一批种子种苗产业现代企业，造就一批具有国际水平或国内领先水平的生物育种产业科技创新团队和学术带头人，组建一批生物育种产业技术创新战略联盟，推动浙江省粮食及农业主导产业提升。其中，水稻良种比例达到90%以上，单产增加10%以上，实现全省水稻平均单产超480千克，其中单季晚稻平均亩产500千克以上；畜禽良种覆盖率超过95%以上，全省畜禽良种率、生猪出栏率、绿色畜产品比重和劳动生产率等指标居全国领先水平；林特良种覆盖率超过95%，确保林特种业的发展和科技水平继续保持全国领先水平。蔬果、水产、桑蚕、茶叶、竹子、花卉、食用菌、中药材等农业主导产业的生物育种产业都取得长足发展。力争通过5年的努力，全省种子种苗产业销售收入达到200亿元以上，形成具有浙江特色的种子种苗研发链、产业链和市场链，生物种业科技水平总体上达到全国领先水平或部分领域居于世界前列。

2. **科技发展目标**：着力打造一支由1000人以上组成的老中青和高中低相结合的生物育种产业科技创新队伍，其中具有国际影响力的领军人才20人以上，国内杰出的中青年科学家和学科带头人100人以上；制订100个以上农业新品种(系)的生产技术标准，申请100个以上发明专利或新品种保护权，打造100个现代种子种苗生产企业，创制180个以上新品种(系)、转化300项以上科技成果。其中水稻新品种选育形成50项具有自主知识产权的重大科技成果、发明专利和技术标准，培育50个超高产、优质、安全和营养的水稻新品种(新组合)，转化100项科技成果，新品种在全省累计推广面积1亿亩左右。果蔬育成30个以上蔬菜和果品新品种(系)；畜禽育成与推广10个新品种(系)或商用组合；水产育成与推广10个以上养殖新品种(系)；桑茶育成与推广15个新品种(系)；完成一批新品种(系)良种繁育和产业化示范基地建设，提出与新品种(系)相配套的品种搭配、农作制度及农艺技术，科技成果转化带来600亿元以上经济效益，为保障浙江省粮食安全和农产品有效供给提供科技示范与技术支持。

四、发展重点与主要内容

(一) 动植物分子设计与细胞育种关键技术研究

1. **植物分子设计育种关键技术研究**。针对浙江省植物品种创制中预见性差、周期长、效率低等关键问题，难以满足浙江省粮食安全和农产品有效供给，以及生物种业参与国际竞争的需求。以分子设计和全基因组选择为核心的分子育种技术体系在高效、定向改良植物品种方面已显示出巨大潜力，植物育种的效率可提高60%～150%，正在引领植物育种进入全新阶段。重点突破现代生物育种前沿技术，培育一批具有自主知识产权的新品种。突破转基因育种、分子标记育种、细胞工程与诱变育种、基因操作、代谢工程、品种设计、杂种优势利用等技术“瓶颈”，构架和完善现代植物生物技术育种技术体系，开展水稻、旱粮、薯类、竹木、花卉等植物分子与细胞育种，继续加强农作物杂种优势利用的育种和制种的关键技术研究，与常规育种方法相结合，通过优异基因聚合创制新种质，培育一批突破性新品种，促进现代生物育种产业的发展。

2. **动物分子与细胞育种关键技术研究**。针对畜禽重要复杂性状、低遗传力性状遗传改良和动物克隆效率低下等难题，系统开展分子标记辅助选择技术、多基因辅助选择技术、全基因组选择技术、干细胞核移植技术等前沿高技术研究与开发，结合常规育种技术，制定和实施基于基因组选择的猪、奶牛、鸡、兔、羊、蜂等畜禽的优化育种方案，突破多能干细胞、胚胎干细胞等高效克隆技术，建立畜禽基因组选择育种体系和良种快繁育体系，培育一批具有生长快、瘦肉率高、耗粮少、抗病力强等优良性状的畜禽新品种(系)。水产重点开展主导水产品种的组学研究、转基因、染色体操作、性别控制、配系保存与干细胞培育等前沿技术，利用细胞、分子工程结合杂交、选育技术，培育和创新优质高产抗逆良种，研发名特优新种类繁育技术，构建水产良种培育技术体系。

(二) 主要农作物新品种选育及中试

1. **水稻**。一是杂交水稻新组合选育与中试(8812计划)。采取常规育种技术与分子技术相结合，发掘新的有利于提高产量、改善品质、增强抗病虫性和抗逆性的种质资源或基因；聚合抗性、高产、优质基因，选育多类型的不育系和恢复系，采取籼粳交强杂种优势利用与理想株型塑造相结合及地上部株型选择与地下部根系活力筛选相结合的育种技术路线，选配适合长江流域特别是浙江省各生态区种植的优质、多抗、高产、广适的杂交稻组合并进行推广。① 综合性状优良新组合的选育。选育一批通过浙江省或国家审定的杂交水稻新组合，包括三系法超高产或优质籼型杂交稻、三系法粳型杂交稻、两系法杂交稻。其中优质组合要求米质达到国际三级标准以上，产量与现有推广组合相仿；超高产组合要求产量分别对照增产5%以上，米质符合市场需求，抗性好。② 具有应用前景育种新材料的创制。育成一批优质、多抗、高异交率不育系和优质、多抗恢复系。其中不育系要求育性指标符合国家标准，制种平均亩产200千克以上，稻瘟病抗性或白叶枯病、褐飞虱的抗性好，配制的组合米质指标要达到国标三级以上，且增产显著；恢复系要求农艺性状优良，抗稻瘟病或中抗白叶枯病、褐飞虱，恢复力强，单株花期长、花粉量大，适应性广、配合力好，配制的组合米质指标要达到国标优质三级以上且增产显著。二是高产优质专用水稻新品种选育(9410计划)。应用现代分子育种技术提升常规育种水平，创新并利用特异种质资源，选育高产、优质、多抗、专用水稻新品种，提出新品种配套栽培技术以适应现代耕作制度，增加新品种的附加值和效益以进行产业化应用，确保浙江省水稻新品种选育在长江中下游的领先优势，促进水稻生产可持续发展。① 特异种质资源的收集、创制和深度评价。重点创制优食味、抗稻曲病、抗条纹叶枯病、抗黑条矮缩病、抗蚜虫、抗稻纵卷叶螟、抗稻飞虱、耐重金属、耐淹、耐储藏等的种质资源，特别是聚合两个以上优异性状的种质资源供育种应用，建立种质资源数据库。② 突破性专用水稻新品种的选育。重点选育：一是饲用或工业专用，增产10%以上的高产新品种；二是产量与对照相仿，增产5%或达到显著水平，且有一个性状比对照高一等级的新品种；三是产量等与对照相仿，米质达国际二级的优质新品种；四是亩产达400千克以上，米质达国际一级的特优质新品种；五是具特殊功能的保健品种。

2. **蔬菜和油菜**。主要开展蔬菜和油菜种质资源鉴定与创新利用，替代进口类蔬菜新品种选育及育种技术，茄果类(番茄、茄子、辣椒)、瓜类(南瓜、黄瓜、丝瓜、西瓜)、加工类(榨菜、雪菜、长豇豆、菜用大豆、冬春用小型大白菜、青花菜)、水生蔬菜[茭白、莲藕、菱角、荸荠、慈姑(芡实)]、高山蔬菜和超高产长季节设施蔬菜新品种选育与中试、杂交种子制繁种技术研究。

3. **旱粮**。主要开展以马铃薯为重点的薯类、大小麦、玉米等旱粮作物新品种选育及中试，尤其是马铃薯品种的引育繁要超常规发展。通过调整品种、优化结构、创新模式、集成示范，加快推进浙江省马铃薯产业技术体系建立。

(三) 优势特色养殖新品种选育及中试

1. **畜禽**。主要开展高产高效优质猪品系选育与肉质改良技术，优势特色家禽的遗传资源研究和开发，抗热抗病高产奶牛新品系选育与利用，家兔生产性能的优化和开发利用技术。专门化肉用羊品种的选育技术，特种经济动物品种选育与高效利用，优质地方畜禽种质保持、优质性状基因的筛选与利用等共性关键技术研究。加快优质瘦肉猪新品种(系)、早熟高产抗逆蛋鸭配套系、优质肉鸡新品种(系)、优质肉用湖羊新类群、优质种兔、优质抗逆草食动物新品系(类群)等科技创新成果的转化与中试，并实现产业化。

2. **水产**。主要开展海淡水养殖新品种引进、规模化繁育及养殖技术，野生水生动物繁育及驯养技术，海淡水名优特水生动物(含滩涂养殖贝类)的良种选育技术，水产养殖动物的单性育种及性别控制技术，良种的提纯复壮技术及种质鉴定技术，名特优新水产资源的开发保护与利用；主推水产养殖种类亲本更新与良种选育技术，包括四大家鱼、鲍、鲫等大众化水产养殖种类的亲本更新及种质改良，龟鳖高产优质新品种(系)的选育技术研究与应用，虾蟹类多性状复合育种技术研究与应用，缢蛏、泥蚶、青蛤等贝类新品种培育，黄鱼、翘嘴红鲌、鲈鱼、黑鲷等鱼类的高产抗逆品系选育，构建育繁技术体系。同时加快龟鳖新型设施化养殖模式与技术，淡水珍珠良种规模繁育与养殖技术，优势滩涂养殖贝类规模化养殖技术，条石鲷、半滑舌鳎、银鲳、曼氏无针乌贼等大规格苗种规模化培育技术，杂交鳢、鳜鱼、鮸鱼规模化繁育技术等科技创新成果的转化及产业化开发。

（四）林特新品种选育与中试

1. 竹木。一是竹类新品种选育及中试。以雷竹、绿竹、毛竹等浙江省重要经济竹种为主要研究对象，重点开展：① 优良种源选择关键技术研究；② 杂交育种关键技术研究；③ 转基因关键技术；④ 胁迫育种关键技术研究。二是林木新品种选育及中试。主要开展浙江省特色树种种植资源的搜集保存和利用研究，珍贵树种、特色经济林、生态经济林、生态公益林、沿海防护林等林木新品种选育及中试，以及新品种快繁技术、种苗工厂化繁殖技术、种子加工储藏技术研究。

2. 茶叶。主要开展优质多抗专用与高效茶树新品种选育与无性系开发。重点研究茶树远缘杂交技术，花药培养技术、分子辅助育种技术在茶树新品种中的应用技术，开展抗病虫、耐瘠薄、优质茶树新品种(系)的选育。通过杂交、诱变等手段选育深加工专用或适制特种茶类的茶树新品种(系)(如高茶氨酸、高儿茶素、高花青素等品种)；研究完善组培快繁技术体系和基因转化技术体系，加快育种材料的扩繁速度，提高育种效率。推广良种无性系，提高良种化比例。

3. 蚕桑。主要开展桑蚕种质资源库构建，资源创新与资源多用途利用技术，高产优质多抗桑树新品选育与中试，适合于设施养蚕用桑树新品种选育与中试，优质高效家蚕新品种选育与省力化配套技术的研究与应用，资源节约型多丝量雄蚕新品种选育及低成本制种技术，蚕丝被专用型蚕品种选育及高效省力化配套技术的集成与应用，高产优质特色蚕品种分子标记筛选及辅助育种技术的研究。同时加快新一代“强桑系列”桑树新品种、雄蚕系列新品种、优质高效家蚕系列新品种等科技创新成果的转化与应用。

4. 食用菌。主要开展食药用菌种质资源的收集保护和种质创新，深加工和工厂化设施栽培和深层发酵等专用型食药用菌品种选育。针对种性退化、不稳定问题，重点开展香菇、蘑菇、金针菇、黑木耳、杏鲍菇、香珍菇等主栽特色菇种的种性保持、复壮与评价技术研究；针对菌种质量水平和产业化水平低的问题，重点开展菌种质量检测与控制，菌种专业化生产与产业化经营关键技术研究与集成创新，主要包括菌种基质配方、菌种容器、生产装备、培育工艺、菌种储运和质量检测等关键技术研究。

5. 中药材。主要开展中药材种植资源的收集保存和利用研究，包括种质资源圃建设、种质资源普查、种质资源共享信息库建设及种质资源开发利用关键技术研究等；优势特色中药材新品种选育及中试，包括中药材高效育种共性关键技术研究及新品种创制，中药材新品种快速繁育技术、种子种苗质量控制关键技术，新品种产业化中试、规范化标准化生产技术研究及中试，5 大优势中药材产业和 10 个强县中药材产业集群创新。

6. 果品。主要开展优势特色果品种质资源收集保存鉴定和利用研究，果树种苗快繁关键技术，高附加值优新小水果新品种选育及中试，优质大果杨梅、枇杷、新品种选育及中试，柑橘优新品种和地域特色品种优新系的选育及中试，中晚熟水蜜桃和耐储型硬肉桃新品种选育及中试，优质耐高温葡萄专用品种选育，优质高产高效香榧、山核桃、板栗新品种选育及中试。

7. 花卉。主要开展浙江省特色花卉种质资源现代保育关键技术及其配套技术研究，浙江省特色兰花——中国兰花、玉兰等优新品种培育及中试；珍贵树种新品系繁育技术及其优质容器苗生产技术研究，耐盐高抗苗木新品种及培育技术中试与示范，主要商品花卉低能耗新品种及配套栽培技术研发。

（五）生物育种产业科技创新主体培育

“十二五”及今后一段时期，生物育种产业科技创新与发展，除了重视涉农高校科研院所原始创新能力建设，更加重视以企业为主体的新型创新主体培育，重点做大扶强三个层次的企业。

1. **优秀种业集团企业**。主要由规模较大的企业构成，具有雄厚的技术力量和资本势力，有独自研发中心；具有自主进行发明性创新的能力，其创新成果达到国际先进水平；具有进行技术扩散、引导和带动其他企业发展的能力，是生物育种产业的核心力量。

2. **小型巨人企业**。这类企业具有独自的研发机构，或有与科研机构、高等院校合办的研发中心；具有较强的引进吸收消化创新能力，其创新成果达到国内领先水平；具有自主知识产权；具有成长优势的新兴种子种苗生产企业；产品具有较高的技术含量和附加值，具有较高的市场占有率和市场号召力，具有一定的技术扩散能力和带动能力，是生物育种产业的中坚力量。

3. **科技型种业小企业**。这类企业技术力量较强，科技人员比重一般在30%以上，R&D费用占销售收入的比重在5%左右，产品的档次、质量和附加值高，生产工艺和技术装备接近国际国内先进水平，具有创新发展的能力，是浙江省生物育种产业创新发展的新型力量。

鼓励以上三个层次的种业企业积极借鉴国内外融资经验，利用资产重组、控股、参股、兼并、租赁等多种方式扩大企业规模，增加企业实力。对生物育种产业的企业和产品经认定可享受国家高新技术企业的优惠政策。

五、组织与管理

根据浙江省农业新品种选育的研究现状及未来发展趋势，整合全省现有科研资源，优化增量配置，通过政府及相关单位必要的增量投入带动科技资源的优化整合；全面提升浙江省的农业育种科技创新能力，推动浙江省种子种苗产业的培育和发展。

1. 加强领导和协调，狠抓落实，加大支持力度。将“浙江省农业新品种选育重大科技专项”列入省重大科技专项，由省科技厅组织实施。

2. 加强种子种苗产业科技创新能力建设。创建一批重点实验室、创新团队和产业技术战略联盟，建一批良种繁育基地、中试及产业化示范基地。

3. 组织实施一批农业新品种育种关键性技术攻关项目，提高农业新品种育种源头创新能力。

4. 加快人才培养和技术队伍建设，把科技计划实施与人才使用、培养有机结合起来，发挥拔尖人才在创新团队建设中的带头作用和核心作用；同时要加快培养科技研发和技术创新、科技企业家、科技管理等几支队伍的骨干力量，形成从事农业新品种育种源头创新、成果转化及产业化的基本骨干队伍。

5. 加强种子产业和产品的标准化建设，促进动植物种子和产品的优质高效安全标准化生产。加强种子繁育和动植物生产全过程中农艺配套技术规程的标准化，以提高种子和产品质量，提高市场竞争力。

6. 加强自主知识创新和知识产权的保护。通过实施“浙江省农业新品种选育重大科技专项”，提高动植物育种源头持续创新能力，推出一大批具有自主知识产权的新材料、新技术、新品种，运用法律和技术手段保护知识产权。

执笔人：程式华、孟智启、胡培松、杨亚军、童再康、何中央、金庆生
杨悦俭、谢　鸣、鲍国连、计东风、朱丹华、张冬青、袁群英
审改：张咸益　**打印**：戴丹丽　**校对**：郑荣泉

第六章 浙江省农产品精深加工产业科技发展研究

一、现状与形势

(一) 国内外发展现状

目前国际上农产食品加工产业正在快速发展,呈现出八大发展趋势。一是原料品种专用化。农产食品的质量很大程度上依赖于原料的品质,有时则是决定性的作用,因此加工企业都十分重视原料品种选育和加工原料基地的建设,农产食品加工企业大多建有自己的种植园或有合同关系的种植园来种植农产食品加工专用品种,如巴西的橙汁加工建立了专用的汁用原料基地,西班牙建立了柑橘罐头专用的柑橘基地,南非等国建立了桃罐头专用的基地。二是高新技术产业化。农产食品加工高新技术不断被开发和利用,如微电子技术、酶解技术、膜技术、冷冻干燥技术、微波技术、超高压技术、冷冻浓缩技术、无菌冷灌装技术、真空多效浓缩技术等一些先进的高新技术在农产食品加工中将进一步得到应用和推广,从而提高了劳动生产率、产品质量和经济效益,减少了生产损耗,降低了生产成本。如美国 FMC 公司利用膜分离技术将橙汁浓缩到 60Bx 以上,显著提高了产品的质量。三是加工装备智能化。农产食品加工装备融合了当今先进的计算机信息技术、机械制造技术、电子技术、材料科学等,进一步提升加工行业的装备制造技术水平,装备现代化水平越来越高,制造技术越来越先进。四是生产能力规模化。随着全球经济一体化进程,市场越来越开放,竞争越来越激烈,跨国企业不断调整自身的经营战略和发展领域,通过企业整合重组,不断扩张加工能力,形成产业规模,降低生产成本,提升竞争力,提高抵御市场风险能力。五是资源利用高效化。主要表现在两个方面:一方面对传统产品通过高新技术改造传统工艺和开发新产品,形成多层次、多品种的产品,降低成本;另一方面对农产食品加工过程中产生的副产品和下脚料进行了深度的开发和利用,生产过程实现"零排放",实现资源的可持续利用。如在巴西利用冷冻浓缩橙汁加工产生的皮渣,开发了精油、萜烯、水相香精、油相香精和干渣,几乎是"吃干榨尽",充分利用了原料资源,提高了产品的附加值,且减少了皮渣对环境的污染。六是质量控制体系标准化。主要通过原料产地的认证,建立了完善的产品标准体系、企业管理认证。如进行 GAP 认证和有机食品认证,采用 GMP 进行厂房、车间与工艺设计,建立 HACCP 食品安全保证体系。七是能源利用低碳化。近 20 年来,这一行业采用大量的高新技术,实施工艺排放水的回用,如泰国的金枪鱼罐头。研发低排放的高效杀菌冷却设备,研究浓缩设备的冷却水回用技术等,使能耗和水耗的量比 1980 年降低 20%以上。八是农产品物流专业化。发达国家农产品的物流配送已成为把仓储、交通运输、配送、批发和零售等整合统一为相互链接的、完整的系统工程,并成立农产品交易平台,与卫星定位、计算机网络等技术相结合。还利用信息化技术,实现了对农产食品加工全过程的监控,建立肉制品、水产品、蔬菜等低温流通食品的安全可追溯体系,可对产品质量问题进行回查。

(二) 浙江发展现状

1. **科技创新现状**。“十一五”期间,浙江省农产品精深加工技术重大专项,主要围绕构建农产品加工技术升级、精深加工产品研制、农产品储藏保鲜流通技术、加工设备研发等农产品加工产业科技链,开展主要农产品精深加工关键技术及新产品中试,动植物功能性食品的创制与中试,农产品发酵工程关键技术研究及产业化,农产品精深加工设备研究及应用,农产品精深加工产业集群和产业基地建设,为改善浙江省人民的膳食结构和食品工业发展、延长农业产业链、增加农民收入提供技术保障。专项实施 4 年来,共立项 413 项,其中重大项目 19 项,重点项目 114 项,面上项目 91 项,成果转化项目 189 项。支持研究经费 25523 万元,其中争取国家经费 12440 万元,省财政拨款 13083 万元。畜禽、水产、果蔬、林木、毛竹、茶叶、食用菌、粮油等大宗特色优势农产品增值加工及传统产业提升,功能性成分的提取、分离、纯化与应用,农产品发酵工程技术,主要农产品加工技术集成及关键设备研制等四大领域加工产业科技链取得长足发展。毛竹、木材、茶叶、蜂、柑橘、传统肉制品、蛋制品、水产品加工、功能性食品创制等 8 个领域取得明显突破,提高农产品的附加值和市场竞争力。以畜产品加工为例,全省加工产值已突破 1220 亿元,是畜禽养殖业的 2.5 倍,形成了金华火腿、温州休闲肉蛋食品、嘉兴肉类软罐头、绍兴鸭蛋制品等著名品牌和产业集群,火腿、乳饮料、休闲肉蛋食品、蜂产品、兔毛、肠衣等加工量保持全国领先水平。精深加工产量居全国第二,炼乳、鹅肥肝、肝素钠等产品加工全国领先。精深加工装备研制,开发出 58 种新产品,建立 50 条生产示范线。果蔬软罐头生产线 5 条,产量可达 3 万吨以上,促使浙江省软罐头出口量达到全国第一。推动了农产品加工集群创新,形成了安吉的竹制品、临安的水煮笋、台州的水果罐头、仙居杨梅加工、玉环海洋生物制品、遂昌的竹炭、诸暨的珍珠、舟山和台州的水产品等一大批加工产业集群和加工龙头企业。同时还带动了浙江大学、浙江工业大学、浙江工商大学、浙江科技学院、浙江省农科院、浙江海洋学院、宁波大学、浙江万里学院和浙江医科院等一大批涉农高校科研院所形成了一批各具特色的农产品加工及精深加工科技创新团队,省和国家级重点实验室及工程技术研究中心,精深加工研发水平向分子和基因水平层次提升,向化学和生物加工纵深推进。

2. **产业发展现状**。一是农产食品加工产业持续快速发展,在国民经济中的地位稳步提高。果蔬、水产、畜产品是浙江省主要的效益农业产品之一。据统计,2009 年全省水产品加工产量为 280 万吨,创产值 480 亿元,出口 43.4 万吨,创汇 17.1 亿美元,约占全省农产品出口的 30%,已连续几年为浙江省农产品出口的第一大产业,在全国具有领先地位。2009 年全省畜产品产量肉 170 万吨、蛋 41.4 万吨;液态奶总产量 29.0 万吨。到 2010 年,浙江省肉、奶、禽蛋等畜产品加工产值达 1220 亿元。二是产业集群式发展的格局逐渐形成,区域经济特色明显。出现了以台州为主的果品加工产业集群,宁波的柑橘罐头出口基地,金华衢州一带的畜牧、柑橘加工集群,慈溪的蔬菜加工,余姚、萧山、桐乡的腌制蔬菜加工集群。水产品加工区域特色更明显,台州、舟山、温州等地已形成全国颇具规模的水产品加工集群。三是生产技术不断改进,新产品开发前景喜人。如年产糖水橘片罐头达 40 万吨,出口 20 多万吨,占世界贸易的 60%。柑橘皮渣提取黄酮类物质、生物碱、加工香精油等产业亦在全国处于前列。杨梅加工技术有了质的突破,相继建立了杨梅 NFC 果汁示范生产线和浓缩果汁生产线,产品出口欧美。果渣和果核的综合利用技术亦相继有了突破。低温连续杀菌技术、连续化去囊衣技术及 EVOH 包装材料已应用于果蔬罐头生产。真空冻干技术、微波干燥和远红外干燥技术在高档脱水蔬菜生产企业中得到应用。国产真空冻干技术设备,部分工艺技术达到了国外同类设备的先进水平。四是初步建立了食品的物流平台,为进一步国际化奠定基础。“十一五”期间,浙江省借助于强大的市场经济基础，初步建立了农产品的物流平台，如杭州的农产品物流中心、冷冻食品流通中心。宁波、温州等大中型城市均建立了规模大、质量好的冷冻食品流通中心。五是食品机械研发和生产蓬勃发展，数量和质量全国领先。已经生产出了可以替代进口的灌装机、制袋充填封口包装机、热收缩包装机、贴标机、打码机、喷码机、真空包装机、多功能枕式糖果包装机、高质量乳制品无菌灌装机、PET 吹瓶机等。初步形成宁波、绍兴、温州的综合食品加工机械基地，杭州的乳制品、肉制品机械基地。

3. *存在主要问题*。一是加工企业的科技创新能力有待进一步提高，与科研院校关联度还不高，企业整体的科技水平有待于进一步提高；二是产品精深加工程度有待进一步提高，目前大部分仍以粗加工为主，精深加工产品的比例不高，不能满足人们日益增长的物质文化需要；三是传统加工业的机械化程度还较低，有待开发新的加工生产线；四是节水减排技术和节能降耗技术体系远未形成，集成度更低，离低碳经济还有很大差距；五是综合利用还不能起到带动产品增值和降低环境污染的作用；六是加工品的质量安全检测技术以及生产过程中质量安全控制技术也亟待提高。

二、基本思路与发展目标

（一）基本思路

贯彻“面向未来、整体设计、立足现实、突出重点、合理布局、分步实施、突破关键、支撑发展”的农产品精深加工产业科技发展战略，按照“突破前沿技术、创制重大产品、培育新兴产业、提升主导产业、服务民生产业”的基本思路，紧紧围绕制约浙江省农产品精深加工食品产业发展的重点难点问题，聚集优势资源，以具有全局性、前瞻性和紧迫性的产业共性关键技术与重大产品产业化开发研究为突破口，培育现代食品设计与制造、现代食品生物工程、功能性配料与食品添加剂、农产品精深加工装备研制、食品物流与安全技术 5 条新兴产业链；提升粮油、果蔬、畜产品、水产品、森林食品 5 条加工主导产业链；培育发展一批创新型科技龙头企业，创建一批农产品精深加工及其产业集群示范园区（基地），并与省现代农业园区加工功能区基本配套。产业共性关键技术研究立足前沿先进、节能高效、生态环保；装备开发立足产业急需、先进配套；产品开发立足方便、惠民和农业产业链延伸。

（二）发展目标

1. *产业推进目标*。“十二五”及今后一段时期，农产食品精深加工产业推进目标是：创建涵盖原料生产、加工、精深加工、装备、品质控制、包装与物流各个环节整合，环环相扣的农产品精深加工产业科技创新体系，多学科交叉研究更加深化，食品设计与加工理论体系更加完善，自主创新能力明显提升，加工产业中新兴产业培育明显加快，充分发挥以农产品为原料的精深加工产业在保障国民营养健康、拉动内需消费、推进高效生态低碳农业发展中的重要作用。到 2015 年，科技促进农产品加工产业总产值突破 3000 亿元以上，实现利税 600 亿元以上；加工产业科技进步贡献率达到 50%左右，精深加工新兴产业产值占食品工业总产值 20%以上，部分关键技术和设备达到国内领先、国际先进水平，单位产值能耗比“十一五”末降低 15%，加工产值与农业产值之比 1.7∶1.5。

2. *科技发展目标*。围绕做大做强 10 个农产品精深加工的研发链、产业链和市场链三链整合的产业全程创新，突破共性关键技术攻关，成果转化及产业化、示范与推广三条技术路线的集成创新，主动设计并组织实施一批重大重点产业科技创新项目，并通过项目带动科技企业、产业集群和产业基地建设，用科技示范带动产业提升、结构调整和发展方式转变，促进农业增效、农民和地方财政增收。到2015年，力争打造一支5000人以上规模的产业科技创新队伍，其中具有国内影响力的产业科技创新领军人才30人以上，中青年科学家和学科带头人100人以上，规模以上企业科技创新创业领军人才4500人以上；组织实施各类各级精深加工研发和成果推广1000项以上；发展1000家以上企业科技研发机构，培育1000家以上创新型科技龙头企业；制订500个以上企业和产品生产技术标准；研发500个以上新产品、新装备、新工艺，申请500项以上专利。

三、发展重点与主要内容

(一) 农产品精深加工新兴产业培育与发展

1. **食品设计与制造技术**。针对浙江省居民特有的遗传基础以及营养需求，重点研究健康和营养食品设计(NHFD)技术、重要靶向基因营养调控食品设计及制造技术，提出基于浙江省国民健康和营养需求的食品设计理念，引领未来食品设计和制造技术。开展浙江省人群的营养调查研究，研究膳食模式及营养素摄入水平，确定浙江省大宗人群和特殊人群的营养素构成。在此基础上，研发大宗食品和特殊的个性化成品，研究营养配餐技术及品质保证措施，开发村镇供应的营养配餐，并实现产业化制造。对目前基础较好的功能性食品如增强免疫食品、降低体重食品、降血脂和降血压食品进行产业化转化。建立果蔬功能食品、海洋功能食品和畜产来源功能食品的产业化基地。

2. **现代食品生物工程技术**。针对食品加工的新酶原创力较弱、专用酶与特异酶较少、催化特异性差及转化效率低等突出问题，重点开展食品微生物的自动化高通量选育及细胞高效定向转化方法和技术系统的研究，突破生物转化、代谢调控、高密度发酵等关键技术；开展利用蛋白分子设计与定向优化改造手段的创制并改进食品加工新酶的功能研究，突破酶分子改造、循环高效应用及定向催化等核心技术；开展利用酶催化改性技术对蛋白质进行修饰与功能改造研究，突破高效定向水解、分子修饰、品质保持等关键技术；开展利用生物加工与高效分离技术制备功能性糖的研究，突破解聚转苷、异构转化、糖链设计、色谱分离及辅助提取等核心技术；开展食用油脂的生物改性与重组技术研究，突破连续定向催化酯交换、结构修饰、非水相催化等关键技术。研究生物防腐剂及其中试产业化，研究功能糖醇及中试产业化，研究天然乳化剂及中试产业化，研究生物增稠剂及中试产业化，研究特色功能蛋白质和氨基酸生化制造关键技术及中试产业化，研究特色功能油脂类产品及其生化制造关键技术，研究生物源活性常微量元素生化制造关键技术及中试，研究农副产品生化制造活性多糖及中试，研究农副产品加工安全与活性评价共性关键技术及新产品开发。

3. **功能性配料与食品添加剂研制**。针对与食品产业创新发展和食品安全密切相关的功能性食品配料和添加剂绿色生产“瓶颈”技术，在产业化共性技术方面，突破生物合成、天然产物高效分离提取、功能强化与活性保护、标准化等绿色食用添加剂制造关键技术，并进行产业化示范。充分利用各种加工副产物，进行增值加工技术研究，开发功能性配料的关键生产技术，包括各种蛋白水解产品、美拉德反应产品及果蔬、谷物来源的食品配料。研究开发各种食品香料原料及香精产品，开发天然色素、功能甜味剂、防腐保鲜剂、抗氧化剂和品质改良剂等重大新产品开发。

4. **农产品精深加工装备研制**。重点开展：食品的微波流态化干燥、射频干燥、红外干燥、新型太阳能干燥以及多种连续干燥等高效节能干燥技术与装备开发，油脂加工膜脱溶及食品加工膜分享技术与装备研发，食品加工改性及物性重组技术与装备研发，家禽取内脏仿生机械手系统装备及食品高速搬运机械手等自动化装备研发，果汁冷冻与膜组合浓缩技术与装备研发，质检装备中降低翅片表面结霜技术研发，食品流通过程中全程环境参数跟踪监控技术研发，微波与电磁波杀虫灭菌技术与装备研发，近红外光谱技术装备研发，计算机视觉检测技术装备研发，多组分超临界萃取技术装备研发，纳米超高压均质技术与装备的研发，食品加工超微粉碎技术与装备研发，食品质量安全检测食品的研发，农产品加工通用装备（杀菌、物性重组、干燥分离、冷冻）重点产品研制，农产品专用装备（粮油、果蔬、畜禽、乳制品、水产品、饮料等）重点产品研制，农产品加工包装装备重点产品研制。

5. **食品物流与安全技术**。果蔬物流关键技术与装备研发及其示范。以大宗果蔬为对象，开展产地快速预冷技术及其设备研究；研制减振防振的新型包装材料及新型真空隔热材料，研究物流期间减振防振和防热防冻等技术对果蔬品质维持的影响；研究果蔬物流期间温湿度精确控制；研究果蔬物流期间产品品质与损耗变化规律及其控制技术；进行技术装备集成示范推广。水产品物流关键技术研发与示范。以水产品为研究对象，研究物流条件下影响产品保质期的主要生物因素以及控制品质劣变与损耗的技术；研究速冻条件对冻品品质和冻结能耗的影响，优化速冻过程工艺参数，制订速冻操作规程，开发速冻品物流配套装备；研究水产品无水保活运输的工艺参数并研发相关装备；研发微冻保持水产品品质的关键技术；进行水产品物流关键技术与装备的集成示范。农产品物流信息系统研发及其设备研制。研究基于多传感器智能融合的农产品追踪与溯源信息采集技术，研究基于多通道通信有机集成的农产品物流信息传递与交换技术，研发基于互联互通的农产品物流信息系统，并进行上述相关技术研发和集成示范。重点选择一种农产品进行物流全程视频跟踪研究，实现可视化；同时针对不同农产品按需配置多种传感器，并进行融合研究；应用多通道通信技术，进行农产品物流各环节信息传递和交换；开发物流信息系统，重点进行于互联互通的数据标准化处理技术、基于人工智能的复杂信息处理与控制决策技术等。农产品物流技术集成综合示范与物流期间质量安全监控技术研究。综合果蔬和水产等生鲜农产品物流关键技术、装备与信息动态管理技术，进行基于供应链的生鲜农产品物流技术集成综合示范。重点开展生鲜农产品物流配送、超市货架技术示范；应用农产品质量安全检测技术对生鲜农产品物流过程中的集货、验货等环节进行控制。研发物流农产品有害化学投入品快速和精确测定与实时监控技术，以及物流农产品有害生物监控与防治技术，建立农产品物流食用安全快速反馈与反应机制，确保农产品物流全过程的卫生安全。

（二）传统农产品加工产业技术提升

1. **畜产品**。通过生物、过程工程和营养配伍等技术，开展母乳和婴幼儿配方奶粉常微量元素、乳蛋白生物功能、乳脂肪球膜、脂肪酸结构和功能等母乳化技术，牛乳及初乳蛋白肽、β-酪蛋白、溶菌酶、乳过氧化物酶等生物功能及配方奶粉应用，奶酪、益生菌发酵、ESL（延长货架期）奶、功能性液体奶及饮料、乳品低温或膜分离浓缩低碳技术等加工共性关键技术与产业化研究。开展中式肉制品加工技术和创新产品的研究，进行调理肉制品、适应特殊环境和人体营养需求肉制品、特种动物精深加工产品、中式肉品生产链品质与货架期安全控制等技术应用，肉中左旋肉碱、血蛋白肽、骨胶原肽、硫酸软骨素、多肽钙、腌腊（发酵）肉制品功能肽等提取及动物脂肪酸改性与胆固醇脱除，肉制品色香味调节等共性关键技术与产业化研究。进行与安全相关的生物、化学、物理等因素评估，形成蛋与蛋制品全程质量控制体系；利用生物、过程工程等技术对浙江特色蛋和蛋制品的活性功能成分进行分离提取，开发功能性专用蛋粉、蛋白多肽、特异性免疫球蛋白等高附加值产品;进行液态蛋及中式蛋品现代化加工与装备关键技术及禽蛋快速检测与物联网等技术的研究。开展动物油脂高值利用关键技术与产业化研究,建立健全畜产品加工质量安全标准与评价体系,建设一批畜产品精深加工产业集群示范基地。

2. *水产品*。低温快速冻结技术研究及设备研发,主要研究水产品质构破坏极小、色泽好、口感佳的快速冷冻加工与生产工艺技术,研究速冻设备及水产品保质加工技术集成操作规范与示范应用。水产品加工新技术研究及高附加值产品开发,主要研究低值海产品(鱼、虾、贝、藻)和大宗淡水鱼加工新技术,开发既能保证产品质量安全,又能满足消费者对产品色、香、味的要求的加工工艺、配套设备及高附加值产品。水产品生物活性物质研究及功能食品开发,主要研究水产品生物活性物质的制备、分离、纯化技术,重点研制海洋生物肽、多糖及多不饱和脂肪酸制品,珍珠功能性材料及产品。鲜活水产品食品流通过程中质量安全控制技术体系研究,主要研究鲜活水产品中化学及生物危害因子的检测与监控、质量控制与溯源体系的建立和示范。水产调味品加工技术研究及产品开发,主要研究水产品内源性蛋白酶和外源性蛋白酶相结合的酶解技术,研究水产品蛋白质水解物的生物脱腥技术和风味改良技术,开发高营养、高鲜度的以鱼酱油、鱼精、海鲜酱为代表的系列水产调味品。

3. *粮油产品*。重点研究包括以米胚为原料,采用现代提取分离技术和生物技术制备活性多肽,如抗氧化肽、抗菌肽等,开发食品添加剂;以米糠为原料,研究米糠系列产品的深度利用和加工,应用现代提取分离技术生产高纯度米糠蛋白和高质量米糠油,探索谷维素和阿魏酸等系列产品的加工工艺。开展菜籽和茶籽精深加工利用技术研究,开发高附加值产品,建立示范生产企业,开展相关产品应用推广。重点研究利用菜籽油水化油脚生产磷脂,开发磷脂系列产品,形成食品级磷脂、饲料级磷脂、药用级磷脂、磷脂皮革加脂剂等生产企业;探索新的木本油料作物原料并评估其安全性,研究新型茶籽制油工艺,提高茶籽油品质和保健价值,形成浙江省的产业优势。运用近红外光谱等现代检测技术,建立先进的粮油品质及掺假分析检测方法,完善粮油品质质量安全体系,保障浙江省粮油的消费安全。

4. *果蔬产品*。进一步开发杨梅 NFC 果汁和浓缩果汁产品的品质改进及其二次加工产品。研究并推广无防腐剂的新型腌制蔬菜新产品,并进行产业化。研究果蔬糖果制品的新型加工技术和关键装备,解决中等水分产品的防腐剂超标难题。研究罐头的“绿色”加工工艺,降低环境污染;研发果蔬罐头加工节水减排和脱水加工节能降耗成套装置并进行产业化示范;开发节能型果蔬干燥技术与关键装备;开发高效的柑橘罐头成套生产线。改善长期以来仅有桔子马口铁罐头单一品种的局面,促进柑橘等果蔬软罐头的出口,提高产品附加值。重点开展柑橘类果实小果劣果的深加工研究,全面提高柑橘、杨梅综合利用水平;研究青梅、枇杷、蓝莓等特产果蔬的加工与综合利用技术;使浙江省在柑橘、杨梅、果品深加工技术水平达国际领先水平。重点开展食药用菌多糖的规模化高效分离新技术研究,如:运用径向流色谱技术、膜分离技术、柱分离技术,对食用菌有效成分进行工艺研究和优化,同时进行中试放大技术研究;开展食药用真菌副产物精深增值加工技术研究;开展食药用真菌产品中功能性成分的结构与作用机制研究;开展珍稀食药用菌的快速深层发酵及有效成分分离提取研究;开展食药用真菌提取物在大宗农副产品及其他民用品中的应用,明确作用机制,开发成套生产线,并成功实现产业化。

5. *森林食品*。传统林特食品产业提升及副产物综合利用。主要开展竹笋精深加工关键技术及其设备研制;油茶等传统木本粮油精深加工关键技术及其设备研制;珍稀干果香榧南扩、山核桃西进和地方柿加工专用原料基地建设,以及精深加工关键技术与设备研制。浙江省山区野生动植物有兽类 99 种、鸟类 464 种、两栖动物 44 种、爬行动物 82 种,其中属国家保护的有益或有重要经济、科学研究价值的453种，有维管束植物3878种。坚持以保护为根本，发展为目的，加强资源保护，积极繁育发展，合理开发利用，使野生动植物产业的开发利用成为浙江省山区农民增收的新经济增长点。积极开展野生动植物驯养繁殖及其精深加工关键技术和设备研制。同时围绕林产食品新资源开发、规模化生产、功能性产品开发过程中的技术集成研究与应用，以及质量安全与标准化等方面的重大关键问题进行技术攻关，包括新资源真实属性表征技术、非食品用原料的识别技术、功能成分及活性体分子设计技术、结构修饰技术以及质量安全可追溯系统等。

（三）新型创新主体培育及其产业集群创新

1. *新型创新主体培育*。通过科技项目攻关，产学研合作研发，成果转化及产业化，引导和支持农产品加工企业创建企业研发机构，做大扶强三个层次的农产品加工科技企业，并使其成为农业产品精深加工科技创新的研发主体。第一层次是优秀农产品加工高科技集团企业。主要由规模较大的企业构成，具有雄厚的技术力量和资本实力，有独自企业研发机构；具有自主进行发明性创新的能力，其创新成果达到国内领先或国际先进水平；具有进行技术扩散、引导和带动其他企业发展的能力，是农产品精深加工产业科技创新的核心力量。第二层次是农产品加工产业的小型匠人。这些企业具有独自的研发机构，或有与科研机构、高等院校合办的研发机构；具有较强的引进吸收消化创新能力，其创新成果达到国内先进或领先水平；具有自主知识产权、有成长优势的新兴产业；产品具有较高的技术含量和附加值，具有较高的市场占有率和市场号召力，具有一定的技术扩散能力，是浙江省农产品加工产业的中坚力量。第三层次是中小型农产品加工科技企业。这些企业技术力量较强，科技人员比重一般在30%以上，研发费用占销售收入的比重在5%以上，产品档次、质量和附加值高，生产工艺和技术装备接近国际国内先进水平，具有创新发展能力，是浙江省农产品加工产业的新兴力量。鼓励三个层次的农产品加工企业积极借鉴国内外融资经验，利用资产重组、控股、参股、兼并、租赁等多种方式扩大企业规模，增强企业实力。

2. *产业集群创新*。所谓的产业集群是在既竞争又合作的特定领域内，彼此关联的公司、专业化供应商、服务供应商和相关产业的企业以及政府和其他相关机构（如大学、研究机构等）的地理集聚体。产业集群的优势在于各个企业既竞争又合作，而且可以共享各种优质的资源，其目标是：攻关一批产业共性关键技术，形成一批经济增长点，推进一批知名品牌，培养一批创新创业人才，创造一批企业研发机构，造就一批高竞争力的高科技企业。产业集群创新牵头单位均为同一产业集群中的科技行政主管部门或经济管理部门，参加单位均为同一产业集群的众多企业和高校科研院所，形成科技产业链和产品市场，实现科技对产业的振兴。浙江省以农产品为原料的食品加工产业基础较好，呈现出明显的产业特色。在区域经济和特色经济建设方面，已出现了以台州为主的果品加工产业集群，宁波的柑橘罐头出口基地，金华衢州一带的畜产品集群，慈溪的蔬菜加工，余姚、萧山、桐乡的腌制蔬菜加工集群。水产品加工区域特色更明显，台州、舟山、温州等地已形成全国颇具规模的水产品加工集群。

(1) 水产品加工。舟山市近两年的水产量保持在130万吨左右，水产品加工业通过多年努力，不断提高产品质量，改善企业生产条件，引导企业对外注册，已有一批企业达到国际先进水平，水产品出口成为地方外贸出口的支柱产业。水产品加工业占到全市工业总产值的30%以上，涉及水产捕捞、养殖、加工、运输、销售等产业链从业人员25万左右。温州的乐清、洞头、平阳、苍南、瑞安等县（市、区）海产品加工产业集群发展很快。台州市在温岭、玉环、黄岩一带大力发展水产品加工，发展势头好，在鱼糜制品、冷冻产品等各方面均有较大的进步。

(2) 果蔬加工。柑橘与杨梅是浙江省的特色果品，在世界市场上占有一定的地位。其中，传统的糖水橘片罐头占世界市场的60%，达20万～30万吨，产值达20亿～25亿元。随着工业经济的转型升级，今后的五年，企业的投资和生产逐步从省内转向周边省市，从台州转向金华和衢州。因此亟须在科技上加以引导，实现综合利用的升级，实现高附加值产品的产业化。杨梅加工为农业生产提供保障，对果农的保护作用特别明显，有必要进行大力扶持和发展。

(3) 畜产品加工。以金华为中心的县市是浙江省传统畜产品加工的主产区，同时亦是浙江省最大的牛奶生产和加工区，金华火腿是国家原产地域保护产品；原料生产上，奶牛、生猪、灰鹅、土鸡和蛋鸭等均有很大的优势。在火腿加工方面将研发大规模的产业化关键技术，并实施产业化，研究火腿的风味形成机理并改进产品。在传统蛋制品加工方面进行品质改进并实施深加工产品的产业化，奶业方面则继续开发新的加工制品。

(4) 传统发酵制品。绍兴市及周边地区的传统发酵制品中外闻名，主要产品有各种酱制品、发酵豆制品、绍兴黄酒等。黄酒产业年产量40余万吨，年销售额30多亿元，酱油和米醋产业作为日常生活用品更是必不可少，绍兴腐乳和臭豆腐亦有发展的趋势。今后将加大科技投入，研究黄酒的氨基甲酸酯类并实现安全生产，研究各种酱制食品及传统发酵产品的安全性，开发机械化生产关键技术及先进装备。

(5) 食品配料。浙江省的食品添加剂行业在全国占有明显的优势，实现税利总额达10多亿元以上，在全省工业各行业中处于较高水平。其中杭州市周边的食品香精香料为特点的产业尤其明显。但由于企业的规模不大，产品同质化较严重。今后应加强新产品开发，不同产品加工的应用研究，同时加强对原料的质量控制和产品开发。

除了上述不同的产业为特征的产业集群之外，浙江省的农产食品加工园区建设在全国亦有特色，如湖州的农产食品加工园区、金华和衢州拟建的台湾加工园区、萧山的蔬菜加工产业、诸暨的农产食品加工园区等。这些园区的建设将为今后的农产食品加工提供一条全新的思路和建设途径，具有明显的可持续性，值得进一步探索和支持。

四、加强源头创新核心主体建设

(一) 新型科研院所或重点实验室建设

科研院所是科学研究的主要承担单位和落脚点，但现有的高等院校和科研院所的组织结构和研究目标大多以各自的学科为导向，学科交叉不强，“十二五”期间及今后一段时期，围绕做大做强10个农产品精深加工产业，加快创建一批研究方面从“促进学科发展”向“满足产业科技发展需求”转变的产业科技研究院所或重点实验室，重点突出成套技术的集成和攻关，强调从工艺到装备的成套技术开发，着重于从种植(养殖)、加工、深度增值利用到市场销售的系统工程技术开发，为企业提供技术支持。在组织实施上探索跨院校的合作、产学研结合、多学科交叉的新机制。有计划有步骤地扶持若干个农产精深加工及相关领域的新型科研院所或重点实验室。建议“十二五”期间在浙江大学建立食品制造与物流科学研究院，在浙江工业大学建立食品生物工程科学研究院，在浙江工商大学建立水产品加工科学研究院，在浙江农林大学建立以竹木加工为主的生物质材料科学研究院，在浙江省林科院建立森林食品研究所，做大做强浙江科技学院中德农产品加工科学研究院等。

(二) 创新团队建设

科技创新团队是获取和整合资源的有效组织形式，是科技创新和科研攻关的重要载体，是优秀人才的创业平台。力争通过 5 年的努力，针对本专项所列的 10 条产业链，拟建立 10 个创新团队，形成一批以产业链和相关学科领军人物为核心，以科研骨干为主体，专业人才和科研辅助人员相配套，院所与企业优势互补、团结协作的紧密型创新研发群体。打造 10 个在本产业领域具有明确稳定的主攻方向，特色鲜明、竞争有力，在国内外具有一定影响和发展潜力的科技创新团队，其中 50％左右的团队承担国家级科研课题（973 子项目、863 项目、科技支撑和部级公益项目）。每个团队成员在 50 人左右。拟将带头人培养成我国食品学科知名的国家级人才，将核心成员培养成我国（或省内）该研究方向（领域）的国家级人才，其他成员中若干名成员培养成浙江省乃至国家该研究方向的科研骨干。培育更多的企业技术骨干成为在各大食品加工领域的企业科技创新创业领军人才，从而发挥重要的作用。

（三）产业联盟建设

产业技术联盟是基于技术愿景的、以企业和科研单位共同组成的一种新型产业组织形式，其主要特点在于能够有效整合产业资源、产生协同效应和促进产业集群发展。产业技术联盟作为一种创新组织形式，在经济、科技全球化发展的新形势下，对于提升自主创新能力、建立技术创新体系将发挥关键性作用。更为重要的是，它能够集成产学研各方优势，在短时间内实现重大技术突破，加快科技成果的产业化和市场化进程，是增强自主创新的重要载体，对于浙江省建设创新型省份具有重大战略意义。

本专项通过几年的努力，在创新团队的建设基础上，争取建立 5～7 个产业技术创新战略联盟。其中 3～4 个联盟承担国家级科技项目，并在中国国内具有明显的领先地位。

五、加快创新型科技龙头企业培育

（一）引导加工企业加大研发投入

鼓励和支持农产品加工企业、专业合作社组织成为科技创新和成果转化应用的主体，加大对农产品精深加工产业科技创新、成果转化和产业化投入，支持加工企业联合高校科研院所组织申报科技计划项目。研究开发新产品、新品种、新技术、新工艺所发生的费用，未形成无形资产的，计入当期损益，在规定据实扣除的基础上，按照研发经费的 50％加计扣除；形成无形资产的，按照无形资产成本的 150％摊销。

（二）加快加工企业科技研发机构建设

着眼于国家水平和企业乃至行业的未来发展，支持规模以上农产品加工企业吸引国内外高校和科研院所专职科技人员带项目、带技术、带成果到企业参与研发机构的创建，建设一批整体达到国内先进水平的企业科研院所。重点支持农产品精深加工 10 个产业的各类企业创建企业研发机构，不断增强企业的自主创新能力和市场竞争力，发挥其对产业发展领域的促进作用。

（三）加快高新科技企业培育与发展

研究制定做大做强做优农产品精深加工 10 个产业的发展战略及其实施规划与产业技术政策等，加强精深加工高科技产品和企业扶持政策的研究和认定，培育一批符合高科技产品和企业标准的农业高科技企业、农业科技企业或科技型中小企业，对被认定为农业高科技企业的，按照税法规定减除 15％的税率征收企业所得税。鼓励和支持各类农业科技企业引进各类创新型人才，为技术创新提供人才智力支持。

(四)加快加工产业科技园(基地)建设

围绕省级现代农业园区建设,拟选择一批农产品加工基础较好、符合条件、示范带动作用明显的园区(基地),开展农产品精深加工产业集群创新,除各类科技计划项目给予重点支持外,拟开展职务科技成果股权和分红权激励试点;开展标准化研究和标准制订工作;支持产业科技园(基地)依托高校科研院所,创建农产品精深加工孵化器,引进一批领军人物和创新团队,加快建设高层次人才创新创业基地;鼓励民间资本在产业园(基地)投资组建农村金融机构试点;支持产业园(基地)内科技企业在创业板上市;稳步推进农畜产品期货品种的上市工作;支持产业园(基地)内符合条件的企业发行企业债券;鼓励产业园(基地)内设立创业投资引导资金;支持开展知识产权等无形资产质押贷款试点和保险业创新试点;优先安排从国外引进加工设备、技术、工艺、产品到国内示范,待条件成熟后,产业园(基地)内可设立加工功能区、商品期货交割仓库和开展股份报价转让试点。

六、保障措施

(一)加快农产品精深加工创新创业人才队伍建设

鼓励和支持创新领军人物带领创新团队,承担重大科技攻关和产业化项目。在政府各类与农产品精深加工相关的科技计划项目评审、验收等综合绩效评估中,把创新创业人才培养作为重要的考评指标。实施“百千万创新创业人才培养计划”,着力加强农产品精深加工领域创新能力强的高水平学科带头人和优秀科技创新人才群体培养,打破论资排辈,完善学术交流制度,健全同行认可机制,促进中青年优秀科技人才脱颖而出。鼓励成果完成人与项目承担单位以入股、转让等形式,直接进行成果产业化。调整省本级农业科技计划项目劳务费开支比例,由原来不超过科研项目财政资助总额的10%提高到15%,并在开支范围中增加引进人才费用,其资助标准在不突破项目劳务费支出总额的前提下,由承担单位根据实际情况确定。通过设立省农业科技突出贡献与成果转化推广奖,奖励一批对培育和发展农产品精深加工食品产业有突出贡献和成果转化推广成效显著的科技工作者,特别是科技人员。引导科技人才到农产品加工企业从事科技开发工作,创办农业科技企业。

(二)多渠道筹措经费

充分发挥各级财政对农产品精深加工科技投入的引导作用,加大对农产品精深加工产业共性关键技术研发、产业集群创新及创新成果转化产业化项目经费投入。引导社会资金投入农产品精深加工食品产业科技创新与发展,鼓励以加工企业为主体建立科技创新风险投资公司和创业风险投资基金。各类金融机构都要为农产品精深加工产业科技创新和成果转化推广优先提供融资、担保和保险等服务,创新信贷品种,对符合条件的科技成果产业化基地基础设施提供信贷支持,积极探索利用贴息小额贷款等方式,加大有效信贷投入。支持农产品加工高科技企业利用资本市场融资,在中小企业和创业板上市筹资;具备条件可进入证券公司代办系统进行股份转让试点,推进未上市农业高科技企业股权的流通,拓宽创业投资退出机制。

(三)实施农业科技知识产权、标准化和品牌战略

加强农产品精深加工科技知识产权工作,引导加工企业、涉农高校和科研院所开发、申请、拥有专利技术特别是发明专利技术,把发明专利作为科技项目立项和绩效考评的重要内容。加强区域优势农产品精深加工产品品牌培育,鼓励注册使用农产品加工证明商标和原产地标识,鼓励加工企业申报省知名商号,在全省范围内享受跨区域、跨行业的商号保护政策。加强

农产品精深加工技术标准工作，引导产学研用联合研制精深加工技术标准；跟踪研究国际标准、国外先进标准和本省农产品加工产品主要出口贸易国的技术性贸易措施，增强应对技术壁垒的能动性；鼓励加工企业和行业组织采用国内外先进标准。

（四）组织与管理

建立专项专家咨询会议制度。在省科技厅领导下，由浙江大学、浙江工业大学、浙江工商大学、浙江科技学院、浙江医科院、浙江轻工研究所、浙江农林大学、浙江林科院、浙江海洋学院等涉农高校科研院所有关专家和企业家组成专家组，并建立专家咨询会议制度，负责专项组织与实施，对项目的进展进行调研和咨询，对共性关键技术的立项和产业化示范及基地建设进行论证和决策，对项目的实施进行检查和验收。

执笔人：叶兴乾、毛建卫、戴志远、孙培龙、尤玉如
陈有亮、陈黎洪、陈昆松、刘东红、王志祥
审改：张咸益　打印：戴丹丽　校对：郑荣泉

第七章　浙江省农业生物技术产业科技发展研究

一、国内外发展现状与形势

1. **生物技术体现国家未来核心竞争力。**“建立以生物基因为核心的知识产权财富，使之能更为有效地进入变化着的全球生物技术市场”，已成为各国政府的战略决策。各国政府纷纷制定本国21世纪生物技术发展的战略和计划，将现代生物技术列为国家优先发展的重点领域。如：美国先后形成了五个生物谷，培育了1400多家技术企业，并把每年4月21—28日作为生物技术周；英国政府发表“生物技术制胜2005年的预案和展望”战略报告，目标是保持生物技术位于世界第二的水平；日本政府提出了“生物产业立国”口号。

2. **农业生物技术的垄断性日益显现。**随着现代农业生物技术的可分性程度提高，单项技术进步的低成本和易获得性使得私人在参与技术创新中的成功率大大提高。如2007年Monsanto公司种子销售额为49.64亿美元，约占了全球独占种子市场的23%；DuPont公司种子销售额为33亿美元，占全球市场的15%；Sygenta为20.18亿美元，占全球市场的9%。作为我国转基因水稻第一股的丰乐种业2007年的营业额才9.59亿元，利润为2542万元；而所谓的“中国的转基因大鳄”创世纪公司成立至今不过10年，2008年的销售额为8000万元，利润为2000万元。

3. **第二次“绿色革命”在争议中悄然来临。**2009年全世界已有25个国家和地区种植24种商业化的转基因作物，57个国家通过了安全管理认证，开始进口转基因作物，将其用于食品和饲料，并释放到环境中，种植面积达1.34亿公顷。全球大豆种植面积的77%、棉花的49%、玉米的26%和油菜的21%为转基因品种。特别是2009年11月27日我国通过了对转基因Bt水稻和植酸酶玉米的生物安全认证，这一举措具有里程碑意义。我国《国家中长期科学和技术发展规划纲要(2006—2020年)》将“转基因生物新品种培育”列入重大科技专项。2010年中央1号文件明确提出了加快转基因新品种培育的研发工作，可见转基因生物新品种的培育已经成为农业生产的重点技术。

4. **品种分子设计是未来的发展趋势。**现代分子生物学与传统植物育种科学的结合催生了新兴的分子育种学，通过品种定向分子设计进行复合优良性状的聚合育种，从而有可能培育出崭新的农业生物新品种。如2009年全球共有2870万公顷的复合性状转基因作物，其中美国占到全部转基因作物面积的41%。我国的“超级绿色水稻”项目也已正式启动。近年来，利用分子育种技术与常规育种技术相结合已成功培育出多个作物新品种，显著提高了定向育种效率，并取得了良好的经济效益 。

5. **转基因动物和体细胞克隆技术研究取得新的进展。**目前已先后培育出转基因兔、羊、猪、牛、鸡等。美国伊利诺斯大学研究出一种带牛基因的猪，这种转基因猪生长快、个体大、饲料利用率高、瘦肉多，可为养猪业带来丰厚的经济效益。对猪进行转基因和基因破坏，使之成为人类常见疾病的医学研究动物模型，以及为人类器官移植提供人工脏器的研究也有近20年的历史，在美国、英国、日本等许多国家取得了阶段性的进展。这不仅可提高畜牧业的生产效率，还可拓展家畜的新用途，为发展高效益畜牧业提供技术支撑。

6. **微生物生物技术的重要性日益显现。**农业生物“三药”(农药、兽药、鱼药)、“五剂”(饲料添加剂、食品添加剂、酶制剂、微生态制剂、生长调节剂)是保护现代农业生产、克服传统化学药剂或制品面源污染及农产品残留超标、打破农产品国际贸易绿色壁垒的高新生物技术产品，是实现高效生态农业“减药增效”目标的主要技术支撑。病虫害防治、节肥增产、饲料与食品添加剂、环境污染物降解等目标的农业微生物研究已深入到分子水平，生物技术已成为微生物遗传改良和新一代微生物制品研制的有效手段，替代农用化学产品的新技术、新工艺及新产品的需求越来越迫切。

7. **海洋生物技术及产业化异军突起。**目前，生物技术在海洋渔业上的应用主要集中在海水养殖优良品质亲本的筛选、养殖动物的疾病检测和海洋天然产物开发等方面，这也是海洋生物技术研究发展势头强劲、充满活力的原因所在。在水产养殖方面，提高重要养殖种类的繁殖、发育、生长和健康状况，特别是在培育品种的优良性状、提高抗病能力方面有着巨大的应用潜力。因此，无论是从技术开发，还是产业发展的角度看，有着巨大潜力的海洋渔业有待进一步挖掘。

8. **林业生物技术取得阶段性成效。**林业生物技术取得阶段性成效。美国北卡州立大学科研人员通过转基因，实现了树木中木质素含量减少一半，解决了阻碍木材中的纤维素转化为乙醇类生物燃料的技术问题。我国在木材形成、抗逆和开花调控的基因组学研究，耐盐、抗旱、抗虫的转基因研究、构建标记连锁图谱，影响生长、抗病性和木材性质等重要性状的 QTLs 定位等研究上取得了一定的进展。但生物技术产业尚处于发展初创阶段，且多数的研究集中于杨树、松树等少数树种上。

9. **生物质材料和生物质能产业前景光明。**欧美等发达国家的替代石油产品的生物质材料研究和产业化发展迅速，如聚乳酸、生物乙烯等发展很快。近年来，美国木塑复合材料市场的增长率都在 10%以上；我国直接从事木塑复合材料研发、生产的企事业单位 160 多家，从业人员 10 余万人，木塑复合材料产品年产量达 30 万吨，年产值超过 30 亿元。在“生物质技术路线图”中，美国计划到 2020 年，生物燃油取代全国燃油消费量的 10%，生物基产品取代石化原料制品的 25%，到 2050 年生物质能源占总能耗的 50%；与我国相邻的印度也启动了“绿色能源工程计划”。今后，生物质能产业创新的功能目标逐渐走向多元化；非粮化成为产业创新的主要方向；农业废料和能源植物等成为产业创新的焦点；生物工程技术成为主导的技术创新路径；利用纤维素制取燃料乙醇将是解决生物液体燃料的原料来源问题和降低成本的主要途径之一。生物质能源产业是全球性的一次材料经济转型，中国与发达国家处在相近的起跑线上，且已在木质纤维素水解、微生物利用、生物反应器与产品提纯技术等方面已取得重大进展。

10. **动植物生物反应器技术及其产业化速度加快。**动植物生物反应器的研究与开发主要集中在美国、英国、加拿大、法国、荷兰等少数几个西方发达国家的十几家公司里。一大批外源活性蛋白在动植物生物反应器中得到表达，部分产品已实现产业化。如美国利用水稻生产的人乳铁蛋白、白蛋白已经产业化，利用玉米生产的淀粉酶、胰蛋白酶、Avidin 也开始产业化；2006 年欧洲制药企业利用乳腺生物反应器生产的人类抗凝血酶Ⅲ在全球率先获得 EMEA(欧洲药品评估机构)的上市许可。据预测，2010 年全球动物乳腺生物反应器的年产值将达到 500 亿美元以上。

二、浙江省发展现状

(一) 主要成效

1. **植物生物技术**。在植物功能基因的克隆中,浙江省具有许多国际领先的科研成果。特别是在国家启动转基因专项以来,位于浙江省的浙江大学、中国水稻研究所、浙江省农业科学院等研究单位广泛开展了功能基因的发掘与克隆,已有近 50 个基因申请或获得了国家发明专利;建立了 3 个国家级的转基因新品种中试基地,为转基因新品种的田间中试创造了良好的条件;建立了水稻、玉米、棉花、油菜、大豆、番茄等作物的转化体系,得到了一批具有商业应用前景的转基因材料或新品种,如 Bt 抗虫水稻、抗病水稻、养分高效水稻,含油量大幅度提升和芥酸含量降低的转基因油菜等已进入田间中试阶段,一旦政策允许,由此产生的一批转基因作物新品种可随时进入市场。在植物抗病研究中,水稻黑条矮缩病毒、水稻条纹病毒、双生病毒等研究领域取得了丰硕的成果,极大地促进了浙江省的植物病毒病防治工作的开展。在植物组织培养方面,浙江省涉及组培的高校、科研单位、企业多达 120 多家,组培规模大小不一,已建成实验室总面积约 8 万平方米,涉及的品种有花卉、药用植物、蔬菜、果树等。在植物生物反应器方面,利用水稻生物反应器生产乳铁蛋白和白蛋白的研发工作已基本完成,并完成了农业部要求的中间试验,有望在短期进入产业化阶段;生物反应器水稻传播扩散控制技术在国际上处领先地位,被中国科学技术协会评为 2008 年度中国十大工程技术进展之一,建立了水稻生物反应器产学研的联合发展体系。以水稻和马铃薯作为生物反应器表达目的基因防治胃癌和传染性猪病的研究也已经取得重要进展。

2. **动物生物技术**。已在家畜家禽品种选育、繁殖新技术开发应用等研究领域取得了大量成果,建成了"浙江省畜牧产业科技创新服务平台"、"浙江省畜禽遗传育种重点试验基地"等能够支撑畜禽转基因研究的公共实验研究设施,已经着手进行家畜和家禽转基因研究工作。在胚胎工程技术领域,形成了牛、羊早期胚胎 PCR 性别鉴定的实用技术,牛、羊早期性别胚胎冷冻(−196℃)保存技术及牛、羊早期胚胎显微切割、人工同卵双生技术;在克隆技术方面,已明确并建立了牛、羊体细胞克隆的基础参数和技术路线,研发了拥有自主知识产权的可改善克隆胚胎体外发育的无血清、化学成分明确的培养液;在转基因技术方面,已获得了人促红细胞素(hEPO)小基因和山羊乳腺生物反应器表达载体(pCSN);构建了 hEPO 乳腺特异表达载体 pCSN-hEPO,并转染山羊成纤维细胞获得表达;形成了将牛、羊体细胞与脂质体转染相结合进行外源基因转导的技术,并已将 pCSN-hEPO 转导于长毛兔雄性生殖细胞,首次获得了含有 AcGFP1 和 hEPO 基因的转基因兔;已发掘与湖羊多胎性能相关的功能基因与分子遗传标记,建立了湖羊多胎相关性状候选基因群体检测方法。在猪繁殖与呼吸综合征、猪圆环病毒、猪细小病毒、鸡传染性支气管炎病毒、鸡新城疫病毒、口蹄疫病毒、兔出血症病毒等研究领域取得了丰硕的成果。浙江省家蚕生物反应器研究处于国内外领先地位,获得授权专利 10 余项,多种外源活性蛋白在反应器中获得高效表达,家蚕生物反应器生产基因工程口服药物及产业化研究稳步推进,培养了一批研究家蚕生物反应器的力量,并为进一步开展家蚕生物反应器产业化研究奠定了坚实的基础。

3. **微生物生物技术**。在农业生态环境保护领域,固氮微生物、解磷菌和解钾菌等营养型菌种筛选和菌种培养与发酵工艺等方面做了较为深入的研究,研发出了部分产品。同时针对土壤中多种有机污染物,分离到了一批效果较好的优良菌种,构建了农药高效降解菌筛选技术、微生物修复剂制备技术,初步形成了一套植物-微生物联合修复重金属和有机污染土壤的技术措施。畜禽规模养殖废弃物开发生物发酵有机肥产业得到了快速发展，全省的生物发酵有机肥达到了 20 多万吨。依托于省内大专院校、科研院所及高新技术企业的“三药”、“五剂”产业，在国内形成了技术创新的显著优势，为浙江“十二五”加快新技术、新工艺、新产品研发和成果转化创造了极有利条件。浙江省农业“三药”产业规模位居全国前列，全省“三药”工业产值 168 亿元，出口创汇逾 50 亿元，生物“三药” 约占此产值的 40%。浙江作为农用抗生素生产大省，井冈霉素、阿维菌素等主打产品已经在农业生产中发挥重大作用，产生了巨大经济效益和社会效益。农业“生物五剂”产品种类齐全，工艺先进，市场覆盖面广，竞争力强。目前，全省共有各类饲料添加剂生产企业 106 家，微生态制剂生产企业 70 多家，产值达 150 亿元左右，产品包括维生素类、微量元素类、微生物类、酶制剂类、微生态制剂类及抗菌促生长剂等。其中，维生素类添加剂、有机微量元素添加剂和新型安全抗菌促生长添加剂的研制和应用居国内一流，维生素的产销量占全球总量的 60%。

4. *海洋生物技术*。加强了渔业科技创新与应用开发能力建设，优化配置海洋与渔业科研力量，同时加大了水产品质量安全与标准、种质资源保存与良种选育、水产养殖与设施渔业、水产重大疫病防治等方面的技术攻关力度，大大提高了渔业生产的科技含量；筛选确定了一批成熟的主推品种和主推技术，有针对性地开展技术应用培训，促进了科技成果与渔业生产的紧密衔接，提高了科技成果转化率。开展省级优势和特色品种的水产原良种场及繁育基地建设，研究、繁育与推广本地野生优良水产品种。

5. *林业生物技术*。构建了竹子、山核桃、油桐种仁、杨树、茶树等的 cDNA 文库、EST、cDNA 芯片和 T-DNA 插入突变体库，有望探明这些特色品种一些关键性生物学特性的分子机制；分离得到了一些耐盐和抗重金属的关键基因，获得了一大批转抗逆基因的转基因株系；成功开发了竹子的 ISSR、AFLP、ACGM、SRAP 和 SSR 等多种分子标记，并已应用于毛竹的种质资源基因库的遗传多样性评估，多个散生竹种间、丛生竹种间的杂交组合的分子鉴定。开发了文心兰、石蒜、油桐、甜柿、铁皮石斛、雷公藤等植物的 ISSR、AFLP 等分子标记，研究这些植物的遗传结构和多样性；建立了竹子(麻竹、绿竹和甜龙竹)、山核桃、油桐等体细胞胚胎发生实验技术平台；成功地建立了铁皮石斛的无性繁殖体系，既保持品种的优良性状，又能快速大量繁殖。

6. *生物质材料与生物质能技术*。先后建立国家和省级木质资源综合利用工程技术研究中心和省级重大科技创新服务平台，确定了浙江省生物质材料产业在全国的领先地位，在木基复合技术、小径材精深加工技术、木竹加工剩余物综合利用技术、生物质热解技术研究与应用等方面取得重大突破，涌现了一批技术先进、产品档次高、优势突出的生物质材料加工龙头企业，取得了良好的经济效益和社会效益。在生物质能开发与利用方面，通过浙江省生物质能资源普查及评估工作，基本摸清浙江省不同种类(包括畜禽粪便、农林废弃物、工业有机废水等)生物质能资源的种类、总量、质量、密度分布、变化趋势和可经济开发量，为浙江省生物质能的开发利用奠定了基础。浙江省应用基因工程技术已培育出超高油转基因油菜新品系和高油大豆新品系。应用转基因技术提高高油耐盐经济植物种子含油量，将其作为生物柴油原料植物开发利用的研究也已启动。

(二) 发展主要不足

1. *涉及农业生物技术的各个领域发展不平衡*。农业生物技术的某些领域明显落后于其他兄弟省市，如动物转基因技术、林业生物技术、海洋生物技术等；缺乏具有自主知识产权、在国际上可以形成产业竞争力的基因资源和技术，对浙江省特有的生物资源研究和深度开发的投入极为欠缺。

2. **缺乏国内外有影响力的领军人物**。不利于构建国家层面上的大平台、大团队和大项目;研究力量没有形成合力,各个实验室处于单干状态,缺乏交流,导致重复研究,更缺乏宏观指导下的大型研究规划。

3. **产学研合作、农科教结合有待加强,研发投入不足**。农业研发、成果转化与农技推广体系的对接不够紧密,使许多科研成果难以及时转化,转化的成果难以充分应用。研发投入不足,尤其大批民营中小企业渴求新技术、新产品的热情虽高,但主动投入很少,使政府研发投入的引导效果未能充分发挥。

三、基本思路与发展目标

(一) 基本思路

"十二五"及今后一段时期,浙江省农业生物技术及其产业发展的基本思路是,瞄准国际发展前沿,按照"突破前沿技术,创新重大产品,培育新兴产业,引领现代和未来农业"发展,全面加强农业生物技术的自主创新;突出"自主创新、国际合作,重点突破、集聚发展,市场主导、政府推动"的基本原则;重点围绕动物生物技术产业、植物生物技术产业、农业药物与生物制剂产业、农业微生物技术产业、农业生物质材料和生物质能产业、海洋生物及其制品产业、林业生物技术产业等7条农业生物产业科技链的培育和发展,创建一批生物产业科技创新载体,形成一批具有自主知识产权的创新成果;转化推广一批商业化应用生物科技成果,建设一批企业科技研发机构,发展一批农业生物科技企业,孵育一批集约化和特色化农业生物技术产业基地,使浙江省农业生物技术产业成为增长速度快、质量效益好、带动效应强的战略性新兴产业。

(二) 发展目标

"十二五"及今后一段时期,浙江省农业生物技术及产业发展的目标是,基本形成以农业生物基因工程、细胞工程、酶工程和发酵工程等4个工程技术为架构的农业生物产业技术创新体系。自主创新能力显著增强,研究开发投入占产业增加值的比重明显提高,形成一批具有自主知识产权、年销售额超过亿元的农业生物技术产品。产业结构优化升级,在动植物优质种苗、农业药物与生物制剂、海洋生物技术、农业生物质材料、现代食品生物工程技术等产业科技链原始创新能力居全国领先,部分达到国际先进水平,农业生物技术产业的国际竞争力大幅度提高,成为高技术领域的支柱产业和浙江省现代农业的先导产业和基础核心产业。培育和发展一批农业生物科技企业,形成20~30个销售收入超10亿元的农业生物科技龙头企业,50~80个销售收入超千万元的农业生物中小型科技企业,重点推进5个以上产值超50亿元的集约化和特色化的农业生物技术产业基地,产业规模快速增长。到2015年,农业生物技术产值超过800亿元。

四、发展重点与主要内容

(一) 植物生物技术产业

1. **重点任务**。利用突变体库、优良种质等资源鉴定和克隆重要农艺基因,系统地研究并阐明其生物学功能,挖掘其在转基因和分子育种上的应用潜力;重点发展水稻、油菜、棉花、大豆、玉米等主要农作物高效、优质、高产和多抗聚合转基因育种,同时重视利用分子(基因)标记辅助育种技术,加强常规育种与分子育种技术的结合。研究转基因新技术新方法,发展安全转基因技术;研究发展抗逆转基因作物/产品的环境与食品安全评价技术,建立风险评价模型以及相应的数据库；开展转基因新品种的生产示范、配套的栽培技术摸索、转基因性状的跟踪检测和安全性管理；与农业龙头企业的合作，开拓国内国际的转基因农作物市场。在开展病毒与植物互作研究的基础上，应用现代生物技术研制专化性和广谱性抗病毒的作物新种质；建立并推广病害预测预警技术和防控技术；研究畜禽主要传染病病原生态学、分子流行病学、病毒基因组功能、免疫与发病机制、快速检测诊断技术、预警预报技术平台；组织实施组培产业关键技术、共性技术的攻关，突破产业发展的核心技术，提升组培产业核心竞争力。研发高效高表达的植物生物反应器技术体系，重点发展生物反应器植物的传播控制技术、识别技术、高效表达的植物启动子技术和其他调控技术；发展利用植物表达生产人乳蛋白、白蛋白、工业酶等重要高价值蛋白质，完成相关的环境安全评价和食品安全评价等产业化必需的评价工作，争取在国内先行实现产业化。

2. *产业共性关键技术*。重点开展植物分子与细胞育种技术，鉴定和定位主要植物控制复杂性状的数量遗传位点，克隆主效基因；建立高通量基因克隆和功能验证体系，开展功能基因组学研究，鉴定和克隆一批与高产、优质、高效和抗逆相关的关键基因；发展和鉴定浙江省主要作物的重要农艺性状紧密连锁的 DNA 分子标记，并利用鉴定到的分子标记进行辅助育种。开发转基因操作关键技术，构建具有自主知识产权的新型高效多元表达载体、启动子和调控元件，开发新的植物遗传转化技术，开展单基因、多基因合并转移和协同表达的研究，建立分别适用不同植物的转基因技术体系，进一步提高组织培养再生频率和遗传转化效率；研究发展单一或多元转基因作物/产品的环境与食品安全评价技术；研究建立环境与食品安全风险评价模型以及相应的数据库；研制安全评价新方法、新技术和新技术标准。开展主要粮食作物——病毒水稻条纹病毒、水稻黑条矮缩病毒等的功能基因研究，分析病毒对寄主基因和 miRNA 表达调控的影响，开展病毒-寄主间的蛋白互作和 RNA 沉默介导的互作研究，克隆植物体内在 RNA 沉默机制中起关键作用的基因，结合现有的作物抗病资源，开发新的抗病策略并应用于植物抗病育种。开发生物反应器植物的传播控制和识别关键技术研究，发掘能够实现目标蛋白质高效表达和储存的启动子及调控元件，提高水稻、油菜、马铃薯等生物反应器的生产效率；研制石蒜、厚朴、杜仲、喜树等木本药用植物大规模培养的新型生物反应器，建立重要次生代谢物质的高效表达技术体系，实现次生代谢物的规模化生产与研发，通过细胞工程实现有效次生代谢产物的研发。

3. *成果转化及产业化*。将已经获得优质、高产、高效、多抗等特性的分子辅助育种和转基因水稻、油菜、棉花、大豆、玉米新品种(系)进行试种和示范；推广应用组培产业发展中的新型培养基及规模化、标准化生产技术；重点对利用水稻生物反应器生产乳铁蛋白和白蛋白等产品的产业化开发进行转化推广；开展疫苗蛋白与储藏蛋白融合表达载体在油菜生物反应器中的应用；进行马铃薯生物反应器表达蛋白防治胃病和传染性猪病的技术应用等。通过项目的实施，实现植物生物技术产业规模的快速增长，产业规模达到 100 亿元，形成 2～3 个销售收入超 10 亿元的农业生物科技龙头企业，6～10 个销售收入超千万元以上的农业生物中小型科技企业。

(二) 动物生物技术产业

1. *重点任务*。研究猪、奶牛、羊、家禽等的功能基因组学和比较基因组学，定位影响重要经济性状的主效基因；研究分子标记辅助育种的技术体系；开展干细胞增殖、分化和调控，生殖细胞发生、成熟与受精，胚胎发育的调控机制，体细胞去分化和动物克隆机制的研究；建立高效畜禽转基因技术体系和平台；对畜禽重要经济性状进行精准选择，并实施快速扩繁，发挥浙江省特有的畜禽地方优良品种资源优势，加快培育浙江省自主品牌畜禽品种，提升浙江省畜禽种业的自主创新能力和国内外竞争力。研发以家蚕病毒基因工程、转基因家蚕及家蚕丝腺生物反应器为主线的三个主要技术创新体系，开发出拥有自主知识产权的核心技术，建立相应的技术平台，并结合生物技术产业化，使家蚕生物反应器规模化应用于基因工程疫苗、医用蛋白和农业活性蛋白生产等，确立一套以产业化为标准的技术生产体系，完成相关表达产物后续产业化所需的安全评价工作。

2. **产业共性关键技术**。完善牛、羊、猪体细胞克隆技术，开展体细胞克隆牛、羊、猪及其后代安全性和生产性能评价，提高体细胞克隆技术总体效率，为在生产中应用体细胞克隆技术、实现优秀个体无性繁殖提供关键技术；探索建立牛、羊、猪的诱导多能性干细胞(iPS)技术体系；应用卵泡诱导发育、胚胎体外生产等技术充分发挥良种家畜的繁殖潜力，迅速提高群体中优良基因比例，缩短世代间隔，快速培养新品种，并实现优秀遗传资源经济、有效的保存和利用；开展畜禽基因表达调控机制和高通量定位表达调控技术研究，分离筛选在畜禽特定组织尤其是家禽输卵管上皮细胞、哺乳动物乳腺上皮细胞、肝细胞等组织定点表达的启动子，取得一批具有自主知识产权的基因启动子，为畜禽转基因提供关键性的转基因载体构建材料；根据生物制品的市场需求和商品化前景，重点克隆激素、生长因子、抗体、疫苗、酶、奶蛋白等功效基因，并进行基因优化，提高人源蛋白在畜禽反应器中的合成效率，获得一批适用于畜禽生物反应器制备的基因资源。开展动物重要病毒疾病病原免疫与致病的分子机制研究，建立重要畜禽病毒疫病的鉴别诊断和联合基因诊断，以及流行监测和预警关键技术，开展重要畜禽疫病分子流行病学和蛋白质组学研究，创制重要动物病毒疾病新型疫苗。重点开展家蚕组织特异性启动子、增强子等表达调控元件的分离鉴定，开发外源基因高效特异性表达的转基因家蚕技术体系；研发出一系列拥有自主知识产权的家蚕杆状病毒表达载体、外源基因丝腺定点高效表达的转移载体、导入方法及配套技术；筛选培育家蚕生物反应器特殊用途的家蚕专用品种；解析影响外源基因表达、蛋白后修饰加工的关键因素，提高外源活性蛋白(糖蛋白、白蛋白等)的表达效率；开发适合产业化的下游蛋白质快速分离纯化技术，建立家蚕生物反应器工厂化技术平台。

3. **成果转化与产业化**。获得生长快、营养和风味品质好、饲料利用率高、抗病强的转基因猪、鸡、鸭和其他动物新品种，建立优良畜禽品种胚胎和细胞库，实现畜禽种质资源的经济、高效、半永久保存和再生利用；加快家蚕生物反应器生产基因工程口服药物及产业化开发。通过项目的实施，实现动物生物技术产业规模的快速增长，产业规模达到30亿元，形成1～2个销售收入超10亿元的农业生物科技龙头企业，3～5个销售收入超千万元的农业生物中小型科技企业。

(三) 微生物生物技术产业

1. **重点任务**。广泛采集、分离、评价和筛选特种微生物资源，解析重点微生物基因组，发掘特有的功能基因资源，为相应的微生物制剂产业和多抗农作物新品种培育提供菌种和基因资源；构建浙江省特色的优势微生物农业资源数据库，解决微生物农业产业化生产中的工艺和技术问题；针对浙江省微生物发酵食品，重点开展浙江省特色与优势的微生物发酵食品共性关键技术研究，开发特色微生物发酵食品新工艺、新技术和新产品；针对浙江省微生物环境修复与诊断，重点开展环境微生物资源化利用，开发环境微生物新的功能基因和新的环境修复农业微生物制剂。

2. **产业共性关键技术**。开展生产用菌种的鉴定评价体系研究，建立菌种鉴定评价的关键共性技术平台；加强对已有菌种的改良和新菌种的选育开发；采用现代高新技术，对浙江省传统黄酒、啤酒、绍兴豆腐、金华火腿等现有菌种和工艺进行优化和改良；加强对微生物发酵食品和功能性食品制造业关键技术的研究，开展具有药用和保健功能的微生物活性物质及次生代谢产物深层发酵、新型液-固生态发酵、分离与纯化、精准检测、结构鉴定与分子修饰、功能因子生物活性稳态化技术等关键技术集成创新，开展食药用菌活性物质免疫增强剂、功能食品和药品研发；开展益生菌筛选和肠道定植匹配条件研究；加强新型益生菌分离培养技术的攻关研究；开发具有益生功能的食品、饲料及配料；加强益生菌高活性浓缩发酵剂低成本制造关键技术研究；建立土壤和水污染的微生物诊断指标体系；筛选能高效降解农药残留、重金属和其他有毒有害化学物质的功能菌株和功能基因，重点开展工程菌构建与改造研究，培育能高效吸附、富集或降解各类污染物的微生物菌株，研制复合生物修复剂；研发规模化畜禽养殖和屠宰废水、废弃物的微生物处理技术；研发水产养殖中细菌性病害的微生物防控、水质净化处理和循环利用新技术，建立高密度养殖的产业化生产技术体系。

3. **成果转化及产业化**。将已研发成功的高效菌株投放生产；对传统菌种的复壮技术和工艺进行改良和优化；对新型天然食品添加剂、功能性食品、益生菌制剂进行中试开发；制备多功能复合污染修复剂；挖掘特殊环境中的微生物资源，开发新产品；通过项目的实施，实现产业规模的快速增长，产业规模达到50亿元，形成1～2个销售收入超10亿元的农业生物科技龙头企业，4～6个销售收入超千万元的农业生物中小型科技企业。

（四）农业药物与生物制剂产业

1. **重点任务**。研制针对重要农作物病虫草害的新型高效杀菌剂、广谱高效杀虫剂、新型特效生物除草剂、农用抗生素；针对浙江省多发的畜禽重大疫病，研制安全、低残留、高效的新型疫苗和生物兽药，对畜禽有防病促生长作用且低毒低残留的天然饲料添加药物；以水产与畜禽健康养殖为目标，系统开展疫病病原学、致病机制、免疫干预调控机制的研究，开发疫病快速诊断与检测技术、基因工程疫苗及抗菌肽药物；研制开发防控水产病害及净化水体的益生菌剂和微生物免疫增强剂，以及提高饲料利用率的酶制剂和代替或减少抗生素的绿色饲料添加剂，以促进植物生长、培植地力和减轻作物土传病害为目标；系统研究根际土壤微生物与植物根系间相互作用的机制，研究开发适合不同类型的菌肥、菌根剂和生长调节剂；研究扩大微生物肥料的原料来源，开发利用基于各种生产生活废料的菌肥及土壤改良剂，推动资源可持续利用及产品产业化的实现；研究开发生物“三药”、“五剂”生产的新工艺和后处理技术，突破生物“三药”、“五剂”新产品产业化的技术“瓶颈”。

2. **产业共性关键技术**。重点研究第三代新型生物“三药”、“五剂”及其产业化开发。通过解构主要杀虫控病或重要功能微生物的基因组，构建毒力因子、抗逆因子以及调控关键活性物质代谢的蛋白组、转录组及代谢组，鉴定筛选一批高毒力基因、高效抗逆基因及关键活性物质调控基因，构建耐夏季高温、耐阳光中紫外辐射、耐杀菌剂、耐除草剂的多抗转基因高毒力菌株，增强生防菌剂环境稳定性和持效性，构建一批功能酶系、蛋白（多肽）及次生代谢活性物质的生物工程菌株或毒株。研究开发微生物杀虫剂、杀菌剂、农用抗生素类杀菌剂及其生产设备和工艺，开展转基因工程菌株的环境安全性及产业化前景评价，强化各类微生物农药的田间应用配套技术；筛选鉴定植物源高活性杀虫抗病物质，开展高活性特质的低耗高效分离萃取技术、工艺和质量标准体系，研究开发生物农药的新载体和新剂型。研究开发畜禽主要疫病的诊断监测关键技术、新型高效生物防治制剂以及新型免疫佐剂或免疫增强剂；研制专用疫苗及产业化技术，研究开发动物生态养殖微生态制剂系列产品；攻关高密度发酵工艺、复合菌剂优化及高效菌剂稳定化后处理工艺;加强生物“五剂”功能微生物及活性物质的作用机制的基础研究,筛选一批新的功能微生物及活性物质,应用基因工程技术构建生物工程菌株,开展饲料用维生素、氨基酸和有机微量元素的研发和应用技术研究,对替代饲用抗生素的新型抗菌剂和新型保健促生长添加剂的研究,对提高肉蛋奶品质的饲料添加剂及应用技术研究,对提高饲料利用效率和减少碳氮磷排放的饲料添加剂及组合应用技术研究;加强高效饲用酶制剂的改良与新开发;加强可提高饲料利用率和代替大宗饲料蛋白的微生物饲料产品的开发。

3. **成果转化及产业化**。重点对已经研制成功的15个第二代新型高效杀菌剂、光谱高效杀虫剂、新型特效生物除草剂、农用抗生素及生物筛选模型、制剂标准化技术进行生产性中试;10个安全、低残留、高效兽药、鱼药和疫苗中试与示范;15个“生物五剂”(饲料添加剂、食品添加剂、酶制剂、微生态制剂、生长调节剂)的产业化开发与示范,创建一批科技示范企业,产业规模达到120亿元,形成3～5个销售收入超10亿元的农业生物科技龙头企业,10～15个销售收入超千万元的农业生物中小型科技企业。

(五)海洋生物技术产业

1. **重点任务**。重点开展包括海水养殖生物种质种苗创新技术、主要病害防控和健康保障技术、重要海洋生物制品技术三个方面的研究,以结构基因组技术为基础,功能基因组技术为核心,集中优势力量开展重要养殖生物功能基因开发应用;利用生物科学的前沿技术开展海水养殖生物的生殖生长调节控制技术、养殖品种的人工繁殖技术、养殖品种的性别控制技术、海水养殖动物重大病毒病防治及疫苗技术、海洋生物转基因、海洋农业生物种质保存和海洋微生物资源开发利用等技术的研究,加速现代海洋农业前沿技术创新,形成一系列具有自主知识产权的生物技术产品,推动浙江省现代海洋渔业的快速发展。

2. **产业关键技术**。重点选择若干在浙江省海水养殖中占主导地位的鱼虾贝藻代表生物为研究对象,利用高通量测序技术手段测序,深入开展结构基因组和功能基因组学研究;研究海水养殖生物转基因导入技术,进行转基因生物遗传和安全评估;利用细胞、实验生物体系,对重要性状的功能基因进行筛查和验证,重视可调控重要生产性状的功能基因的开发利用技术;开展重要海洋渔业生物种质保存技术、主导海水养殖种类良种培育技术、名优特新海水养殖生物繁育技术、大规模健康苗种工程化繁育技术研究。开展海洋生物质能源技术、海洋生物材料技术、重要海洋渔业生物制品和创新型海洋药物创制,重点以可持续利用海洋生物脂类、海洋生物多糖以及蛋白资源为对象,提升传统海洋生物制品品质,实现新一代海洋农业生物技术的创新;重点突破功能独特、结构明确的海洋脂类、糖类生物制品的规模化生产关键技术;开展海洋微生物宏基因组学、高通量分离培养技术和海洋微生物快速分类鉴定技术研究,构建养殖海区微生物资源库,筛选具备潜在开发价值的新菌种;选择1～2种典型海洋微生物(包括海洋资源微生物和病原微生物)进行功能组学研究;从养殖水生动物肠道或水体中分离高效、专一的具有抑制病原微生物等功能的有益微生物,发掘有益微生物抗病、抗逆性状相关的功能基因;利用抗病、抗逆基因融合串联、插入表达等基因工程技术,构建抗病能力强、易生产、保存、繁殖和生态适应强、环境稳定性好的工程菌。

3. **成果转化及产业化**。转化推广已经选育的海水养殖新品种(系)生产性中试与示范;高效疫苗制剂及免疫增强剂的生产性中试与应用;海洋生物活性多肽、多糖、膳食纤维等功能性保健品的中试及产业化开发。通过项目的实施,实现海洋生物技术产业规模的快速增长,产业规模达到100亿元,形成2～3个销售收入超10亿元的农业生物科技龙头企业,6～8个销售收入超千万元的农业生物中小型科技企业。

(六)林业生物技术产业

1. *重点任务*。围绕浙江省特色的经济林(竹)种和建设"绿色浙江"的生态树种,重点开展林木基因组学及功能基因组学等基础性研究;开发林木特有的新型分子标记和功能标记;结合现代细胞、分子和诱变育种新方法,培育优质、高抗、速生林木新品种,突破重要木本植物转基因技术及转基因新品种评价技术体系;加快林木基因工程技术的发展,推动转基因林木的产业化;开发研制出可促进林木花卉生长、增强抗逆性的林木菌根菌肥料、菌剂;利用现代生物技术实现森林食用菌精深加工产品生产无木化。

2. *产业共性关键技术*。林木功能基因组学研究,主要开展适宜浙江省栽培的竹子、杉木和松树等高产、速生、抗逆等基因资源的挖掘和利用,生物质能源高生产量和纤维素合成等重要林学特性性状形成关键基因功能研究及其分子育种;竹子和经济林木等高效、多态分子标记的开发与分子标记辅助育种关键技术研究,选育优质的新种质和新材料;重要林木(含竹子)高效转基因技术体系研究,初步建立转基因林木的生物安全评价体系,培育优质、高抗、速生林木新品种,开发重要林木资源优良种苗的组培规模化生产关键技术,实现产业化;研发重要木本药用植物次生代谢物质细胞发酵关键技术,实现次生代谢物的规模化生产。

3. *成果转化及产业化*。重点推广应用转基因等林木花卉新品种(系)及繁育技术,主要是"十一五"期间已经通过审(认)定的生态林、经济林、园林花卉、用材林等新品种(系),优良乡土树种、特有珍稀濒危树种、生物质能源树种;推广组织培养、脱毒育苗、微体快繁、扦插育苗、菌根化育苗以及工厂化容器育苗等新品种(系)快繁技术,使良种应用率提高10%以上。获得快速生长、高产、优质和抗逆的重要林木花卉转基因新品种,开展主要经济林和观赏植物规模化繁殖及商品化种苗生产技术的中试开发。通过项目的实施,实现林业生物技术产业规模的快速增长,产业规模达到100亿元,形成3～5个销售收入超10亿元的农业生物科技龙头企业,6～10个销售收入超千万元的农业生物中小型科技企业。

(七)农业生物质材料与能源产业

1. *重点任务*。重点开展对农业生物质材料结构、组成与性能,生物学形成及其加工利用影响,保护与理化性能改良、化学利用资源化,生物技术,生物质重组材料设计与制备,生物质基复合材料设计与制备,生物质材料及新产品先进制造技术,生物质材料及新产品标准化技术的研究。淀粉基、聚乳酸(PLA)、聚羟基脂肪酸酯(PHA)等生物材料关键技术及新产品创制研究。加强纤维素与非粮原料液体燃料研究,突破纤维类生物质燃料乙醇、烃烷醚类等新型液体燃料关键技术;突破基于农业生物资源的乙醇、丁醇等燃料综合开发技术,开发微生物和藻类油脂的生物柴油绿色生产技术,构建生物质液体燃料产业技术体系;开展生物燃气高效制备与综合利用技术研究,突破集中型沼气生产、高质生物燃气关键技术与装备,建设生物综合示范工程。

2. *产业共性关键技术*。重点开展木基复合关键技术的研究与新产品开发,木竹加工剩余物综合利用关键技术研究与开发,废旧木料综合利用技术,木竹加工装备自动化研究与开发,低碳竹质结构房屋设计与应用;大幅竹质风电发电机叶片关键技术与应用;真空吸入式异形构件胶合关键技术与应用;低密度重组材生产关键技术,竹材高温改性关键技术及设备研发,竹材分质应用理论及单元生产关键技术研究,板式及钢木家具、木门窗等大宗产品柔性制造关键技术开发及应用研究。围绕优化浙江省能源消费结构、治理农村面源污染、改善农村生态环境的目标,开展大型沼气集中供气工程关键技术研究及成套设备研制、大型沼气厌氧发酵热电联产工程示范建设、高效沼气发酵高效复合菌剂研制、沼气发酵原料拓展优化、秸秆生物气化关键工艺技术研究，新型高效厌氧生物反应器研发、生物质致密成型关键技术研究，研发新型能源生物资源定向培育、原料集储、高效低成本转化和高质生物燃料产品开发等关键技术，构建完善农业生物质能源开发利用技术体系，建设一批体现技术特色、区域特色和产品特色的产业化示范基地。

3. **成果转化及产业化**。重点转化“十一五”期间已经完成小试的适用于室内装潢、家具制造、木结构住宅、建筑工程等领域的环保型和功能型竹木复合材料——无机木质复合材料、木塑复合材料和木质工程结构材料的关键技术和设备等中试与应用；竹木材及其产品的物理改性和化学改性方法与技术；竹木材料防霉、防腐、防虫、阻燃等高效无毒的生物或化学处理技术及其应用；竹木材纤维化、塑化、表面密实化的工艺技术与应用等。重点转化推广“十一五”期间已经完成小试可以进入生产性中试与应用的生物质能源植物新品种；农作物秸秆、林业剩余物、畜牧粪便、农产品加工副产品等综合利用技术及新产品中试与应用；有机生活垃圾厌氧发酵热电联产工程示范，新型农村生活污水沼气净化处理系统工程示范，规模化秸秆致密成型燃料加工技术与应用设备中试及产业化。通过项目实施，产业规模达到350亿元以上，形成5～8个销售收入超10亿元农业龙头企业，20个以上超千万元的中小科技型企业，3～5个年产值超50亿元集约化特色生产基地。

五、农业生物技术产业创新载体建设

（一）加强源头创新核心主体建设

1. **新型科研院所或重点实验室建设**。“十二五”及今后一段时期，围绕做大做强7条农业生物技术产业科技链，加速创建一批研究方向以“促进学科发展”向“满足产业科技发展需求”转变的产业科学研究院所或重点实验室，在组织实施上探索跨院校的合作、产学研结合、多学科交叉的新机制。有计划有步骤地扶持若干个农业生物技术产业及相关领域的新型科研院所或重点实验室。鼓励和支持浙江大学牵头创建农业生物药物和制剂产业科学研究院；浙江农林大学牵头创建农业生物质材料产业科学研究院；宁波大学牵头创建海洋生物技术产业科学研究院；浙江万里学院创建海洋微生物产业科学研究院；浙江省农科院恢复农业微生物研究所；浙江省林科院调整研究方向，做大做强林业生物技术研究所。

2. **创新团队建设**。力争通过5年的努力，针对本专项所列的7条产业科技链，重点支持农业生物功能基因组、农业生物药物与制剂、农业生物质材料与能源、动植物抗病毒与组培、微生物生物技术、海洋生物技术、林业生物技术等7个领域分别创建科技创新团队，打造7个在本产业领域具有明确稳定的主攻方向、特色鲜明、竞争有力、在国内外具有一定影响和发展潜力的科技创新团队，其中50%左右的团队承担国家级科研课题。每个团队成员在50人左右，拟将带头人培养成我国农业生物技术产业知名的国家级人才，将核心成员培养成我国（或省内）该研究方向（领域）的国家级人才，将若干名其他成员培养成浙江省乃至国家该研究方向的科研骨干。培育更多的企业技术骨干成为农业生物技术领域的企业科技创新创业领军人才，从而发挥重要的作用。

3. **产业联盟建设**。根据目前浙江省农业生物技术产业现状，拟重点创建农业生物药物与制剂、农业生物饲料及其添加剂、农业生物质材料、动植物抗病毒与组培、海洋生物技术等5个农业生物产业技术创新战略联盟，形成一批以产业化为主的高层次创新创业人才聚集，创新机制灵活，持续创新能力强，创新绩效明显，具有国内领先或部分国际领先水平的国家级和省级生物产业技术创新战略联盟。

(二) 加快新型创新主体培育和发展

1. *引导农业生物技术企业加大研发投入*。鼓励和支持农业生物技术企业成为科技创新、成果转化应用和投资的主体,加大对农业生物技术产业科技创新、成果转化和产业化的投入,支持农业生物企业联合高校科研院所组织申报各类科技计划项目。研究开发新产品、新品种、新技术、新工艺所发生的研发费用,未形成无形资产的,计入当期损益,在规定据实扣除的基础上,按照研发经费的50%加计扣除;形成无形资产的,按照无形资产成本的150%摊销。

2. *加快农业生物企业科技研发机构建设*。着眼于国家水平和企业乃至行业的未来发展,支持规模以上农业生物企业吸引国内外高校和科研院所科技人员带项目、带技术、带成果到企业参与研发机构的创建,建设一批整体达到国内先进水平的企业科研院所。重点支持农业生物技术7条产业科技链的各类企业创建企业研发机构,不断增强企业的自主创新能力和市场竞争力,发挥其对产业发展的引领和促进作用。

3. *加快农业生物企业培育与发展*。重点做大做强三个层次的农业生物技术企业,并成为新型创新主体。第一层次是优秀农业生物高科技集团企业。主要由规模较大的企业构成,具有雄厚的技术力量和资本实力,有独自企业研发机构;具有自主进行发明性创新能力,其创新成果达到国内领先或国际先进水平;具有进行技术扩散、引导和带动其他企业发展的能力,是农业生物产业科技创新的核心力量。第二层次是农业生物产业的小型巨人。这些企业具有独自的研发机构,或有与科研机构、高等院校合办的研发机构;具有较强的引进吸收消化创新能力,其创新成果达到国内先进或领先水平,具有自主知识产权、有成长优势的新兴产业;产品具有较高的技术含量和附加值,具有较高的市场占有率和市场号召力,具有一定的技术扩散能力,是浙江省农业生物产业的中坚力量。第三层次是中小型农业生物科技企业。这些企业技术力量较强,科技人员比重一般在30%以上,研发费用占销售收入的比重在5%以上,产品档次、质量和附加值高,生产工艺和技术装备接近国际国内先进水平,具有创新发展能力,是浙江省农业生物产业的新兴力量。鼓励三个层次的农业生物企业积极借鉴国内外融资经验,利用资产重组、控股、参股、兼并、租赁等多种方式扩大企业规模,增加企业实力。同时加强农业生物科技产品和企业扶持政策的研究和认定,培育一批农业生物高科技企业,对被认定为农业高科技企业的,按照税法规定减除15%的税率征收企业所得税。鼓励和支持各类农业生物企业引进各类创新型人才,为技术创新提供人才智力支持。

(三) 加快集约化和特色化农业生物产业建设

围绕省级现代农业园区建设,拟选择一批发展农业生物产业基础较好、符合条件、示范带动作用明显的园区(基地),加快集约化和特色化的农业生物产业基地建设,加速目前已经完成小试和前期基础研究或引进创新一批农业生物技术成果进行产业化中试及商业化应用,并集中优势兵力加强产业化开发中“瓶颈”技术攻关,特别要突出农业生物技术产业化过程中成套技术研究攻关,强调工艺到装备到管理的成套技术开发。力争在近期内开发出一批具有自主知识产权、技术含量高、市场前景广阔的农业生物技术新产品、新品种、新材料。并对5年内有望形成产值50亿元以上的综合性或专业性农业生物产业集群基地,除各类科技计划项目给予重点支持外,重点支持产业基地着力打造具有高端服务、总部经济研发、产业链创业及先导示范功能的现代农业生物科技城。支持当地政府通过土地流转机制解决农业生物产业基地基础设施建设经费投入问题,并对进入产业基地的企业给予减免税收的优惠。拟开展职务科技成果股权和分红权激励试点;标准化研究和标准制订工作;支持农业生物产业基地依托高校科研院所,创建农业生物技术产业孵化器,引进一批领军人物和创新团队,加快建设高层次人才创新创业基地;支持农业生物产业基地内科技企业在创业板上市,符合条件的企业发行企业债券;鼓励农业生物产业基地内设立创业投资引导资金;支持开展知识产权等无形资产质押贷款试点和保险业创新试点;优先安排从国外引进加工设备、技术、工艺、产品在基地内示范,在条件成熟后,农业生物产业基地内可开展股份报价转让试点。

六、保障措施

(一) 加快农业生物技术产业创新创业人才队伍建设

鼓励和支持创新领军人物带领创新团队,承担重大科技攻关和产业化项目。在政府各类与发展农业生物相关的科技计划项目评审、验收等综合绩效评估中,把创新创业人才培养作为重要的考评指标。实施"百千万创新创业人才培养计划",着力加强农业生物技术领域创新能力强的高水平学科带头人和优秀科技创新人才群体培养,打破论资排辈,完善学术交流制度,健全同行认可机制,促进中青年优秀科技人才脱颖而出。鼓励成果完成人与项目承担单位以入股、转让等形式,直接进行成果产业化。设立省农业科技突出贡献与成果转化推广奖,奖励一批对培育和发展农业生物技术产业有突出贡献和成果转化推广成效显著的科技工作者,特别是科技人员。引导科技人才到农业生物科技企业从事科技开发工作,创办农业生物科技企业。

(二) 多渠道筹措经费

充分发挥各级财政对农业生物技术产业经费投入的引导作用,加大对农业生物技术产业共性关键技术研发、产业集群创新及创新成果转化产业化项目经费投入。引导社会资金投入农业生物产业科技创新与发展,鼓励以农业生物企业为主体建立科技创新风险投资公司和创业风险投资基金。各类金融机构都要为农业生物产业科技创新和成果转化推广优先提供融资、担保和保险等服务,创新信贷品种,对符合条件的科技成果产业化基地基础设施提供信贷支持,积极探索利用贴息小额贷款等方式,加大有效信贷投入。支持农业生物高科技企业利用资本市场融资,在中小企业和创业板上市筹资;具备条件的可进入证券公司代办系统进行股份转让试点,推进未上市农业生物科技企业股权的流通,拓宽创业投资退出机制。

(三) 实施农业科技知识产权、标准化和品牌战略

加强农业生物科技知识产权工作,引导生物企业、涉农高校和科研院所开发、申请、拥有专利技术特别是发明专利技术,把发明专利作为科技项目立项和绩效考评的重要内容。加强区域优势农业生物产品品牌培育,鼓励注册使用农业生物技术产品证明商标和原产地标识,鼓励生物企业申报省知名商号,在全省范围内享受跨区域、跨行业的商号保护政策。加强农业生物技术标准工作,引导产学研联合研制农业生物技术标准;跟踪研究国际标准、国外先进标准和本省农业生物技术产品主要出口贸易国的技术性贸易措施,增强应对技术壁垒的能动性;鼓励生物企业和行业组织采用国内外先进标准。

(四) 加强生物安全分析和评价标准的研发与应用

对浙江省自行研发的转基因动植物、微生物进行环境安全和食品安全性分析;对重要的标记基因和自主克隆的基因生物安全进行评估;研究生物安全性的技术评价标准;建立高通量检测 GMOS 的方法;为浙江省自行研制的转基因动植物、食品、微生物顺利通过有关部门的审批

和迅速实现产业化提供保障;为进出口全面检测 GMOS 提供有效的技术手段。

(五) 组织与管理

建立农业生物产业发展重大问题的协调机制,加强农业生物产业体制改革、产业发展、技术研究开发、生物安全监管等方面的有机衔接,形成推进农业生物技术产业发展的合力。建立专项专家咨询会议制度。在省科技厅领导下,由浙江大学、浙江农林大学、宁波大学、浙江海洋学院、浙江省农科院、浙江省林科院等涉农高校科研院所有关专家和企业家组成专家组,并建立专家咨询会议制度,负责专项组织与实施,对项目的进展进行调研和咨询,对共性关键技术的立项、产业化示范和基地建设进行论证和决策,对项目的实施进行检查和验收。

执笔人:冯明光、吴　平、陈剑平、孟智启、方　伟、俞晓平、杨卫军、郑绍建、寿惠霞、沈志成、石春海、蒋世希、俞颂东、陶跃之、潘建治、朱　诚、燕　飞、孙丽英、张恒木、周雪平、宋风鸣、王　欣、蒋智勇、沈国华、汤江武、高海春、杜爱芳、汪以真、王日昕、沈锦玉、汤宝欣、卓仁英、鼓华飞、缪云根、金勇丰

审改:张咸益、叶祥发　打印:戴丹丽　校对:郑荣泉

第八章　浙江省农业信息技术产业科技发展研究

一、现状与形势

（一）发展形势

进入 21 世纪，信息技术与生物技术作为现代农业的两大关键支撑技术得到了国内外广泛重视。科技部联合农业部、教育部、科学院等从“九五”到“十一五”连续设立重大科技项目支持农业信息技术的研究与应用，产生了一大批具有自主知识产权的软硬件产品和若干具有影响力的创新科技成果。另外，国家在农业信息化基础设施方面，结合“金农工程”、“村村通”等重大基础工程，在农村远教、三网合一、信息入村入户等方面投入了大量的建设资金，为“十二五”开展农业信息技术工作打下了很好的基础。因此，“十二五”将是我国现代农业信息技术从技术推动为主到社会需求为主、从技术研发为主到产业培育为主的跨越式发展的关键时期。

浙江省地处东南沿海经济发达地区，现代农业发展体系和农业信息化基础建设走在全国的前列。因此，浙江省大力推进农业信息化技术产业的发展，既有现实需求，又有条件支撑。目前，浙江省的基层农村信息基础建设走在全国的前列，三网入村入户、电脑普及率逐年提高，信息化工作也已逐步从基础建设为主向内容建设为主转变。另外，浙江省的农技 110、百万农民信箱、农村科技信息网等信息化服务体系建设在全国都起到了带头示范作用。浙江省的“数字林业”建设也一直处于全国的先进行列，一是具有良好的基础设施，省厅及其直属单位等建立了局域网络及较完善的办公系统，通过统一身份认证初步实现了内外部数据交换；二是所有市（地）、县级单位硬件基本齐备、网络畅通，不同程度进行了数据库或者数据中心的建设；三是应用系统建设正在迅速发展，统一研建了林木采伐管理系统、木材运输管理系统、林权信息管理系统、征占用林地管理系统等应用系统，并在全省统一应用，形成林业资源信息共享、联动及管理互动统一的格局。因此，在浙江省发展农业信息化起点高、技术条件好，完全可以为全国同类地区提供农业信息技术产业发展的示范样板。

其次，从农业资源优化配置和可持续发展角度来看，目前浙江省人均土地面积为 $0.23hm^2$，不到全国平均水平的 30%。在这样一个人多地少、自然资源相对贫乏且农业发展受气候和环境严重制约的地区发展现代化农业，必须以农业信息技术为核心的数字农业作为技术的支撑。同样，浙江省森林覆盖面积达到 60.5%以上，如何在“十二五”继续抓住“建设森林浙江、发展现代林业”的总体思路，需要利用现代信息技术来为动态监测、科学管理和合理开发利用服务。因此，“十二五”期间，必须大力发展“虚拟农业”、“智能农业”、“精准农业”、“网络农业”和“数字林业”等业态的高技术农业，并以优质、高产、高效、生态、安全为目标，又好又快地发展浙江省高效生态低碳农业，建设“生态浙江”。

总之，从浙江省省情出发，构建浙江省数字农业与农业信息技术体系，实现浙江省农业与农村信息化，就必须加快开展农业高技术的研究和应用步伐，切实推进浙江省农业和农村经济的跨越式发展。发展数字农业是建立和发展农业高技术体系、发展浙江省高效生态低碳农业、逐步解决“三农”问题、构建和谐社会的必然选择。通过数字农业技术的广泛应用，用数字化的技术完善现代农业，将从根本上提升浙江省农业和农村的发展水平，推动农业增长方式的转变及农业生产与农村经济结构的调整优化，对加快浙江省实现农业现代化、建设社会主义新农村具有重要意义。为此，在浙江省培育和发展农业信息技术产业将促使浙江省的农业信息技术研究、开发和推广应用持续、健康、稳步发展，确立浙江省在该技术领域的国内领先水平。

(二) 发展现状

“十一五”期间，浙江省农业信息技术在基础研究、技术开发和产品研发等方面取得了显著的成绩，特别是浙江大学牵头联合浙江省农业科学院、浙江农林大学等单位先后承担了国家科技支撑“现代农业信息化关键技术与示范”、国家数字农业“863”等多项国家级项目。同时，在省政府和省科技厅的支持下，“十一五”期间，浙江省不仅在工程农业重大专项中设立了数字农业与农业信息技术方向，而且资助了诸如“数字农业信息采集关键技术研究与产品开发”、“支持电脑下乡新型信息服务的关键技术研究与应用”、“森林灾害远程视频预警监控系统关键技术研究与应用”、“植物病害信息早期快速检测关键技术研究与仪器开发”、“基于 GIS 的省级土壤养分管理系统开发及其应用研究”等重大重点科技项目，使浙江省数字农业及农业信息技术取得了一批重大科研创新成果，相关产业也有了发展。

1. 主要成效

(1) 数字农业信息采集设备的研发。数字农业的第一步也是最关键的一步是数据采集，即如何快速精确地获取土壤信息和作物生长状态信息。“十一五”期间，在国家科技支撑、“863”和省科技计划项目的支持下，浙江省高校科研单位和有关企业相继研发了一批实用仪器。如浙江大学主持的省科技计划重点项目“土壤养分定位快速测试分析仪器的开发”，获得2008 年浙江省科技进步一等奖。该成果将 GPS、GIS、计算机技术和传感技术集于一体，提出了土壤水分、pH 值、电导率等的快速测量方法，研制了基于 GPS 的土壤多养分定位快速测试分析仪。该项目不但获得国家发明专利 1 项、实用新型专利 2 项、计算机软件著作权 3 项，还推广应用到省内的海盐、温州、台州、宁波等 50 多个地县的农业示范园区和农业管理部门，深受用户欢迎，取得了显著的社会经济效益。据近几年来的推广应用表明，已经产生累计经济效益 2000 多万元。另外，基于多种无线传输技术的“数字农田”、“数字果园”等智能环境监测和控制系统也得到了开发与应用。

(2) 基层农村综合信息服务终端设备的研发与应用。利用浙江省农村已有的网络基础设施，充分发挥各种网络的优势，突出“三网合一”融合优势，研究开发符合农村实际需要的、便捷高效的信息化服务平台和应用系统，构建现代农村信息服务体系，开发智能化、便携式、低成本的信息服务终端，开展技术培训和信息服务，解决城乡“数字鸿沟”和农村信息化“最后一公里”问题，促进信息进村入户和基层政府对信息的整合与综合分析利用。

“十一五”期间，浙江大学联合省内相关企业研发了网络接口模块、边缘路由设备、视音频转码工具、多媒体智能信息终端、综合应用服务平台和农村远程信息呼叫中心；开发了具有区域特征农业动植物智能决策 PDA 系统；远程视音频交互系统和农村远程信息呼叫中心；开发了基于农民手机信箱的农业远程诊断设备。

(3) 各类农业软件系统的开发与应用

① 农村基层管理与农业技术服务培训软件。这类软件主要包括基层农村政务系统、农业专业系统、农业多媒体培训等。“十一五”期间在浙江省部分县市试点建立了农村(社区)政务协同网络办公系统、农村(社区)财务公开系统、村(居)政务公开系统和农村(社区)党群管理系

统等,为新农村建设和服务三农提供了重要平台。"十一五"期间,农业专家系统软件主要集中开发网络版农业远程诊断平台。如浙江省农业科学院通过研究,开发了一整套功能强大、推广应用方便、符合浙江农业与农村信息化发展实际、可不断升级完善、以农业专家系统为核心的农业远程诊断系统平台,不仅对浙江广大农民依靠科技发展效益农业、增加收入、全面提高科技文化素质和经营管理水平产生直接影响,也将对加快浙江农村的农业信息化发展产生积极的推动作用。

另外,浙江大学联合相关学科在"十一五"期间研制了农业生产过程交互式三维可视化平台软件、低成本农业多媒体教学资源制作平台软件,开发系列化模拟学习软件和课件。将网络化娱教软件概念运用到农业技术推广领域,突破时空限制,以寓教于乐的方式,改进传统的农业科技推广模式,促进实用技术下乡、进村、入户。

② 数字农业基础数据库和平台研究开发。农业基础数据库建设是农业信息化体系建设的重要基础。"十一五"期间通过研究与开发,制订了浙江省农业资源完整的数据分类、编码体系,建立了一整套数据字典、表结构与库结构,为相关信息系统建设提供了可借鉴的标准化方案。另外,如浙江省农业科学院开发的"数字农业基础平台通用开发软件系统",包括基础平台系统和农业与农村社会经济信息系统、智能农业科技信息系统、基于 WebGIS 的资源信息系统及农业与农村网络化远程教育系统等 4 个子系统,平台结构实现模块化,方便二次开发,为今后整个数字农业平台或其他信息化平台的整合奠定了技术基础。

③ 面向农业企业和农产品安全管理软件开发。这类软件主要包括农业企业质量控制软件、农产品安全管理与溯源系统等。如浙江大学主持的"十一五"国家科技支撑课题"农村以农业企业为主体的信息化技术研究",着重以农业种养殖和加工龙头企业为示范,开展农业生产过程管理信息系统和农产品流通过程信息系统,研发了蔬菜、茶叶、南美白对虾、生猪等 HACCP/GAP 管理系统软件,并与中国移动公司一起开展了基于无线两位码技术、RFID 射频技术等的农产品质量安全溯源技术。另外,浙江大学与浙江省农业厅建立的"农产品安全基础数据库建设和管理咨询系统研制",为全省农产品种植基地的评价、选址和优势产业规划提供了重要技术支持。

(4) 基于 3S 技术的农业资源综合管理。利用遥感、GIS 和 GPS 技术进行农业资源大面积动态监测、科学评价和辅助管理是数字农业的重要内容。浙江省在农业遥感与信息技术领域一直处于全国的前列。特别是在利用卫星技术监测主要农作物面积和长势的研究方面先后取得了多项国家和省部级科技进步奖。另外,由浙江大学牵头完成的"农业资源信息系统研究与应用"获得浙江省 2009 年科技进步二等奖,成果包括农业信息化概念及其体系研究、农业气候资源空间化建模、特色作物适宜性评价、农业环境资源信息共享、农业管理信息系统研制等方面。

利用 3S 技术在土壤养分管理和精确施肥方面,结合农业部的耕地地力调查工作所建立的数据基础,建立了施肥决策支持系统,有助于提高农田生产力,减少农业投入物污染和提高土壤的可持续利用。由浙江大学与浙江省农业科学院建立的农业高科技示范园区信息管理系统,实现园区资源环境、社会经济和农业科技信息的一体化管理,对推动南方小规模生产经营方式下精确农业的发展有重要的实用价值。

(5) 数字林业基础数据建设与系统开发。一是数据标准与数据交换标准建设。数据标准与数据交换标准是实现数据统一、一致,及信息共享、联动的基础,依据国家"数字林业"建设数据标准,结合浙江省的实际,完善森林资源基础管理、林地管理、林木采伐、木材运输、森林防灾、造林更新等方面数据标准，开展了相互之间的信息联动、管理互动机制研究，形成了元数据库框架。二是林业数据库建设。主要有基础数据库与专题数据库建设，基础数据库建设包括：代码数据库，专题图符号和线型数据库，1M、2.5M 和 10M 分辨率的遥感图像数据库，1∶1 万比例尺的基础地理图形数据库；专题数据库包括林权地籍数据库、"二类"调查数据库、生态公益林数据库、林木采伐数据库、林产品流通数据库、古树名木数据库、征占用林地数据库、营造林数据库、野生动物疫源疫病监测数据库、种子种苗数据库、森林病虫检疫数据库、森林火灾数据库、林业企业数据库等数据库。三是开发了覆盖林业主要环节和内容的软硬件系统。围绕森林资源安全这一主题，进行了经营安全、生长安全以及利用与流通安全 3 个阶段和 15 个主要监管环节的信息共享与联动研究，开发了林权信息管理系统、林木采伐、流通信息管理系统、征占林地管理系统、森林资源、生态公益林管理系统、动植物检疫与监测系统、行政许可综合管理系统、营造林管理系统、森林防灾联动监管系统、种子种苗管理系统等多个软件产品；同时根据林业外业调查普遍采用测量、填写卡片到内业输入计算机处理系统三部曲法的落后状况，正在加强野外数据采集仪器和集成应用软件的研制，为适应林业资源不同类型的野外数据调查奠定基础。

2. *存在的主要问题*

农业信息技术发展的根本出路在于技术的进步与需求的带动。而发展的前提条件是要提高各级管理部门和广大农户的农业信息技术的意识。但是，现阶段我们对数字农业的概念和内涵的认识还比较模糊，相关决策和技术部门还没有真正把握数字农业的核心内容，在数字农业研究的组织与开展中还存在一些问题。

(1) 缺乏从信息作为生产力的第一要素的高度进行系统组织、设计和系统研究，研究力量和研究目标分散，数字化技术对农业进行系统表达、设计、控制、管理和经营的革命性作用远远没有发挥出来。

(2) 对数字农业技术体系的理解存在偏差，有些强调把农业生物信息学、农作物生长模拟模型等微小尺度的研究作为数字农业的核心，有些只把宏观的水、土、气等环境资源要素的遥感监测和可视化、数字化作为数字农业技术本身。而忽视了农业生产本身具有品种的多样性、生产的分散性、时空的变异性、灾害的突发性等，不足以把握数字农业的全局，不能真正发挥现代信息技术改造传统农业产业的独特优势。

(3) 缺乏具有带动全局性和战略性的重大技术、重大产品和重大系统，目前已有的研究成果相当一部分是把信息技术作为外围辅助的手段，提供表层的信息服务，数字化技术没有作为本质要素真正参与到农业生产、管理、科研和推广各个环节中。

(4) 缺乏兼具综合农学知识、动植物生理生化、计算机数学、计算机软件、网络信息、社会经济的数字农业技术系统分析、开发人才和学科带头人，不能准确把握研究的全局和研究方向。

(5) 还没有在省级平台整合相关力量来组建数字农业和农业信息技术的工程中心或技术示范基地，阻碍了数字农业技术研究应用的快速发展。

二、发展思路与主要目标

(一) 指导思想

1. *整体设计，分层实施*。按照农业信息技术创新、农业信息技术产品研发和示范区建设应用推广三个层面实施，以重大技术创新为基础，以技术产品为核心，以示范应用为目标，整体设计，分层实施，逐步展开。

2. **突出重点,注重实效**。采取有限目标、重点突破、整体跟进的技术路线,优先选择能对未来农业发展产生重大影响和重大应用前景的技术产品为重点,选好突破口和切入点,在重点领域、重点技术进行重点突破。

3. **整合资源,集成优势**。充分发挥省内外不同学科、不同领域和不同单位的积极性,进行优势集成;加强技术部门、管理部门与推广部门结合,实现人员、技术、思想、资源、资金集成。

4. **突出创新,跨越发展**。采取自主创新与技术引进相结合的技术路线,力求在农业信息技术的重大关键技术上取得突破;坚持主动推进原则,把政府行政手段与市场手段有机结合,在运行管理机制上创新,加大实施力度和提高实施效果。

5. **以人为本,着眼未来**。加强农业信息技术人才队伍建设,尤其注重农业技术和信息技术复合型人才的培养,在重点领域、重点技术方向配备相应的学术带头人,加快浙江省农业信息技术研究不断向深度与广度推进。

(二) 发展思路

在浙江省"十一五"农业信息技术研究和开发应用的基础上,充分利用后发优势,遵循"有限目标、突出重点,分步实施、稳妥推进,立足浙江、适用实用"的指导方针,在制定浙江省"十二五"农业信息技术研究与产业化发展总体规划的基础上,优先选择对浙江省农业未来发展有重大影响和重大应用前景的技术为突破口和切入点,在统一的技术标准指导下,对农业信息关键技术进行研究与产品开发,通过系统集成,构建农业信息技术平台,初步形成浙江省农业信息技术框架。研发一批适用可靠的农业信息技术软硬件产品,扶持若干家从事农业信息技术产业的企业,逐步培育发展浙江省农业信息化产业。在浙江省不同生态经济类型和不同农业生产管理类型地区,对农业信息技术进行集成应用示范,取得显著的社会经济效益,实现以点带面,辐射推广,促进浙江省农业信息技术的跨越发展,加速农业生产由传统、粗放、经验型向智能、精准、数字化方向的转变,提高农业生产力水平,并逐步向农业信息技术研究与应用的纵深与广度发展。

(三) 主要目标

结合浙江省农业产业的特点,力争在"十二五"期间,初步构建浙江省农业信息技术研发体系、农业信息技术应用示范体系、农业信息技术产业发展体系和农业信息技术运行管理体系,在精准农业关键技术研究与产品开发、新农村信息服务平台、农业信息技术集成和整体应用上取得突破性进展,推进浙江省农业信息化和农业现代化进程,使浙江省农业高新技术的发展在国内占有重要的位置。其主要任务为:

1. 研究和开发符合国际标准和浙江省实际的标准化数字农业与农业信息采集技术,建立浙江省农业信息资源基础数据库和网络化资源信息中心,实现农业生物、环境、技术和社会经济要素信息数字化。

2. 逐步构建和完善覆盖浙江省主要农作物、畜牧水产养殖动物的生物生长以及病虫害发生流行规律的数字模型,实现浙江省主要农作物、畜牧水产养殖动物及病虫害防控数字模拟和设计;研究开发不同层次、不同农业产业类型的农业生物、农业系统数字模型,实现农用物资设备、农业生产管理、经营决策的智能化和数字化。

3. 建立以地面平台、航空平台和航天平台为基础,以3S技术为支撑、立体交叉的农业数字化监测体系,实现对农业生产重大植物病害、畜禽疫病、自然灾害、农作物生长状况的实时监测和预报,提高农业宏观决策的科学化水平和快速反应能力。

4. 在突破农业信息获取、处理、加工、传播和应用等方面重大基础性、共性和关键技术基础上，开发具有自主知识产权，能够适应不同层次、不同类型需求的农业信息技术软、硬件产品，构建浙江省数字农业与农业信息技术平台，为浙江省现代农业发展提供技术支撑。

5. 通过农业信息技术的集成和应用示范，建立新农村数字化信息服务网络，使数字化技术在农业和农村经济发展中得到广泛应用，实现农业生产、农业科研、农业教育、农业推广、农业市场经营、农村管理和农村社区（村务）信息服务的数字化，全面提高浙江省农业和农村经济的现代化水平。

6. 以森林资源监测与保护为重点，研制微小型种子种苗质量检测仪、多功能无线野外数据采集仪、森林灾害自动识别器以及林产品生产过程无损检测设备等产品。以提高监管水平、提升服务能力为根本，建立多时空数据采集与处理环境以及种子种苗和森林认证产品物联网、视频数据智能分析与重大灾害预警、森林质量跟踪与预警等一体化应用系统产品。以林农增收和可持续发展为目标，建立较为完善的森林资源资产数据库，省、地、县三级林业信息化综合服务系统等建设分别完成90%、70%和60%，初步实现林业信息服务网络化、林业资源和森林资源资产监管数字化、林业生产过程管理精确化、林业装备智能化和虚拟化。

三、发展重点与主要内容

（一）发展重点

建立浙江省农业信息技术体系是一个巨大的系统工程，是一项长期的任务，不可能在短期内完成，有计划地开展相关技术研究和产品开发，并逐步在农业生产和新农村建设中推广应用是发展农业信息技术的必由之路。

1. **开展农业信息技术标准、规范及宏观战略的研究。**研究或引进和完善各个环节系列技术标准，实现农业信息技术研究成果的集成和共享；根据国内外技术发展趋势和浙江省现代农业发展的需求，开展农业信息技术产业科技创新与发展战略研究，初步完成浙江省农业信息技术产业发展的顶层设计、发展规划，从宏观上指导浙江省的农业信息技术产业的培育与发展。

2. **开展农业信息产业发展共性关键技术研究。**根据浙江省现代农业发展的需要，研究面向农业生产管理、宏观决策和市场经营过程中的农业数字化模型及软件系统，为实现生产环境与生产主体、生产准备、生产过程和农产品流通各个环节信息化、数字化、可视化奠定基础。基于智能控制技术，研究开发设施条件下和大田条件下的适用精准生产技术，实现精准生产，提高农产品质量和效益。面向新农村建设，研发服务于农村规划、农村管理民主、农民素质提高等方面的信息技术软件、产品与应用系统。

3. **研究农业信息技术产业发展应用服务系统。**根据现代农业和林业发展的需要，研究建立面向农村的数字化信息服务系统，实现农林业生产技术、科学知识和市场信息的数字化、网络化传播；研究开发面向宏观决策的数字化监测预警系统，实现农业生产的实时、动态监测预报，提高宏观决策的科学性。

4. **农业信息技术产业产品研发。**研究开发适合于浙江省资源条件下的数字农业精准生产管理的农业数据采集终端、传感器、田间信息采集等网络化、数字化硬件产品，以及适合新农村建设的低成本入村入户信息化终端产品，并获得以上技术专利，推动相关制造业发展。

5. **农业信息技术产业集成创新与应用示范。**分区域选择现代农业和林业发展有代表性的地区，各建立3～5个数字农业、数字林业与新农村信息技术示范区，开展应用示范，推广创新成果，提高当地农村经济科技含量，促进当地数字农业与农业和农村信息化跨越发展，取得明显的社会经济效益，为培育和发展农业信息技术产业提供科技示范与技术支撑。

6. **培育与支持若干家农业信息技术产业相关的龙头企业。**通过项目资助和科技成果转化等方式扶植一批农业信息技术产业相关企业做大做强。同时，通过引入中国移动、网新科技等大型IT研发企业和运营商，利用“产学研”结合方式，高起点培育农业信息技术产业相关企业。

7. **加强人才队伍的培养。**创建农业信息技术产业创新团队，引进、培养一批学科带头人，以及一批科学研究和示范应用骨干，为培育和发展农业信息技术产业培育人才。

(二) 主要任务

浙江省农业信息。技术产业发展拟设计农业信息技术、林业信息技术和现代新农村建设信息技术3个专题(图1)。

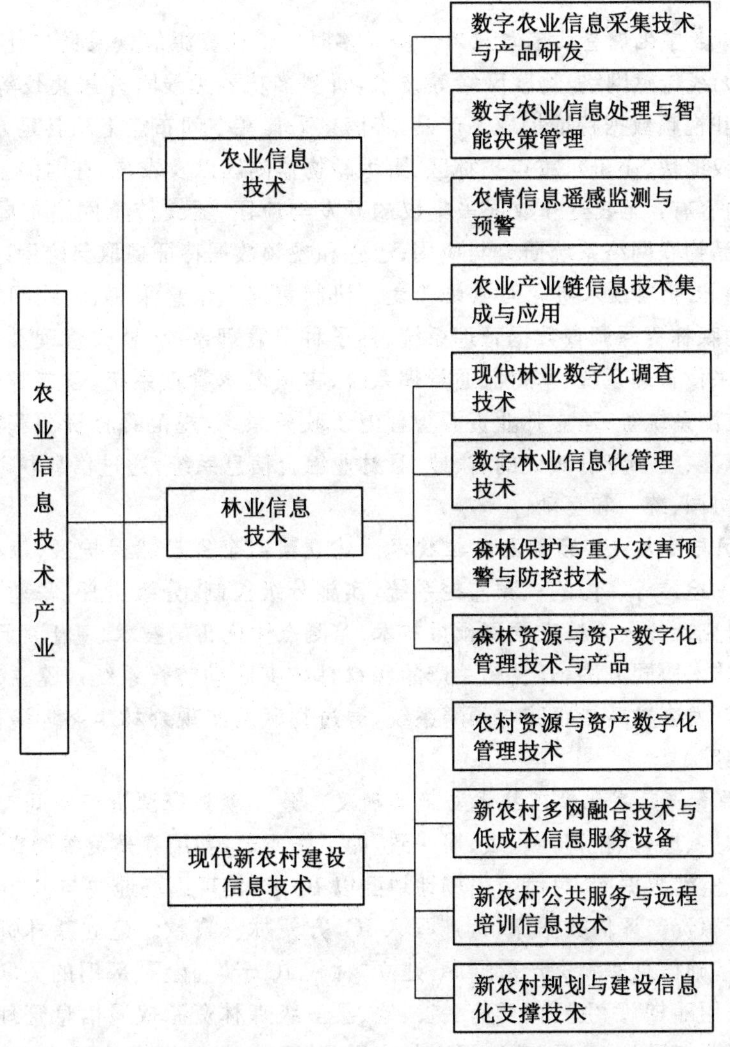

图1　农业信息技术产业技术路线框架图

专题一：农业信息技术

1. **数字农业信息采集技术与产品研发**。研发非接触式、快速、无损地获取田间、养殖场地环境要素的各类传感器和数据处理软件；研发各类田间或养殖场地数据无线传输网络设备。

2. **数字农业信息处理与智能决策管理**。研究建立浙江省农业信息资源共享数据库和检索系统；开发专用的农业地理信息系统软件和模型库；开发农业智能化决策辅助系统软件和PDA产品；研发基于3G移动式终端的农业技术咨询与信息服务插件产品。

3. **农情信息遥感监测与预警**。研发面向农情监测与预警的卫星数据处理、数据融合、协同反演和同化关键技术；建立基于卫星遥感技术的农田环境监测、主要农作物苗情评价、农林重大灾害监测与损失评估、作物种植面积估算与产量预测软件及业务化运行系统。

4. **农业产业链信息技术集成与应用**。开发面向农业产业全过程的信息化集成的关键技术与产品，包括支持农产品物流、农业电子商务、农产品安全溯源等涉及农业产供销整个产业链的信息化产品；建立以农业龙头企业、农业合作社、农业专业协会为主体的信息化示范。

专题二：林业信息技术

1. **森林资源数字化调查技术与应用**。研究多时空森林资源信息采集与处理方法，采用遥感、GPS、视频、无线传感网络、物联网络等技术，研制多功能无线野外采集仪等终端信息采集设备，研制图像和视频数据特征提取等产品，将信息采集在空间布点上从县延伸到乡镇、企业、社区和山场（林权地块、小班）、重点护林区、野生动物监测区以及农户，在时间上实现全天候信息采集。主要内容有：无线野外数据采集仪的开发与应用；无线传感网络布局与生态环境监测；森林认证产品物联网络系统研究与应用；遥感和视频数据特征提取与应用。

2. **林业信息化管理技术研究与系统开发**。研制集终端信息采集、无线网络传输、后台信息处理于一体的森林资源调查数据管理系统、种子种苗管理系统、林权管理及交易系统、林地管理系统、林木采伐管理系统、木材流通管理系统、古树名木管理系统、营造林管理系统、野生动物疫源疫病监测系统等；建立林业资源管理电子政务系统，规范森林资源利用与流通；研制基于统一数据标准、统一身份认证的省、地、县林业综合信息系统，通过信息联动完成上下级之间、多部门间的协调、统一和互动。

3. **森林保护与重大灾害预警与防控技术**。建立覆盖全省自然保护区、森林公园、省级以上生态公益林、木检站等在内的视频监控系统，实施分级控制、分级责任，联动、协同的森林安全保护机制。研究森林火险精准预测预报技术、监测点优化布局技术、基于视频的森林烟火智能识别技术、多技术协同方法，开发相关产品和森林防灾联动监管系统。建立定位观察、定点采集信息网络，开发森林质量跟踪与预警系统，通过物联网实现森林生态环境信息跟踪、种苗与林产品质量跟踪。

4. **森林资源资产数字化管理技术与产品研发**。建立森林资源资产空间与属性数据库以及IC卡。根据“人、地、证相符，图、表、册一致”的工作要求，利用森林资源调查数据，形成森林资源资产属性及空间数据库，对每个山场地块配以IC卡，实现山场地块与IC卡的一一对应关系。建立森林资源资产评估数据库，资产写入IC，方便林农贷款。建立森林资源资产抵押数据库，基于权属基础信息库和资产数据库，建立“林权IC卡”与金融部门的关联，实行“统一评估、一户一卡、随用随贷”。主要内容有：省、地、县三级森林资源权属信息管理系统；基于户、组和村的森林资源权属“一卡通”系统研究与应用；基于县、省两级森林资源与资产交易系统的研究与应用。

专题三：现代新农村建设信息技术

1. **农村资源与资产数字化管理技术**。研究基于 3S 技术的农业资源调查与优化配置系统；农村土地资源合理利用与流转数字化管理；农村特色农产品产地与自然生态资源数字化管理等。

2. **新农村多网融合技术与低成本信息服务设备**。新农村低成本信息服务终端设备研发与应用；新农村多网融合关键技术与运行体系建设。

3. **新农村公共服务与远程培训信息技术**。开发基层农村政务管理与公开系统；研发农村劳动力转移就业信息服务平台；研发新型农民创意培训软件与农业远程多媒体服务系统等。

4. **新农村规划与建设信息化支撑技术**。研究新农村建设土地利用规划评价与动态监测技术；村镇土地利用空间格局和景观结构动态变化遥感监测；新农村建设与基本农田保护综合规划研究等。

四、构建产业科技创新服务体系

(一) 产业技术创新战略联盟构建

数字农业与农业信息技术作为现代农业(农村)发展的支撑技术，一直处于“配角”，并很大程度依托于政府的支持。进入“十二五”期间，随着城乡统筹的推进、农民素质的不断提升、农村基础设施的逐步完善、家电和电脑下乡工程的实施，农民、农村和农业对信息技术的需求将会不断扩大，也将迎来培育和发展农业信息产业体系的最好时期。因此，“十二五”期间，浙江省将通过产学研联合、加快农业信息技术的产品化、扶持和鼓励农业 IT 企业做大做强，来逐步构建农业信息产业技术创新战略联盟。通过产业技术创新联盟加快农业信息新技术、新产品、新设备的开发和成果转化，对国外引进数字农业的技术和设备进行消化吸收再创新。努力形成具有自我造血功能，并能良性循环的农业信息产业技术体系。

(二) 产业科技创新团队建设

通过省内浙江大学、浙江省农业科学院、浙江农林大学等高校科研单位和相关农业信息技术企业的合作，组建浙江省农业信息技术产业科技创新团队。团队将以人才为核心，以项目为纽带，以产业平台为支撑，大力实施培养人才队伍、争取重大项目、服务经济建设、培育新兴产业紧密结合的发展战略。通过领军人才的培养和队伍建设来提升团队争取国家重大项目的竞争实力和为浙江省国民经济建设服务的科研创新能力，以项目研究和产品研发推动创新团队建设，使创新团队在浙江省农业信息科学与技术领域的研发水平整体达到国内领先水平，部分方向达国际领先水平。

(三) 创新型农业科技企业培育

农业信息技术产业创新型农业科技企业的培育主要通过两种途径：一是通过对现有从事农业信息技术企业的扶大扶强，培育若干家能带动浙江省农业信息产业发展的龙头企业，给予政策、资金和项目支持；二是积极引入省内大型 IT 企业或通信运营商的资本、技术和人才，组建农业信息技术高新企业，政府给予政策的支持。这些将作为农业信息产业技术创新战略联盟的重要产业化基地，优先承担高校科研单位的科技成果转化工作。

(四) 企业创新型人才培养与企业研发机构建设

企业创新型人才培养主要是通过高校培养人才的输送、企业自身培养和校企联合培养等方式。企业创新人才既要有扎实基本业务技能，又要突出解决实际技术问题的动手能力。对于企业的一线技术人员，要提供多种培训和继续教育方式，以提高其创新意识和创新能力。

“十二五”期间，在农业信息技术产业龙头企业中组建若干家企业研发机构，后者将作为企业集聚创新要素的重要载体。这是激活创新资源的重要措施，是转化农业信息技术创新成果的重要途径，是提高企业自主创新能力、培育农业信息技术产业的最有效方式之一。

五、组织与管理

1. **加强组织协调，狠抓落实。**在省科技厅主管下建立由产学研各界专家组成的“十二五”农业信息技术产业科技专家咨询委员会，对共性关键技术立项和产业化示范及基地建设进行论证和决策。成果的示范、转化与推广应用由市县科技行政主管部门负责，专家组负责政策引导和技术指导。

2. **加强农业信息技术产业创新团队及其产业技术创新战略联盟建设。**创建条件争取组建农业信息技术产业科技创新团队及其产业技术创新战略联盟，形成一批高层次创新人才聚集、创新机制灵活、持续创新能力强、创新绩效明显的团队和联盟，促进农业信息技术产业的培育和发展。

3. **加强项目管理制度创新，确保高效实施。**一是建立协商协调机制。根据全省农业信息技术产业发展的总体规划，结合各科研院所和涉农高校的研究优势、设备情况、科技人员研究内容和水平、信誉度等实际情况，主动设计并组织实施发展农业信息技术产业亟须解决的“瓶颈”技术科技攻关、成果转化及产业化项目，以项目带动企业发展和产业培育。二是项目实施实行评审制和合同监理制。对需要组织多学科跨部门协作攻关的重大项目和年度攻关项目，按省科技厅的管理办法组织评审，实施过程中采用合同监理制度。三是项目经费投资匹配制。鼓励和支持科技人员积极争取国家级有关计划项目，省级财政给予经费匹配；省级重大、重点和一般等科技项目，承担单位要有相应的自筹经费匹配；成果转化及产业化项目，当地科技管理部门和申报企业要有充足的自筹经费，切实改变投资渠道单一制约科技发展的局面。四是项目绩效考评制。按照省财政厅和省科技厅的有关规定，对省财政资助的科技专项，均按要求规定进行绩效考评。

执笔人：王　珂、安　舟、郑可峰、方陆明
打印：戴丹丽　校对：郑荣泉

第九章　浙江省农业生物质材料产业科技发展研究

一、现状与形势

(一) 国内外发展现状

农业生物质材料是指以木本、禾本和藤本植物及林产品加工与其废弃物等可再生生物质资源为原材料，通过物理、化学和生物工程学等高技术手段，加工制造为性能优异、环境友好、品种多样、附加值高、用途广泛并能替代石化、矿产资源产品具有现代科技特点的一类新型材料。美国将农业生物质能源、农业生物质材料和农业生物基产品等三类农业生物质誉为农业生物技术产业的三大支柱，作为未来20年重点发展目标。欧美等发达国家的替代石油产品的农业生物质材料研究和产业化发展迅速，如聚乳酸、生物乙烯等发展很快，尤其木塑复合材料(WPC)发展特别快。木塑复合材料是利用废弃的林产品和农业剩余物、废弃塑料等复合而成的兼具木材和塑料优良性能的新型农业生物质材料，已广泛用于建筑、运输、体育运动器材、包装等行业。常见产品有墙板、天花板、装饰板、踏脚板、壁板、建筑模板、防潮板、栅栏和庭园扶手，包括用塑板、室外桌椅、航舶座舱隔板、办公室隔板、百叶窗等。美国、欧洲、日本木塑复合材料产业发展处于世界先进行列。其中美国是全球木塑复合材料发展最快和用量最大的国家。近10多年来，美国木塑复合材料市场的增长率都在10%以上，2006年木塑复合材料产量超70多万吨。据不完全统计资料显示，到2009年我国直接从事木塑复合材料研发、生产的企事业单位300多家，从业人员30余万人，木塑复合材料产品产量达60万吨，年产值超过60亿元，产品在北京奥运场馆、上海世博会等国家重点工程中已经得到应用，现在仅木塑材料制品的制造水平已住居世界前列，并从木塑复合阶段进入发展空间更大的生物质塑化领域，成为全球生物质复合材料产业领域一支举足轻重的力量，已成为一个基本不附着其他产业而自成体系的新型产业。目前，发展农业生物质材料产业亟须解决的主要问题是，拟将生物质材料视为短期解决国家木材安全的重要资源补充，将发展农业生物质材料纳入国家木材安全战略研究和保障措施中，制定农业生物质材料产业发展规划，为产业发展提供指导。组织实施农业生物质材料产业培育与发展共性关键技术攻关项目，为农业生物质材料产业化提供技术支撑，重视和加强以可再生资源为基础材料的生物基新材料产业培育和发展；加快农业生物质材料标准化工作，促进农业生物质产业发展。

(二) 浙江发展现状

1. *主要成效*。浙江省农业生物质材料产业发展，是以林业植物原料为主制造加工的材料以及生物质原料经化学、生物加工制成的材料与产品。“十一五”以来，随着国民经济的快速发展，人民生活水平的提高，基本建设和房地产的持续发展，浙江省林产品加工及其剩余物综合利用制造生物质材料产业也实现了跨越式的增长，形成独特的发展优势。一是经济平稳增长，结构进一步调整。浙江省是资源小省，但是产业大省。据统计，2009年浙江省林业产业总产值1575.9亿元，以木材加工为主的生物质材料产业总产值达到774.1亿元，增长4.2%，增幅与去年持平，产量占全国10%左右，位全国前列。其中，竹、木地板及人造板表面装饰板大幅增产。浙江省竹、木地板产量从2008年的6523万平方米，增加到2009年的7224万平方米，增加了701万平方米，增长了10.7%。人造板表面装饰板产量从2008年的16434万平方米，增加到2009年的20236万平方米，增加了3802万平方米，增长了23.1%。由于浙江省板材加工业基本上是两头在外，原材料成本、人力费用相对昂贵，板材的生产成本远大于山东省、河北省等，这对原材料和人力资源都相对匮乏的浙江胶合板加工业形成了强有力的冲击，迫使浙江板材加工企业调整产品结构。自2005年始，浙江省普通胶合板产量连年下滑，由2004年的262.77万立方米下降到2009年的77.15万立方米，平均减产21.7%；但细木工板、竹胶板产量大幅增产，分别由2004年的80.27万立方米、37.31万立方米增产到2009年的207.02万立方米、64.17万立方米，平均增产20.9%、11.5%。二是区域优势明显，产业特点突出。经30多年的发展，浙江的生物质材料产业逐步形成以下四方面优势：① 建材等专业市场发达；② 民营企业机制灵活；③ 交通条件优越，有宁波、乍浦等木材装卸转运港口；④ 有一支敢闯市场的企业家队伍。正由于这些优势，形成了一批具有区域特色的产业带。目前，已经形成湖州南浔地板生产基地，地板产量占全国3/5；嘉善胶合板生产基地，胶合板产量占全国2/5；丽水高中密度纤维板生产中心，温州、玉环木制家具的生产基地，云和木制玩具生产基地，龙泉木制太阳伞生产基地，安吉竹产业和转椅生产基地，德清薄木装饰板生产基地，江山细木工板生产基地，杭州、萧山办公家具生产基地，东阳的木线生产基地等10多个区域特色明显和块状产业集群。产品包括人造板、木地板、家具、木线条、木制玩具、木制工艺品、竹胶板、竹地板、竹炭、竹醋液等品种。这些块状集群主业发达，与之配套的产业随着市场的发展不断完善，服务体系健全，形成了良好的产业基础和优势。三是企业进一步洗牌整合，龙头企业不断涌现。浙江省林业生物质材料产品制造产业的快速发展，使得加工企业不断涌现，企业规模参差不齐。据不完全统计，“十五”期间，仅浙江省就有企业2万多家，从业人员多达百万人。2008年以来，浙江省该领域并没有在金融危机的影响下止步不前，反而通过此次危机，对浙江省生物质材料生产企业进行了一次彻底的洗牌和整合，规模小的、手工磨坊型的、市场竞争能力小的逐渐退出市场；规模大的、具有较强竞争力的企业经受住了市场的考验，规模不断扩大，效益也持续增强，涌现出一批技术先进、产品档次高、优势突出的龙头企业。如浙江丽人、绿源木业股份有限公司已辐射至江西、福建、安徽等省；浙江德华木业股份有限公司、浙江升华云峰新材股份有限公司等企业在江西、安徽、湖南、广西等地都建有原材料基地、生产基地，技术扩散能力非常强；还有一批如浙江久盛、方圆、永吉、世友等公司在全国同行中遥遥领先；浙江喜临门集团、浙江圣奥、台升、富邦、年年红、温州澳珀、温州顶丰等一批年产值为几亿至几十亿的以林业生物质材料为原料的大型家具制造企业，为产业发展提供良好市场基础、市场运行机制和配套服务机制；竹材综合利用有杭州大庄、浙江福大、德清莫干山、双枪竹木、腾龙竹业、遂昌文照、宁波士林工艺品等企业，均为本省具有相当规模的龙头企业，不仅规模大、产值高，而且产品质量好、品牌响，企业经营管理理念同国际一流企业接近，在技术方面走在前列。四是加工技术不断提升。随着改革开放的不断深入，各种国内外的先进技术已渗透到浙江省的产业结构调整中，缩短了与世界和国内先进水平的差距。如浙江德升木业有限公司、浙江德仁集团有限公司拥有国内最先进的胶合板加工装备；浙江丽人木业集团2003年引进德国迪芬巴赫20万立方米/年的连续压机生产线，这是目前世界先进水平的MDF薄板生产设备；浙江喜临门集团有限公司、浙江年年红实业有限公司、宁波方太橱柜有限公司都拥有国内先进的家具加工装备；浙江福大竹木有限公司、杭州大庄地板有限公司、浙江腾龙竹业制造有限公司等企业引进了国际先进的数控生产设备加工竹制品。

2. **存在的主要问题**。一是林业生物质基础原料严重不足。由于资源不足，各企业自行从国外进口基础原材料，导致国际原材料价格上涨；加上国际大型货轮更新换代，石油价格上涨，基础原料进口的国际运输成本激增，一些靠进口原料的加工企业开工已严重不足。浙江省快速发展的 MDF 生产线，虽以次、小、薪、枝桠材、小径木原料为主，但靠本省资源也难以为继。林业生物质资源已成为制约浙江省生物质材料产业持续发展的“瓶颈”。二是科技含量不高，研发能力滞后。浙江的林业生物质材料产业以生产传统产品为主，产品质量和档次较低；企业科技投入不足，先发优势逐渐丧失，产品缺乏市场竞争力。目前仍有部分人造板产品达不到国标的甲醛释放量要求；出口产品还需加强森林认证，否则会逐渐失去国际市场份额。三是企业规模偏小，管理欠规范。浙江林业生物质材料产业领域仍有相当数量的家庭作坊式企业，规模小，缺乏创新机制和高素质管理人才；生产技术落后，设备简陋，原料、能源消耗高而产品质量差，产品雷同，不能形成规模效益；市场观念、诚信意识、品牌意识不强，营销能力差，难以适应越来越激烈的市场竞争。有的企业生产设备和工艺虽已达到世界先进水平，但管理严重滞后，未能建立起产品品牌，同样也不能发挥应有的作用。

二、农业生物质材料产业发展需求及其科技发展趋势

(一) 产业发展需求

随着我国经济的快速发展，基本建设规模的不断扩大，人们生活水平的不断提高，对生物质材料的需求量越来越大。改革开放 30 年来，我国经济平均每年以 9.5%的速度增长，家具业每年以 18%的速度增长，建筑业每年以 20%的速度增长；我国人造板工业，20 世纪 80 年代平均每年以 15%的速度增长，90 年代平均每年以 25%的速度增长，远远高于国内同期 GDP 增长率。经济的增长推动我国生物质材料产业的发展，拉动生物质材料及其制品需求。2006—2020 年间我国城镇新建住宅竣工面积将达 120 亿平方米，年均近 8 亿平方米，木质家具、地板、人造板等每年的需求量将非常巨大，这为发展生物质材料产业提供巨大的发展机遇。

浙江省经济发展的加快和人民生活水平的迅速提高，将迎来对生物质材料及其产品需求新的经济增长高峰。我国加入 WTO 组织，中国-东盟自由贸易区和泛珠三角区域经济一体化的建立，房地产的持续走热，又为浙江发展生物质材料产业开拓了资源的来源和产品的销路。浙江省经济增长率一直走在全国前列，消费能力在全国处于中上游，生物质材料产业的需求量巨大。

(二) 科技发展趋势

随着科技进步与创新，农业生物质资源利用也得到跨越式发展，科研工作从单一学科发展到生物学、物理学、化学、力学、材料学、信息学、机电学等多学科交叉融合，加工制造从机械加工发展到重组、复合与合成的高技术化，材料组元从实木发展到单板、刨花、纤维与分子的微细化，材料性能从原生态发展到工程性、功能性、装饰性、环境性和均质性的高级化。目前，农业生物质材料产业科技创新凸现出 4 大发展趋势。一是农业生物质资源增值利用技术。人工林木材、次小薪材、竹材、灌木和藤材等低值材深加工增值利用和扩大利用新技术。如人工林木材实木高值制品先进制造技术，人工林木材保护与功能性改良技术，小径材、灌木增值加工技术，竹、藤材深加工利用技术。二是农业生物质废弃物资源化利用技术。主要有林地废弃物、

加工剩余物、使用过的木质废弃物和作物秸秆剩余物资源化利用新技术。我国每年有 8～10 亿吨林地废弃物与加工利用剩余物，有 7 亿吨作物秸秆剩余物，废弃物量大，利用这些废弃物替代木、竹、藤为原料，扩大农业生物质原料范围，加工农业生物质材料及其产品，增加生物质产品供给，提高农业生物质材料质量，增加农业生物质材料产品品种，扩大其用途。如开展生物质废弃物资源化技术、生物质废弃物板材化利用技术、生物质基复合材料制备技术和化学利用技术。三是生物质纤维原料化学利用技术。主要是利用生物质资源中纤维素、半纤维素和木质素三大组分。如纤维素高值化利用技术，通过纤维素嵌段共聚和接枝共聚，改善纤维素与其他高聚物组合方法，制备性能优异的新材料；木质素改性技术，对木质素进行脱甲基化、羟甲基化等改性处理，提高木质素反应活性，改善木质素的反应能力，改性产物制备碳纤维、胶黏剂和表面活性剂；木质纤维在苯酚、多元醇等有机溶剂中液化技术，实现木质纤维的整体应用；液化木质纤维材料与甲醛和异氰酸酯的聚合反应技术，制备具有生物降解性树脂化新材料；采用生物催化剂或菌种，将天然纤维素和木质素合成性能优异的高分子新材料。四是农业生物质非纤维原料化学利用技术。主要是农业生物质原料中的天然有机内含物和活性物，如萜类化合物、黄酮类化合物、生物碱、多酚、多糖及其他天然化合物，提取制备植物单宁、紫胶、芳香油、桐油、松香、松节油、生物药品、生物保健品和生物杀虫剂及其他深加工产品技术等。

三、基本思路与发展目标

（一）基本思路

“十二五”及今后一段时期，浙江省农业生物质材料产业科技发展的基本思路是，瞄准国际发展前沿，按照“突破前沿技术、创新重大产品、培育新型产业、服务民生品质”的基本要求，全面加强农业生物质材料产业科技创新；突出“自主创新、国际合作、重点突破、企业主体、集聚发展、市场主导、政府推动”的基本原则；以石油基材料等替代为目标，重点开展生物质替代材料和生物基材料两类农业生物质材料产业的两大支柱，作为未来 10 年农业生物质材料重点培育和发展目标，创建一批农业生物质材料产业科技创新载体，形成一批具有自主知识产权的创新成果，转化推广一批商业化应用生物质材料科技成果，建设一批企业科技研发机构，发展一批生产农业生物质材料的科技企业，孵育一批集约化和特色化农业生物质材料产业基地，使浙江省农业生物质材料产业成为增长速度快、质量效益好、带动效应强的战略性新型产业。

（二）发展目标

1. **产业科技创新目标。**“十二五”及今后一段时期，农业生物质材料产业科技创新与发展的目标是：基本形成由高校院所、创新团队及其产业技术创新联盟（含工程技术中心）、成果转化推广中心（科技企业）3 类创新载体为基本架构的开放式农业生物质材料产业科技创新创业服务体系；组织实施一批产业共性关键技术攻关和成果转化推广项目，培育一批从事农业生物质材料产业创新创业科技人才，创建一批企业科技研发机构，培育 100 个以上的科技型中小企业，100 个以上销售收入超亿元的科技型龙头企业，10 个以上销售收入超 10 亿元的农业生物质材料产业集团企业，重点推进 10 个产值超 30 亿元的集约化和特色化农业生物质材料产业基地。同时，林业生物质替代材料技术自主创新及其产业化能力居全国领先，部分达到国际先进水平，在生物基材料的生产和应用开发方面取得快速发展，农业生物质材料产业国际竞争力大幅度提高，成为浙江省农业生物产业的支柱产业和战略性新型产业。

2. **产业推进目标。**“十二五”及今后一段时期，科技促进农业生物质材料产业发展的目标是，重点加强引进消化吸收再创新和集成创新，加快创新成果的转化和应用。到 2015 年，全省人造板总产量达到 1 亿立方米/年；刨切单板、装饰人造板 2.5 亿平方米/年；农业生物质材料产业总产值 800 亿元；在人造板所占比例进一步提高的同时，胶合板产量占人造板的比重由 15%下降到 10%，人造板的二次加工率由 25%提高到 40%以上，地板条中强化木地板产量的比重由 30.1%提高到 85.8%，家具中人造板式家具产量的比重由 70%提高到 80%。在积极发展优势产品的同时，对石膏刨花板、水泥刨花板、水泥纤维板、刨花板结构材、胶合木结构材等进行可行性研究的基础上，争取开发 1～2 个新板种，使产品的附加值得到提高，综合利用率由现在的 60%左右提高到 80%。龙头企业的主要产品生产线达到 21 世纪初国际先进水平，同时采用先进技术对量大面广、技术落后的中小企业中有发展前途的企业进行改造，全面推行现代企业制度，通过上市、兼并、联合、重组、拍卖等多种形式，形成以大企业为骨干，多种所有制小企业为基础的企业群体，推进一批集约化和特色化农业生物质材料产业集群创新。

四、发展重点与主要内容

（一）农业生物质材料产业培育与发展

林业生物质材料产业是从天然林到人工林、到林业生物质资源和农作物剩余物，从天然生物质材料到复合生物质材料、到合成生物质材料，经过广泛的科学研究工作，逐渐拓展为生物质材料产业的。按照生物质资源利用技术发展趋势和经济社会发展对材料的需求，林业生物质材料产业发展重点和主要研究内容有以下 9 个方向。

1. **生物质材料结构组成与性能研究。**主要研究木材、竹材、秸秆等生物质资源和材料及其衍生材料的内部组织结构形成规律及物理、力学性能和化学组成，包括生物质材料解剖学与超微结构、生物质材料物理学与流变学、生物质材料化学、生物质材料力学与生物质材料工程学等，为生物质资源定向培育和优化利用提供科学依据。

2. **生物质材料性能的生物学形成与对加工利用的影响研究。**主要研究木材、竹材、秸秆等生物质材料性能与生物学形成关系，探明性能形成规律，以及对后续加工过程中加工工艺与产品质量的影响，揭示影响原理。一方面研究生物质材料性能与营林培育的关系，另一方面研究生物质材料性能与加工利用的关系，为实现生物质资源的优质培育和精深加工提供科技依据。

3. **生物质材料保护与理化改良技术研究。**主要研究应用物理的、化学的、生物的方法与手段对生物质材料进行加工处理，克服生物质材料自身天然缺陷，改善材料性能，赋予材料新的功能，提高产品质量，延长产品使用寿命，增加附加值，拓宽应用领域。重点开展乙酰化处理技术研究。

4. **生物质材料的化学利用资源化关键技术研究。**主要研究木材、竹材、秸秆等植物资源及其加工剩余物和废弃物资源的化学转换方法和原理，采用水解、发酵以及催化加氢裂解的技术方法，利用分子定向切割和分子重组手段，以获取能替代石油基化学产品的新材料。

5. **生物质材料生物技术研究。**主要研究通过酶工程和发酵工程等生物技术手段，开展生物质材料生物降解，生物质原料酶工程处理，环保型生物质材料制造、生物质材料生物漂白和染色、生物质材料病虫害生物防治，生物质废弃物资源生物转化利用等领域的基础研究和技术开发。

6. **生物质重组材料设计与制备关键技术研究。**主要研究以木材、竹材、秸秆等植物和其加工剩余物、林地废弃物、使用过的木质废弃物和作物秸秆等生物质原料为基本组元进行重组的原理和方法，重点研究木质人造板和非木质人造板的设计与制备技术，制成具有高强度、高模量和高性能的生物质工程材料、功能材料、环境材料和装饰材料。

7. **生物质基复合材料设备与制备关键技术研究**。主要研究木材、竹材、秸秆等植物及其加工剩余物、林地废弃物、使用过的木质废旧物和作物秸秆等生物质原料为基本组元，以其他有机高聚物材料、无机非金属材料或金属材料为增强体组元或功能体组元，进行复合的原理与方法，创新新材料技术。重点研究生物质基金属复合材料、生物质基无机非金属复合材料、生物质基有机高分子复合材料、生物质基纳米复合材料的设计与制备关键技术，以满足经济社会发展对生物质基功能复合材料、结构复合材料、环境复合材料和纳米复合材料等新材料的需求。

8. **生物质材料先进制造技术研究**。主要研究以现代控制理论与方法、电子技术、计算机技术、先进集成制造技术为手段，利用计算机辅助设计、计算机辅助制造与集成制造技术，对生物质原料培育、加工及高效利用等复杂过程进行分析、建模、仿真与优化，提出原料培育、加工过程的最优解决方案及产品质量的最优控制，为林业生物质资源优质培育和高效利用提供先进制造技术支撑，以满足经济社会对节能、环保安全可持续发展的需求。

9. **生物质材料标准化技术研究**。主要开展木材、竹材、秸秆等及其衍生重组材料和复合材料与合成材料等农业生物质材料产品的标准化基础研究，产业共性关键技术指标研究，标准制定与修订等。

(二) 农业生物基材料产业的培育与发展

随着其他相关学科和技术的快速发展，生物质转化利用的研究也向多方面发展，其中一个重要的方向就是建立生物基材料的新型产业，以减少对石油等一次性矿物资源的消耗和有害有机化学制品的应用。目前，生物质转化主要采用的方法是先将生物质通过热化学转化制备得到一氧化碳、氢气、小分子烃或生物质油等物质，并以这些物质为原料进一步合成各种有机化合物；或者是通过微生物或酶先把蔗糖、淀粉、纤维素及半纤维素等转化为单糖，再通过化学及生物技术转化为高附加值的化学品及聚合物。由于木材、秸秆、竹材、聚多糖、木质素、蛋白质等动植物提供的生物质资源含有羟基、氨基、醚键等功能基，通过化学、物理、机械等方法可创生出能满足不同用途的新材料，也可以通过化学降解、物理分离、生物降解等技术将它们转化成为制备高分子新材料的原料。同时，微生物合成的聚酯也是生物质材料的一类重要原料。这些生物质及其衍生物开发的高分子材料具有较好的可生物降解性，符合人类可持续发展战略。按照生物质转化利用技术发展趋势和经济社会发展对材料的需求，生物基材料产业发展重点和主要研究内容有以下 9 个方向。

1. **生物基吸附剂的制备及吸附机制研究**。主要研究竹屑、树皮、山核桃壳、稻壳等农林加工剩余生物质原料的天然结构、理化性质及改进优化结构的方法；利用接枝共聚、取代、改性等方法制备新型生物基吸附剂，使之具有较多的功能位和较大中孔表面，阐述生物基吸附剂的结构与功能之间的关系。研究功能吸附位、比表面积与无机、有机污染物结构之间的匹配关系，揭示功能基团与污染物结构、性质与吸附理论的关系与规律，为生物质剩余物资源的高效利用提供科学依据。

2. **水热转化碳水化合物系生物质基质为低分子量化合物技术研究**。利用环境友好的水热方法将碳水化合物系生物质基质材料(木质素、纤维素等)转化为醋酸、甲酸、乳酸以及 5 -羟甲基糠醛等高附加值的化工原料。

3. **新型生物质基/丙烯酸酯复合功能乳液制备及新技术产品创制**。以竹纤维素/木纤维素和丙烯酸酯及其衍生物为原料，采用化学接枝改性、原位乳液聚合等技术，合成制备环境友好的新型竹(木)纤维素/丙烯酸酯复合功能乳液。以新型竹(木)纤维素/丙烯酸酯复合功能乳液为基料，开发创制新型生物基质胶黏剂、高档建筑涂料及环保纺织涂层整理剂新技术产品，对提升竹(木)材深加工利用新技术水平及促进高附加值新产品开发具有重要意义。

4. **木塑复合材料高性能化及多样化与功能化研究**。主要研究木屑、竹屑、树皮、山核桃壳、稻壳等农林加工剩余生物质原料塑化技术，混合类聚合物的应用技术，多种成型工艺并存技术，木塑产品的表面修饰与连接技术，多样化的配方技术，功能改良技术，良好的界面相容性，以及关键设备与生产线的开发。

5. **农业生物基聚合物的开发与应用研究**。重点是淀粉基材料、聚乳酸(PLA)、聚羟基脂肪酸酯(PHA)、聚丁二酸丁二醇(PBS)以及二氧化碳的新合成方法和它们结构、组成、性能及改性的研究，同时开展生物基聚合物的纤维化、薄膜化以及制品化的有效利用研究。

6. **农林生物质分离及纯化集成技术**。具有产业化应用前景的农林生物质(如纤维素、木质素、植物多酚等)分离、纯化和分级方法及集成技术研究，分离、纯化及分级技术、工艺条件对目标生物质结构、性质与应用的影响，以及农林生物质分离、纯化、分级技术的环境友好性、高效专一性、经济效益和推广应用价值分析评估。

7. **农林生物质改性基础理论及工程化创新技术**。极端条件下生物质改性机制及改性材料性能和特殊功能研究；生物质热塑改性基础理论及挤塑、吹塑、注塑等工程化加工技术研究；生物质膨化技术及装备研究。以增加生物质的反应活性点或活性官能团的含量，提高生物质基复合材料的功能特性为目的的生物质酯化、醚化、氧化、接枝共聚、互穿聚合物网络、复合偶联和环氧化等物理化学改性技术及机制研究；生物质溶解、熔融、表面界面特性、相容性以及改性材料流变性、抗水性、机械强度、抗腐蚀性、抗老化性等研究。

8. **农林生物质材料和生物基产品开发关键技术及产业化应用**。环境友好的生物质发泡材料、吸附材料、膜材料及家用电器包装材料集成开发工程化技术研究；新型生物质功能材料及制品(如生物质改性阻燃剂、橡胶及塑料改性剂、生物质热致液晶材料、耐热绝缘高分子复合材料等)的合成及加工产业化创新技术研究；生物质建筑材料(如木塑复合生物质材料)及高性能生物质发泡剂、减水剂、玻璃纤维浸润剂等建筑材料外加剂开发工程化技术及产业应用研究。

9. **生物质改性材料环境降解及(生物)安全性研究与评价**。生物质改性材料环境降解如微生物降解、化学降解与光降解过程及评价方法研究，降解特性与机制研究。重点研究自然界中材料填埋方式、土壤种类、组成及土壤中农作物种类、生长及微生物的种类、活性、数量以及微生物生存和繁殖条件(如温度、湿度、好氧和厌氧条件)对材料降解特性和机制的影响。生物质改性材料降解产物环境安全性评价方法研究和标准化。研究生物质改性材料降解产物(如不同分子量低聚物、改性剂、降解引发剂等)在环境中迁移、转化及其对生态环境的影响，重点研究其对土壤结构及性质、水体质量、农作物及土壤中微生物群落分布及其生长、代谢的影响。

五、新型创新主体培育及其产业集群创新

(一) 引导农业物质材料生产企业加大研发投入

鼓励和支持农业生物质材料生产企业成为科技创新和成果转化应用的主体，加大对农业生物质材料产业科技创新、成果转化和产业化投入，支持生产企业联合高校科研院所组织申报科技计划项目，研究开发新产品、新品种、新技术、新工艺所发生的研发费用，未形成无形资产

的计入当期损益，在规定据实扣除的基础上，按照研发经费的 50%加计扣除；形成无形资产的，按照无形资产成本的 150%摊销。

（二）加快农业生物质材料企业科技研发机构建设

着眼于国家水平和企业乃至行业的未来发展，支持规模以上农业生物质材料生产企业吸引国内外高校和科研院所专职科技人员带项目、技术、成果到企业参与研发机构的创建，建设一批整体达到国内先进水平的企业科研院所。重点支持林业生物质材料和农业生物基材料两个产业的各类企业创建企业研发机构，不断增强企业的自主创新能力和市场竞争力，发挥其对产业发展的引领和促进作用。

（三）加快高新科技企业培育与发展

研究制定支持农业生物质材料产业做大做强做优的发展战略及其实施规划与产业技术政策等，加强农业生物质材料高科技产品和企业扶持政策的研究和认定，培育一批符合高科技产品和企业标准的农业高科技企业、农业科技企业或科技型中小企业，对被认定为农业高科技企业的，建议按照税法规定减除 15%的税率征收企业所得税。鼓励和支持各类农业科技企业引进各类创新人才，为技术创新提供人才智力支持。

（四）农业生物质材料产业集群创新

围绕目前浙江省初步规模，具有区域特色的农业生物质材料块状经济转型技术升级，开展产业集群创新。其目标是：攻关一批产业共性关键技术，形成一批新经济增长点，推进一批知名品牌，培养一批创新创业人才，创造一批企业研发机构，造就一批高竞争力的高科技企业。产业集群创新牵头单位均为同一产业集群中的科技行政主管部门或经济管理部门，参加单位均为同一产业集群的企业和高校科研院所，形成科技产业链和产品市场，实现科技对产业的振兴。对产业集群创新，除各类科技计划项目给予重点支持外，拟开展职务科技成果股份和分红权激励试点；标准化研究和标准制订工作；支持产业科技园（基地）依托高校科研院所，创建农产品精深加工孵化器，引进一批领军人物和创新团队，加快建设高层次人才创新创业基地；鼓励民间资本在产业基地投资组建农村金融机构试点；支持产业基地内科技企业在创业板上市；稳步推进生物质材料及其产品的上市工作；支持产业基地内设立创业投资引导资金；支持开展知识产权等无形资产质押贷款试点和保险创新试点；优先安排从国外引进加工设备、技术、工艺、产品在产业基地示范。

六、保障措施

（一）加强行业宏观管理

尊重市场规律，发挥行业自律作用。研究制定产业发展规划和产业技术政策，突出规划和产业技术政策的引导作用，充分发挥产业技术政策在行业发展中的调控作用，明确鼓励与限制发展的产品和技术，确定项目发展规模、产品序列名录，同时按照择优发展的原则，促进企业重组，着力形成一批有规模、上档次、带动力强的农业生物质材料产业生产企业，推进产业升级。

（二）建立市场准入制度

加强农业生物质材料和产品质量监督检验工作，建立和完善原材料产品的标准体系，完善原材料生产许可证发放办法，保证有限的资源能得到充分的利用，对资源浪费严重、产品质量低劣、环境污染严重的生产企业不发给生产许可证。同时规范市场秩序，建立全省统一、公平竞争、规范有序的市场体系，加大对无证生产的打击力度，保护合法经营者权益。

（三）加强行业协会的作用

发挥协会在技术与产品开发方面的指导与服务功能，搭建信息服务平台，为企业提供产品开发、先进技术、市场营销等指导信息，推进行业进步与创新，协助有关部门规范市场秩序，维护公平竞争；贯彻国家和行业主管部门的有关政策，通过协会实现行业自律、自治的有效管理，积极应对挑战，推动农业生物质材料产业的可持续发展。

（四）加大科技投入，提高科技成果转化率

紧紧围绕营造优质，丰产原料林、降低原材料消耗、提高产品质量、增加花色品种、减少环境污染、提高产品竞争力这一目标，加大国家和企业对科技的投入，从根本上解决浙江省农业生物质材料存在的经营粗放、管理落后、效益低下、原材料基地建设滞后等现象。建立多元化农业生物质材料产业科技投入体系，扩大农业科技国际合作与交流，引进国内外先进技术，抓好成果转化和实用技术的普及推广应用。

执笔人：马灵飞、俞友明、钱　俊

审改：张咸益　打印：戴丹丽　校对：郑荣泉

第十章　浙江省农业生物质能源产业科技发展研究

一、现状与形势

(一) 国内农业生物质能发展现状

1. *农业生物质能资源概况*。一是农业生物质资源。中国农作物秸秆产量每年近7亿吨，而农业加工业的废弃物则高达8000多万吨。近年来，包括草本能源作物、油料作物、制取碳氢化合物植物和水生植物等以提供能源为主的能源作物已逐渐成为农业生物质能的一大资源。考虑到农作物秸秆可获得性特点，预计全国农业生物质资源可转化为能源的农作物秸秆资源量约为3亿吨，折合标准煤为1.5亿吨。此外，全国开发利用能源作物的工作也已起步，有关部门和科研单位在“不与人争粮、不与粮争地”的原则下，正组织大批专家开展能源作物的选种、培育、试种以及能源转换技术及设备的开发和研制工作，并且已经取得了阶段性成果。二是畜禽粪便。根据2008年全国生猪、鸡和牛的存栏量计算，全国主要畜禽的粪便排放量为30多亿吨，其干物重为5亿多吨。而这些排泄物又是其他形态生物质(主要是粮食、农作物秸秆和牧草等)的转化形式，因此是一种很好的生物质资源。据有关专家预测，2008年全国畜禽粪便生产沼气的潜力约为2200亿立方米。三是林业生物质资源。在森林生长和林业生产过程中，有一些剩余物，通过收集利用可提供生物质能源，比如，在森林抚育和间伐作业中的零散木材、残留的树枝、树叶和木屑等；木材采运和加工过程中的枝丫、锯末、木屑、梢头、板皮和截头等；林业副产品的废弃物，如果壳和果核等。据不完全统计，全国每年可以从林木采伐和木材加工过程中获得约4000万立方米的剩余物。四是生活污水和工业有机废水。生活污水主要由城镇居民生活、商业和服务业的各种排水组成。工业有机废水主要是酒精、酿酒、制糖、食品、制药、造纸及屠宰等行业生产过程中排出的废水。经过对国家统计年鉴和20多个主要工业行业公开发表的数据进行调查和统计，可知全国主要工业企业每年排放的有机废水约为8.5亿吨，废渣约为2500万吨。五是城市固体废物。城镇居民生活垃圾、商业和服务业垃圾、少量建筑业垃圾等构成城市固体废物，其组成成分比较复杂。据有关专家分析，2008年中国城市垃圾清运量近2亿吨，考虑到目前城市垃圾的收集率不到50%，其作为生物质能转化的资源可获得量则为1亿吨。

综上所述，全国目前主要生物质资源可以转化能源的潜力合计约为每年8～10亿吨标准煤。

2. **我国生物质能政策框架**。一是有关法律明确提出支持生物质能发展。2007年10月28日，我国发布了修订后的《节约能源法》。该法律强调“国家鼓励、支持在农村大力发展沼气，推广生物质能、太阳能和风能等可再生能源利用技术，按照科学规划、有序开发的原则发展小型水力发电，推广节能型的农村住宅和炉灶等，鼓励利用非耕地种植能源植物，大力发展薪炭林等能源林”。2009年12月26日，全国人大常委会通过了关于修改《可再生能源法》的决定，对保障性收购可再生能源发电、建立可再生能源发展基金等可再生能源发展中的热点问题作出了明确规定，这将有利于促进沼气和秸秆发电技术的大规模推广。二是在有关产业发展规划中提出了具体目标。2007年，国家发展和改革委员会和农业部相继发布了《可再生能源中长期发展规划》、《全国农村沼气建设规划（2007—2010）》和《全国生物质能产业发展规划（2007—2015）》。在这些规划中，分别对我国生物质能提出了到2010年和2020年的发展目标，即“充分利用水电、沼气、太阳能热利用和地热能等技术成熟、经济性好的可再生能源，力争到2020年使可再生能源消费量达到能源消费总量的15%左右”。同时，提出“重点发展生物质发电、沼气、生物质固体成型燃料和生物液体燃料。到2020年，生物质发电总装机容量达到3000万千瓦、生物质固体成型燃料年利用量达到5000万吨、沼气年利用量达到440亿立方米、生物燃料乙醇年利用量达到1000万吨、生物柴油年利用量达到200万吨”。三是制定了一系列有利于生物质能发展的政策。在《可再生能源法》的框架下，国家发展和改革委员会和财政部相继制定了《可再生能源产业发展指导目录》、《可再生能源发电有关管理规定》、《可再生能源发展专项资金管理暂行办法》和《秸秆能源化利用补助资金管理暂行办法》等政策文件，明确对列入上述目录和符合发电条件的生物质能技术及产品给予研发、项目示范、财政税收、产品价格、市场销售和进出口等方面的优惠政策，用以引导相关研究机构和企业的技术研发、项目示范和投资建设等。四是编制了一系列生物质能技术标准。截至2009年6月30日，由农业部颁布实施的生物质能标准已达43项，包括管理、产品技术条件、检测方法、施工规程等。其中，涉及沼气的就有29项、生物质直接燃烧的8项、农作物秸秆气化的3项、生物质固体成型燃料的2项、能源作物的1项。这些标准的颁布实施，对提升我国生物质能技术水平、保证产品质量、规范市场行为发挥了重要作用。许多标准带有中国特色，对发展国家生物质能产业具有借鉴意义。

纵观这些法规和政策，可以看出我国生物质能政策具有多种激励机制。一是建立了目标机制，制订中长期发展的总量目标，引入了配额制政策；二是建立了定价机制，对包括生物质能发电在内的部分企业或者建设项目提出了电价补贴和配额交易方案；三是建立了补偿机制，采取了将高出传统能源开发利用的成本由社会分摊，或各级财政拿出巨额资金用于补贴生物质能的开发与利用；四是建立了交易机制，采取绿色证书交易系统，多方争取国际社会碳交易等清洁发展机制（CDM）的支持。

3. 国内生物质能利用现状。一是沼气技术。截至2008年底，全国已有3049万农户使用农村沼气，每年产沼气113.9亿立方米；在全国建有16.4万处生活污水净化沼气池，专门处理公厕、医院等公共场所的生活污水，总池容达785万立方米。同时，各地还因地制宜地整合太阳能、沼气技术以及种植业、养殖业产业结构，实践性地探索出一系列适合我国农村地区推广应用“猪沼果”等能源生态模式。近年来，以厌氧消化为核心技术、以废弃物资源化利用为目的大中型沼气工程已成为处理、利用禽畜粪便、农作物秸秆和工业有机废水最为有效的手段之一。到2008年底，全国共建成各种类型沼气工程3.98万处，总池容达到了502万立方米，形成了每年约7.11亿立方米沼气的生产能力。其中，用于处理工业有机废水的沼气工程332项，处理畜禽粪便的沼气工程3.95万项。大型沼气工程3093处，中型沼气工程1.29万处，小型沼气工程2.39万处。二是直接燃烧技术。全国大部分农村地区的农民现在还仍然以传统的炉灶进行炊事和取暖，其生活燃料主要来源于农作物秸秆和薪柴。通过改进农村现有的炊事炉灶，不仅提高了传统炉灶的燃烧效率（20%左右），而且也减少了室内空气污染，改善了农村生活环境。截至2008年底，全国农村地区已累计推广省柴节煤炉灶1.46亿户，高效低排放节能炉3342万台，节能炕2050万铺，极大缓解了农村能源短缺的紧张局面，改善了农村居民日常生活的环境状况。三是气化技术。农作物秸秆气化集中供气是我国在 20 世纪 90 年代发展起来的一项技术。到 2008 年底，全国农作物秸秆气化集中供气系统供气站保有量已达 856 处，年产生物质燃气 3.12 亿立方米。此外，近两年在我国部分农村地区也开始进行了以农作物秸秆为原料通过厌氧发酵方式进行沼气生产的实验性示范推广，目前有近 20 万农户正在使用此项技术。2009 年，农业部又在组织有关科研单位和企业在 12 个省（区）进行 16 项秸秆沼气示范工程建设。四是固体成型技术。目前，我国研发出来的生物质固体成型燃料有颗粒、块状和棒状几种形式，主要用于民用炊事取暖、商业餐饮和洗浴、工业锅炉和发电等。生物质固体成型设备一般分为螺旋挤压式、活塞冲压式和环模滚压式。我国生物质固体成型燃料设备在加工生产实际使用中的一个突出问题，是挤压成型关键部件的使用寿命较短，成型燃料成本较高。这也是生物质固体成型技术发展的最大障碍。进入 2000 年以后，由于产学研的紧密合作，生物质固体成型技术得到明显的发展，成型设备的生产和应用已初步形成一定的规模。截至 2008 年底，全国已有 102 个示范项目正在运行中，北京、河南和江苏等地的生物质固体成型燃料已开始走向市场化和商业化，并获得了成功。五是生物液体燃料。自 2002 年 6 月 30 日起，国家发展和改革委员会分别支持在河南省的郑州市、洛阳市、南阳市和黑龙江省的哈尔滨市、肇东市等 5 个城市开展了以陈化粮为原料的车用乙醇汽油使用试点工作。到 2005 年底，在 9 个省的部分地区基本实现车用乙醇替代汽油，年产生物乙醇燃料约 150 万吨。但是，受粮食产量的制约，我国政府已强调“不与人争粮、不与粮争地”开发利用生物燃料的原则，明确提出要扩大非粮生物乙醇和生物柴油燃料的生产，科技部门正在组织科研单位和专家开展甜高粱茎秆、薯类（木薯、甘薯）、甘蔗和农作物秸秆等制取生物燃料乙醇的项目，以及利用菜籽油、棉籽油、乌柏油、木油、茶油和地沟油等原料小规模生产生物柴油的项目，并在部分省（区）建立了生物液体燃料生产和加工基地，初步具备了商业化发展的条件。

（二）浙江发展现状

浙江省为东部沿海发达省份，由于国民经济持续快速发展、工业化和城市化进程加快、人民生活用能消费水平提高等诸多因素拉动，全省能源消费刚性增长明显加快。2009 年，全省一次能源生产总量为 1216 万吨标准煤（等价值），仅占全省能源消费总量的 3.7%，全省需净调入和进口能源 11903 万吨标准煤。国内外能源资源供需大环境影响与能源市场、价格、运输保障等不确定因素对浙江省能源“瓶颈”制约仍将长期存在。以燃煤火电为主的能源生产结构与能源消费等结构性矛盾进一步突出，环境治理压力增大。浙江省生物质资源丰富，主要来源于秸秆、畜禽粪便和林木加工剩余物、有机生活垃圾等，还有大量的边际性土地可供挖掘，生物质能开发利用潜力非常大。根据相关资料估算，浙江省秸秆年产量约 1237 万吨，养殖排泄物资源量约 1655 万吨，木材加工业与竹子加工的剩余物数量非常惊人，目前大部分被废弃或焚烧，处于低效利用阶段。全省木材加工经营企业已发展到 2 万多家，年加工木材 1000 多万立方米，加工剩余物的数量很大，特别是锯材的利用率只有 60%～70%。因此，大力发展生物质能源是解决浙江省能源供给安全有效措施，对优化浙江省能源结构具有重要的促进作用。

1. *主要成效*。目前浙江省的生物质能源发展已取得的成效主要在沼气建设方面。截至 2008 年底，全省累计推广“猪—沼—作物”等模式农户 13.8 万户，年产沼气 6100 万立方米，相当于年可替代标煤 4.35 万吨。累计建设各型沼气工程 7295 处，总容积 72 万立方米，年处理粪便污水 3235 万吨，年产沼气 6443 万立方米，相当于折标煤 4.6 万吨，年可减排 COD（化学需氧量）15.8 万多吨。其他如生物质致密成型、秸秆生物气化、秸秆裂解气化等在浙江省农村能源办的推动下，开展了小规模的示范试点，如温州市开展了柴草固化成型技术示范项目，总投资70万元,年可生产木棒1000吨;绍兴县展望村秸秆气化站总投资140余万元,安装2套气化机组,2组500立方储气柜,可供用气规模600户;衢州开化县已经成功地开展了秸秆生物气化集中供气试点工作,总投资100万元,年利用秸秆80吨,集中供气50户。但这些技术的大规模推广应用还需要进一步完善研究。生物质能源林产业发展也逐渐得到高度重视。浙江省也将"能源植物种质资源与高能植物选育及生产"、"食用油料与能源植物定向培育及开发利用研究"、"生物柴油能源林定向培育及其制取工艺研究"等一批科技项目相继立项。随着生物质能源产业的进一步升温,浙江省科技企业也开始进入该领域。2006年,宁波杰森绿色能源技术有限公司成立,在当地政府的支持下,在奉化松岙镇建成了400亩的乌桕生物能源林;兰溪市热电有限公司试点种植及推广能源草项目,发展目标为发电燃料一半是能源草、一半是树枝;江山市红日新能源科技有限公司以杉木屑、竹屑为主要原料生产生物质固态成型燃料,具有体积小、密度大、热值高、无污染、成本低、使用方便等优点,被广泛应用于各种生物质锅炉、汽化炉和家用壁炉等。

2. *发展主要不足*。一是沼气发酵工艺技术方面。目前沼气工程建设都以完成治理任务为出发点,沼气工程质量与技术含量相对较低,采用的都是普通沼气工程工艺,沼气工程池容产气率低,冬季发酵不完全,经后续好氧处理的畜禽废水很难稳定达标排放,脱氮除磷效果差,环境污染问题不能彻底解决。二是沼气发酵原料方面。浙江省农村沼气生产遇到原料供给"瓶颈",随着农村生活条件的改善,农村畜禽养殖量大大减少,作为沼气生产主要原料的畜禽粪便,无法、也不足以保证原料的供给,应结合社会主义新农村建设开辟利用新的沼气发酵原料。三是生物质能源林育种方面。虽然对浙江省许多树种(如油桐、乌桕等)和薪材树种也做过一些研究,有一定的资源与技术基础,但是尚缺乏能源专用树种、良种,缺乏相关配套的高产栽培模式与技术以及规模化原料供应基地,原料供应难以满足生产需要。如乌桕树要生长5年后才能结果,目前的原料林仍未达结果期。总体上,与国内其他省区一样,浙江省生物能源林培育研究工作起步较晚、发展慢、树种少、品质差、产量低,不成规模,关键是缺乏扎实的良种和高效培育技术支撑。四是生物质制乙醇方面。生物质制乙醇方面关键核心技术未取得突破或离产业化还有一定的距离。核心关键技术是液化和纤维素乙醇技术,以替代最为紧缺的石油资源。但目前液化所获得的裂解油的成分复杂,酸性物质较多(腐蚀性强),需要进一步精炼才能用于汽车发动机。这几乎是世界性的难题,适合产业化的技术路径目前仍未明晰。纤维素乙醇的转化效率偏低、成本偏高,而浙江省在这个领域的研究尚属起步,尚需在预处理、酶解和发酵等关键技术中取得突破。五是生物质裂解气化方面。生物能源裂解气化方面的实用技术开发不足,受老百姓欢迎的技术或产品少。如生物质气化技术,存在焦油含量高、燃气热值低、气化效率低、废水污染和气化残渣的综合利用等问题,有待进一步解决。生物质致密成型技术还存在设备使用时间不长、容易断裂等问题。同时由于财力有限、国家补贴有限,目前所建的秸秆集中供气系统普遍技术标准低,存在较大安全隐患,影响长期运行。六是技术集成及模式创新方面。对于单独技术来说,沼气发酵技术、沼气发电技术、沼液综合利用技术、沼液好氧后处理技术各有优缺点。对于具体的工程,如果不能很好地进行工艺系统组合,很多好的技术也可能会产生较差的效果。目前,对沼气工程技术集成创新、结合现代农业园区建设进行模式创新方面的研究还较少。七是生物质能开发利用设备研制方面。目前,浙江省的生物质能开发利用项目系统运行和管理自动化水平普遍不高。国外较成熟的生物质能转化利用方式从主要设备到辅助设备都具有较高的自动化程度,不仅提高了效率,而且节约了人工成本。我国在生物质能利用相关设备的研究制造上一般还处于商业化的前期,有的还停留在示范阶段,且存在设备加工粗糙、非标准化，及无法与进口设备配套使用等问题。八是经费投入方面。生物质能开发利用需要大量技术支持，尽管浙江省已对生物质能源开发利用方面加大投入力度，但总体上看投资渠道不稳定，投入量明显不足，不能适应新形势发展的需要。另一方面，在技术创新方面的科技经费投入也相对不足，影响了新技术的研发和大面积的推广应用。

二、发展思路与主要目标

（一）发展思路

抓住全球生物能源时代的战略机遇，以邓小平理论和“三个代表”重要思想为指导，深入贯彻科学发展观，围绕拓展农业功能、促进节能减排、发展循环农业、促进农民增收的需要，充分发挥资源和技术优势，加强技术创新和高新技术在沼气工程建设中的应用，拓宽沼气发酵原料，进一步提高沼气开发利用工艺技术水平，注重自主创新与集成创新，开发成套的工业化水平的生物质能源转化技术；在生物能源的核心技术领域，研究前沿技术，做好技术储备，促进重点技术和产品的新突破，加速形成浙江省生物质产业技术基础和优势产业。

（二）主要目标

围绕能源替代、环境减压和“三农”解困等三大战略目标来发展生物能源产业，改善浙江省能源消费结构，提升生物质消耗比例，同时也提高固体废弃物的处理率，改善浙江省城乡居住环境。按照积极发展现代农业、扎实推进社会主义新农村建设的总体要求，结合浙江省生物质能源发展的特点，以市场为导向，在已有工作基础上，优先选择对浙江省生物质能源未来发展有重大影响和重大应用前景的沼气工程技术为突破口和切入点，在沼气工程新模式研发与示范应用等方面取得突破性进展，提高浙江省沼气工程技术相关产业的自主研发能力和设备水平，保证浙江省沼气工程技术水平始终处于全国领先。同时在生物质致密成型、秸秆生物气化、生物质裂解气化、生物质制乙醇、生物质能源林育种关键技术研究等方面取得明显突破。至 2015 年，生物质能开发利用建设规模为“十一五”期间的 2～3 倍，突破关键共性技术 30 项以上；专利申请和授权达 30 项以上，建立企业研发中心 5 个以上，培育重点企业 10 家，培养人才 200 名，增收节支 8 亿元。

三、发展重点与主要内容

（一）发展重点

“十二五”及今后一段时期，浙江省主要围绕优化浙江省能源消费结构、治理农村面源污染、推动农业转型升级、改善农村生态环境的目标，开展大型沼气集中供气工程关键技术研究及成套设备开发、大型沼气厌氧发酵热电联产工程示范建设、高效沼气发酵高效复合菌剂研制、沼气发酵原料拓展优化、秸秆生物气化关键工艺技术研究、新型高效厌氧生物反应器研发、生物质致密成型关键技术研究、生物质裂解气化、生物质制乙醇、生物质能源林育种等现代生物质能开发利用工艺技术研究。

（二）主要内容

1. **大型沼气工程关键共性技术研究**。在吸收和消化国内外沼气工程工艺技术的基础上，重点研究和开发具有自主知识产权，适合浙江省实际情况的创新性沼气工程工艺技术，通过开展低温高活性厌氧菌的研发、新型高效厌氧生物反应器研发、沼液生物脱氮除磷技术研究等，解决目前浙江省沼气工程冬季产气率低、池容产气效率不高、后续好氧处理的畜禽废水很难稳定达标排放、脱氮除磷效果差等共性问题。

2. **秸秆沼气发酵关键技术与集中供气示范工程研究。**根据作物秸秆等发酵原料的化学成分和结构特征，分离筛选高活性的功能菌，试验合适的菌种附载介质，研制高效复合菌剂。根据作物秸秆等发酵原料的化学成分和物理性状，开展粉碎、软化、酶解、原料配伍等预处理技术的研究，并研制相关预处理设备。以沼液为接种物，与新鲜物料混匀，配制发酵基质。以太阳能为热源，调节发酵温度，提高容积效能。试验各工艺条件的影响，优化工艺参数和过程控制技术。研制合适的发酵装备构型、太阳能加热升温系统、沼气生物脱硫系统等，并在此基础上提出发酵系统的集成方案，将单元技术集成工艺系统。研发相关装备，以沼液作为原料配水，进行内部循环利用；分离沼渣，加工成有机肥料或固体成型燃料，实现资源综合利用与沼气清洁生产。根据集成工艺系统，以村镇为单位，建设沼气集中供气示范工程，考察工程的技术经济性能和社会环境效益，规范工艺、装置，总结建设和运行经验，为推广应用打下基础。

3. **不同原料混合发酵大型沼气工程关键技术研究。**研究掌握不同发酵原料的组成及特性，并开发针对其特性的预处理技术，掌握畜禽粪便、秸秆等不同发酵原料配比要求，提高发酵原料的可生物降解性能、消化率和产气率，充分发挥原料的产气潜力，拓宽生物沼气发酵原料，为浙江省生物沼气整村推进集中供气工程的原料多元化发展提供技术支持。

4. **高效厌氧菌种与发酵工艺优化及装备研究。**针对不同发酵原料，筛选和构建高产甲烷菌种，并调查厌氧消化发酵系统中微生物群落构成，分离其中重要的功能微生物，加快生物质高效降解转化技术的开发；建立厌氧反应机制和相应动力学模型优化发酵工艺；通过对现有发酵装置与工艺的改进，开发高效低能耗厌氧发酵装置和相配套的发酵工艺及设备。使浙江省厌氧发酵技术和装备达到国际先进水平，为集中型沼气产业发展提供技术支撑。

5. **农村大型沼气集中供气工程标准化体系研究与示范。**解决集中供气的常年供气不均衡及运行、维护成本较高等问题，研究低热耗、稳定的沼气发生装置，开发产业化生产用的标准成套设备，研究日用气与产气均衡优化平衡，形成标准化集中供气技术体系。以整村推进沼气集中供气为指导，研究新型高效厌氧反应器，以适合低运行成本、简易维护的要求，优化厌氧反应器的结构，降低工程造价及运行成本，提高产气率。

6. **农业废弃物原料混合发酵一体化厌氧反应器的研发。**构建农村废弃物-沼气-肥料应用技术模式及体系，解决农村沼气发酵原料供给困难、成本高以及综合利用率不足的关键技术利用方法，使浙江省现有 10 万沼气用户正常使用沼气；构建畜禽粪便与农作物废弃物一体化厌氧反应装置，主要研究不同原料特性的发酵原料在一体化厌氧反应器的适应器，优化结构，提高反应器的可控性与发酵效率，研究一体化装置的工艺，进而筛选适应混合发酵条件的优势菌株。

7. **有机生活垃圾厌氧发酵热电联产工程示范。**通过研究和开发以高固体厌氧消化为关键技术手段，以能量回收、资源利用为核心的城镇粪便、有机垃圾共消化处理技术，并实现热电联供。探索并解决粪便和有机垃圾厌氧发酵热电联产工程设计、建设与运营过程的关键问题，提高粪便、有机垃圾厌氧发酵处理的能源效益与经济效益，降低处理成本，为同类工程的设计、建造与运营管理提供技术支撑。

8. **生物质纤维素乙醇转化技术。**重点突破以农林废弃物、速生能源作物为原料的低成本的纤维素乙醇转化技术。包括预处理技术的筛选和优化，研究低酶高效的酶水解技术，研究与开发水解液的发酵新工艺，开发乙醇连续蒸馏工艺与设备，初步实现商用化与产业化，为能源替代提供技术支撑与保障，培育新型低碳高技术能源企业与行业。开发生物质燃油制备新技术，包括裂解液化技术、气化技术和超临界液化技术，提升木质素的综合利用技术，为能源产业发展提供技术战略储备。

9. **生物质能源林育种技术**。围绕“高产、高效、优质、生态、安全”的农业根本目标，在光皮树、油茶等种质资源收集的基础上，重点资助种质资源收集、保存、评价、测定和种质创新，筛选出优异种质。资助杨树、柳树等纤维类能源树种品种引进，应用生物技术对C4类能源植物进行品质改良；支持适合浙江发展的淀粉类能源树种及新兴的高产能源植物的品种选育，如能源藻类高效培养及产业化开发；资助能源树种的高产经营技术理论与模式，完善现代栽培技术。

10. **规模化秸秆致密成型燃料加工技术与应用设备的研发及产业化**。一是研究秸秆原料预处理工艺对成型燃料性能、原料粒度分布和模具结构的影响，提高不同秸秆生物质原料的加工适用性；研制产率高、能耗低，能自动调节喂入高度，粒度大小能满足压缩成型要求的农作物秸秆粉碎机。二是研究规模化秸秆成型燃料生产中工艺参数的优化、关键零件的磨损机制和过程控制技术；研制大规模、低能耗将原料预处理、粉碎、成型工艺组合集成秸秆成型燃料的生产设备；编制秸秆生物质燃料成型技术相关标准规范。三是完善秸秆生物质成型燃料的终端应用系统，形成固体成型燃料生产、供热燃烧炉具、客户服务等完善的市场和技术体系；研制农村炊事用颗粒燃料炉灶、采暖用壁炉，农业和农村生产供热用燃烧炉设备，形成系列产品；编制秸秆生物质燃料成型应用设备相关标准规范。四是以农作物秸秆为主要原料，建立2个以上年生产能力在1万吨以上的生物质成型燃料示范工程。

11. **新型农村生活污水沼气净化处理系统及工程示范研究**。对生活污水来源、生活污水水质、生活污水排放量和排放情况进行调查，为新型农村生活污水处理系统的研发和标准化提供依据，研发新型污水处理系统脱氮技术和装备，利用太阳能，研发经济有效的冬季污水升温技术，稳定污水处理效果；以关键技术为核心，研制高效太阳能加温设备。按功能，将单元技术集成工艺系统，将单元设备集成处理系统，通过运试，优化操作条件、结构参数、设备组合，提高系统处理效能。以村镇为单位，建立农村生活污水处理示范工程，为推广应用打下基础。

12. **秸秆干式沼气发酵技术研发与工程示范**。高效菌群的筛选和功能菌剂的研制，主要包括分离筛选高活性的功能菌、试验合适的菌种附载介质以及研制高效复合菌剂。发酵原料预处理技术和设备的研发，主要包括研究粉碎、软化、原料配伍等预处理技术，研制相关预处理设备。秸秆沥滤水解产酸工艺及其控制技术的研究，主要包括物料布置、菌剂投加、营养液喷淋、发酵温度调控、工艺参数优化。高效沼气发酵装备及其集成系统的研究，主要包括研制适合秸秆水解酸化液高效沼气发酵的装备单元、加热升温单元及各单元集成系统。沼渣综合利用技术与装备的研究，主要包括研发沼液内循环单元、沼渣分离与成型单元及单元集成系统。沼气干式沼气发酵工程示范，主要包括建设沼气干式沼气发酵示范工程、规范工艺和装置、总结建设及运行经验。

13. **高固体农业有机废弃物厌氧发酵及能源利用工程创新**。研究农业有机废物厌氧发酵高产气率技术，富油微藻的筛选与培育、沼液培养生物藻的资源化利用技术，微藻＋粪便＋农业有机废弃物的厌氧发酵技术集成与装备研究；研究中小规模养殖场粪污高固体有机质高效厌氧发酵及过程控制技术，优化厌氧发酵运行参数，并设计高效厌氧反应器结构及配套装备，研发运行过程自动控制技术、沼气生物脱硫技术及新型生物脱硫设备，沼气发电安全并网技术与装备。通过引进消化吸收国外先进技术，并针对上述问题展开科学研究与技术开发，解决目前规模养殖场沼气工程的技术“瓶颈”，为实现浙江省农业有机废弃物能源化利用的产业化、提升和实现畜禽业可持续发展提供技术支撑。

14. **生物沼气的车用及工业燃烧关键技术与装备研究**。研究开发生物沼气的车用及工业应用关键技术，获得生物沼气加气站关键技术及装备、车用储藏及应用设备、车用安全保障技术以及工业用生物沼气直接燃烧关键技术及设备，制定相关技术标准，由此为生物沼气的多方应用创造条件。研究工业用途的沼气专用直接燃烧技术及装备，包括耐腐蚀燃烧器技术、耐腐蚀调节技术及机构等，并建立相应技术标准，由此满足沼气的工业应用需求。

15. **生物沼气发电工程成套设备研发及产业化**。通过沼气发电工程成套设备的研发，研发具有自主知识产权的配套沼气发电预处理设备（生物脱硫设备、沼气脱水除尘设备、沼气计量设备、沼气增压设备、应急火炬等），通过研究沼气发电机组进气精确控制、稀薄燃烧技术和新型高效烟道气、缸套水余热回收装置，提高国产发电机组的电效率和热效率。

四、构建产业科技创新服务体系

1. **建立生物质能开发利用企业研发机构**。鼓励和支持规模以上企业与高校、科研院所联建生物质能开发利用企业研发机构，并通过研发中心实施各类科技成果转化和产业化项目，将其扶持培育成为科技企业，使其成为浙江省生物质能开发利用技术研发、成果转化、科技投入的主体。

2. **孵育从事生物质能开发利用的科技企业或高新技术企业**。鼓励从事生物质能开发利用工程建设与设备生产的龙头企业，通过股份制改造，吸纳民间资金，按照现代企业制度的要求，不断深化制度创新，加强企业内部管理，建立科学高效的经营决策、管理和运营体制，注重国外先进技术的引进、消化和二次创新，加强具有自主知识产权的新产品、新技术、新工艺的研究开发，不断增强企业的市场竞争力，使之发展成为农业科技企业或高新技术企业。

3. **建立示范基地**。结合新技术的研发，建立一批示范基地，将高校科研院所关键共性技术的攻关成果进行示范建设，推动科技成果转化和应用，使浙江省的生物质能开发利用技术水平处于国内领先的地位。

4. **创新农村能源服务体系**。农村能源服务体系建设涵盖农村能源项目规划建设、技术支撑、后续服务和监督管理等各个方面，涉及面广，关联环节多，是一项系统工程。为此，必须进一步找准定位，明确要求，突出重点，创新服务体系模式，为拓宽农民增收渠道、促进现代农业发展、加快新农村建设作出贡献。

五、保障措施

1. **加大对生物质能开发利用研发经费投入**。重点加大对沼气工程的关键工艺技术、共性技术和产业化项目的资金投入。一方面，要发挥政府部门的财政科技投入的引导作用，并积极争取国家技改资金、国家中小企业创新基金、农业科技成果转化资金，重点支持一批技术含量高、市场前景好、对农户带动作用大的高新技术企业及其产业化项目；另一方面，产业化龙头企业也要通过建立相应的研发资金，提高企业自我发展能力，积极参与关键技术攻关和新产品开发，加快推进产业化步伐。另外，要与其他涉农科技方案建立协调与互动的机制。对生物质能开发利用研发项目，市、县科技部门按项目性质的不同安排一定比例的科技经费，组织和实施生物质能科技创新成果推广应用项目。同时，创造环境充分吸引和利用社会闲散资金投入生物质能开发利用技术产业，以保证项目的顺利实施。

2. **建立以企业为主体，产、学、研相结合的技术创新体系**。充分发挥企业的主体作用，使企业真正成为决策的主体、开发的主体、投资的主体、利益分配的主体和风险承担的主体。企业特别是科技型企业要积极创造条件，建立企业研发机构，并将制度创新、管理创新与技术创新紧密结合起来。支持和鼓励企业、高校、科研院所合作共建科技研发机构，促进产、学、研三者结合和高层次开发人才培养，为浙江省生物质能开发利用的技术进步提供支持。

3. **加强科技资源的整合与集成，形成合力。**以项目为载体，积极推进优势科技力量的整合，将浙江省生物质能开发利用科技领域的力量有机结合在一起，形成合力。鼓励科研单位以技术、成果入股等方式进入龙头企业，积极支持科技人员领办、参办现代股份制企业，风险共担，利益共享，转化成果。深化科技项目管理机制的改革和创新，推行课题制和招标制。省、市、县分工合作，市、县主要实施一批产业化重大项目，培育一批科技型工程的龙头企业，创建企业研发机构和科技创新服务平台等。省和国家应重点支持具有自主知识产权和专利的关键共性技术攻关，营造和培养科技创新环境与意识。同时，有关主管部门还应统筹安排，把生物质能开发利用科技产业化项目和科技攻关项目与国家、省、市、县各级科技攻关、农业科技成果转化、中小企业技术创新基金、火炬、星火计划、新产品试制计划、技改计划等有机结合起来，形成合力，集成优势，突出重点，强化支持，共同推进。

4. **开展国际交流与合作，促进生物质能开发利用技术对外开放。**鼓励高等院校、科研单位和龙头企业开展各种形式的国际合作。一方面，通过国际交流与合作，增强浙江省生物质能开发利用的研发能力，提高国际竞争能力。另一方面，扩大对外开放和招商引资力度，采取措施吸引国内外大型生物质能源开发利用工程技术、装备与材料的相关企业到浙江省建立合资、独资企业。对进入浙江省生物质能开发利用领域的国内外企业，依照国际惯例，当地政府在土地租赁、劳动用工、原料基地建设等方面予以支持。鼓励科技型龙头企业利用国内外资金、技术，建立合作企业，促进浙江省生物质能源产业健康有序发展。

※ 国内现状部分引用了农业部科技发展中心李景明在创新论坛的有关资料。

执笔人：王志荣、黄　斌、郑　平、蔡昌达、柳新红、邵庆均

审改：张咸益　打印：戴丹丽　校对：郑荣泉

第十一章　浙江省现代农业装备产业科技发展研究

一、现状与形势

（一）发展形势

1. **政策环境进一步优化，为农业机械化发展提供了新机遇。**从政策环境看，党中央国务院多次明确提出加快推进农业机械化的要求与措施，2010 年中央一号文件中有关农业机械化内容的表述与此前连续 6 年有很大不同，提出了“提高现代农业装备水平，促进农业发展方式转变”，从而将农业机械化的地位和作用提升到了一个崭新高度；另一方面，各级政府积极创新农业机械化扶持政策，中国特色的农业机械化法律法规体系已基本健全，这些都为农业机械化加速发展提供了强大动力。

2. **工业化、城镇化加快，要求进一步加快农业机械化发展。**从内在需求看，随着我国工业化、城镇化、农业现代化步伐加快，越来越多的农村劳动力向非农产业和城镇转移，农业劳动力结构性短缺矛盾日益突出，农业用工成本持续上升，农民生活观念深刻改变，农机作业水平持续提高。因而迫切需要进一步加快农业机械化发展，采用机械来替代人工，减轻劳动强度，降低人工成本。

3. **农业机械化发展机制得到进一步健全和完善。**随着农机社会化服务的规模和范围不断扩大，农机合作社等新型服务组织不断涌现，农机利用率和经营效益不断提高，有效实现了普通农户、农机经营者和社会利益的多赢，为立足家庭承包经营、加快推进农业机械化创造了条件。在内在动力和政策支持等多种因素共同作用下，农业机械化必将向更广领域、更高层次深入发展。

由此可见，目前浙江省农业机械化发展正处于历史上最好的发展环境和重要的机遇期。农机装备制造业作为推进农业机械化发展的基本保证和直接为“三农”提供生产工具和技术装备的产业，同样面临着极好的发展环境和新的机遇。

然而，审视浙江省农业机械化和农机装备制造业的发展现状，还存在着不少困难、问题和新的挑战。主要表现为：农机总动力快速增长，但综合机械化水平不高；农机存量快速增长，但结构不尽合理，无法满足现代农业发展需求；农机与农艺配套加强，但还局限于粮油产业，其他农业主导产业的协作创新还不够等。造成上述现状的最主要原因是浙江省农业装备产业科技创新能力不强，相关企业研发和制造水平较低，产品有效供给能力低，无法满足浙江省农业生产对各种农业装备产品的需求。鉴此，根据《中华人民共和国农业机械化促进法》，研究浙江省现代农业装备产业科技发展战略及其规划，明确今后五年农业装备产业科技发展的目标任务和重点，通过规划实施，把握农业装备产业发展的新机遇，迎接新挑战，加快推进农业装备产业发展，提升浙江省现代农业装备产业的科技创新和自主研发能力，增强农业装备产品的有效供给。

（二）发展主要成效

1. **农业机械化**。一是农机装备数量快速增长，结构得到明显优化。据统计，2009年全省农机原值达233.49亿元、总动力2384.03万千瓦，同比2005年底分别增长66.14%和39.66%。设施大棚、节水灌溉、高效植保、冷藏保鲜、产后加工等一批科技含量较高、先进适用农业机械也得到了较大发展，从而加快了全省农机存量结构的调整优化。二是机械化作业水平进一步提高，作业领域不断扩大。2009年底，全省农田作业耕、种、收机械化水平分别为62.56%、4.03%、36.46%，综合机械化水平为34.35%，同比2005年综合机械化水平提高了4.88%；粮食生产方面，耕、种、收机械化水平分别为71.49%、8.46%、75.01%，综合机械化水平为51.65%。农机作业服务领域由以种植业为主扩展为种植业、畜牧业、养殖业、农产品产后处理及加工业全面发展。三是农机新型服务主体培育加快，社会化服务能力显著提升。随着农业产业化进程加快，农机化服务主体培育加快，组织化程度进一步提高，2009年底全省拥有农机专业合作社668家，农机从业人员92万余人。农机合作社等农机服务组织推行社会化、市场化、专业化服务，扩大了服务范围，提升了服务质量，取得了显著效益。四是农业机械化新机具、新技术推广明显提速。近年来，浙江农机推广部门通过改革创新，健全基层农机推广体系，建立农机化技术推广首席专家、农机指导员、责任农机员制度，并采取各种措施积极引导、培育农机专业合作社、农机作业公司和农机大户等不同组织形式的新型农机服务组织参与农机化技术推广，农机科技推广取得了显著成绩。

2. **农业装备产业**。一是农机工业蓬勃发展，对社会经济发展的贡献大幅提高。在国家农机购置补贴政策的拉动下，浙江省农机工业呈现蓬勃发展态势。据浙江省农机工业行业协会不完全统计，2009年全省农机工业实现总产值635亿元，同比增加38.7亿元，实现利润28.35亿元。农机工业已成为浙江省重要的工业产业和农民增收的重要渠道。二是六大农机产品引领全国同行业发展，并呈现集聚式发展趋势。据浙江省农机工业行业协会不完全统计，2009年浙江省植保和排灌机械产量均占全国75%左右，茶叶加工机械产量约占全国80%，小型全喂入式联合收割机产量约占全国50%；小型拖拉机连续多年出口量位居全国第一位，此外，缸套等农机配件的国内市场占有率列第一位。农机产业已形成了台州的植保机械和水泵、湖州和台州的收获机械、衢州和绍兴的茶叶加工机械、金华的小型拖拉机等产业集群。三是农机产品出口数量和品种继续保持稳定。近几年来，浙江省农机产品中的植保机械、水泵、小型拖拉机、小型履带式联合收割机等农机产品年出口额保持稳中有升，其中，植保机械和水泵的出口尤为强劲，绝大部分产品出口到欧美发达国家。

（三）发展主要不足

1. **农业机械化方面**。一是农业机械化整体水平不高，不适应现代农业建设的要求。虽然近年来浙江省农业机械化水平进一步提高，但农业综合生产能力落后的状况还没有得到根本改变，农业劳动生产率较低。2009年底全省农田作业耕、种、收综合机械化水平仅为34.35%。畜禽水产养殖业、农产品产后处理和加工业的机械化水平更低。二是不同产业之间和各产业内部之间机械化生产水平存在较大差距。主要表现在两个方面：农业内部不同产业之间的机械化水平存在较大差距，种植业机械化总体水平要比养殖业、林特业机械化水平要高；产业内部的机械化生产水平也存在较大差距，如粮油作物较经济作物机械化总体水平高，而经济作物方面除耕整、病虫害等少数环节采用机械作业，大部分环节仍采用人工作业。三是农业装备结构不合理，机具利用率低且能源消耗高。目前浙江省农业机械的现状是农机动力多、配套机具少，据2009年底统计，浙江省大中型和小型农用拖拉机与农机具配套比分别为1∶1.45和1∶1.11，远远低于发达国家的平均水平(1∶7)。农业生产中农业机械的能源消耗较国内大型农场作业高30%左右。四是农业装备科技成果转化率低，推广应用不畅。目前浙江省农业装备领域的科研开发和实际生产应用脱节现象较为严重，农业装备与技术的推广体系不够健全，基层农机推广机构力量不足。由此使得在农业装备领域已取得的科技成果和先进适用技术不能得到快速、高效的转化和推广应用。

2. **农业装备产业方面**。一是技术创新能力不强，大多数农机产品的技术含量较低。由于受资金、技术和人才等因素的影响，目前拥有农机产品研发中心的农机企业还很少，农机企业自主研发和技术创新能力不强，当前大多数农机产品技术只相当于国外20世纪70—80年代水平，尤其在自动化控制、人工智能和信息技术等高技术的应用方面存在着更明显差距。二是高科技企业数量少，企业自主研发能力和产品竞争力弱。目前，浙江省能够利用高新技术生产技术含量高、结构复杂的农业装备产品的高科技企业数量很少，大多数企业仍使用比较落后的产品生产技术。由于缺乏有效的投入，农业装备产业在技术改造、技术创新、先进技术引进以及科技创新等方面都滞后于产业发展需要，进而导致了农业装备产品的市场竞争力不强。三是农机产品结构不尽合理，不能适应农业结构调整需要。目前，浙江省农业装备生产企业的产品以中小型低端产品为主，且大部分产品服务于农业生产的产中环节，而产前和产后加工的农业装备则很少。近年来，随着农机作业服务领域由种植业向种、养、加工发展，以及土地规模经营的开展，现有农业装备产品结构不适应农业产业和产品结构调整的问题越来越突出。

二、发展思路与主要目标

(一) 发展思路

以邓小平理论和“三个代表”重要思想为指导，坚持贯彻科学发展观，全面贯彻落实《中华人民共和国农业机械化促进法》，从发展农业现代化和建设社会主义新农村对发展农业装备的需求出发，围绕调整产品结构、促进产业升级与可持续发展为主线，坚持“市场竞争和政策引导相结合、对外开放和自主创新相结合、重点发展和全面提升相结合”的原则，优化科技资源配置，激活科技要素，加快科技创新和成果转化，组织一批重大科技项目，突破一批共性关键技术，提升农业机械装备企业自主研发和生产制造水平，增强农机制造企业对农业、现代农业、农村发展和社会主义新农村建设的支撑和保障能力。

(二) 主要目标

在“十二五”期间，通过努力使浙江省农业装备产业发展和农业装备在农业生产中使用范围得到较大程度的提高。具体表现为：

1. **提高农业机械装备产业的自主创新能力和竞争力，实现产业升级**。以重点发展的农业机械装备的共性关键技术为突破口，通过消化吸收再创新、集成创新和原始创新等多种创新并举方式，攻克农业装备产业发展所需的共性关键核心技术，使部分农业装备产品的技术水平达到国际先进水平。

2. **突破制约农业发展的装备技术“瓶颈”**。通过构建以企业为主体，产、学、研相结合的技术创新体系，研发能耗低、效率高的浙江省大宗农产品生产、重点农时、关键生产环节所需要的农业装备与技术，全面提升浙江省农业生产机械化水平。

三、发展重点与主要内容

(一) 发展重点

1. 种植业机械装备与技术

(1) 粮油作物生产机械装备与技术。适用于超级水稻的机插育秧技术，以及超级水稻精密播种技术；适合浙江省地理环境和种植品种的旱粮作物的种植机械和收获机械；提升现有油菜收获机械的性能，增强可靠性、降低损失率。

(2) 蔬菜作物生产机械装备与技术。研制开发蔬菜工厂化育苗播种机械和适应不同地理环境的蔬菜秧苗移栽机械；研制开发能够收获叶状和果实类蔬菜的机械装备。

(3) 田间管理作业机械装备与技术。化肥利用率高、用量少的化肥深施装备与技术；农药施用量小、农药利用率高的施药机械与技术；具有能耗低、效率高、性能可靠和使用寿命长等特点的新型农用水泵，以及能提高水资源利用效率的节水型喷灌装置与技术。

2. 养殖业机械装备与技术

(1) 节能减排型畜禽健康养殖新模式及其配套设施与装备。节地、节耗、低成本新型畜禽舍设施和畜禽舍围护设施与装备；实用型智能化养殖设备；畜禽无害化新型消毒防疫和畜禽舍除尘除臭的技术与相关设备。

(2) 畜禽粪污处理设施与装备技术。大中型厌氧发酵罐太阳能增温的恒温加热与保温等设施与装备；新型堆肥技术与设施、新型沼气设施与装备；粪便覆盖物下的污染气体排放规律，以及相应污染气体控制与减排技术装备；畜禽养殖场的废水生物净化、水生植物采收及资源化利用设备与技术。

(3) 畜禽健康养殖智能化远程监控与管理装备与技术。低成本、适用性的分布式自组织无线传感器网络测控技术、系统集成调控技术及其装备；环境气体污染、饲料污染等信息的检测技术及相关的传感器；基于嵌入式及无线传输技术的便携式气体检测仪，替代国外昂贵的同类产品；基于网络的重大疾病远程诊断系统和自动化监控设备，以及规模化养殖场的生产信息管理软件。

(4) 现代设施化水产养殖设施装备与技术。大宗养殖品种设施化循环水养殖系统技术，以及无(低)动力和低能耗的循环水养殖技术装备；适用于外塘集约化养殖新模式的智能化饲料投喂、智能化给排水、节能型增氧、高效鱼塘淤泥清理、废水废物高效综合处理机械装备与技术及其配套设施；适用于浅海、湖泊、水库，具有安全性高、对环境影响小、系统配套性强、利于产业化等特点的网箱养殖装备及设施系统。

(5) 数字水产精准养殖技术与智能化装备。水产养殖生产水质环境的数字化智能管理系统；基于水生生物-环境-技术关系的养殖生产管理技术模型；基于水产养殖生产管理技术设计的动态知识模型。

(6) 生态化水产养殖的能源利用和节能减排技术与设备。新型养殖温室和大棚设施及其智能化调控设备；太阳能、风能等可再生能源的高效利用技术与设备。

(7) 水产品质量溯源技术及成套装备。大宗水产养殖品种从苗种至捕获的安全溯源技术及装备；水产品标识技术和水产品行为习性的监测设施与技术。

3. 林特业机械装备与技术

(1) 木材高效综合利用机械装备与技术。木材精深加工高效综合利用配套装备与技术；人工用材林剩余物处理的机械装备与技术。

(2) 竹材高效综合利用和竹林再造机械装备与技术。新型竹质工程材料加工新装备与技术；竹醋液精炼、竹纤维提取、竹炭烧制和竹材碎料综合加工利用等装备与技术；方便携带操作、高效低耗的竹根粉碎处理机械装备。

(3) 食用菌培育管理机械装备与技术。具有自动配料、混合、装袋和扎带等功能的菌包备置生产线；具有菌种粉碎、填装、胶囊自动备置及自动接种功能的菌种胶囊备置和自动接种生产线；具有温度、湿度、CO_2 浓度监控与调节功能的食用菌培育及生产自动化监控与管理系统；食用菌生产废料的处理与再利用技术及装备。

(4) 园林管理机械装备与技术。适合浙江省茶叶种植环境和经济水平的小型种植、中耕施肥、树枝修剪等茶园管理和采摘机械与技术；适合浙江省山区丘陵种植环境的小型果树修剪整枝、除草、施肥等果园管理的机械与技术；适合高大干果树种植环境的高效、低污染的植保机械与技术。

(二) 主要内容

1. 种植业机械装备与技术

(1) 共性关键技术

① 超级水稻大田精密播插装备与技术的研究与开发。重点研究开发适合超级水稻田间精密直播技术和深度可调开沟覆种，以及具有种子用量少、成苗率高、秧苗倒伏率低和产量高等特点的“超级稻”精确湿式条播机具、精密直播机具和大田育秧装备与技术。

② 油菜种植和收获机具研究与开发。重点研制开发适合浙江省油菜种植制度和品种的具有种子用量少、作业效率高等特点的油菜精密直播机械和油菜秧苗移栽机械；利用自动化、人工智能技术，研制开发提升现有油菜收获机械机具性能的关键共性技术；研制开发油菜收获机械性能的专用检测装备与技术。

③ 节能型山地拖拉机和配套的作业机具研究与开发。研究开发节能、稳定性高的多功能直联式山地拖拉机，以及与之配套的适合丘陵山区水旱田粮食和特种经济作物(如油茶、水果、茶叶和中药材)种植、管理和收获的系列机具所需关键共性技术；研究开发上述机械装备专用检测装备与技术。

④ 高效农用泵集成节能和节水喷灌装备技术的研究开发。研制开发具有能量消耗低、作业效率高、性能可靠和使用寿命长等特点的新型农用水泵；研究开发节水型喷灌装置和节水型喷灌方式，提高水资源的利用率。

⑤ 蔬菜工厂化育苗、移栽和收获机械装备研究开发。利用光机电一体化和机器视觉、智能控制技术，研究蔬菜种子精密播种生产线和具有健康苗自动识别功能的快速移钵生产线及大田苗钵移栽机械；研究基于通用底盘的自走式蔬菜收割、分离和清杂等装备与技术。

⑥ 高效低污染病虫害防治机械装备与技术。利用低量高雾化、防漂移等技术研究开发具有低喷量、高附着性、低污染、高农药利用率等特点的小型植保机械关键共性技术；研制开发高效、轻便的直流驱动的机械化背负式施药装置；研制开发小型机动植保机械专用检测装备与技术。

(2) 成果转化及产业化

① 超级水稻大田精密播插装备与技术。在超级水稻主产区对项目成果进行转化和产业化，培育 1～2 个相应装备生产企业，建立 2～3 个应用示范基地。

② 油菜种植和收获机械与技术。在油菜主产区对项目成果进行转化和产业化，培育 2～3 个相应装备生产企业，建立 4～6 个应用示范基地。

③ 节能型山地拖拉机和配套的作业机具。在山区丘陵对项目成果进行转化和产业化，培育 4～6 个相应装备生产企业，建立 8～10 个应用示范基地。

④ 高效农用泵集成节能和节水喷灌装备技术。在水网地区对项目成果进行转化和产业化，培育 1～2 个相应装备生产企业，建立 2～3 个应用示范基地。

⑤ 蔬菜工厂化育苗、移栽和收获机械装备。在蔬菜主产区对项目成果进行转化和产业化，培育 1～2 个相应装备生产企业，建立 3～4 个应用示范基地。

⑥ 高效低污染病虫害防治机械装备与技术。在粮食和蔬菜主产区对项目成果进行转化和产业化，培育 1～2 个相应装备生产企业，建立 3～4 个应用示范基地。

2. 养殖业机械装备与技术

(1) 共性关键技术

① 畜禽健康养殖新模式及其配套设施装备的研究与开发。研究开发节地、节耗、低成本，以及适应于新型健康养殖模式的新型畜禽舍设施、围护设施与装备；研究开发实用型饲喂、饮水等智能化养殖设备；研究开发畜禽无害化新型消毒防疫技术及设备；研究开发适合东南地区气候特点的生物发酵床养猪关键技术与装备。

② 畜禽粪污处理设施与装备技术的研究与开发。研究开发新型堆肥技术与设施、新型沼气设施与装备；研究畜禽粪污处理过程污染气体控制与减排技术装备；研究开发畜禽养殖场的废水生物净化，以及牧草、水生植物的采收及资源化加工利用设备与技术。

③ 畜禽健康养殖智能化远程监控和管理关键技术装备研究与应用。研究畜禽健康饲养过程中低成本、适用性的分布式自组织无线传感器网络测控技术、系统集成调控技术及其装备；研究畜禽健康饲养过程中环境气体污染、饲料污染等信息的检测技术及相关的传感器；研制开发基于嵌入式及无线传输技术的便携式气体检测仪；研究基于网络的重大疾病远程诊断系统和自动化监控设备，以及规模化养殖场的信息管理软件。

④ 现代设施化水产养殖机械装备与技术的研究开发。研究开发水产品设施化循环水养殖系统技术；研究开发外塘集约化养殖新模式及其配套设施；研究开发海洋深水抗风浪网箱养殖技术及浅海、湖泊、水库网箱养殖技术设施。

⑤ 数字水产精准养殖技术与智能化装备的构建与应用。研究水产养殖生产水质环境的数字化智能管理系统；构建基于水生生物-环境-技术关系的养殖生产管理技术模型；构建基于水产养殖生产管理技术设计的动态知识模型，提供养殖系统的模型库和参数库及标准化和组件化软件系统；建立实现精准生产的数据信息采集处理、诊断决策和控制系统。

⑥ 生态化水产养殖能源利用和节能减排装备与技术的研究。研究开发新型养殖温室和大棚设施及其智能化调控设备；研究开发太阳能、风能高效利用技术与设备。

⑦ 水产品质量溯源技术及成套装备研究。研究主养品种从苗种至捕获的安全溯源技术及装备；研究与品种相适应的水产品标识技术，监测水产品养殖过程的行为习性，改进养殖模式及其设施环境。

(2) 成果转化及产业化

① 畜禽健康养殖新模式及其配套设施与装备。在畜禽主要养殖区对项目成果进行转化和产业化，培育 1～2 个相应装备生产企业，建立 3～4 个应用示范基地。

② 畜禽健康养殖智能化远程监控和管理关键装备与技术。在畜禽主要养殖区对项目成果进行转化和产业化，培育 1～2 个相应装备生产企业，建立 1～2 个应用示范基地。

③ 畜禽粪肥处理设施与装备技术。在畜禽主要养殖区对项目成果进行转化和产业化，培育 1～2 个相应装备生产企业，建立 3～4 个应用示范基地。

④ 现代设施化水产养殖机械装备与技术。在水产主要养殖区对项目成果进行转化和产

业化，培育 2～3 个相应装备生产企业，建立 4～6 个应用示范基地。

⑤ 生态化水产养殖能源利用和节能减排装备与技术。在水产主要养殖区对项目成果进行转化和产业化，培育 1～2 个相应装备生产企业，建立 3～4 个应用示范基地。

3. 林特业机械装备与技术

(1) 共性关键技术

① 木材高效综合利用机械装备与技术的研究开发。研究开发人工用材林剩余物处理及木材高效加工与综合利用、新型木质材料生产，以及非木质资源的利用技术装备。

② 竹材高效综合利用和竹林再造机械装备与技术的研究开发。研究竹材加工、竹质工程材加工的新装备与技术；研究竹碳、竹碎料综合利用技术装备；研究竹醋液精炼、竹纤维提取技术装备；研制数控竹材加工、连续式竹炭烧制和竹纤维加工装备与技术；研究携带操作方便、高效的竹根处理装备。

③ 园林管理机械装备与技术的研究开发。研究适合浙江省经济水平的小型茶叶种植、中耕施肥、树枝修剪等茶园管理和采摘装备与技术；研究适合浙江省果树品种和种植环境的果树修剪、除草、施肥等小型果园装备与技术；研究适用于高大果树种植环境的高效、低污染植保机械与技术。

④ 食用菌培育管理机械装备与技术的研究开发。研究具有自动配料、混合、装袋和扎带等功能的菌包备置生产线；研究具有菌种粉碎、填装、胶囊自动备置及接种等功能的生产线；研究开发食用菌生产废料处理与再利用，以及高效清洁化烘干装备与技术。

(2) 成果转化及产业化

① 木材高效综合利用机械装备与技术。在林区对项目成果进行转化和产业化，培育 1～2 个相应装备生产企业，建立 2～3 个应用示范基地。

② 竹材高效综合利用机械装备与技术。在竹林区对项目成果进行转化和产业化，培育 6～8个相应装备生产企业，建立 10～12 个应用示范基地。

③ 园林管理机械装备与技术。在茶叶和水果主产区对项目成果进行转化和产业化，培育 3～4 个相应装备生产企业，建立 8～10 个应用示范基地。

④ 食用菌培育管理机械装备与技术。在食用菌主产区对项目成果进行转化和产业化，培育 2～3 个相应装备生产企业，建立 4～6 个应用示范基地。

四、现代农业装备产业科技创新服务体系构建

(一) 产业技术创新战略联盟构建

浙江省现代农业装备产业技术联盟的创建对于集聚和整合创新资源，掌握具有自主知识产权的核心技术，推动农业装备产业实现重大技术突破，形成产业技术创新链，以及提升产业核心竞争力具有重要作用。“现代农业装备产业技术创新战略联盟”将由浙江省长期从事农业装备产业技术研究、产品开发、生产、制造、服务的浙江大学、浙江工业大学、浙江理工大学、浙江省农业机械管理站、中国水稻研究所、金华市农业机械研究所、杭州行地集团有限公司、浙江四方集团公司、龙游林海机械有限公司、浙江上洋机械有限公司、浙江裕龙机电有限公司、浙江宏业机械有限公司、富士特有限公司、浙江柳林机械有限公司、宁波培禾小耕作机有限公司等共 3 家高校、3 家科研单位和 9 家企业组成。

(二) 产业技术创新团队建设

产业技术创新团队是产业技术创新战略联盟的核心，也是获取产业发展所需的核心技术

的主要提供者，因而技术创新团队建设在提升产业核心竞争力中具有举足轻重的地位。“现代农业装备产业技术创新团队”由浙江大学和浙江工业大学作为牵头单位，联合省内其他12家高校、科研院所以及企业单位组合而成，通过建立开放、共享、竞争、高效的管理和运行机制，围绕浙江省优势农业主导产业，以上述3个专题领域为主攻方向，立足自主创新与集成创新，承担关键与前沿重大技术开发、重大产品共性技术创制等工作，建成面向行业、具有国内领先水平和国际先进水平的行业技术创新平台，加快开发多功能、智能化、经济型农业装备，促进浙江省农业向规模化、精准化、设施化等现代农业的发展。

（三）创新型农业装备科技企业培育

在市场经济条件下，企业是市场竞争的主体，也是农机制造技术的主要需求者、投入者。因此，在创建现代农业装备产业技术联盟和创新团队过程中，充分发挥联盟中的高校、科研机构的基础、骨干的引领作用，建立产、学、研、推的合作创新长效机制，共建企业研发机构。并结合浙江省科技型农业企业的认定条件，采取切实有力的措施，鼓励从事现代农业装备生产的龙头企业，通过股份制改造，吸纳民间资金，按照现代企业制度的要求，不断深化制度创新，加强企业内部管理，注重国外先进技术的引进、消化和二次创新，加强具有自主知识产权的新产品、新技术、新工艺的研究开发，以此带动农业装备企业的技术创新，不断增强企业的市场竞争力，使之发展成为高新技术企业。

（四）企业创新型人才培养与企业研发机构建设

创新型人才培养和研发机构的建设对于提高企业的自主研发和产品创新能力至关重要。一方面要进一步完善企业人才的培育体系，加强企业与高校、科研机构的合作，联合培育年富力强、具有创造性的科技人才、管理人才、贸易人才，特别要突出领军人才，使其成为懂技术懂管理的国际化人才；另一方面，以现代农业装备产业联盟和创新团队建设为契机，在上述3个专题的每个领域中选择若干个农业装备生产龙头企业，通过制度创新、管理创新与技术创新紧密结合，加强企业和高校、科研院所的合作，建设一批企业研发机构，不断提升上述龙头企业的新产品研发和技术创新能力。

（五）产业集群创新

目前，浙江省具有竞争优势且特色明显的农机产品主要有植保机械、排灌机械、小型联合收割机、茶叶加工机械、小型拖拉机和农机配件六类农机产品，并已逐渐呈现出集聚式发展的趋势，产品集中度越来越高，现已基本形成了以台州的植保机械和水泵为主的产业集群；湖州和台州的收获机械为主的产业集群；衢州和绍兴的茶叶加工机械为主的产业集群；以金华的小型拖拉机为主的产业集群。为进一步提升浙江省优势农机产品的集中度和产业集群效应，应以现代农业装备产业技术创新联盟和创新团队为依托，通过培育创新型农业装备科技企业和建设企业研发机构，同时增加集群内中小企业特色产品技术投入，提升产业集群的创新能力，由此不断增强上述六大农业装备产业集群所在区域中社会经济发展的作用。

五、组织与管理（略）

六、保障措施（略）

执笔人：应义斌、朱杭明、郑文钟、邵玉芳、张　宪、修树栋、陈建纯、于　勇、徐惠芳

打印：戴丹丽　校对：郑荣泉

第十二章　浙江省现代设施农业产业科技发展研究

设施农业是现代农业的重要标志，是按照动植物生长所要求的环境，综合运用现代装备技术、生物技术和环境技术，进行动植物生产的现代农业生产方式。发展设施农业，有助于破解土地、季节、水源等障碍因素，充分利用光温土等自然资源，有效提高土地产出率，丰富农产品有效供给；有利于推进农业标准化、机械化生产和产业化经营，实现节本增效，促进农业发展方式转型升级；有利于拓宽农业投资渠道，带动大棚、喷滴灌设施等相关产业发展，扩大农村内需。

一、形势与背景

设施农业是涵盖工程、材料、机件、自动控制、遗传育种、栽培、管理等多个学科的综合系统工程，是当今世界各国展示农业科技发展水平的重要标志，是农业发展中最具有活力的新兴产业之一。因此，世界各国竞相发展设施农业，并朝着智能、安全和资源高效利用的目标开展研究，形成相应的核心技术、产品和生产体系。如以荷兰为代表的欧美国家设施园艺规模大、自动化程度高、生产效率高，在设施装备标准化、新型覆盖材料研发、设施环境智能调控等方面处领先地位，设施农业主体设备温室内的温、光、水、气、肥等均实现了智能化控制，从品种选择、栽培管理到采收包装形成了一整套完整规范的技术体系。以色列的智能环控温室能根据作物对环境的要求，经计算机对内部环境进行自动监测和调控，实现温室作物全天候、周年性的高效生产；美国等建立了先进的全封闭式生产体系，采用人工补充光照、网络通信技术和视频技术进行温室环境的远程诊断与控制、机器人或机械手进行移栽作业的“植物工厂”，极大地提高了生产效率。

省委、省政府十分重视设施农业的发展，把其作为浙江省发展效益农业的重要内容之一。近年来的实践证明，设施农业，特别是设施园艺业作为劳动密集型与技术密集型相结合的产业，其在浙江省具有极强的生命力，目前已形成一批具有一定规模和档次的设施园艺产业基地。设施蔬菜、果树和花卉等设施园艺产业已成为浙江省农民增收的重要来源之一。然而，浙江省乃至全国设施农业的总体水平还较低，科技贡献率还不高，其产品在品质和产品安全性等方面与国内外需求还存在较大的差距。特别是许多关键技术问题还有待于研究解决，与之相配套的相关产业还未健全，需进一步挖掘科技的潜力。

二、浙江省设施农业发展现状

（一）主要成效

在浙江省大力发展高效生态农业、全面推进生态省和现代化新农村建设的新形势下，各地按照省委、省政府的部署要求，把发展设施农业作为促进农业增效、农民增收新的增长点，作为建设现代农业、加快农业发展方式转变的重要突破口，科学引导，强力推进，全省设施农业呈现快速发展的良好态势。

1. **设施规模增长较快**。设施栽培面积从2001年的69.82万亩，发展到2008年的130.47万亩，增长了86.9%，设施大棚达227.27万个。全省土地流转步伐的加快，有力推进了设施栽培的规模经营。畜牧设施养殖初具规模，2007年出栏50头以上设施养殖规模户达9700户，其中年出栏万头以上猪场达129个。全省设施规模养殖比例达73.57%，规模化畜禽养殖场内部饲养环节使用设施的比重达到85%以上，规模设施养殖成为确保市场稳定供应的最重要支撑力量。水产设施养殖面积达到了24万亩，养殖水体1108万立方米，产量19万吨，产值51亿元。

2. **装备水平不断提升**。在设施栽培方面，近年来浙江省大力发展钢架大棚、智能温室以及棚内耕作机械、种植机械、覆膜机械、大棚卷帘机械，加快发展遮阳网、防虫网、避雨栽培，积极发展喷滴灌节水栽培，提高保温保墒、防病控虫、肥水管理水平，初步形成了适应不同生态环境、满足周年生产的设施栽培技术装备体系。在畜禽规模养殖方面，着力发展母猪限位栏养、家禽全自动孵化设备、奶牛机械化挤奶设备、畜禽粪便及污水处理设施，畜禽规模养殖水平显著提升。在水产养殖方面，加快发展微孔增氧养殖，推进养殖用水循环利用，推广池塘养殖新机械，设施渔业生产水平进一步提高。

3. **经营效益显著提高**。随着生产标准化程度的不断提高，浙江省设施农业产品品质得到明显改善，经营效益进一步提高。2009年全省设施农业年总产值150多亿元，平均亩产值达到8000元以上，如浙江青藤绿色农业科技有限公司采用大棚避雨设施栽培技术，避开梅雨、雷阵雨和台风外围带来的影响，葡萄平均亩产1265千克，亩产值达13920元。

4. **发展亮点不断涌现**。浙江省各地在发展设施农业过程中不断探索、积极创新、大胆实践，涌现出了一批现代设施农业发展新亮点、新典型。一些新装备、新科技、新品种、新理念在设施农业生产经营过程中的应用，极大地推动了设施农业的快速发展，出现了如余姚喷滴灌、海宁花卉、宁海金龙浦、东阳花园等设施农业发展典型。

（二）发展主要不足

1. **设施装备落后**。设施栽培面积很大，但设施装备的水平低下，90%以上的设施仍以简易型为主，有些仅具简单的防雨、保温功能，抗御自然灾害能力差，遇灾害性天气和年份时生产没有保障，农民遭受损失，市场出现波动，设施栽培生产的风险也就相对高。就温室内部装备而言，温室大棚的机械化作业和智能化控制在浙江省尚处于起步阶段。在浙江省设施作物生产中，采用机械化耕整和喷灌作业的仅占总面积的25%，使用的机械装备绝大部分为进口和省外产品。浙江省虽然从20世纪90年代开始研制各种大棚机械作业工具，但内部环境智能化控制系统的研发工作至90年代中、后期才开始，主要以引进和消化吸收国外成熟产品为主，自主研究开发能力还不够强。

2. **科技含量低，产业化水平不高**。设施栽培技术不配套，多以传统经验为主，缺乏量化指标和成套技术，对光、温、湿、气等环境因子欠缺综合调控。温室种植品种也大多为常规品种，缺乏专用型、系列化的温室栽培品种，设施条件下农产品的产量和品质始终在低水平上徘徊。在设施农业温室环境控制、栽培管理技术、生物技术、人工智能技术、网络信息技术等方面与发达国家存在较大差距。此外，生产经营方式以个体农户为主，劳动生产率低，只相当于日本的1/20、美国的1/40。

3. **经营规模有待扩大，经营效益有待提高**。浙江省农村一家一户分散经营、规模狭小的现状仍未根本改变，影响了设施功能的发挥、新技术的推广和农业综合生产能力的提高。浙江省941万农户承包了1984万亩耕地，户均仅2.1亩。而设施农业70%以上是农户分散经营，并且很少集中连片，与发达国家差距较大。从总体上看，浙江省设施农业经营效益还较低，主要原因是设施农产品价格偏低，产量还有待提高。这一方面是由于土地流转困难，设施农业经营规模较小，劳动生产率不高，产品的市场不稳定，全过程的产业链条尚未形成；另一方面是由于生产要素（劳动力、农资、租金等）成本增加，比较效益下降。

4. **农产品安全性问题和生态环境破坏问题。**在设施农业生产过程中，由于受经济利益的驱动，片面追求数量和产量的增加，经济效益较高的农产品连年重茬连作，加之盲目过量施用化肥和农药，不但使农产品品质下降，有害物质超标而危害消费者健康，同时也导致土壤恶化、病虫害不断加重、地下水受污染等，严重制约着设施农业的可持续发展。另一方面，随着经济的发展，社会的进步，消费水平不断提高，人们的营养意识和健康意识日益增强，对蔬菜、瓜果高营养和保健化的要求与日俱增。因此，在设施农业生产中，迫切需要绿色产品生产标准、生产者的绿色生产意识和技术以及流通环节中优质优价的市场机制。近年来，各级政府高度重视绿色农产品生产，但与之配套的一系列政策和措施仍需要时日落实，有关技术仍需不断研究与完善。

5. **科学研究成果尚未能满足生产需求。**尽管"九五"期间国家重大产业工程、"十五"期间国家重点科技攻关、国家"863"计划和国家自然科学基金启动了一批相关项目，但无论是在工程的整体配套设施的完善程度上，还是在生产的稳定性、产业化程度和现代化水平上，都还只能算是工厂化农业的雏形，与发达国家的农业现代化相比仍有相当大距离，特别是包括耐低温弱光调控技术、设施土壤可持续利用等在内的设施农业关键技术、设施植物病虫害控制与农产品安全保障技术、设施生产环境自动控制系统、设施生产技术规范和标准、设施生产专家管理系统、设施生产配套装备等方面还相差甚远。

三、基本思路与发展目标

（一）基本思路

"十二五"及今后一段时期，浙江省发展现代设施农业产业的基本思路是，扩大设施农业发展规模、改善设施农业基础条件、提高设施农业生产效益和产品市场竞争能力。以设施园艺和设施养殖技术创新为重点，加大政策扶持力度，创新发展机制。通过优化设施结构，完善配套技术，强化生产标准，提高设施装备，充分挖掘设施农业生产潜能，实现速度、质量、结构和效益的协调发展，提升设施农业发展水平，进一步强化农业基础地位，促进农业稳定发展和农民持续增收。

（二）发展目标

1. **产业推进目标。**"十二五"及今后一段时期，现代设施农业产业推进目标是，到2015年，力争全省发展设施大棚、棚架栽培面积达到300万亩以上，山地竹林设施栽培面积达到100万亩以上；喷微灌技术应用面积达到300万亩以上；设施规模养殖比例达到85%以上，其中规模化畜牧养殖场内部饲养环节使用设施的比重达到90%以上；水产设施养殖面积达到50万亩以上，建成集约化和特色化现代设施农业科技示范基地100个以上，农业设施装备水平明显提高。

2. **科技发展目标。**围绕做大做强现代设施园艺产业、畜牧设施养殖、水产设施养殖和设施材料与装备4条设施农业产业科技链，突破共性关键技术攻关、成果转化及产业化、示范与推广3条技术路线的集成创新，主动设计并组织实施一批重大重点产业科技创新项目，并通过项目带动设施农业科技企业、产业基地和产业集群建设，用科技示范带动产业提升、结构调整和发展方式转变，促进农业增效、农民和地方财政增收。到 2015 年，力争打造一支 500 人以上规模的设施农业产业科技创新队伍，其中具有国内影响力的产业科技创新领军人才 30 人以上，中青年科研骨干或学科带头人 70 人以上，规模以上设施农业企业或专业合作社科技创新创业领军人才 400 人以上；组织实施一批现代设施农业共性关键技术研发和成果转化推广项目；培育和发展一批设施农业企业研发机构和创新型科技龙头企业；制订一批企业和产品(品种)生产技术标准，研发一批设施农业专用新产品、新品种、新材料、新工艺、新设备，申请一批专利。

四、发展重点与主要内容

(一) 现代设施种植及其装备产业培育与发展

根据气候、资源、市场需求、产业基础和经济条件，培育浙江省现代设施种植及其装备研制产业。重点是围绕种植主导产业技术升级，开展产业共性关键技术攻关和成果转化及推广。蔬菜：重点开展钢架大棚、新型覆盖材料、喷微灌设施、诱(杀)虫装置、山地微蓄微灌系统、废水同灌以及工厂化育苗、专用新品种选育、机械化耕作移栽等配套设施装备与设施高效种植关键技术研究、成果转化与推广。茶叶：重点开展茶园耕作、施肥、修剪、采茶、加工等机械装备与关键技术研究，以及喷微灌设施、防霜设施、害虫诱杀灯、供水系统研制、成果转化与推广。果品：重点开展钢架大棚、避雨棚架、喷微灌设施、果园耕作设备、害虫诱杀灯、防虫网等，以及采后商品化分级设备、储运保鲜设备研制及关键技术研究、成果转化与推广。竹笋：重点开展蓄水池、输(送)水管道、喷微灌设施、小型机泵站、病虫害防治装备和新型竹林覆盖材料研制及其关键技术研究、成果转化及推广。花卉苗木：重点开展智能温室、钢架大棚、基质与容器栽培、工厂化育苗、喷微灌、控温控湿、供水系统、冷藏保鲜、花卉环保种植及关键技术研究、成果转化与推广。蚕桑：重点开展桑园耕作、桑枝修剪、供排水(喷微灌)、害虫诱杀灯、病虫防治，桑叶采摘、运输、消毒、切碎，蚕种催青、保护、处理，养蚕大棚、消毒、温湿度控制、鲜茧烘干、蚕茧初加工、桑果冷藏保鲜加工等机械设备与关键技术研究、成果转化与推广。食用菌：重点开展机械化菌仓(或培养料)生产线，菇棚、高压灭菌锅炉、高效节能灭菌设备、粉碎机、拌料(翻堆)、装袋机械、冷库、控温控湿、初加工烘干设施设备研制及关键技术研究、成果转化与推广。中药材：重点开展大棚设施、喷微灌设备、供水系统等设备与关键技术，耕整、播种、植保、收获等作业机械，以及清洗、烘干、切片等初加工机械设备与管家技术研究、成果转化与推广。同时突出新型设施种植作物专用新品种选育和中试、连作障碍克服与可持续利用关键技术，设施作物病虫绿色防控关键技术，非耕地无土栽培关键技术、陆地立体设施种植制度、模式和设施研制及关键技术研究、成果转化与推广应用。

(二) 现代畜牧设施养殖及其装备产业培育与发展

围绕浙江省畜牧优势产业，以畜牧设施养殖及其装备的模块化、自动化、智能化和标准化为目标，重点开展标准化畜牧养殖场养殖设施及其装备研制。包括标准化猪场建设和猪舍建设技术标准；基于空间电场技术的畜牧空气净化系统研制；规模养殖场排泄物高效处理系统的研制；标准化散栏式奶牛饲养设施研究；水禽规模化生态养殖模式研究与示范；家兔健康养殖环境控制设施研究；动物福利及其动物产品品质的关系研究等产业共性关键技术攻关。同时加强“十一五”期间已经完成的科技创新成果的转化与产业化应用，重点转化推广自动化液体饲喂系统研制及产业化，畜禽舍全自动新风系统研制及产业化；规模养殖场自动化供给和环境测控系统研制及产业化；饲草种植、收获与精深加工技术及机械设备研制与产业化。适度规模养殖场(小区)、标准化畜禽舍建设,配套供料、供水、供电、防疫设施以及控温、挤奶、孵化等自动化设施,排泄物处理以及农牧结合灌网等设施。

(三)现代水产设施养殖及其装备产业培育与发展

围绕浙江省现代水产设施养殖及其装备产业发展,重点突破温室大棚养殖、高标准池塘养殖、海水网箱养殖等核心技术,创制具有自主知识产权的养殖设施与装备。建立技术含量高、生产效益好的产业科技示范基地,推进水产设施养殖向高效集约化、装备智能化、资源节约型方向转变。重点对南美白对虾、龟鳖、海水鱼类等品种,开展温室大棚、深水网箱、高标准池塘等工程化苗种、养殖设施及配套的水处理和循环利用设施研制;研究自动化环境监控和养殖用水与废水的水处理剂循环利用技术,配套苗种生产、养殖模式、高效饲料、病害防治等关键技术;研究南美白对虾大棚养殖的设施及配套技术;外海(第三代)智能鱼类养殖系统装备及关键技术;龟鳖养殖温室改进及新型养殖模式研究;生态节能型虾类育苗关键技术研究;鱼卵曝气孵化技术及其设施的研究。同时加快池塘底部增氧技术、大棚、温室及其附属设施、池塘环境友好养殖配套设施、工厂化养殖水净化处理系统、自动化测控体系和配套养殖技术、深水网箱及其配套设施科技成果的转化与推广。

(四)现代设施装备与材料产业培育与发展

围绕设施农业装备及其材料产业的培育,重点开展设施植物生产装备和调控系统技术研究,主要是工厂化农业温室和大棚结构及新材料、可控环境农业智能化设施和调控系统技术与装备、设施农业温室果蔬生产机械化技术和智能化装备、设施农业采收和农产品产地商品化技术与装备、温室农业作物生理监测技术与装备等。设施动物养殖机械设备、远程监控与管理关键技术装备研制。主要是开发新型动物禽舍除尘除臭技术与装备、畜禽无害化新型消毒防疫技术及相关设备、适合浙江地区气候特点的生物发酵床养猪关键技术与装备、基于计算机视觉和生物图像技术的动物生理行为智能化监测与控制系统装备、动物健康饲养自动化集成控制技术与设备、饲养过程中环境气体污染、饲料污染等信息的检测技术及相关的传感器、基于网络的重大疾病远程诊断系统和自动化监控设备以及用于规模化养殖场的生产信息管理软件等。设施作业器具和新材料研制。主要开发适合于农业设施室内农业生产中的旋耕、犁耕、开沟、作畦、起垄、中耕、培土和植保等作业机具、设施水肥一体化供应技术与设备、嫁接育苗设施设备、二氧化碳施肥技术与设备、新型遮阳网和防虫网设施与栽培育苗基质消毒技术、鲜茧质量快速测评技术及设备、蚕茧干燥技术和小型烘茧设备。

(五)设施农业基质产业培育与发展

围绕不同农作物高效育苗基质,以解决困难地农业土地利用为目的基质、都市绿色高效农产品特种基质、林特产业所需的专用基质和陆地立体设施农业专用基质等5个应用领域,重点开展基质缓冲性材料技术研究、基质缓释肥料应用技术研究、利用农业有机废弃物部分替代泥炭的研究,开发出具有“傻瓜化”使用特点的蔬菜穴盘育苗基质产品;农业有机废弃物在水稻育秧基质中的资源化利用研究;利用围垦海涂发展高效农产品设施基质研究;低山丘陵土质恶劣区(非耕地)发展优质水果设施基质及其栽培技术研究;陆地立体(3层以上)设施农业专用基质的研究;农业有机废弃物微生物发酵处理的基质化利用关键技术、适合规模化处理的农业有机废弃物的发酵物料配比和基质化发酵所需的菌群,具有植物生长重要的抗病、抗旱、抗涝、抗逆作用的放线菌、菌根真菌、乳酸菌等的开发利用技术研究。同时加快农户自主型蔬菜瓜果穴盘播种育苗基质、利用农业废弃物开发替代泥炭的苗木基质等科技成果的推广与应用。

五、新型创新主体培育及其产业集群创新

（一）引导设施农业企业加大研发投入

鼓励和支持设施农业企业成为科技创新和成果转化应用的主体，加大对设施农业产业科技创新、成果转化和产业化投入，支持设施农业企业联合高校科研院所组织申报科技计划项目。新产品、新品种、新技术、新工艺的研发费用，未形成无形资产的，计入当期损益，在规定据实扣除的基础上，按照研发经费的50％加计扣除；形成无形资产的，按照无形资产成本的150％摊销。

（二）加快设施农业企业科技研发机构建设

着眼于国家水平和企业乃至行业的未来发展，支持规模以上设施农业企业吸引国内外高校和科研院所科技人员带项目、带技术、带成果到企业参与研发机构的创建，建设一批整体达到国内先进水平的企业科研院所。重点支持设施种植、畜牧、水产和装备及其新材料的4个产业科技链的各类企业创建企业研发机构，不断增强企业的自主创新能力和市场竞争力，发挥其对产业发展的引领和促进作用。

（三）加快设施农业科技企业培育与发展

通过承担科技项目攻关，产学研合作研发、成果转化及产业化项目，做大扶强三个层次的设施农业科技企业，并成为设施农业科技创新的研发主体。第一层次是优秀设施农业集团企业。主要由规模较大的企业构成，具有雄厚的技术力量和资本实力，有独自企业研发机构；具有自主发明创新能力，其创新成果达到国内领先或国际先进水平；具有进行技术扩散、引导和带动其他企业发展的能力，是设施农业科技创新的核心力量。第二层次是设施农业中小型企业。这些企业具有独自的研发机构，或有与科研机构、高等院校合办的研发机构；具有较强的引进吸收消化创新能力，其创新成果达到国内先进或领先水平，具有自主知识产权、有成长优势的新兴产业；产品具有较高的技术含量和附加值，具有较高的市场占有率和市场号召力，具有一定的技术扩散能力，是浙江省设施农业的中坚力量。第三层次是小型设施农业科技企业。这些企业技术力量较强，科技人员比重一般在30％以上，R&D费用占销售收入的比重在5％以上，产品档次、质量和附加值高，生产工艺和技术装备接近国际国内先进水平，具有创新发展能力，是浙江省设施农业的新兴力量。鼓励三个层次的设施农业企业积极借鉴国内外融资经验，利用资产重组、控股、参股、兼并、租赁等多种方式扩大企业规模，增强企业实力。对被认定为农业高科技企业的，按照税法规定减除15％的税率征收企业所得税。鼓励和支持各类设施农业科技企业引进各类创新型人才，为技术创新提供人才智力支持。

（四）加快特色化和集群化设施农业产业集群创新

所谓产业集群创新是在既竞争又合作的特定领域内，彼此关联的公司、专业化供应商、服务供应商和相关产业的企业、专业户以及政府和其他相关机构（如大学、研究机构等）的地理集聚体。产业集群的优势在于各个企业既竞争，又合作，而且可以共享各种优质的资源。其目标是：攻关一批产业共性关键技术，形成一批经济增长点，推进一批知名品牌，培养一批创新创业人才，创造一批企业研发机构，造就一批高竞争力的设施农业科技企业。产业集群创新牵头单位均为同一产业集群中的科技行政主管部门或经济管理部门，参加单位均为同一产业集群的众多企业、专业户和高校科研院所，形成科技产业链和产品市场，实现科技对产业的振兴。配合省里抓的现代农业园区建设，拟选择一批设施农业基础较好、符合条件、示范带动作用明显的园区（基地），引导设施农业集聚发展，优先支持利用低丘缓坡、海涂等非粮田以及质量难

以提升的低产田开展设施农业产业集群创新，加强创新孵化功能建设。除了可享受省政府办公厅浙政办〔2009〕114 号文件规定的相关优惠政策外，科技系统在项目、人才、信息、成果、经费等资源要素给予支持。

(五) 产业技术创新战略联盟建设

产业技术创新战略联盟是基于技术愿景的、以企业和科研单位共同组成的一种新型产业组织形式，其主要特点在于能够有效整合产业资源、产生协同效应和促进产业集群发展。产业技术联盟作为一种创新组织形式，在经济、科技全球化发展的新形势下，对于提升自主创新能力、建立技术创新体系将发挥关键性作用。更为重要的是，它能够集成产学研各方优势，在短时间内实现重大技术突破，加快科技成果的产业化和市场化进程，是增强自主创新的重要载体，对于浙江省建设创新型省份具有重大战略意义。因此在重点实验室和工程技术中心、创新团队的建设基础上，争取建立 2～4 个设施农业产业技术创新战略联盟，并在国内具有明显地位。

六、保障措施

(一) 加快设施农业产业创新创业人才队伍建设

鼓励和支持创新领军人物带领创新团队，承担重大科技攻关和产业化项目。在政府各类与设施农业相关的科技计划项目评审、验收等综合绩效评估中，把创新创业人才培养作为重要的考评指标。实施“百千万创新创业人才培养计划”，着力加强设施农业领域创新能力强的高水平学科带头人和优秀科技创新人才群体培养，打破论资排辈，完善学术交流制度，健全同行认可机制，促进中青年优秀科技人才脱颖而出。鼓励成果完成人与项目承担单位以入股、转让等形式，直接进行成果产业化。通过省农业科技突出贡献与成果转化推广奖，奖励一批对培育和发展现代设施农业产业有突出贡献和成果转化推广成效显著的科技工作者，特别是科技人员。引导科技人才到设施农业企业从事科技开发工作，创办设施农业科技企业。

(二) 多渠道筹措经费

充分发挥各级财政对设施农业科技投入的引导作用，加大对设施农业产业共性关键技术研发、产业集群创新及创新成果转化产业化项目经费投入。引导社会资金投入设施农业产业科技创新与发展，鼓励以企业为主体建立科技创新风险投资公司和创业风险投资基金。各类金融机构都要为设施农业产业科技创新和成果转化推广优先提供融资、担保和保险等服务，创新信贷品种，对符合条件的科技成果产业化基地基础设施提供信贷支持，积极探索利用贴息小额贷款等方式，加大有效信贷投入。支持设施农业科技企业利用资本市场融资，在中小企业和创业板上市筹资；具备条件可进入证券公司代办系统进行股份转让试点，推进未上市农业高科技企业股权的流通，拓宽创业投资退出机制。

(三) 实施农业科技知识产权、标准化和品牌战略

加强设施农业科技知识产权工作，引导企业、涉农高校和科研院所开发、申请、拥有专利技术特别是发明专利技术，把发明专利作为科技项目立项和绩效考评的重要内容。加强设施农业产品品牌培育，加强设施农业技术标准工作，引导产学研用联合研制设施农业技术标准；跟踪研究国际标准、国外先进标准，鼓励设施农业企业采用国内外先进标准。

执笔人：喻景权、蒋焕煜、鲍国连、何中央、虞云龙、谢　鸣、徐志豪、吴建平

审改：张咸益　打印：戴丹丽　校对：郑荣泉

第十三章　浙江省林业生态产业科技发展研究

一、现状与趋势

（一）林业生态产业的提出

“林业既是一项十分重要的公益事业，又是一项十分重要的基础产业，既有不可替代的生态效益，又有十分显著的经济效益。”中国林业既担负着国土安全、改善城乡生态环境的重任，又担负着为社会提供多种生态与生物资源的重任。中国林业的经营必须走生态、经济紧密结合的发展道路，必须满足市场与社会两类需求，也就是有形市场和无形市场的需求。林业提供的产品是多重的，既有有形产品（经济产品），又有无形产品（生态环境产品），这些产品都具有商品的属性。但由于其具有不同的特点，这两类产品不可能都在有形市场上进行交易，而应区分有形市场与无形市场，以不同方式形成有形市场与无形市场的双重循环的运行。

林业生态产业主要指直接生产林业生态与环境产品、创造生态与环境收益以及为此服务的产业，包括森林资源培育产业、森林生态服务产业及森林资源保护产业。它不仅是当今世界经济发展的基础产业，其在全部产业经济及整个国民经济中这类绿色产业的比重将不断增加，非绿色产业的比重也将随之下降，而且是21世纪最典型、最具发展潜力的新兴产业，并逐步成长为农业主导产业。

林业生态产业对人类社会尤其是人类经济活动而言，主要功能体现为：一是人类生产劳动的条件和对象，森林资源的数量和质量对人类经济活动有重大影响；二是人类活动中所产生的废弃物的排放场所和自然净化场所；三是人类生存的必要条件，森林水、土壤、生物等生态系统是人类得以生存和发展的前提；四是为人类高层次生活需求提供物质条件。

（二）国内外发展启示

《2005年全球森林资源评估报告》显示，20世纪90年代以来，全球森林面积总体上继续呈下降趋势，但下降的速度变缓；全球人工林面积增速加快，但原生林面积迅速减少；森林正由木材生产向多功能利用转变，森林可持续经营取得新进展。

自1990年以来，用于木质和非木质产品生产的森林面积减少了4046.9万公顷；用于水土保持的森林面积增加了4134.2万公顷，其在森林总面积中的比重增加了1.3%；用于生物多样性保护的森林面积增加了9600万公顷；用于提供休闲、旅游、教育及宗教场所等社会服务的森林面积增加了约1.05亿公顷。全球森林向多功能利用转变。世界上59%的国家用于木质和非木质产品生产的森林在森林面积中的比重下降，如马拉维、几内亚比绍、越南、斯洛伐克、洪都拉斯和秘鲁下降了20%。53%的国家用于保持水土的森林在森林面积中的比重增加，如中国、阿尔巴尼亚、波兰和罗马尼亚增加了10%。近70%的国家用于生物多样性保护的森林在森林面积中的比重增加，如喀麦隆、尼日利亚、泰国、德国、匈牙利、意大利、荷兰、西班牙、尼加拉瓜和秘鲁增加超过15%。15%以上的国家用于社会服务的森林在森林面积中的比重增加，如塞浦路斯、哈萨克斯坦、捷克、斯洛伐克、斯洛文尼亚和巴西增加超过5%。日本国会2008年通过了以促进森林治理、增加森林二氧化碳吸收量为目的的促进间伐等特别措施法，该法首次同意自治体在实施间伐时可以地方债的形式筹集经费。

改革开放以来，林业生态建设加大了造林绿化力度，强化了森林资源的保护与管理，森林资源逐步得到恢复和发展。进入21世纪，我国全面实施了以生态建设为主的林业发展战略，有力地促进了森林资源的保护和发展，实现了森林面积、蓄积双增长，总量已位居世界前列。我国森林面积居世界第5位，森林蓄积列第6位，人工林面积居世界首位。但是，纵观世界各国森林资源发展的状况，客观分析我国现阶段林业发展的现状，我国的林业无论是在提供物质产品、生态产品和文化产品能力上，还是在发展的基础与手段上，都与国外林业发达国家有较大的差距，还难以适应我国经济社会可持续发展的要求。世界各国特别是林业发达国家森林资源发展历程给予我国许多有益启示。

1. 我国森林覆盖率18.21%，为世界平均水平的60%，居世界第130位；人均森林面积0.132公顷，是林业较发达国家平均水平的7.5%，居世界第134位；人均森林蓄积9.421立方米，只有世界人均占有量的14.6%，居世界第122位。无论是人均占有森林资源数量，还是人均消耗森林资源水平，均远低于世界平均水平，与林业较发达国家相比差距更大，我国仍属于森林资源贫乏的国家之一。同时，受自然条件、人为活动、历史原因以及地区经济社会发展不平衡等因素的影响，我国森林资源地理分布也极不平衡。我国以世界5.0%的森林资源，既要满足世界22%人口的生产生活和国家经济建设的需要，又要维护人们的生态需求，显然不足。因此，加快森林资源培育仍是我国林业建设的首要任务。

2. 1992年世界环发大会通过的《关于森林问题的原则声明》指出"森林资源和有林地应当可持续地经营，以保障人们的社会、经济、生态、文化和精神需求"，确立了森林可持续经营思想在森林经营中的主导地位。环发大会后，将实现森林可持续经营作为林业发展方向，得到了国际社会的广泛认同。世界各国，特别是林业发达国家，将实施森林可持续经营纳入国家林业中长期发展规划，并在林业建设中贯彻实施，取得了重要进展。《世界森林状况》(2007)指出欧洲已经实现了可持续森林管理，森林培育与利用步入良性循环，特别是德国和芬兰等林业发达国家已走上现代林业发展道路。与林业发达国家相比，我国林业经营水平较低，森林质量不高，仍处于现代林业建设的较低层次。因此，我国要把森林可持续经营作为发展的战略举措，加快由粗放型经营向集约型经营的转变，实现林业的可持续发展，构建稳定、高效的森林生态系统，满足人们生产生活和国土生态安全的需要。

3. 发挥森林多功能效益是有效供给森林物质产品、生态产品和文化产品的基本保障。20世纪70年代以来，实施分类经营、发展多功能林业已成为全球林业发展的趋势。特别是林业发达国家在发展林业产业的同时，十分重视环境保护和生态文化建设，将70%的森林用于以生态和社会服务功能为主要目标的兼用林，11.4%的森林指定用于生物多样性保护，多种效益综合经营，发挥了森林多功能效益。进入21世纪，我国实施了林业分类经营，林种结构逐步得到调整，森林利用正由以木材利用为主向多功能效益转变，对满足人们对森林的多样化需求发挥了积极的作用。

4. 增强森林灾害防控能力是维护森林资源安全的重要支撑。每年，我国受各种灾害影响的森林面积占森林面积的比重为4.5%，相当于世界平均水平(2.6%)的1.7倍，是世界受灾害影响面积较大的8个国家之一，居第4位。其中受病虫害影响面积年均达707.4万公顷，占全球森林每年受病虫害影响面积的10.4%。我国森林受灾害影响的面积，特别是受病虫害影响面积占森林面积的比重远远超过世界平均水平，森林灾害防控的基础还比较薄弱，防控能力不足，森林资源安全隐患依然存在。

（三）产业科技发展趋势

"十一五"期间，我国林业生态建设在重大工程带动和科技进步支撑下，取得了举世瞩目的成就。浙江省委、省政府作出了建设生态浙江、森林浙江的重大决策，生态公益林建设、沿海防护林建设、珍贵树种发展、森林城市（城镇）建设等重大工程取得了重大进展。但生态恶化的趋势尚未得到根本扭转，诸如水土流失、湿地退化、生物多样性锐减、洪涝灾害等生态问题仍然十分严重，生态服务供给与经济社会对生态需求的矛盾仍很突出，巩固、保护和继续扩大生态治理与自然修复的成果任重而道远。今后林业工作的重点将集中在自然条件更为恶劣、立地更为困难的区域，实施林业生态建设的难度更大、任务更重。发挥科技在生态建设中的支撑作用，就是要持续不断地提供先进成熟的科技成果和适用技术，通过科技创新，攻克技术难关，努力扩大森林、湿地生态效益，增强林业生态服务功能。

围绕林业生态产业发展需求，加强基础理论和高技术研究，强化应用及应用基础研究，结合国家科技攻关和国家林业局重点科研计划，重点围绕"林业生态产业建设关键技术研究与示范"，开展以下五个方面的科技创新，全面提高集成创新能力。

1. **在林业生态产业基础理论上取得新突破。**开展森林生态系统及其功能对气候变化的响应机制、森林固碳的减排增汇机制、森林生态系统服务功能监测、林木抗逆生理生态机制等研究，着力提高林业原始创新能力。

2. **在林业生态建设关键技术上取得新突破。**针对浙江省不同区域、不同类型生态系统的保护、恢复和建设，重点开展生态公益林建设、沿海防护林建设、珍贵树种发展、森林城市（城镇）建设、湿地生态系统保护、陆地生态系统服务功能、自然保护区生物多样性保育等关键技术的研究与示范。以浙江省正在实施的林业生态工程为研究对象，着重研究工程建设的共性关键技术，依托典型工程区，开展技术组装配套和集成，为林业重点工程建设提供系列配套技术和解决方案。

3. **在重大森林灾害防控技术上取得新突破。**开展松材线虫病等重大生物灾害控制、重大森林火灾预警与防控技术、有害生物入侵物种区域减灾与持续治理技术、古树名木（群）衰退机制和综合调控技术等研究，为保护森林资源安全提供技术保障。

4. **在森林经营技术上取得新突破。**与林业先进国家相比，我国林地生产力低和森林生态功能差的重要原因之一，就是森林经营技术水平不高。对于商品林，重点开展抚育间伐技术、结构调整、生产性采伐新工艺和综合经营模式研究，提高林地生产力和林业资源利用率。对于生态林，引进消化吸收林业先进国家的森林近自然经营等理论，突破生态林可持续经营和生态采伐技术，创造适合我国国情的新方法和新理论，提高森林的综合效益和整体功能。

5. **在森林景观旅游及林业管理政策机制上取得新突破。**林业的双重属性和森林的多种功能，决定了我国在加快林业发展进程中，必须进一步加强林业发展战略和政策、体制、机制、法律、法规等重大问题的研究，重点围绕林业产权制度改革、新农村建设、森林资源核算及纳入绿色 GDP、碳汇林业、林业工程管理与技术经济评价等重大问题，组织开展创新研究，为充分显示林业在国民经济和社会发展中的重要地位和作用提供理论支持，为高层决策提供科学依据。

二、基本思路与发展目标

（一）基本思路

坚持“自主创新，重点跨越，支撑发展，引领未来”的指导方针，贯彻“面向未来、整体设计、立足现实、突出重点、合理布局、分步实施、突破关键、支撑发展”的林业生态产业科技发展战略，按照“突破基础理论、创制共性技术、培育新兴产业、提升主导产业、服务民生产业”科技创新与发展的基本思路，紧紧围绕制约浙江省林业生态建设与产业发展的重点难点问题，聚集优势资源，以具有全局性、前瞻性和紧迫性的产业共性关键技术与重大产品产业化开发研究为突破口，培育森林碳汇交易、森林休闲旅游、生态苗木培育、生态服务产品、森林资源培育等5大新兴林业生态产业；发展野生动物养殖、非木质林产品、木本药材、特色花木等产业；维护浙江省国土安全、水资源安全、生态环境安全；提升人居环境、城市品位；创建一批林业生态产业示范园区（基地）、省现代农业综合示范区和精品园。

（二）发展目标

“十二五”及今后一段时期，林业生态产业科技发展目标是，着力构建浙江省林业生态产业科技创新体系，紧紧围绕“林业生态产业建设关键技术研究与示范”，在林业生态产业基础理论、林业生态建设关键技术、重大森林灾害防控技术、森林经营技术、森林景观旅游及林业管理政策机制等方面取得新突破，创制一批具有自主知识产权且有产业化前景的科技成果，开发一批林业新产品及新品种15个，发明一批专利技术，实施技术转移，加速科技成果的商业化运用，提升产业整体竞争力。到2015年，科技促进林业生态产业总产值突破800亿元以上，实现利税150亿元以上；林业生态产业科技进步贡献率达到55%左右，部分关键技术和产品达到国内领先、国际先进水平。

三、发展重点与主要内容

为维护浙江省生态安全，提升人居环境、城市品位，根据培育森林碳汇交易、森林休闲旅游、生态苗木培育、生态服务产品、森林资源培育等新兴生态产业需求，进行项目的全程创新、主动设计，组织实施一批体现以“促进学科发展”向“满足产业发展需求”转变的重大、重点项目和科技成果转化及产业化项目，突出一批共性关键技术攻关和新产品研制、成果转化和产业化、科技示范与推广三条产业技术路线集成创新项目。

（一）林业生态产业相关基础理论研究

1. **生态效益监测评价与碳汇计量技术。**主要开展区域林业重点生态工程生态效益监测评价指标体系研究；林业生态建设生态效益评价的方法与技术研究；森林固碳技术与碳计量方法研究；典型工程区植被恢复的生态效益监测与评估研究。

2. **气候变化的影响和相应的森林经营措施。**主要开展气候变化对森林生态系统及林产品和服务的影响；减缓和适应气候变化的森林经营措施；减缓和适应气候变化的相关政策和制度研究。

3. **全球气候变化下高碳汇人工林经营管理技术。**主要开展高碳汇人工林树种苗木筛选、培育；高碳汇人工林立地条件选择及匹配耦合技术研究；高碳汇人工林定向栽培技术；高碳汇人工林经营管理技术；高碳汇人工林采伐技术研究。

4. **湿地公园生态监测体系构建技术研究与示范。**主要开展生态监测指标研究，建立湿地公园监测指标体系;开展湿地公园生态监测布局和方法研究,提出湿地公园监测技术规程;开展生态监测信息管理技术研究,完成浙江省湿地公园监测数据库;建立湿地公园监测技术与信息系统建设示范区。

(二) 林业生态建设关键技术研究与示范

1. **生态林抗逆植物材料筛选与快繁技术。**主要开展抗干旱植物材料筛选与繁殖技术研究;山地生态系统植被恢复植物材料筛选与快繁技术研究;耐盐碱植物材料筛选及快繁技术研究;耐水湿植物材料筛选及快繁技术研究;耐空气土壤污染植物材料筛选及快繁技术研究。

2. **生态公益林建设关键技术研究与示范。**主要开展困难地生态公益林恢复技术研究;山地景观生态公益林构建技术研究;生态公益林效益计量评价体系研究;生态公益林高效经营技术研究。

3. **防海岸侵蚀沿海防护林体系建设关键技术研究与示范。**主要开展海岸侵蚀格局及侵蚀关键因子研究;抗侵蚀树种筛选和模式优化技术研究;滩涂消浪林带构建技术研究;防海岸侵蚀沿海防护林体系建设示范基地及技术规程编制研究。

4. **珍贵用材林定向培育与深度开发。**主要开展引进、优选出适宜浙江省栽培的速生珍贵用材树种,重点选育花榈木、花梨木、榉木、檀木、楠木、核桃木等珍贵用材树种的新品种选育;解决珍贵用材的定向培育技术;开展以珍贵用材树种的中小径材为原料的产品开发,缩短培育周期;研制出适合于公益林内培育珍贵用材的近自然培育技术。

5. **典型湿地资源保护、恢复与利用技术。**主要开展典型湿地保护技术试验示范;污染湿地的生态修复技术试验示范;退化湿地生态恢复技术试验示范;典型湿地可持续综合利用技术试验示范等研究。

6. **村镇人居环境林构建技术。**主要开展人居森林生态功能研究;城镇森林多功能树种选择;村庄生态绿地可持续经营技术;城市群间绿化优化模式研究;城郊与村镇人居环境绿化技术集成;城镇森林道路林网建设与树种配置技术;城镇森林水系林网建设与树种配置技术;城镇森林隔离防护林带配置模式;环境友好型城镇绿化植物培育基质的研制与产业化研究。

7. **退化土地生态修复与持续利用技术。**主要探明浙江省内不同退化土地类型的分布、治理程度和效果,以3S技术为支撑,实现退化土地数字化、信息化管理;总结、完善退化土地生态修复综合集成技术,开发并保护退化土地生态修复植物资源,建立生态修复植物种质示范园;开发、引进先进的蓄水整地、土壤改良工程技术和生物技术,开发新型保水、固土材料,资源化利用生活、农林、工矿等废弃物材料,以废治废,完善可持续发展理论与技术;开展退化土地生态修复示范点建设。

8. **健康促进型森林生态产业构建技术研究与示范。**主要开展森林食品生态安全培育技术;森林增进健康因子的提高技术及功能调控;森林净化环境污染物功能的优化,合理配置森林,增进人类居住环境的健康水平;社区及区域(或者流域)尺度的森林增进健康的效益评价;增进健康的森林建设示范。重点对中、小尺度的森林(如农家乐、社区森林及森林公园)建设进行优化,并开展应用示范。

9. **农林复合系统可持续经营技术研究。**主要开展复合农林业景观格局分析及结构优化技术研究;农林复合系统结构配置模拟与设计技术研究;农林复合系统种间关系调控技术;农林复合系统可持续管理技术。

10. **都市重要水源区水源涵养林构建技术试验示范。**主要开展水源涵养林空间配置与结构优化技术试验示范；水源涵养林人工林培育与经营技术试验示范；净水型水源林植被定向调整技术试验示范。

11. **基于河道生态绿化的耐水湿树种筛选与产业化。**主要开展浙江省河道耐水湿树种调查、耐水湿树种筛选、耐水湿优良树种繁育技术、耐水湿优良树种繁殖基地建设和产业化示范等方面研究。

12. **红树林引种及营林技术研究。**主要开展北移红树植物的选择和引种采种材料的采集，北移引种栽培、驯化、筛选试验；非红树林天然分布区红树植物育苗技术，互花米草防除及生物控制技术研究；造林技术研究；造林气候最适宜区、造林时间、造林滩涂、造林密度等技术研究。

13. **浙江省珍稀濒危树种的开发应用与产业化。**主要开展浙江省特有珍稀濒危树种收集，选择具良好生长性状和园艺观赏性状的优良无性系；研究珍稀濒危树种的有性繁殖特性和种子育苗技术；建设优质种子繁殖基地10亩，开展产业化示范和推广。

（三）重大森林灾害防控技术

1. **基于3S和网络技术的林业有害生物监测预警技术。**主要建立全省主要的林业有害生物疫情数据与地理空间信息相对应的数据库专题模块；根据松材线虫病发生规律及生物学特性，引入3S和Web技术预测病害未来发生期、发生量、发生范围、危害程度；在重点预防区开展松材线虫病监测与智能决策示范建设。

2. **重大森林火灾预警与防控技术。**主要研究探明浙江省林火发生的主要影响因子，研究制定浙江省森林可燃物类型划分标准、划分方法，完成浙江省森林可燃物类型空间信息分类，研究不同类型森林可燃物含水率监测技术与预报方法研究，实现不同类型森林可燃物含水率实时监测与预报，研究浙江省森林火险等级系统建立的关键技术，完成浙江省森林火灾预警预报系统实用化开发，研制1～2种适合南方山地森林火灾扑救的工具，并实现产业化生产。

3. **浙江省主要森林类型燃烧特性研究。**

4. **林火高发区易燃可燃物控制技术研究与示范。**

5. **酸雨对森林生态系统安全的影响研究。**

6. **浙江省森林食品质量安全控制技术研究。**

（四）森林经营技术

1. **杉木优质高产用材资源高效培育技术研究。**主要开展优质高产杉木无性系引选、珍贵用材红心杉的引选、优良无性系指纹图谱构建、杉木优质高产用材资源高效培育技术等方面研究。

2. **公益林近自然经营技术研究。**主要开展林分结构和生长的实用参数、天然更新动态、近自然度评价、森林发展类型设计、试验示范林营建技术等方面研究。

（五）森林景观旅游及林业管理政策机制

1. **森林生态系统服务功能信息化采集及优化配置。**主要开展浙江省森林生态系统服务功能的空间分布现状调查、评价指标体系构建、功能优化调控技术措施等方面研究。

2. **森林旅游转型升级关键技术研究与示范。**主要开展森林休闲旅游评价指标体系、评价标准和方法；主要森林类型休闲游憩价值的定量评价结果和等级划分；森林保健旅游产品研制；建立森林旅游转型技术提升示范区等方面研究。

3. 城市化对区域碳、氮过程的影响、人类调控机制和区域生态安全维持技术研究。

4. 城市生态系统恢复和重建的材料生物学研究。

5. 森林野生动植物资源的保护与开发利用研究。

6. 森林生态旅游功能开发与产业转型升级技术研究。

7. 森林生态功能产品的开发与技术贮备。

8. 林业生态建设支撑条件及关联产业开发。

四、加强源头创新核心主体建设

(一) 新型科研院所或重点实验室建设

科研院所是科学研究的主要承担单位和落脚点,但现有的高等院校和科研院所的组织结构和研究目标大多以各自的学科为导向,学科交叉不强;"十二五"期间将在学科发展的同时,从促进产业发展的角度进行推进,强化科技优势资源的整合集成,在大专院校和科研单位创建若干个在国内同行业中领先的林业生态产业原始创新的科研院所或重点实验室。打造生态产业新形象、新品牌。突出成套技术的集成和攻关,为企业提供技术支持。在组织实施上探索跨院校的合作、产学研结合、多学科交叉的新机制。有计划有步骤地扶持若干个新型科研院所或重点实验室。

(二) 创新团队建设

科技创新团队是获取和整合资源的有效组织形式,是科技创新和科研攻关的重要载体,是优秀人才的创业平台。经过 3～5 年努力,创新团队达到如下目标。

1. 着力构建浙江省林业生态产业科技创新服务体系。通过公共技术平台,实现创新资源的有效分工与合理衔接,实现知识产权共享。紧紧围绕三大支柱产业,推动构建科技创新服务联盟,促进浙江省经济社会又好又快发展。

2. 开展关键共性技术攻关。围绕培育林业生态产业,做强做大三大支柱产业,开展技术合作,突破产业发展的核心技术,形成重要的产业技术体系。组织实施国家科技支撑、省重大等林业研究项目 25 项,取得一批具有自主知识产权且有产业化前景的科技成果,50%以上的成果达到国际先进、国内领先水平,开发林业新产品及新品种 15 个,申请专利 10 项,在核心期刊发表学术论文 50 篇。

3. 开展成果转化、推广。实施技术转移,加速科技成果的商业化运用,提升产业整体竞争力。组织实施各种成果转化、示范推广项目 15 项,对已取得的研究成果、先进技术进一步熟化、推广应用。为全省 60 个以上林业企业、合作社、林场提供新品种、新产品、新技术、新标准、科技培训等方面的服务,扶持 10 个以上林业龙头企业或林场联建创新中心,培育省级以上农业科技企业。

4. 联合培养人才,加强人员交流互动,为产业持续创新提供人才支撑。培养 1～2 名在国内本领域中有一定影响的专家,并进入"新世纪百千万人才工程"等国家级人选;5～6 名省内知名创新人才,成为省"151 人才工程"第一、二层次等省级人选;20 名科技业务骨干;80 名博士、硕士科技人才;10～20 名科技型企业家;整体提高企业形象和职工素质。

(三) 产业技术联盟建设

产业技术联盟是基于技术愿景的、由企业和科研单位共同组成的一种新型产业组织形式,其主要特点在于能够有效整合产业资源、产生协同效应和促进产业集群发展。产业技术联盟作为一种创新组织形式，在经济、科技全球化发展的新形势下，对于提升自主创新能力、建立技术创新体系将发挥关键性作用。更为重要的是，它能够集成产学研各方优势，在短时间内实现重大技术突破，加快科技成果的产业化和市场化进程，争取在林业生态重点学科和重点实验室、创新团队建设基础上，积极创建林业生态技术创新战略联盟，加快推进我省“生态文明”和“森林浙江”建设具有重大战略意义。

五、加快新型创新主体培育和发展(略)

六、保障措施(略)

执笔人：江 波、高智慧、袁位高、余树全、张建铎、岳春雷、朱锦茹、沈爱华、张 俊

打印：戴丹丽 校对：郑荣泉

第十四章　浙江省林化产品制造产业科技发展研究

一、浙江省林化产品制造产业及其科技发展现状

浙江“七山一水二分田”，山区经济的发展至关重要，贫困山区脱贫致富问题已成为浙江省全面建设小康社会的关键问题。山区人才、技术、资金等条件比较落后，可以通过林化产品精深加工技术的发展，延长林产化学工业的产业链，增加劳动就业的机会，提高森林资源特别是非木质林产资源的附加值，有效地提高农民收入，增加财政税收。贫困地区经济和社会发展的潜力在山，希望在森林资源。林化产业作为森林资源高效开发利用的最重要环节和措施，通过林化产品与山区综合开发，能够带动加工设备、包装、运输、销售行业快速发展。通过发展林化产品精深加工业，不仅可以构建森林资源可持续利用的生态经济体系，而且能推动农村产业结构调整，促进农村经济快速发展，转移剩余劳动力，增加农民收入，是社会主义新农村建设的重要切入点和切实可行的抓手。对解决农村、农业、农民的问题，建设社会主义新农村具有重要意义。

(一) 主要成效

1. *胶黏剂与化学助剂*。目前，浙江省林产化工领域在胶黏剂及造纸化学助剂、松香松节油、活性炭、竹炭及竹醋液和生物质资源化学品等5个方面具明显特色。浙江省木材胶黏剂是建立在竹木加工业发展基础之上的，竹木加工业连续几年走在全国前列。根据2005年统计，浙江省各类胶合板产量288.14万立方米，纤维板96.11万立方米，刨花板5.93万立方米，细木工板109.36万立方米，竹地板771.53万立方米。竹木加工用胶黏剂已达到60万吨，脲醛胶40万吨，酚醛胶与三聚氰胺胶15万吨，各种乳胶5万吨，产值20亿元。纸及纸板产量747.97万吨，产量占全国15.38%，产值200亿元，列全国第二，其中各种纸用化学助剂、湿强剂需求20万吨，产值10亿元。胶黏剂与造纸化学助剂发展已成为浙江省林产化工行业发展的关键技术。

2. *竹炭与竹醋液*。浙江省是全国竹炭、竹醋液生产、贸易和科研中心。浙江林学院、浙江省林科院承担的此领域一系列省重大科技项目、国家林业局“948”项目的完成和推广应用，对浙江省竹炭、竹醋液产业发展的支撑作用日益明显，促进了生产技术和产品开发迅速发展，进一步巩固了全国领先的产业化水平。目前，浙江省有竹炭、竹醋液生产企业100多家；7大系列竹炭产品200多个，其系列产品出口量占全国的80%，占国际市场的70%；竹醋液产品50余个，占全国的70%以上；竹炭、竹醋液年产值已达10亿元，产品销售市场已由单一出口日本等少数国家发展成出口和内销并举，并逐步向内销市场转化。

3. *活性炭*。近年来，随着生活质量的提高和环境保护意识的日益重视，活性炭的应用领域拓展和需求量增长迅速，产业市场前景良好。如目前浙江省已建成或在建的如杭州、桐乡、嘉兴等市县日供水规模分别达10万吨、15万吨和17万吨的直饮水工程，按目前水质计，上述各工程年需活性炭量即达1万吨以上。浙江省目前有近300家活性炭生产厂，以中上型企业

为主，产品包括针剂用活性炭、糖用活性炭、药用活性炭、油脂活性炭、活性炭水处理炭、防护用炭、载体炭、空气净化炭等9大系列50余种产品，生产规模约6万吨，年产值近5亿元，生产以土窑闷烧法制造为主，也有以能耗较大的改良斯列普炉、转炉、平板炉等生产，其中部分企业以易导致环境污染的氯化锌为活化剂。

4. 松香。浙江松香加工及从业人员共有2万余人，主要在丽水松阳，松阳松香占据全国松香总产量的三分之一，2005年实现产值12.6亿元，利税达5亿元，2006年达到23万吨。松阳松香得到了国家林业局和国家松香行业协会的充分肯定，松阳县为全国的“松脂加工县”。

专业化学品可以涉及防火板、各种造纸助剂、胶木、林业生物农药、植物类日用化学品等，是林产化工的内涵发展，产业规模已超过20亿元，是朝阳产业。

（二）发展主要不足

林化产品精深加工发展相对薄弱。浙江省林化产品原材料资源分布分散，并且多在山区，原材料收集和运输的成本较高，降低了产品的竞争力。目前林化产品精深加工程度相对较低，国外深加工程度接近100%，而国内平均仅为15%；国外产品品种众多，国内相对较少。美国Eastman公司可以生产的松香深加工系列产品多达64种，千喜化学公司松节油深加工利用品种近100种，而国内同类企业只能生产20多种，每个企业不足10种。从国内林化产品市场现状和发展趋势来看，精深加工将是必然趋势。在技术方面，我国目前已具备国外大部分产品的生产能力，就研究发展水平及实验室技术而言，差距并不十分明显。但是缺少产品的系列化，所以深加工产品型号仍然比国外少得多，技术集成配套能力、工艺水平、新产品开发能力也有较大差距，其主要原因是我国的机器制造业、微电子工业，以及更上游的材料工业、工艺设计等相关行业与发达国家存在较大的差距。从目前发展状况看，浙江省林产化学工业的发展虽然有一定基础，但主要以外延扩张为主，忽视了结构升级和产品质量的提高，各种产品发展不够平衡、深加工产品比例低。一是原材料资源分布过于分散。虽然浙江省林化产品原材料有一定资源，但分布比较分散，原材料收集困难，劳动强度较大，运输费用高，增加了原材料成本，从而降低了林化企业的竞争优势。松香经营和生产主要在省外，但采脂劳动强度大，劳动生产率低，采脂收入少，采脂劳动力已向其他行业转移；再如利用森林采伐剩余物、农副产品剩余物等为原料生产的木炭、活性炭、竹炭，也因原材料供应距离问题，发展受限制。为此，建设原料林基地是企业今后竞争的立足点。二是企业规模小而散、集中度低、难以形成规模效益。由于原材料供应分散和以前计划经济的影响，林化企业规模普遍较小，具有一定规模的企业所占比例较低，分散于各原材料生产地，很难形成规模效益。如活性炭、木炭（机制炭）、竹炭企业，大部分为小型企业，活性炭年产量6多万吨，生产企业却有300多家，平均规模仅为20吨，并已逐年萎缩，规模较大具有深加工能力的企业不足总数量10%。三是林化产品在品种和质量上不适应市场快速变化的要求。林化产品结构不合理集中表现在深加工产品比重过低、新产品开发较少，而高消耗、粗加工、低附加值产品的比重高，一方面造成生产能力过剩，价格恶性竞争；另一方面又要用大量外汇进口国外深加工产品。如生产量和出口量位居世界首位的松香产品，由于深加工产品比例低（仅占总产量的10%左右），出口的大部分产品是初级产品，外销价格维持在低水平，在近几年松香出口量大增的情况下，创汇额却增长缓慢。木炭（机制炭）、竹炭主要应用于民用日用，高质量产品进入国际市场还比较少。四是工艺装备水平低，生产技术落后，技术创新能力差。受总体工业化程度不高和林业管理粗放的影响，工业普遍存在技术集成配套能力、工艺水平、自动化程度、新产品开发能力等与国外有较大差距的问题。大部分木竹炭企业生产设备停留在土窑生产;不少活性炭厂生产工艺落后。由此造成企业效益和竞争力低下,原材料浪费,对环境造成较大的破坏,严重阻碍了林化行业的可持续发展。五是管理体制不能适应新形势发展要求。林产化学工业发展的基础是森林资源,粗放型的管理使整个行业忽视了生产与资源相协调,忽视了行业可持续发展,部分产品生产总量失控。随着市场经济的发展,以前采取的各种管理措施已被逐步取消,新的适应林化行业发展形势的管理措施还没有出台。企业盲目发展,资源过度开采,破坏环境的现象时有发生。小企业星罗棋布,投资少,见效快,能耗大,产品质量不高,但价格便宜,并受到地方政府的保护,产品进入市场后对大中型企业形成巨大冲击,出现竞相压价,无序竞争。这既对资源、环境造成了破坏,又使国家税收受到严重损失。六是缺乏优质人工原料林基地。林化生产的原料大部分较分散,运输半径过大,质量参差不齐,限制了企业的生产规模,产品质量难于保证。如精油、香料,浙江省的建德、遂昌虽然在二十世纪七八十年代建立了少量的原料林基地,但由于规模小、树种一般,产品质量难以达到国际优质精油、香料质量标准,使粗精油、香料出口国外,而昂贵精油的进口量增加。因此,适度建立优质人工原料林基地,实施林化一体化战略迫在眉睫。

二、基本思路与发展目标

(一) 基本思路

“十二五”时期,林产化学工业必须围绕浙江省现有资源特点,以资源高效利用和环境保护为出发点,利用现代绿色化工技术,开发高附加值、功能化、专业化、安全和环保的特色化学品。根据浙江省林化产业已形成的产业特点,重点培育林化产品的五个主导产业:松香松节油、活性炭、竹炭及竹醋液、胶黏剂及化学助剂、生物质资源化学品。针对浙江省林化产品精深加工发展相对薄弱的现状,结合发达国家林化产品精深加工业纵深发展的趋势,以及浙江省林化产业五大特色产业的实际,林化产品精深加工领域发展的基本思路是:坚持科学的发展观,充分利用国内、国际资源,紧紧围绕国民经济发展和产品结构战略性调整的主线,深入剖析制约因素、凝练科学问题、抓住共性关键技术,切实解决林化产品精深加工发展的重大“瓶颈”问题,确立浙江省林化产品精深加工的科技发展重点和发展模式;积极构建浙江省林化产品精深加工技术创新体系,努力实现从跟踪模仿到自主创新的跨越式发展,迅速提高浙江省林化产品精深加工的技术水平。建立和健全符合国际惯例、市场经济规律及有利于技术创新和产业发展的新体制及运行机制。根据浙江省林化产品精深加工的区域特征和发展态势,以优势林化产品精深加工产业布局为基础,以提高林化产品精深加工技术总体发展水平为目标,以提高自主创新和产业能力建设为手段,科学调整与优化产品结构、企业结构和区域布局,实现林化产品精深加工业科技与产业的协调发展。使浙江省林产化工的整体研究和发展能力达到国内领先水平,某些领域或技术达到国际先进水平,成为全国有影响的技术创新与产业化基地,成为浙江省现代农业的阳光产业。

(二) 发展目标

1. **产业推进目标**。根据五大类产业发展实际,以 2008 年为基础,2008 年销售收入总体在 75 亿元,利税 15 亿元。力争到 2015 年达到销售收入 200 亿元左右,利税 40 亿元左右的目标。

2. **科技发展目标**。组织实施关键技术的攻关,形成一批具有自主知识产权的成果;加快特色产业基地建设,组织实施国家火炬计划、科技型中小企业创新基金、高新技术研发和产业化项目等一大批科技项目。组织各类各级科技攻关项目100项,成果转化和产业化50项,拟解决共性关键技术80项,创制新产品50个,培育和发展一批企业科研机构、创新型科技企业和产业集群。

三、发展重点与主要内容

(一) 新型胶黏剂及化学助剂产业培育

1. *产业共性关键技术*。利用高性能纳米木纤维开发木、纸、皮革用新型水性丙烯酸酯乳液胶,利用新型合成及改性技术制造低成本、高黏合和环保性能的各种人造板用树脂及胶合工艺技术,利用农作物秸秆制人造板专用黏合剂及界面复合工艺技术开发。着重研究开发应用于重竹地板、防火板、速生材表面密实、色浅等特殊功能的新型胶黏剂,纳米级功能型木工特种胶黏剂生产技术,室温固化无甲醛释放柔韧耐水型丙烯酸酯复合胶黏剂,木基复合材料界面和黏接理论及新型胶黏剂的研究,节能型高固体含量聚合物乳液制造及应用技术,开发各种集成材、指接板、胶合木、家具等胶合的冷固型改性聚醋酸乙烯乳胶、橡胶乳液胶等,开发用椰棕、草、笋壳丝制席梦思、沙发等软垫的无醛环保乳液胶,利用纸厂黑液木质素进行碳纤维材料的研制开发。研究开发各种造纸用低成本湿强剂、助流剂等化工助剂,开展新一代造纸湿强剂特别是合成树脂乳液的研究开发。

2. *成果转化技产业化*。实现MPF树脂胶合成与木质复合材料制备技术成果进一步转化,先进人造板环保胶合成技术,利用各种竹加工残料、造纸副产物木质素、核桃壳等生物材料化学液化胶黏剂及防水剂技术,利用竹木加工剩余物液化合成黏合剂及黏合工艺技术,利用纸厂黑液木质素制胶及环保胶助剂等高新技术和产业化项目实施,加快建设符合竹木加工、家具、造纸等特色产业的胶黏剂基地。重点支持德清德华木业有限公司、德清升华云峰木业有限公司、衢州金誉化工有限公司的环保胶黏剂生产示范、安吉竹宏竹胶板厂重竹地板用阻燃型树脂胶示范、杭州天鸿化工科技有限公司合成乳胶基地、浙江玲珑装饰材料有限公司防火板胶基地、杭州博达化工科技发展有限公司的防水剂示范,扶持研发中心,创建科技型行业龙头企业。

(二) 活性炭及炭材料产业培育

1. *产业共性关键技术*。主要开展活性炭制造工艺与微孔结构控制的研究,活性炭选择性吸附能力与微孔结构的关系研究,活性炭与纳米催化剂复合技术及其应用研究,活性炭与纳米有机膜包埋技术研究,利用石墨提取石墨烯开发新材料,利用石墨及其他炭材料开发燃料电池用的新能源材料,竹纤维活性炭制备关键技术及性能研究,活性炭液相与气相应用基础数据的研究。根据不同的应用场合,创新开发与其相适应的不同专用活性炭新技术,提高我国活性炭深加工水平,替代进口并提高出口产品的附加值。

2. *成果转化及产业化*。进一步提升资源利用率,加大果篷类物料制造针剂用活性炭工艺及其产业化示范、烟用活性炭加工应用技术成果转化。根据产业化生产集中度和产业化发展水平,在活性炭方面,分别以衢州市、湖州市和杭州市为主要区块,选择衢州中森炭素有限公司、衢州云合炭业有限公司、开化金义活性炭厂、湖州中化明杰活性炭厂、湖州森奇活性炭有限公司、湖州鹿山活性炭有限公司、杭州恒兴活性炭有限公司、临安市华南活性炭有限公司等龙头企业,重点扶持建立研发中心,创建科技型企业。

(三) 竹炭竹醋液及机制炭产业培育

1. *产业共性关键技术*。主要开展竹炭基高附加值加工利用关键技术的研究和系列产品的开发,利用生物质资源进行连续快速、高得炭率、节能的成炭关键技术与装备研制,功能性高导电竹炭生产关键技术及屏蔽复合材料的研制,利用生物质提取乙醇及竹材液化物的木质素制备木质陶瓷的关键技术,竹木陶瓷制造技术研究,炭陶复合关键技术及系列产品开发;开展以竹质材料高温热解提取液为载体的绿色工业杀菌剂研制技术研究,高效环保竹醋复合饲料添加剂生产技术的研究,药用竹醋液的研究与开发,食品添加剂用竹炭的关键技术研究。

2. *成果转化及产业化*。进一步开展竹醋液精制技术、作用机制及系列产品开发,竹炭负载壳聚糖生产关键技术及在污水处理中应用示范。以丽水市、衢州市、湖州市为主要发展区块,选择浙江富来森竹炭有限公司、衢州民心竹炭有限公司、遂昌文照竹炭有限公司、德清家意炭业有限公司、安吉双文竹炭有限公司、浙江建中科技有限公司、浙江志康炭业有限公司等龙头企业,重点扶持建立研发中心,创建科技型企业。

(四) 松香松脂产业培育

1. *产业共性关键技术*。松香松脂是林产化工的传统产业,在造纸、油墨化工、食品、电子等诸多行业具有不可替代性。主要研究内容和需要解决的关键技术:包括松树化学与生物活性物质的基础研究,松脂中活性物质的分离及药理试验研究,松香、松节油衍生物特定功能基团定向引入技术研究,松香、松节油深加工合成反应的催化技术及产物特殊后处理技术研究。在重点开展有关松香松节油深加工的前瞻性、原创性以及应用基础研究的基础上,开发松香乳液增黏剂、农药增效剂、保幼激素类似物等新产品,松香松节油合成高级香料及重要生物活性物质,松香松节油合成功能产品及功能材料等。

2. *成果转化及产业化*。松香深加工技术集成及新产品研制,开发系列高技术深加工产品,如天然杀虫剂、驱虫剂、生物抗氧化剂、松香及其松香树脂乳液、松香改性醇酸树脂、稠油降黏降凝剂、造纸施胶剂、室外级抗紫外环氧树脂、环氧树脂固化剂、UV 固化活性单体稀释剂、无色萜烯树脂、环保除臭剂、香叶醇、橙花醇、金合欢醇等。选择浙江松阳恒劲树脂有限公司,以及若干家深加工条件较好的台州温岭精细化工区和杭州富阳、临安造纸加工区的企业,重点扶持建立研发中心,创建科技型企业。

(五) 生物质资源化学品产业培育

1. *产业共性关键技术*。重点开展生物质资源化学品研制与成套技术开发,木竹纤维纳米化分丝关键技术及新型复合材料研制,高性能碳纳米管木质复合材料开发,利用木质素制生物质碳纤维技术研发,竹制品加工废弃物制备生物絮凝剂的关键技术研究与应用,木塑复合界面融合技术与高稳定性户外木塑材料开发,发泡木材与阻燃发泡包装材料研发,竹原纤维非织造材料开发与应用,笋加工副产品的能源化、资源化利用工艺与产业化示范技术研究,玫瑰精油精制及加工后产物综合利用技术,植物精油筛选及缓释加香技术和系列健康功能竹木新产品研制,利用生物质资源制备高分子复合新材料。进一步加强利用生物资源制取精细化学品的基础应用研究等关键技术,生物质原料降解机制的研究,包括木质素与纤维素结合方式,即糖苷键、缩醛、酯、醚键在水解过程的断裂方式,结晶与非结晶纤维素在水解过程中结构转变等方面研究;建立木质素的结构模型,探索木质素降解机制;开展生物质原料降解方法的研究,包括高温快速水解技术、溶剂酸水解研究、纤维素木素光降解研究以及生物降解技术研究;筛选、培育菌株以及降解机制研究;利用水解、酶解、发酵等现代工艺技术,由生物质资源制备葡萄糖、乳酸、乙醇、糠醛、羟甲基糠醛、木糖醇、乙酰丙酸、环氧乙烷等绿色平台化合物技术研究。

2. **成果转化及产业化。**加快利用加工剩余物制超强吸水剂,利用生物质资源制备重金属吸附环保材料技术,竹材液化化学品研制与成套技术,生物质材料多糖制备技术及多糖新产品研发,可纺竹原纤维新产品开发及产业化,木质纤维素液化系列化学品制备的成果转化。重点扶持安吉绿卿竹纤维有限公司、遂昌县里高农产品专业合作社、杭州临安天鸿生物科技有限公司、杭州博达化工科技发展有限公司、浙江华特集团华特化工有限公司,进行生物质资源化学品开发,扶持研发中心,创建科技型行业龙头企业。

四、保障措施

(一) 制定和完善政策法规,促进林化产业的培育和发展

1. 制定林化产业培育的技术政策和规划。研究制定林业产业发展政策,明确产业培育的发展重点与方向,确定林化产品制造重点支持、严格控制、禁止发展的产业、产品序列名录。对不符合产业政策和未列入重点支持名录的项目,在政策上不予支持;对禁止发展的项目要采取措施,坚决予以杜绝。

2. 加强林化产品标准化建设和产品质量监督检验工作。研究建立和完善林化产品的标准体系,对不符合质量标准的产品不允许进入市场流通。

3. 鼓励龙头企业自建原料基地,并纳入六大林业工程的速生丰产用材林基地建设中。

4. 执行省政府技术要素参与分配政策,鼓励科研人员创办、领办企业研发中心和科技企业,打破地区经济分割,建立有序的市场,促进要素合理流动,实行规模经营,实现由利用天然林为主转向以利用人工林为主,由粗放经营为主转向集约经营和科学管理,形成区域布局合理、发展重点突出、产业结构优化的林化产品制造工业。

(二) 加强林化产业科技创新体系建设

科研基础薄弱、科技创新能力差、成果转化率低已成为制约浙江省林化产品制造产业发展的“瓶颈”。为此,我们必须加大科技投入,推进科技创新。一是结合林化产品制造产业的实际情况,认真落实国家已出台的相关鼓励政策,努力促进大中型企业的成果转化,加大技术开发力度和科技成果转化速度,鼓励建立技术开发机构,加强企业的自主创新和开发能力。二是稳定企业科技投入,将产品销售收入中不少于5%的资金用于新产品、新技术的开发,并纳入企业经营成本,做到研究一代、生产一代、开发一代,确保企业的竞争优势。三是鼓励企业与科研单位、大中院校及个人进行科研合作,并鼓励社会其他资金投入林化产品的开发与研究,科研成果可作为投资金额入股,参与企业经营。

(三) 加强国内外合作与交流,充分利用两个市场、两种资源,用好进出口政策

走开放型国际化的发展道路,既要依靠本国的资源,又要利用国外的资源,既要引进人才,又要输出人才。培育外向度高、经济效益明显的技术,提高国际竞争力,适应全球一体化的发展趋势,推动林化产品精深加工利用领域的国际交流与合作,掌握国际上林产化工的信息与动态,积极开拓技术和产品的国际市场。适应经济全球化和加入世贸组织的新形势,在更大范围、更广领域和更高层次上参与国际同行经济技术合作和竞争,充分利用国际、国内两个市场,优化资源配置,拓宽发展空间,以开放促进林化产品制造产业发展。一

是要加大引进力度，着力引进资金、资源、技术和管理。二是努力扩大林化产品制造产业发展，利用外资规模，吸引外商直接投资，以提高外资利用的质量和水平。三是制定有利于扩大林化产品的出口政策，完善林化产品出口促进机制，提高林化产品的国际竞争力。四是加强与国内外同行业的交流与合作，注重国内外人力资源利用，培养和引进熟悉国际林化行业游戏规则的国际性人才和智力。

执笔人：傅深渊、陈昭伟、金贞福、刘　力、郭　明
打印：戴丹丽　校对：郑荣泉

第四篇　农业主导产业提升技术研究

NONG YE ZHU DAO CHAN YE
TI SHENG JI SHU YAN JIU

第十五章　浙江省畜牧产业科技发展研究

一、浙江省畜牧产业及其科技进步现状

(一) 主要成效

浙江省是全国经济发达省份,"十一五"期间,浙江省全面实施科技兴牧战略,努力加大畜牧科技投入,科研转化推广能力不断增强,推动了畜牧业持续快速发展。畜牧业科技推广与成果转化成效显著。推广无公害优质猪生产综合配套技术、规模家禽生产配套技术、畜禽疫病预测预报及综合防治技术、饲料加工及利用技术、种草养畜技术、家兔规模化生产配套技术等一大批先进实用技术,科学技术向生产转化的速度进一步加快,有效地提高了畜牧业整体生产水平。浙江省已形成生猪、肉禽、禽蛋、奶牛、羊、兔和蜂 7 大主导产业,发展势头良好。2009 年,全省肉、蛋、奶产量分别达到 195 万吨、61.4 万吨和 21.37 万吨;生猪年末存栏数 1370 万头,出栏数 2206 万头,实现了 80%的猪肉省内自给;饲料总产量达到 542 万吨。全年畜禽养殖业产值达到 404 亿元,平均每年递增 9%,占大农业总产值的比重提高到 21.6%,畜牧大产业产值达到 1454 亿元(包括饲料、兽药、畜产品加工)。2009 年农民人均牧业收入 360 元,比 2005 年增长 34.3%,促进了农村经济的发展。

1. **畜牧业科技创新进展迅速。**"十一五"期间,全省畜牧兽医科研工作取得新进展,针对浙江省畜牧生产中亟须解决的技术关键问题,在基础研究、应用研究和产业化技术方面取得了一大批实用性的技术成果。"十一五"期间获省级以上科技成果奖 37 项,其中获国家科学技术二等奖 1 项、省科学技术一等奖 4 项,科技成果和先进实用技术得到了广泛应用,畜禽成活率、饲料报酬和其他主要生产性能显著提高,畜产品加工产业迅速发展,取得了显著的经济和社会效益。

2. **全省畜禽良种繁育体系基本形成,畜禽品种资源保护力度不断加大,畜禽种质性能和生产水平日趋提高。**选育成瘦肉型猪配套新品系、高产蛋鸭配套系、长毛兔新品种等优良畜禽品种(系),主要猪种——杜洛克、长白、大约克种猪的种质性能和生产性能得到了显著的提高,处于国内领先水平,商品猪达 100 千克体重日龄为 152～157 天,生猪出栏率达到 164.8%,高出全国平均水平 30 个百分点,饲料转化率达到 2.22%～2.36%;培育了蛋鸭(绍兴鸭和缙云麻鸭)系列配套品系、优质鸡(仙居鸡肉用系、梅岭土鸡和振宁土鸡等)配套系,绍兴鸭、长毛兔和意蜂生产性能世界领先。

3. **全省规模化环保养殖技术取得突破,畜禽产业规模化程度持续提高。**在许多研究领域,如生猪环保型养殖模式和 SEW 健康养殖模式,规模化猪、禽环保养殖业关键技术,畜禽优质、安全、高效产业化关键技术,畜禽添加剂、预混料、酶制剂、维生素原料生产和有机微量元素研发、青绿饲料开发利用技术,奶牛性别检测和控制技术,畜禽主要疫病高效防治新技术和重大动物疫病监测预警技术,牛羊寄生虫诊断技术等方面,取得了一批先进实用技术成果,在生产上得到广泛的应用,大力推进了规模化环保型养殖。2009 年,浙江省生猪、奶牛、家禽的规模化程度分别达到 80.0%、95.4%和 88.0%,均比全国平均水平高出 30%～50%,单位土地

面积产出率比散养提高 45%以上；全省畜禽排泄物资源化利用率达到 85%，比全国高出 30%。养殖技术水平在国内外处于领先或先进水平，部分达国际先进水平。

4. *畜产品加工技术进步显著，畜产品加工业发展迅猛。*研究开发了鲜奶、奶粉、猪肉、禽肉、牛羊兔肉、禽蛋、蜂等一系列加工产品，在乳、肉、蛋和蜂制品加工技术方面取得大量的技术成果，为全省畜产品加工企业提供了有力的科技支撑。开发了低盐金华火腿，火腿规模化加工技术取得突破进展，部分企业实现了规模化生产，年产火腿约 400 万只，市场占有率达到整个火腿行业 85%以上，行销全国各地及东南亚各国；牛肉干、卤鸡肉等休闲肉制品的产业位于全国前列；鹅肥肝生产与加工技术处于国内领先水平；率先实现中式肉类菜肴工业化生产；咸蛋和皮蛋等传统蛋品加工技术不断改进，规模化生产技术日臻完善，在蛋制品精深加工方面进展显著，研制出高活性鸡蛋黄免疫球蛋白系列产品和鸭蛋蛋黄卵磷脂及其规模化生产技术工艺，大大增加了禽蛋的附加值，填补了国内空白。

5. *畜牧业科技支撑体系日趋完善。*“十一五”期间，浙江省整合畜牧科技资源，加大投入力度，使畜牧业科技体系得到进一步发展。以“三农”(省农科院畜牧兽医研究所、浙江大学动物科学学院和省畜牧兽医局)为核心，联合全省畜牧大产业主要龙头企业组建成立了“浙江省畜牧产业科技创新平台”和“浙江省饲料产业科技创新平台”，能够为全省猪、禽和草食动物产业以及畜产品加工产业提供技术服务和科技支撑。以大学、科研院所为主体、产学研结合的畜牧业科技支撑体系进一步得到加强，畜牧科技推广服务体系得到提升。

(二) 发展中主要不足

1. *畜禽种质资源的创新利用进展缓慢。*畜禽品质指标改进较慢，分子育种技术亟待突破；生猪总体性能不够突出，杂交配套系一致性较差，种质亟待提高；优质特色家禽和草食家畜优良专门化品种缺乏。

2. *饲料的利用效率有待提高。*浙江省是资源小省，能量和蛋白饲料资源都严重缺乏，畜牧业所需饲料粮的 80%以上需要从外省调入或进口。近年来渔业资源萎缩，浙江省鱼粉产量受到限制。因此，浙江省要从一个饲料资源小省走向畜牧业强省，饲料资源的开发和有效利用就显得特别重要。开发新的饲料资源特别是浙江省一些区域性的饲料资源乃当务之急。饲料行业标准化和产业服务体系需进一步完善。

3. *畜牧标准化养殖模式与国际先进水平有差距。*浙江省畜禽规模养殖在养殖方式、规范化建设、标准化生产、清洁化运行等方面技术与发达国家还有差距。浙江省畜禽养殖业规模化程度尽管处于全国领先水平，但由于确定的规模化标准起点比较低，分散养殖依然占相当比例。

4. *动物疫病防控形势严峻。*动物防疫形势依然十分严峻，重大动物疫病，包括一些新病对养殖业的健康发展造成巨大威胁，经济损失严重，甚至危害公共卫生安全；一些重要疫病的防控缺乏高效的防治技术，养殖场的动物疫病综合防控和生物安全防范技术水平良莠不齐，有待建立或完善；种畜禽的疫病净化有待启动；有待建立全省范围内的重大动物疫病预报和预警系统。

5. *药物残留问题依然严重。*由于集约化养殖和各种病原体的存在，较长时间以来通过在饲料中添加抗生素或化学药物来防病促长，养殖过程中滥用药物情况较为突出；还存在少数违法者在饲料中添加瘦肉精、镇静药等违禁物品的现象；环境中各种药物的残留污染畜禽产品，如蜂王浆在出口检验中药物残留阳性率高达 40%。因此，畜产品品质下降和安全性问题仍然突出，影响到食品安全及消费者健康。

6. **养殖场污染问题。**规模化养殖业的大力发展，养殖过程中的污水、粪便等废弃物排放到环境，造成污染。尽管在废弃物的处理和利用方面已经取得了一定的成果，但处理和利用率有待进一步提高。

7. **畜产品加工规模和整体水平还比较低。**总体上看，加工企业规模小，装备落后，精深加工产品少，畜产品加工功能活性物质的开发比重较小，副产物综合利用行业技术水平不高，畜产品加工标准和质量控制体系不完善、不健全等。

二、基本思路与发展目标

（一）基本思路

以科学发展观为指导，紧紧围绕畜牧业发展方式转变，加快推进浙江现代畜牧业发展这一主题，立足促进农民增收、农业增效和农村发展，依靠科技进步和创新发展机制，推进畜牧业集约化和标准化生产，注重节能减排、资源循环利用和环境友好养殖区建设，提高畜产品品质，保障畜产品安全、公共卫生安全和生态环境安全。通过组建畜禽产业创新团队、构建产业技术创新联盟、大力培育创新型农业科技企业和产业创新集群，加强产学研科技力量的紧密结合，加强国内外科技合作，加强分子生物学技术和信息技术成果的应用，提高自主创新能力，突破制约浙江省畜牧业发展的共性技术和“瓶颈”技术；强化科技的应用导向，狠抓畜牧产业科技，加快科技成果转化应用，切实提高畜牧业综合生产能力和市场竞争能力，全面提升畜牧业的产业层次，为现代畜牧业发展提供强有力的科技支撑。

（二）发展目标

1. **研究目标。**围绕“安全、优质、高产、高效、生态”五大主题，针对优质抗逆畜禽种质培育、饲料资源开发和安全高效利用、畜禽疫病防控技术体系、畜禽健康养殖模式、畜产品精深加工等重大关键技术，组织实施重大项目 50 项以上，取得有影响力科研成果 30 项，获授权发明专利 80 项以上，开发科技产品 80 个以上。培育 3～5 个具有自主知识产权的优质高产畜禽新品种（系）或商品组合，主要生产性能提高 5%～10%；研制新型饲料和饲料添加剂 5～10 种，饲料转化率提高 5%以上；研制新型兽药 5～10 种，畜禽疫病死亡率下降 15%；开发新型畜产品 30 种以上，畜产品加工率提高平均 20%以上；建立低碳环保型畜禽养殖模式，养殖场节约能源 10%以上，畜禽污染物资源化利用率提高到 90%以上。完善畜牧产业科研、教学单位和机构，建立产业科技创新团队和创新战略联盟，新建 2～3 个重点实验室或试验基地，建设动物分子育种、饲料和兽药创制、畜产品质量安全控制与溯源的技术平台。企业创新能力显著提高，企业的技术和产品研发能力明显增强，新增创新型畜牧科技企业 200 家，在大型畜牧科技企业建立研发中心 100 家以上，建立 20～25 个科技创新产业集群。

2. **推广目标。**围绕畜产品的安全供给、公共安全以及“125 工程”建设，推广“十一五”科技成果和实用技术 50 项以上，辐射到 600 家以上规模养殖场、养殖小区、饲料厂和畜产品加工企业，使科技进步对畜牧业发展的贡献率达到 70%。争取到 2015 年，畜牧高科技产业取得重大突破，全省畜禽良种和先进配套养殖技术覆盖率超过 95%，畜禽出栏率提高 5%，畜产品加工率超过 45%，无公害畜产品比例达到 60%，猪肉等主要食用畜产品自给率超过 80%。畜牧生产规模化、标准化、产业化程度达到较高水平，主要技术基本实现与国际接轨，主要疫病得到有效控制，畜牧业生产环境得到有效改善，养殖设施和劳动生产率达到发达国家水平；经济效益显著，农民人均年牧业收入达到 500 元，浙江省畜牧业生产技术和效益水平处于国内领先水平。

三、发展重点与主要内容

(一) 发展重点

围绕着“优质、安全、高产、高效、生态”畜牧业的目标，针对畜禽品种、饲料、健康养殖、畜产品加工产业和动物疫病防控体系领域亟待解决的问题，开展共性关键技术攻关和科技成果的产业化应用。

1. **畜禽种业**。以优质、高效、抗逆为主要育种方向，利用地方品种及高效品种两类基因资源，通过分子设计及全基因组选择育种，提高浙江省主要畜禽品种的遗传与生产性能，培育特色鲜明的畜禽新品种(系)；在此基础上通过合理组配形成繁殖力高、生长速度快、产品品质好、饲料转化效率高、抗逆性强的配套系供产业化生产使用。采用现代分子生物学技术，借助基因组图谱、分子标记手段研究发掘畜禽品种优良基因；建立转基因技术平台，培育高附加值或特定用途的转基因动物和转基因动物生物反应器。

2. **饲料产业**。围绕安全、环保、节约型畜禽饲料的研发，力争在饲料资源开发及高效利用技术、新型无公害饲料添加剂研制与开发、饲料安全检测与评价、饲料加工质量评价与控制技术、污染防控技术等方面有所突破，开发节能减排环保型系列饲料，建立或完善饲料安全性评价与体系，整合省内饲料产业科技力量和龙头企业，建设饲料行业技术创新体系，为畜禽养殖用饲料标准化生产提供技术支撑。

3. **动物疫病防控体系**。针对浙江省和周边地区流行的畜禽重要疫病和人畜共患病，系统研究疫病的监测预警和防控技术。重点开展病原生物学和流行病学、疫病监测与预警体系、快速诊断试剂盒开发和应用、新型疫苗研制与产业化、规模化养殖场重大疾病的防治与净化技术研究及示范等。在生物技术产业化方面，重点培育浙江省动物用生物制品自主创新研究、开发与产业化体系，用高水平的科研成果改造和提升浙江省的兽药企业。

4. **健康养殖**。加强农牧结合的生态养殖模式研究，加强规模化健康养殖全过程控制、产品质量检测和可追溯、畜禽舍内外环境控制技术和废弃物资源化循环利用等共性关键技术研究，建立畜禽健康养殖评价、监测技术方法，研究开发改善动物福利和生产环境的饲养工艺、关键饲养设备；进行新型规模化畜禽健康养殖模式研究与产业化示范。

5. **畜产品加工业**。应用酶工程、发酵工程和过程工程方法，开展乳、肉、蛋、蜂制品等畜产品精加工和深加工及加工副产物高值利用技术、畜产品安全保障技术等共性关键技术和产业化应用开展攻关；开发畜产品加工自动化设备和标准化生产技术装备；研究畜产品质量控制和安全控制技术，建立食品供应链全程质量安全控制体系，实现食品供应链过程全程跟踪，真正实现食品全过程追溯。

(二) 主要内容

专题一：畜禽种业

1. **共性关键技术**

(1) 主要畜禽分子设计及全基因组选择育种。针对畜禽重要复杂性状、低遗传力性状遗传改良和动物克隆效率低下等难题，系统开展分子标记辅助选择技术、多基因辅助选择技术、全基因组选择技术、干细胞核移植技术等前沿高技术研究与开发，结合常规育种技术，制定和实施基于基因组选择的猪、家禽、奶牛、家兔、羊和蜂等主要畜种的优化育种方案，突破多能干细胞、胚胎干细胞等高效克隆技术，建立畜禽基因组选择育种体系和良种快繁体系，培育一批具有生长快、瘦肉率高、耗粮少、抗病力强等优良性状的畜禽新品种(系)。

(2) 优质地方畜禽种质资源保持、优势性状基因的筛选与利用。对浙江省重要的畜禽品种资源进行遗传评估,制订有效的保种和利用方案;对地方种质资源的特色性状进行研究,明确其遗传机制,重点研究与肉质、繁殖和抗逆特性相关的基因及其遗传效应;加强地方品种的杂交利用研究。

(3) 畜禽主要经济性状主效基因的挖掘。阐明畜禽重要经济性状,特别是浙江省特有地方品种的优良性状的遗传规律和分子遗传机制;解析一批与动物生长、饲料利用率、繁殖、泌乳、肉质、抗病、繁殖、产蜜等重要经济性状相关的基因,阐明基因的调控机制;克隆和解析一批重要经济性状功能基因和分子标记;研究杂种优势分子机制;开展畜禽表观遗传学研究。

(4) 抗逆抗病优良畜禽品种(系)选育关键技术。开展畜禽品种抗逆抗病基因或分子标记的分离和功能研究;开展抗性基因与主要生产性能的相关分析;研究可用于间接选择的抗病力或易感性指标;培育具有自主知识产权的抗逆抗病优良畜禽品种(系)。

2. 成果转化及产业化

(1) 优质瘦肉猪新品种(系)、配套系选育与产业化开发。利用外来猪种和本省的地方猪种资源选育新品种和配套系;建立扩繁场和产业化示范基地,培育高科技育种企业,实现优质猪品种(系)或类群的扩繁,并在生产中进行产业化和推广。

(2) 优质特色家禽配套系选育和产业化开发。以浙江省仙居鸡、萧山鸡等地方品种以及农业部鸡基因库为素材选育优质、抗逆、早熟、饲料转化率高的系列优质鸡品种;以地方鸭品种纯系和浙江缙云麻鸭为素材选育高产早熟蛋鸭新品系;培育鹅、肉鸽、番鸭等特色家禽新品种(系);研究制定饲养标准、饲养管理规程、疫病防控技术规程,形成标准化生产技术。

(3) 高效动物生物反应器及其产业化技术。建立高效表达外源基因的生物反应器技术平台;研制一批可以高效生产人用保健蛋白、抗体类药物和生物材料等的牛羊生物反应器,完善具有世界水平的环保动物生物反应器生产基地,完成相关产品的申报和产业化。

(4) 奶牛和湖羊新品系(类群)选育和产业化。建立奶牛动物种群优化体系,培育优质抗逆草食家畜新品系(类群);开展多元化抗逆品系选育,在保持原有生产性能的基础上,重点进行奶牛耐热品系(类群)选育。培育肉用型湖羊新类群和标准化养殖技术;研发肉羊主要经济性状的标记辅助选择技术和遗传评估技术;研究湖羊杂种优势利用技术。

(5) 优良种兔持续选育和种兔产业化。长毛兔、肉兔和獭兔良种引进和利用;开展种系杂交,选育出繁殖性能、生产性能良好的优良品种(系)。利用现代生物技术,选择与毛皮品质、生长性能、繁殖性能等相关的主效基因,估算遗传效应,建立分子标记辅助选择法,提高选育的准确性和选育效率。研究种兔繁育技术,提高种兔产业化水平。

专题二：饲料产业

1. 共性关键技术

(1) 饲料资源开发及高效利用技术。评价饲料资源(高油玉米、高赖氨酸玉米、低植酸玉米和低植酸大豆、双低油菜子和饼粕、脱毒棉菜子饼粕、DDGS、粗甘油、维生素及味精类发酵废渣、发酵杂粕类)以及原有的一些低值饲料(糠麸类、废弃动植物脂肪)的营养价值,制定上述饲料资源中抗营养因子的种类、含量及相应的检测方法,研究去除抗营养因子的相关技术和高效转化(物理、化学及微生物)技术。优化不同动物、不同生长阶段的日粮配制技术。

(2) 新型无公害饲料添加剂研制与开发。根据浙江省节能减排、安全环保畜禽生产的重大需求,研究开发新型安全的抗菌肽、微生态制剂、酶制剂和植物性饲料添加剂及其生产关键技术和配套应用技术;继续开展浙江省具有传统优势的维生素、有机微量元素、药物添加剂生产关键技术和应用技术研究;利用现代生物工程技术,开发具有保健、促生长、改善畜禽产品品质和安全性的新型饲料添加剂。

(3) 饲料安全检测与评价技术研发及集成。研究建立快速、准确检测重金属、霉菌毒素和农药等有毒有害物质方法及上述有害物质的吸附消除技术;建立饲料中抗生素和违禁药物的分类同步检测确证技术和方法;开发出快速、高效的饲料中抗生素和违禁药物等有害物质检测产品。开展转基因产品(饲料原料粮和添加剂)的安全评价研究。

(4) 畜禽配合饲料生产关键技术研究与集成。紧紧围绕浙江省畜牧生产的重要畜种,集成优化浙江省主要畜禽种类(猪、家禽)环保型饲料的营养需要量参数;构建浙江省草食家畜优质粗料高效、持续供给体系;开展新型饲料(猪和牛代乳料、幼雏料、宠物饲料、蜜蜂饲料以及液体饲料和发酵饲料等)的研制和生产关键技术研究;研究饲料生产新工艺和新设备。

2. 成果转化及产业化

(1) 新型饲料添加剂的研发与产业化。利用发酵工程、生物工程、化学工程等现代农业生物技术,研发具有提高动物免疫力、抗病毒和抗氧化能力等功效的环保型和功能性饲料添加剂(细菌多糖、抗菌肽、微生态制剂、天然色素、微量元素、烟酰胺等),降低抗生素、重金属造成的危害,完善新型饲料添加剂的生产工艺参数,并制定质量检测技术,进行新饲料添加剂产品安全性和有效性评价试验,申报并获得国家新饲料添加剂证书。

(2) 植源性蛋白饲料资源开发与高效利用技术及产业化。针对动物源性饲料原料紧缺、价格不断高企,又会带来相应的安全隐患问题,研究和开发植源性籽实制油工艺同步脱毒技术,遴选消减饼粕及食品工业副产品原料中抗营养因子的菌种及其组合,优化发酵工艺参数,形成标准化、规模化生产工艺,集成研究脱毒饼粕和植物源性发酵蛋白饲料在不同畜种和不同生产阶段适宜的添加比例,在省内建立2～3家年产5000吨以上的示范企业。

(3) 环境友好型动物日粮的开发和产业化。完善环保型畜禽日粮的成果,依托于浙江省企业在饲用酶制剂、有机微量元素方面的产业和技术集群优势,集成国内外在饲料原料的可消化氨基酸和有效能的研究,采用酶解调控技术、有机微量元素技术、替代抗生素的绿色饲养技术,建立完善环保型饲料标准,并在省内1～2家年产5万吨以上饲料企业示范推广,建立年出栏商品猪50万头的示范养殖基地。

(4) 超早期断奶乳猪料产业化关键技术研究与产业化。应用湿法膨化和蛋白酶酶解工艺开发无(低)过敏原大豆蛋白产品;特种氨基酸、生物活性肽、抗氧化剂等产品研发,研究其保护肠黏膜的作用机制;β-葡聚糖、黄芪多糖、壳聚糖、赖氨酸螯合铁等对仔猪红细胞免疫功能的影响;益生菌制剂的研发;超早期断奶乳猪料研发和产业化示范。

(5) 浙江省草食家畜优质粗料高效、持续供给体系完善与产业化。利用南方地区草种种质及其基因资源,培育新型高产饲用牧草品种;利用适合浙江省种植的优质高产抗逆苜蓿、玉米新品种和饲草品种,研究建立适合不同地区的高产栽培配套技术体系和规范;优化集成牧草生产植物浓缩蛋白、秸秆高效利用技术和青贮新技术,并进行产业化示范。

专题三:动物疫病防控体系

1. 共性关键技术

(1) 畜禽主要疫病诊断、监测和预警关键技术研究。研究建立检测猪瘟、繁殖呼吸综合征、伪狂犬病、2型圆环病毒、传染性支气管炎、鸭病毒性肝炎等重要病毒性疫病,副猪嗜血杆菌、大肠杆菌、鸭疫里氏杆菌、波氏杆菌、霉形体等主要细菌性疾病,血吸虫病等重要寄生虫病血清学和病原学快速联合诊断技术。开发或集成国内外成熟的重大动物疫病或新发疫病监测技术，研究主要病原的鉴别诊断技术、基因序列测定和抗体监测，建立规模养殖场主要疫病的动态数据库和信息化技术体系，构建全省畜禽重大疫病监测网络。

(2) 重要畜禽病原微生物及其致病机制研究。建立细菌免疫蛋白质组学技术平台，开展动物病毒的反向遗传学和细菌突变体库等技术研究，系统研究畜禽主要病原的基因型、基因的结构和功能以及病原的致病机制，明确重要病原微生物与免疫保护、毒力相关基因等，为研制新型高效动物疫苗和诊断试剂奠定基础。

(3) 重要畜禽疫病的新型高效疫苗研制。筛选和培育重要动物疫病的免疫原性良好的菌(毒)株，研究重要疫病病原保护性抗原的批量制备与纯化技术，研究建立细菌、病毒和线虫等疫苗高效表达载体，研制安全、高效、多联多价弱毒疫苗、灭活疫苗、亚单位疫苗和基因工程疫苗以及免疫增强剂、治疗性生物制品等，为产业化开发奠定基础。

(4) 重要动物细菌耐药性研究和新型兽药研发。建立畜禽主要病原细菌的菌种库，研发动物病原细菌的耐药性监测试剂，阐明耐药性的时空演变规律，建立耐药性数据库，研究动物病原细菌耐药性与养殖环境微生物耐药性的关系及其相互影响。开展抗生素、生物活性肽、中草药精制治疗药物和免疫调控剂等新药研制，复配药物、缓释药物等新剂型研制开发。

(5) 畜禽养殖场疫病综合防控关键技术研究集成与应用。监控浙江省猪、鸡、鸭、奶牛、兔等主产区(园区)主要疫病病原的血清型和流行特征，集成和优化疫病监测技术，推广应用高效免疫防治制剂，制订和优化免疫程序以及基于抗药性监测的抗生素合理使用技术等研究。结合“畜禽产业链”建设，在畜牧业园区及主要规模养殖场综合推广应用相应的防治技术，最大限度地降低或消除肉、蛋、奶中化学药物残留和主要人畜共患病病原微生物的污染。

2. 成果转化及产业化

(1) 畜禽重大疫病快速检测试剂盒研制与产业化开发。重点研制猪瘟野毒株和疫苗毒鉴别诊断试剂盒、传染性法氏囊病毒疫苗毒野毒鉴别检测试剂盒、猪流感病毒抗原抗体检测试剂盒、狂犬病毒抗体检测试剂盒、巴氏杆菌 PCR 快速诊断、家畜血吸虫病金标快速检测卡。研究构建这些诊断试剂所需要的诊断抗原工厂化生产工艺与标准，研究与制订诊断试剂检验工艺与标准，制订诊断试剂的制造与检验试行规程，申报诊断试剂临床应用试验，申报新兽药证书。

(2) 畜禽重大疫病新型高效疫苗研制与开发。重点研制携带流行毒株保护抗原的猪瘟标记疫苗、克隆化猪圆环病毒 2 型灭活疫苗和重组亚单位疫苗、肾型传染性支气管炎疫苗、传染性法氏囊病毒嵌合疫苗、兔出血症-波氏杆菌二联疫苗、番鸭细小病毒-鸭瘟病毒载体疫苗等。研究重组病毒或克隆化病毒的免疫原性，建立疫苗免疫效果评价标准，研究和制订疫苗抗原工厂化生产工艺与标准，制订疫苗检验工艺与标准，制订疫苗的制造与检验试行规程，进行转基因生物安全评估，申报疫苗临床应用试验，申报国家新兽药证书。

(3) 新型免疫佐剂或免疫增强剂研究与开发。研究动物干扰素的中试和产业化技术以及大肠杆菌不耐热肠毒素免疫佐剂产业化技术，开展新型黏膜免疫载体创制和新型中药疫苗佐剂的研究与开发。研究在工厂化生产条件下的制备工艺，制定质量标准，申报新兽药证书。

(4) 新型兽药和保健剂的研发。针对当前畜禽养殖中混合感染疾病比例攀升的状况，开展复配药物、缓释、控释药物等新型兽药的研制和开发；开展纯天然中草药精制治疗药物、生物活性肽和微生态调控剂的研发；开展安全型奶牛乳房炎等主要疾病治疗药物研究与开发。开展药物工厂化生产条件下的制备工艺、质量标准、稳定性、新制剂的临床验证和药物代谢研究；申报新兽药证书，进行产业化生产。

专题四：畜禽健康养殖

1. 共性关键技术

(1) 畜禽规模化健康养殖模式研究与示范。研究浙江省不同地区、不同畜种适度饲养规模的健康养殖关键技术，重点围绕生猪、家禽、奶牛、兔和羊等产业，研究集成养殖过程中品种、饲料、饲养管理、疫病防控、生物安全等综合技术措施；研究农牧结合、循环利用生态养殖模式；改良养蜂机具、改良蜂种、改进养蜂的生产方式，实现无公害蜂产品高效生产，引领养蜂产业的转型升级。

(2) 畜禽养殖场配套设施和舍内外环境控制技术研究。研究适合我国国情的半自动饲喂系统、饲料输送和饲喂设备及配套技术；开发健康养殖的标准化栏舍设施和配套技术，研发可便捷装拆、养殖后地面可复耕的环保型可移动畜禽舍，研究种养轮换粪污资源化利用参数与模式；开发出能耗低、效率高的降温、保温配套设施，提高母猪繁殖力和保育舍仔猪生产性能；研发出畜禽舍内环境自动调控系统。

(3) 畜禽养殖污染物资源循环利用技术研究与示范。研究建立养殖场主要污染源的快速检测技术和定量确认检测技术；建立有害气体产生的生物与营养控制技术，建立养殖场气体排放净化技术，开发减少畜禽粪尿中污染排放量的营养调控技术，实现清洁化生产，研究无污水排放发酵床技术、固体废弃物快速发酵处理生产有机肥技术，研究养殖小区和中小规模畜禽场污水生态处理、农业利用技术和环境安全评价技术。

(4) 畜禽健康评价与监测技术的研究。分析研究养殖场环境中微生物种类变化与疾病动态以及与体内病原生物的互动关系，研制不同规模和生产方式养殖场卫生管理和疾病净化、防疫规程；建立以 DGGE 为核心的动物消化道微生态分析技术平台；评价饲养管理措施对畜禽消化道微生态健康的调控作用；建立以急性期反应蛋白为基础的畜禽健康水平(免疫应激强度)评价模型，探明免疫应激对畜禽采食量和营养物质代谢转化的影响与机制，创建不同免疫应激条件下畜禽营养需要的动态模型。

2. 成果转化及产业化

(1) 区域性畜禽产业集群创新技术研究与应用示范。以畜禽优势主产区为中心，促进关联的饲料、加工以及兽药企业和相关机构在地理空间上向主产区集聚，形成完整的产业链体系，发挥产业的规模效应。根据区域畜禽养殖特点，以区县或者乡镇为单位，建立生猪、鸡、鸭、兔、鹅、奶牛和蜂产业创新集群。低碳畜牧产业和畜产品安全生产，集成危害分析与关键控制点(HACCP)、良好生产规范(GAP)、质量管理体系(ISO)等认证体系，实施动物防疫和畜产品安全全程追溯体系以及集约化环保养殖模式。

(2) 规模生态养殖技术示范推广。结合新农村建设和省“125”农业园区建设，在养殖业重点县(市)实施生态养殖兴牧富民科技计划，按照农牧结合、资源循环利用的养殖模式，实施主导畜禽品种的现代化养殖技术集成和示范，在欠发达地区实施规模化、生态养殖富民强县科技计划，以优质、特色畜禽品种为对象，研究和推广资源循环养殖小区模式、林-牧或果-牧等生态养殖模式。

(3) SEW 养猪技术系统在浙江省实用化研究与示范推广。针对新建猪场和传统猪场改造等不同方式，探索完善猪舍分区隔离设计模式，集成母猪产前强化免疫接种、营养调控以及采用密闭生物膜隔离等技术阻断或减少病原；优化早期断奶乳猪饲料关键技术，并与企业合作年推广高档乳猪料 1 万吨以上，在省内建立 5 家示范养猪企业，年出栏商品猪规模达 50 万头以上。

(4) 家禽健康养殖新模式研究与示范。研究提高种禽及其后代生产性能的关键技术；研究蛋禽、肉禽高效生态良好养殖新模式；集成高产早熟抗逆蛋鸭配套系利用技术，建立蛋鸭健康养殖标准化生产技术体系；研究确立肉鸡、蛋鸡场场内、外环境标准，及卫生防疫措施；建立水禽健康养殖试验示范企业(小区),提出规范化高效生态养殖水禽技术方案。

(5) 奶业现代化生产技术集成与产业化示范。研究集成标准化散栏式千头奶牛场设计、布局;优化标准化奶牛舍配套的饲养、通风和粪污处理设施,构建散栏式奶牛场信息系统。集成示范优质青绿饲料高效生产和利用技术,推广应用奶牛日粮配制和全混合日粮技术,配套应用奶牛疫病防治等先进适用技术,促进奶业相关成果的转化应用和奶业健康持续发展。

(6) 畜禽规模养殖及专业小区生态工程技术示范推广。遵循"减量化、无害化、资源化、生态化"原则,针对畜牧业污染环节(源头、饲养、末端)进行技术创新与集成开发,完善并推广环保型饲料配制技术、环保型畜舍设计和应用、污染控制策略及污水处理、畜禽固体废弃物资源化利用技术。在省内已实施811工程6710个畜禽养殖场的排泄物治理基础上,继续强化末端治理的基础,加大源头控制的力度。

专题五:畜产品精深加工产业

1. 共性关键技术

(1) 乳制品精深加工及副产物高值利用共性关键技术研究。母乳营养成分和婴幼儿配方奶粉母乳化及其加工新技术;ESL(延长货架期)奶加工技术;脂肪酸结构及功能技术、活性功能因子提取、复配和评价、低蛋白调味植脂淡炼乳、复合乳化稳定剂等研究;乳品UHT等高效灭菌、无菌灌装、低温浓缩和膜分离浓缩等低碳加工、功能乳饮料复配等共性关键技术研发。乳制品加工副产物利用技术,研制乳清蛋白及多肽、液体蛋白、初乳利用、乳铁蛋白等产品。

(2) 肉制品精深加工及副产物高值利用共性关键技术研究。低温肉制品、发酵肉制品发酵剂及加工技术、肉类食品微生物预报和品质保障关键控制点技术;调理肉制品加工及流通技术;适应特殊环境和人体营养需求的新型肉制品加工技术。腌腊(发酵)肉制品中功能肽的分离及功能性评价;肉中左旋肉碱、血蛋白肽、骨胶原肽、硫酸软骨素、多肽钙等提取分离及活性研究;动物脂肪中的脂肪酸改性与胆固醇脱除技术;高钙、低钠、低硝、低脂、低能值等系列新型肉制品加工技术;肉制品的调味、调香及调色技术等研究开发。肉类副产物的高值综合利用技术,研发高附加值肉味素、水解蛋白等产品。

(3) 蛋制品精深加工及副产物高值利用共性关键技术研究。利用过程工程和生物工程技术,开展低温灭(除)菌,含高卵磷脂鸭蛋及蛋品功能活性物质提取、分离、纯化和生物转换等共性关键技术研究,开发蛋黄卵磷脂、蛋清蛋白多肽、特异性免疫球蛋白等高附加值产品。以蛋壳为原料,进行蛋制品加工副产物高值利用研究,研制高附加值有机酸钙、蛋壳素等产品。

(4) 畜产品加工装备和质量安全及标准。发挥浙江省食品装备制造的优势,开展畜产品质量安全控制技术研究,开发具有我国自主知识产权的乳、肉、蛋、蜂等畜产品先进加工制造设备;通过对畜产品加工非法成分添加监控和加工过程中有害成分检测技术研究,开发质量检验设备,建立和完善加工全程质量控制、品质评价和质量安全标准体系。

2. 成果转化及产业化

(1) 乳制品加工共性关键技术研究及产业化。乳蛋白生物功能及在婴幼儿配方奶粉中应用、复合乳化稳定剂在乳制品中应用、婴幼儿配方奶粉中第三代常微量元素加工共性关键技术研究及产业化;干酪、益生菌发酵产品、免疫活性肽、功能性液体奶等加工技术研究及产业化;母乳及婴幼儿配方奶粉脂肪酸结构及功能加工共性关键技术研究及产业化;乳中生物活性成分分离提取关键技术研究及产业化;初乳成分及其功能性、加工共性关键技术研究及产业化。

(2) 肉制品加工共性关键技术研究及产业化。浙江传统特色腌腊肉制品现代化生产技术、栅栏技术在肉类加工中应用,肉类食用品质和安全保障关键控制技术,中式肉制品腌制、防腐防霉、抗氧化等关键共性技术研究及产业化；适应各种人群营养需求的新型肉制品加工技术，低盐火腿生产技术，常温耐贮肉制品的杀菌与保藏技术，高钙、低钠、低硝、低脂、低能值等系列新型肉制品加工技术、动物脂肪中的脂肪酸改性与胆固醇脱除技术，肉制品加工副产物综合利用等关键共性技术研究及产业化。

(3) 蛋制品加工共性关键技术研究及产业化。开展传统蛋制品现代化加工技术、禽蛋饮料、禽蛋菜肴、禽蛋休闲食品等共性关键技术研究及产业化；蛋制品功能活性物质提取、分离、纯化和生物转换等共性关键技术研究及产业化，开发蛋黄卵磷脂、蛋清蛋白多肽提取、特异性免疫球蛋白等高附加值产品；蛋制品加工副产物高值利用技术研究及产业化。

(4) 畜产油脂制造高值精细化学品关键技术开发与产业化。以拓展畜产油脂应用和生物质基石油替代品为目标，研究动物油脂绿色转化技术，解决原料适应性、清洁生产和高效利用等问题。以畜产油脂为原料进行磺化油、脂肪酸、酯类、脂肪醇、脂肪酰胺、甘油及金属皂等系列精细化工产品加工技术研究及产业化，开发畜产油脂转化精细化工产品产业化装置；畜产油脂化学转化生物柴油的绿色生产集成技术研究及产业化，研究转化产物高效分离利用技术，重点开发原料广适性的生物柴油连续化清洁生产工艺。

(5) 畜产品加工装备研制和产业化。乳品 UHT 等高效灭菌、无菌灌装、低温浓缩和膜分离浓缩等低碳加工技术和装备；乳品微生物快速、在线监测设备，贮运中冷链温度监控装置；肉制品自动化智能分级设备、自动化在线或定位检测设备等质量安全控制技术装置；新型蛋制品分级、检测、灭菌和保鲜等加工设备；液态蛋生产技术与关键设备。

(6) 畜产品质量安全及标准。浙江省畜产品质量安全标准体系、畜产品食品冷链技术的标准化应用、畜产品应对国外技术性贸易壁垒、畜产品物流及安全追溯体系标准研究与应用示范；浙江省腌制畜产品中添加剂和食品安全研究，畜产品中有毒有害物质的快速检测技术与确证技术研究；真假蜂蜜鉴别、蜂王浆新鲜度判定、真假蜂胶鉴别的技术研究，实现蜂产品质量可控性。

(7) 蜂产品加工关键技术研究及产业化。采用常规加工技术，结合膜分离技术、微胶囊化技术、真空冷冻干燥、超临界流体萃取技术、无菌包装、超微粉碎技术等高新技术，研制新型蜂蜜、蜂王浆、蜂花粉、蜂蜡、蜂胶、蜂毒，以及蜜蜂幼虫、蛹等新型蜂产品；研究蜂产品体内和体外的生物学功效，拓宽蜂产品的应用领域，促进蜂产品及其制品的多元化发展。

四、新型创新主体培育及其产业集群创新

1. *新型创新主体培育*。通过承担科技项目攻关，产学研合作研发，成果转化及产业化引导和支持规模以上的畜禽养殖、饲料和加工企业创建企业研发机构，做大扶强三个层次的畜牧产业各类科技企业，并成为科技创新与发展的主体。第一层次是优秀畜禽产业高科技集团企业。其主要由规模较大的企业构成，具有雄厚的技术力量和资本实力，有独自企业研发机构；具有自主进行发明性创新的能力，其创新成果达到国内领先或国际先进水平；具有进行技术扩散、引导和带动其他企业发展的能力，是畜牧产业科技创新的核心力量。第二层次是畜牧产业的小型巨人。这些企业具有独自的研发机构，或有与科研机构、高等院校合办的研发机构；具有较强的引进吸收消化创新能力，其创新成果达到国内先进或领先水平，具有自主知识产权、有成长优势的新兴产业；产品具有较高的技术含量和附加值，具有较高的市场占有率和市场号召力，具有一定的技术扩散能力，是浙江省畜牧产业的中坚力量。第三层次是中小型畜牧科技企业。这些企业技术力量较强，科技人员比重一般在 30%以上，R&D 费用占销售收入的比重在 5%以上，产品档次、质量和附加值高，生产工艺和技术装备接近国际国内先进水平，具有创

新发展能力，是浙江省畜牧产业的新兴力量。鼓励三个层次的畜牧企业积极借鉴国内外融资经验，利用资产重组、控股、参股、兼并、租赁等多种方式扩大企业规模，增强企业实力。

2. *产业集群创新*。所谓的产业集群是指在既竞争又合作的特定领域内，彼此关联的公司、专业化供应商、服务供应商和相关产业的企业以及政府和其他相关机构（如大学、研究机构等）的地理集聚体。产业集群的优势在于各个企业既竞争，又合作，而且可以共享各种优质的资源。其目标是：攻关一批共性关键技术，形成一批经济增长点，推进一批知名品牌，培养一批创新创业人才，创造一批企业研发机构，造就一批高竞争力的高科技企业。产业集群创新牵头单位均为同一产业集群中的科技行政主管部门或经济管理部门，参加单位均为同一产业集群的众多企业和高校科研院所，形成科技产业链和产品市场，实现科技对产业的振兴。根据浙江省区域畜禽养殖特点，鼓励和支持萧山、嘉兴、衢州、金华等地重点开展生猪产业链集群创新；海宁、丽水、宁海、建德、温岭等县（市、区）重点开展肉鸡蛋鸡产业链集群创新；绍兴、湖州、桐乡、兰溪、镇海等县（市、区）重点开展鸭产业链集群创新；嵊州、新昌、宁波、文成、桐庐等县（市、区）重点开展兔产业链集群创新；象山、永康、江山等县（市、区）重点开展鹅产业链集群创新；金华、衢州等县（市、区）重点开展奶牛产业链集群创新；桐庐、兰溪、江山等县（市、区）重点开展蜂产业链集群创新，力争培育和发展 30 个以上现代畜牧产业集群。

五、加强源头创新核心主体建设

（一）新型科研院所或重点实验室建设

科研院所是科学研究的主要承担单位和落脚点，但现有的高等院校和科研院所的组织结构和研究目标大多以各自的学科为导向，学科交叉不强。“十二五”及今后一段时间，畜牧科技将以促进学科发展向满足畜牧产业科技转变，强化科技优势资源的整合集成，在高校院所创建若干个在国内同行业中领先的畜牧产业科技新载体。建议“十二五”期间在浙江农林大学增设动物科学学院，支持浙江省农科院在畜牧兽医研究所的基础上组建浙江省畜牧科学研究院，直属省农科院管理。

（二）创新团队建设

科技创新团队是获取和整合资源的有效组织形式，是科技创新和科研攻关的重要载体，是优秀人才的创业平台。通过 5 年的努力，针对浙江省现代畜牧产业链建设需要，拟建畜禽养殖、饲料、疫病防控、畜禽精深加工 4 个科技创新团队，形成一批以产业链和相关学科领军人物为核心，以科研骨干为主体，专业人才和科研辅助人员相配套，院所与企业优势互补、团结协作的紧密型创新研发群体。打造 4 个在本产业领域具有明确稳定的主攻方向、特色鲜明、竞争有力、在国内外具有一定影响和发展潜力的科技创新团队。每个团队成员在 50 人左右。拟将带头人培养成我国畜牧科技知名的国家级人才。将核心成员培养成我国（或省内）该研究方向（领域）的国家级人才。将其他成员中若干名成员培养成浙江省乃至国家该研究方向的科研骨干。并将更多的企业技术骨干培育成为企业科技带头人，从而发挥重要的作用。

（三）产业联盟建设

产业技术联盟是基于技术愿景的、由企业和科研单位共同组成的一种新型产业组织形式。其主要特点在于能够有效整合产业资源、产生协同效应和促进产业集群发展。产业技术联盟作为一种创新组织形式，在经济、科技全球化发展的新形势下，对于提升自主创新能力、建立技术创新体系将发挥关键性作用。更为重要的是，它能够集成产学研各方优势，在短时间内实现重大技术突破,加快科技成果的产业化和市场化进程,是增强自主创新的重要载体。力争在5年内创建畜禽养殖、饲料产业和畜禽精深加工3个产业技术创新战略联盟,推动畜牧产业整体科技创新能力提升。

六、加快科技企业培育与发展

(一) 引导畜牧企业加大科技研发投入

鼓励和支持畜牧企业、畜牧专业合作社组织成为科技创新和成果转化应用的主体,加大对畜牧产业科技创新、成果转化和产业化投入,支持畜牧企业联合高校科研院所组织申报科技计划项目。研究开发新产品、新品种、新技术、新工艺所发生的研发费用,未形成无形资产的,计入当期损益,在规定据实扣除的基础上,按照研发经费的50%加计扣除;形成无形资产的,按照无形资产成本的150%摊销。

(二) 加快畜牧企业科技研发机构建设

着眼于国家水平和企业乃至行业的未来发展,支持规模以上畜牧企业吸引国内外高校和科研院所专职科技人员带项目、带技术、带成果到企业参与研发机构的创建,建设一批整体达到国内先进水平的企业科研院所或重点实验室,不断增强企业的自主创新能力和市场竞争力,发挥其对企业发展的促进作用。

(三) 加快高新科技企业培育与发展

研究制定支持现代畜牧产业做大做强做优的发展战略及其实施规划与产业技术政策等,加强畜牧产业中高科技产品和企业扶持政策的研究和认定,培育一批符合高科技产品和企业标准的农业高科技企业、农业科技企业或创新型中小企业,对被认定为农业高科技企业的,按照税法规定减除15%的税率征收企业所得税。鼓励和支持各类农业科技企业引进各类创新型人才,为技术创新提供人才智力支持。

(四) 加快畜牧产业科技园(基地)建设

围绕省级现代农业园区建设,拟选择一批畜牧产业发展基础较好、符合条件、示范带动作用明显的园区(基地),开展畜牧产业集群创新,除各类科技计划项目给予重点支持外,拟开展职务科技成果股权和分红权激励试点;标准化研究和标准制订工作;支持产业科技园(基地)依托高校科研院所,创建畜牧产业科技创新孵化器,引进一批领军人物和创新团队,加快建设高层次人才创新创业基地;支持产业园(基地)内科技企业在创业板上市;稳步推进畜禽产品期货品种的上市工作;支持产业园(基地)内符合条件的企业发行企业债券;鼓励产业园(基地)内设立创业投资引导资金;支持开展知识产权等无形资产质押贷款试点和保险业创新试点;优先安排从国外引进加工设备、技术、工艺、产品在国内示范,在条件成熟后,产业园(基地)内可设立加工功能区、商品期货交割仓库及开展股份报价转让试点。

七、保障措施

(一) 加快畜牧科技创新创业人才队伍建设

鼓励和支持创新领军人物带领创新团队,承担重大科技攻关和产业化项目。在政府各类与畜牧产业相关的科技计划项目评审、验收等综合绩效评估中,把创新创业人才培养作为重要的考评指标。实施"百千万创新创业人才培养计划",着力加强畜牧领域创新能力强的高水平学科带头人和优秀科技创新人才群体培养，打破论资排辈，完善学术交流制度，健全同行认可机制，促进中青年优秀科技人才脱颖而出。鼓励成果完成人与项目承担单位以入股、转让等形式，直接进行成果产业化。调整省本级农业科技计划项目劳务费开支比例，由原来不超过科研项目财政资助总额的10%提高到15%，并在开支范围中增加引进人才费用，其资助标准在不突破项目劳务费支出总额的前提下，由承担单位根据实际情况确定。设立省农业科技突出贡献与成果转化推广奖，奖励一批对培育和发展畜牧产业有突出贡献和成果转化推广成效显著的科技工作者，特别是科技人员。引导科技人才到畜牧企业从事科技开发工作，创办农业科技企业。

(二) 多渠道筹措经费

充分发挥各级财政对畜牧科技投入的引导作用，加大对畜牧产业共性关键技术研发、产业集群创新及创新成果转化产业化项目经费投入。引导社会资金投入畜牧产业科技创新与发展，鼓励以畜牧企业为主体建立科技创新风险投资公司和创业风险投资基金。各类金融机构都要为畜牧产业科技创新和成果转化推广优先提供融资、担保和保险等服务，创新信贷品种，对符合条件的科技成果产业化基地基础设施提供信贷支持，积极探索利用贴息小额贷款等方式，加大有效信贷投入。支持畜牧企业利用资本市场融资，在中小企业和创业板上市筹资；具备条件的可进入证券公司代办系统进行股份转让试点，推进未上市畜牧领域高科技企业股权的流通，拓宽创业投资退出机制。

(三) 实施农业科技知识产权、标准化和品牌战略

加强畜牧领域科技知识产权工作，引导企业、涉农高校和科研院所开发、申请、拥有专利技术特别是发明专利技术，把发明专利作为科技项目立项和绩效考评的重要内容。加强区域优势畜牧产品品牌培育，鼓励注册使用畜牧产业证明商标和原产地标识，鼓励畜牧企业申报省知名商号，在全省范围内享受跨区域、跨行业的商号保护政策。加强畜牧领域技术标准工作，引导产学研用联合研制畜牧领域技术标准；跟踪研究国际标准、国外先进标准和本省畜牧产品主要出口贸易国的技术性贸易措施，增强应对技术壁垒的能动性；鼓励畜牧企业和行业组织采用国内外先进标准。

(四) 组织与管理

建立畜牧产业科技创新与发展专家咨询会议制度。在省科技厅领导下，由省农业厅、浙江大学、省农科院、浙江农林大学、浙江科技学院等涉农高校科研院所有关专家和企业家组成专家组，并建立专家咨询会议制度，负责畜牧领域科技创新与发展调研和咨询，对共性关键技术的立项和产业化示范及基地建设进行论证，对项目的实施进行检查和验收。

执笔人：鲍国连、张　有、徐子伟、刘建新、徐迎宁、汪以真、胡锦平
方维焕、卢福庆、邓　波、吴新民、王一成、戴旭明、卢立志
邹晓庭、尤玉如、胡福良、陈黎洪、陈有亮、蒋永清、李永明
杜爱芳、周继勇、顾小根、潘建治、陈慧华、徐　辉
审改：张咸益　打印：戴丹丽　校对：郑荣泉

第十六章　浙江省渔业产业科技发展研究

一、浙江渔业科技发展现状与形势

(一) 渔业科技发展现状

“十一五”期间，浙江省以科学发展观为指导，实施科技兴渔战略，积极贯彻落实国家《中长期渔业科技发展规划》，围绕生态养殖、调整捕捞、扶持远洋、改良种苗、绿色加工、拓展休闲渔业等主题，通过组织实施一批国家和省级的重大项目，使浙江省渔业科技创新能力明显增强，取得了一批突破性渔业科技成果，提高了渔业产业发展水平。“十一五”期间，浙江省水产品产量稳定在500万吨左右，其中捕捞产量300万吨，海、淡水养殖产量170万吨，远洋渔业产量20万吨，淡水捕捞产量10万吨，渔业经济总产出呈上升趋势，休闲渔业发展较快，渔民收入稳步增长。从2006年至2009年，我省渔业获省和国家科技进步奖二等奖以上科技成果奖25项。在水产良种培育和新品种开发方面，培育出中华鳖日本品系、清溪乌鳖、罗氏沼虾南太湖2号、杂交鳢杭鳢1号。在水产品加工方面，淡水鱼、低值海产鱼虾、坛紫菜、海产贝类等加工方法不断改进，提高了水产品加工质量和附加值。在渔业资源养护方面，调查评价了东海区重要渔业资源，促进了东海区渔业资源管理水平的提高，并开发出多种名优水产品种增殖放流技术。在渔业科技成果产业化方面，10个主推品种、18项主推技术的推广应用，使浙江省渔业主导产业的核心竞争力明显提升，初步形成杭州湾、舟山、大陆海岸三大南美白对虾养殖产业带，舟山、宁波梭子蟹养殖产业带，宁波、台州沿海和温州鳌江口三大青蟹养殖产业等特色产业群。中华鳖养殖新品种覆盖率超过30%。深水网箱等设施的快速推广，拓展了海水养殖业的空间。

渔业科研体系建设取得进展，科技队伍得到加强，科研条件进一步改善。全省有涉渔类的高校及科研院所18家；水产技术推广机构总数达到576个；渔业专业技术人员1400余人，其中高级职称以上人数600余人，已经形成了梯队配置基本合理的科研创新团队；涉渔类专业实验室40余个，其中国家级重点实验室1个、省部级重点实验室10个。涉渔类重大科技创新平台2个，省海洋科技创新服务平台集聚了国家海洋二所、宁波大学、浙江海洋学院等的科技资源，研究院下设水产品精深加工研究所、海水养殖研究所、公共实验室和孵化器等科研机构，并吸引了一批海洋企业作为研究服务的对象和科技创新的主体；省渔业科技创新服务平台由浙江省淡水水产研究所、浙江工商大学、省海洋水产养殖研究所组成平台核心层，50家渔业龙头企业和示范基地作为平台会员单位，下设淡水渔业、水产品加工和海洋渔业三个科技创新研发中心。建设涉渔领域区域科技创新服务中心7个，涉渔领域高科技园区2个。

(二) 渔业科技发展存在的问题

“十一五”期间，浙江省渔业科技工作取得了长足进步，但还存在许多薄弱环节，主要表现为：科技力量还比较分散，难以形成合力攻克渔业生产中的关键难题；渔业科技总体投入不足，基础性研究、成果转化应用滞后；科技立项选题与产业发展需求结合不紧密，已有的渔业科技成果转化率低；原始性创新成果和产业发展关键技术成果明显不足，涉及安全的苗种引进、病害防治体系、水产品质量安全管理等研究十分薄弱；传统的养殖方式对环境存在一定的影响，产品质量有待提高，缺少相关力量深层次地开展研究评价工作，自主创新能力和在产业关键或核心技术领域的研究水平亟须提高。

（三）加快渔业科技发展的紧迫性和必要性

一是保障食品安全的需要。水产品作为人民生活优质蛋白质的重要来源，食品安全至关重要。而随着浙江省工业化、城市化发展，沿海养殖水域面积不断缩减，养殖环境趋向恶化，养殖病害增多，而渔药的不规范使用等则严重威胁水产品的质量安全。要科学规划养殖区域，设立禁养殖区以保护养殖产品安全。同时依靠渔业科技进步，利用高新技术改造传统渔业，提高资源利用率和水产品质量，才能从数量和质量上实现水产品有效供给。二是促进渔业资源可持续利用的需要。目前浙江省渔业产业正处于结构调整和技术转型时期，捕捞能力过剩与渔业资源衰退的矛盾日趋突出，渔业资源管理水平亟待提高。捕捞产业在技术和装备上均落后于世界渔业发达国家，特别是选择性捕捞技术、活体捕捞技术滞后。需要开展对养护渔业资源、保护水域生态的研究，促进增殖放流的效益。三是建设环境友好型渔业的需要。当前浙江省水产养殖一方面受到水域生态环境污染的影响，疫病频繁发生；另一方面水产养殖中不合理的投饵等也会带来严重的水域污染，迫切需要开发环境友好型水产养殖生产技术，研究和推广适合不同区域生态安全的水产养殖生产和管理模式。四是推进渔业发展方式转变的需要。要加强渔业节能减排关键技术研究，降低渔船单位捕捞产量能耗和养殖污染排放。加强公海生物资源利用技术研究，开发新的渔业资源。要提高远洋渔业设施技术水平。开展重点水域水生生物资源评估与养护技术研究，促进渔业资源管理水平的提高。要提高水产品精深加工和水产生物资源综合利用水平，促进渔业增效和渔民增收。

二、基本思路与发展目标

（一）基本思路

“十二五”及今后一段时期，浙江省渔业产业科技发展的基本思路是，以科学发展观为指导，“强化自主创新、培育新兴产业、提升传统渔业、保障安全供给、服务城乡民生”。重点围绕培育远洋渔业战略性产业，做大做强海水养殖、水产品精深加工、海洋生物技术和设施渔业4个发展潜力大的渔业产业，做强杭嘉湖绍水网地带传统水产养殖产业，积极发展金丽衢山塘小水库优质高效清洁水产养殖业，统筹城乡科技资源配置和科技成果转化体制机制的改革，全面加强现代渔业前沿技术和核心技术的自主创新，抢占渔业高新技术战略制高点，显著提高浙江省在渔业高科技领域的自主创新能力和国际竞争力，培育和发展战略性新兴产业，有效延伸渔业产业链，促进浙江省渔业产业结构调整和技术升级，实现渔业产量、质量、效益、资源和环境的统一协调发展，支撑和引领浙江省现代渔业向“优质、安全、高效和环保”方向发展。

（二）发展目标

1. **产业推进目标**。通过科技进步与创新，到2015年，使浙江省渔业产业链总产值突破1000亿元，比2009年的560亿元翻一番；全省水产品产量达400万吨，比2009年200吨翻一番；水产品加工、精深加工产值突破600亿元，比2009年300亿元翻一番；渔业一、二、三产比例结构更加合理，渔民人均纯收入达15000元以上。同时，甬温台舟海洋渔业养殖产业带建设取得长足发展，杭嘉湖绍水网地带名优特水产养殖产业带建设取得明显成效，金丽衢山塘小水库养殖产业带建设取得突破性进展；远洋渔业、海水养殖、淡水养殖产业、海洋生物技术、现代设施渔业和水产品精深加工6个发展潜力大的渔业支柱产业培育稳步推进，为浙江省百姓的餐桌贡献优质的蛋白质，促进现代渔业又好又快发展。

2. *科技发展目标*。针对现代渔业发展对科技创新的重大需求，制订科技发展目标。一是开展主导水产品种的基因组学研究，转基因、染色体操作、性别控制、配子保存与干细胞培养等前沿技术，利用细胞、分子工程结合杂交、选育技术，培育和创新优质高产抗逆良种，研发名特优新种类繁育技术，构建良种培育技术体系，提高浙江省水产养殖良种覆盖率。二是开发新的鱼粉替代品和功能添加剂，研制新型高效饲料，研发饵料生物规模化培养技术。三是发展病原多联、快速、准确检测和宿主健康养殖技术，构建重要流行病诊断、监控、风险评估、疫情预警和综合防控体系。四是研发高效、低毒、新型渔药和疫苗及其应用与安全评价技术，创制免疫、营养增强剂，发展水产品质优质化技术。五是发展池塘、滩涂和浅海复合生态型养殖技术，创新集成岛礁和外海增养殖工程技术，研发工程化精准养殖、养殖废水资源化利用技术与设施。六是发展基于新能源、新型工业技术的水产养殖设施与设施养殖技术。七是实现高水平远洋渔业船舶及配套生产设施的设计与制造，为建设现代化远洋渔业船队及远洋渔业基地提供技术支撑。八是大幅度提高水产精深加工与高质化利用技术，在海洋生物资源利用方面取得突破进展。九是在甬台温舟海洋渔业养殖产业和杭嘉湖绍名优特水产养殖产业集群创新取得明显成效，重点养殖区域主导品种和主推技术入户率和到位率达到95%以上。十是发展渔业资源评估技术，研发资源友好型渔具与渔法，综合现场观测、渔船生产和卫星遥感等信息，发展渔场渔情分析和预报技术，全面突破渔业结构优化和经济增长方式转变的关键技术"瓶颈"，构建现代渔业高新技术产业体系。力争到2015年，远洋渔业、海水养殖业、淡水养殖业、海洋生物产业、设施渔业和水产品精深加工业6个发展潜力大的渔业支柱产业取得跨越发展，科技成果转化率达到60%以上，科技贡献率达到70%以上，全省水产良种覆盖率达到80%以上；全省重点养殖、加工企业全面推行健康养殖技术或HACCP管理，绿色水产品及精深加工产品比例明显提高；规模化、标准化、产业化程度达到一个新的水平，位居全国领先地位或与国际先进水平接轨。

三、发展重点与主要内容

（一）远洋渔业产业

1. *产业共性关键技术*。远洋渔业以捕捞鳕、鳀、金枪、鲭、鲹、鲽、胡爪、竹刀科鱼类以及头足类、甲壳类和鲸类为主要对象。重点突破专业远洋渔业船舶设计与制造技术并实现国产化，促进规模化和现代化远洋渔业船队及远洋渔业基地建设，增强抵御各种风险的能力。重点开展专业远洋渔业船舶、高性能远洋捕捞装备及其节能降耗技术的自主设计与制造关键技术研究，南极磷虾主要渔场资源评估、捕捞、储藏、加工装备关键技术研究；智利竹荚、金枪鱼和柔鱼类资源开发与利用关键技术研究；重点种类低温冷藏设备和高自动化加工设备研制；重点种类精深加工和下脚料综合利用关键技术研究；远洋渔业产品质量安全控制体系关键技术研究，远洋渔业资源开发利用与渔具渔法、渔情预报关键技术研究。

2. *成果转化及产业化*。重点转化远洋鱿钓、远洋拖网与大洋金枪鱼等规模化和现代化的远洋渔船改造技术；创建太平洋和西南大西洋鱿钓加工、南太平洋拖网生产补给和中西太平洋金枪鱼贮运产业化科技示范基地，推广远洋渔业现场生物资源保鲜加工技术、分割加工技术、副产物利用技术、质量安全检测与控制技术，大洋性金枪鱼、鱿鱼与竹荚等资源开发利用与渔具渔法成果的产业化应用。

（二）海水养殖产业

1. *产业共性关键技术*。重点开展海水养殖良种创制关键技术及新品种（系）选育；浙江渔场海洋生物资源总蕴藏量评估及完善渔业管理技术研究；基于海洋生态保护下的资源合理利用关键技术研究；沿海渔业生态功能区保护与管理关键技术研究；重要滩涂和湿地生态功能修复关键技术研究；浅海滩涂综合开发利用技术研究；港湾型和围栏型复合增养殖系统开发及其牧场化关键技术研究；海藻场生态保护功能开发及其增殖维护关键技术研究；东海渔区海洋生物种质资源库构建及其信息平台建设技术研究；海洋捕捞副渔获物增值综合利用关键技术研究；东海主要渔业资源摄食生态及各营养层次生物群落功能群研究；东海渔区重要经济鱼类的早期生活史及其补充机制研究；东海渔区虾蟹类群落结构及其演替过程研究；气候和海洋环境变化对渔业生物资源影响技术研究；综合型海洋牧场建设技术集成与示范研究；岛礁贝类增殖型海洋牧场建设技术与示范研究。

2. *成果转化及产业化*。重点开展海水养殖新品种（系）推广应用；港湾型围栏技术应用与示范；人工鱼礁建设综合配套技术开发与应用；渔具渔法总容纳量及其网络化管理技术应用与示范；海洋捕捞渔船节能降耗技术和低成本捕捞方式开发与应用；节能资源保护型渔具研发及其捕捞中的应用与示范；信息技术在海洋生物资源合理利用中的开发与应用；三疣梭子蟹资源可持续利用与示范；鲐鲹鱼资源可持续利用与应用；浙江近海局部海域生态功能调整与修复技术的应用与示范；鲍鱼大规格鱼种及网箱养殖产业化技术应用与示范；浙南海域刺参高效养殖加工技术产业化应用与示范。

（三）淡水养殖产业

1. *产业共性关键技术*。重点开展淡水养殖主导品种和特色品种种质资源收集保护利用技术研究；优质高产抗逆性强的新品种（系）选育与中试；重大疾病原发生、传播途径及控制关键技术研究，开发主要疾病诊断试剂盒和现场快速诊断试剂研制；免疫苗规模化制备工艺及相关免疫技术，与水生动力免疫相关功能基因的克隆、免疫调控分子与细胞功能等研究；水产养殖低鱼粉、低污染配合饲料研制；新型水产饲料添加剂研制；水产养殖模式与清洁养殖关键技术研究；水产养殖环境管理和养殖区域规划设计技术研究；水产养殖产业链配套技术集成与示范研究。

2. *成果转化与产业化*。重点开展主导养殖新品种（系）规模化繁育、养殖技术示范推广，包括主导品种的种质改良和新品种规模化繁育与养殖技术，特色品种产业化繁育与健康养殖技术集成示范等；健康生态安全型养殖模式构建与示范推广，包括南美对虾健康安全高产模式技术集成与示范推广，大众淡水鱼池塘环境友好型养殖模式构建与应用；稻鱼共生轮作技术集成与示范推广、水库洁水保水型养殖技术集成与示范推广等，高效环保型饲料及其添加剂产业化中试；病害防控关键技术集成与应用示范。

（四）海洋生物技术产业

1. *产业共性关键技术*。重点开展主要养殖生物基因组测序及遗传连锁图谱构建，海水主养蟹类功能基因组的研究及分子设计育种；主要海水养殖生物的生长生殖调控、人工繁殖及种质保存关键技术研究；海水养殖动物重大病毒防治及疫苗筛选、创制、安全评价、临床试验技术体系构建；海洋微生物资源开发利用关键技术研究；重点海洋渔业转基因技术、基因功能分析验证和应用技术研究。突破海洋生物活性物质的制备、分离、纯化技术，重点创制海洋生物肽、多不饱和脂肪酸等新型海洋药物和海洋功能食品，并进行产业化中试。

2. *成果转化与产业化*。重点对“十一五”期间已经取得的海水养殖优良种质创制技术、新品种(系)进行中试示范;新型生物饵料技术及新产品中试;动物疫苗及生物添加剂中试;海洋生物活性物质提取技术、设备、工艺及其海洋药物和功能食品中试;海藻寡糖产品中试;大型海藻纳米加工技术;海藻美容用途生物处理技术、贻贝中生物活性肽的高值化利用技术;高效环保型配合饲料开发与应用;海水蟹类营养与配合饲料推广应用。

(五)现代设施渔业产业

1. **产业共性关键技术**。重点开展池塘设施养殖设备和技术,工厂化养殖设施、工艺参数和养殖技术,设施养殖节能技术,基于新能源、新材料的水产养殖设施与设施养殖技术研究;新型水质改良剂、增氧机研制;水产养殖数字化技术、废水循环利用技术研究;新能源智能化陆基坑道工厂化养殖系统研制;绿色休闲型近岸养殖装备与技术研制;新型筏式养殖系统研制;大型养殖基站装备技术研制;外海工程化养殖配套设施集成技术研制;新型多功能养殖船的研制开发;陆资海水养殖废水资源化利用技术研究;浅海多营养复合生态型养殖技术研制;海水养殖健康精确管理技术研究。

2. **成果转化与产业化**。重点转化熟化温室大棚、深水网箱、高标准池塘等标准化系列化养殖工程、自动化监控和封闭式水处理等设施及其配套应用技术,筛选应用渔船节能产品与降低劳动强度,提高生产安全的设施装备,推进渔业生产的精准化、设施化和信息化。推广南美白对虾钢丝网大棚二茬养殖集成及其模式,龟鳖新型设施化养殖集成技术及其模式,池塘底部增氧设施装置。

(六)水产品精深加工

1. **产业共性关键技术**。重点研制海洋中上层鱼类的海上第一线保鲜技术和设备,养殖大黄鱼保鲜保活技术,海产品流通过程中质量安全控制关键技术,海洋低值鱼类和加工废弃物为原料的海洋调味品加工关键技术,金枪鱼、鱿鱼等远洋渔业生物资源的保鲜分割加工技术及副产物利用技术。重要养殖海区海洋微生物资源库构建;具有高效专一抑制病原微生物功能的有益微生物及其抗病、抗逆(耐热、抗紫外线、抗氧化、抗药物等)功能基因研究;高效复合微生态制剂研制;微生物发酵生产工艺;水产品现代物流关键技术及装置研制,海水产品蛋白质高效利用关键技术研究,海洋渔业生物与精细化工产品加工关键技术研究;水产品营养功能成分高效分离关键技术研究,海水产品中生物与化学危害成分的高效脱除关键技术研究,水产品原料品质快速判别与前处理装备研发,海水产品加工废弃物处理装备研制;重要海洋渔业产品质量全程跟踪与溯源关键技术研究。

2. **成果转化及产业化**。重点转化海洋休闲食品加工技术及系列新产品,海洋低值鱼类糜制品加工技术及系列新产品;鱿鱼精深加工关键技术及系列产品;贻贝加工关键技术及系列产品;海捕虾保鲜关键技术及加工系列新产品;推广低值金枪鱼综合利用关键技术及系列加工新产品;甲鱼深加工产品、小型鱼虾深加工关键技术及系列加工新产品;渔船冷海水保鲜技术及装置。

四、新型创新主体培育及其产业集群创新

(一)新型创新主体培育

通过承担各类科技计划项目,产学研合作研发,成果转化及产业化,引导和支持渔业养殖和加工企业创建企业研发机构,做大做强三个层次的渔业产业科技企业,并成为现代渔业产业科技创新的研发、转化和投资主体。第一层次是优秀渔业产业高科技集团企业。主要由规模较大的企业构成,具有雄厚的技术力量和资本实力,有独自企业研发机构;具有自主发明创新

能力，其创新成果达到国内领先或国际先进水平；具有进行技术扩散、引导和带动其他企业发展的能力，是现代渔业产业科技创新的核心力量。第二层次是渔业产业的小型巨人。这些企业具有独自的研发机构，或有与科研机构、高等院校合办的研发机构；具有较强的引进吸收消化创新能力，其创新成果达到国内先进或领先水平，具有自主知识产权、有成长优势的新兴产业；产品具有较高的技术含量和附加值，具有较高的市场占有率和市场号召力，具有一定的技术扩散能力，是浙江省现代渔业产业的中坚力量。第三层次是渔业产业创新型中小企业。这些企业技术力量较强，科技人员比重一般在30%以上，R&D费用占销售收入的比重在5%以上，产品档次、质量和附加值高，生产工艺和技术装备接近国际国内先进水平，具有创新发展能力，是浙江省渔业产业科技创新的新兴力量。鼓励三个层次的渔业科技企业积极借鉴国内外融资经验，利用资产重组、控股、参股、兼并、租赁等多种方式扩大企业规模，增强企业实力。

（二）产业集群创新

产业集群的优势在于科技部门与经济部门共同制定和实施的产业创新项目，各个企业既竞争，又合作，而且可以共享各种优质的资源，也没有成果转化与产业化问题。其目标是：攻关一批共性关键技术，形成一批经济增长点，推进一批知名品牌，培养一批创新创业人才，创建一批企业研发机构，造就一批高竞争力的高科技企业。产业集群创新牵头单位均为同一产业集群中的科技管理部门或经济管理部门，项目参加单位为同一产业集群的众多企业和高校科研院所，形成科技产业链和产品市场，实现科技对产业的振兴。浙江省现代渔业产业集群创新重点围绕宁波、台州、舟山和温州沿海“海洋养殖产业带”，杭州、嘉兴、湖州和绍兴水网地区“名优特淡水水产养殖产业带”和金华、衢州、丽水山塘小水库“优质高效清洁水产养殖产业带”3大渔业产业带建设，培育和发展远洋渔业、海水养殖、淡水养殖、海洋生物技术、现代设施渔业和水产品精深加工6个现代渔业产业，提升传统淡水水产养殖产业。首先开展3个产业带科技创新战略及其规划研究，明确提出“十二五”及今后一段时期各个产业带建设的现状、基本思路和发展目标、发展重点和主要内容、自主创新能力提升和主要保障措施等规划方案；其次选择一批养殖和加工企业及其产业相对集聚、块状经济明显、基础较好、潜力较大的县（市、区）进行现代渔业特色产业集群创新试验示范。加强科技资源的整合和工作集成，主动设计并实施一批产业集群创新的产业链重大重点科技项目，省和相关市县（市、区）科技部门上下联动，主动配套，联手突破制约6个发展潜力大的渔业支柱产业实现跨越发展和传统淡水水产养殖产业提升的核心技术，加快提升企业自主创新能力，增加核心竞争力，推进规模产业化。同时形成工作合力，科技部门前期培育，经济部门产业化推进，金融财税等部门全程支持的分工协同，共同推进现代渔业的发展。

五、新型渔业产业科技创新服务体系建设

（一）新型科研院所或重点实验室建设

鼓励和支持与渔业产业相关的高校科研院所深化科研与服务基层体制机制的改革，从以“促进学科发展”向“满足产业科技需求”方向转变，围绕3个产业带建设和6个支柱产业培育，支持浙江省海洋水产研究所联合浙江海洋学院创建浙江省海洋渔业科学研究院；支持浙江工商大学在水产品加工研究所的基础上创建浙江省水产品加工科学研究院，支持浙江淡水水产研究所更名为浙江省淡水水产科学院，将浙江省有优势特色的渔业科学研究院建设成为国内领先甚至国际先进的特色科技源头创新基地。积极创造条件支持渔业产业相关的高校院所对

已建重点学科和重点实验室调整优化结构，调整科学研究方向，紧密结合 3 个产业带建设和 6 个支柱产业培育的需要开展源头创新工作，争取成为国际先进或国内领先的重点学科和实验室。同时围绕 3 个带和 6 个产业新建一批重点学科和重点实验室，添加一批新型研究设备和仪器，招聘一批高层次的科研人才，满足产业科技发展需求。

（二）创新团队及其产业技术创新战略联盟建设

在“十二五”及今后一段时期，积极创造条件争取创建远洋渔业、海水养殖、淡水养殖、海洋生物和水产品精深加工 6 个现代渔业产业科技创新团队及其产业技术创新战略联盟或产业技术创新平台，形成一批高层次创新人才聚集、创新机制灵活、持续创新能力强、创新绩效明显、具有国内领先或部分国际领先水平的省级和国家级渔业产业科技创新团队及其产业技术创新战略联盟或产业技术创新平台。

（三）加快新型创新载体培育

1. *引导渔业产业规模以上企业加大科技研发投入力度*。鼓励和支持渔业养殖、加工企业、专业合作社组织的渔民成为渔业科技创新和成果转化应用、科技投资的新型主体，加大对渔业科技成果的转化及产业化投入，支持企业联合高校科研院所组织申报各类科技计划项目。新产品、新品种、新技术、新工艺的研发费用，未形成无形资产的，计入当期损益，在规定据实扣除基础上，按照研发经费的 50％加计扣除；形成无形资产的，按照无形资产成本的 150％摊销。

2. *加快规模以上渔业企业研发机构建设*。着眼于国家水平和企业乃至行业的未来发展，支持规模以上渔业企业吸引国内外高校和科研院所专职科技人员带项目、带技术、带成果到企业参与研发机构的创建，建设一批整体达到国内先进水平的企业科研院所。重点支持 3 个带、6 个渔业产业的各类企业创建企业研发机构，不断增强企业的自主创新能力和市场竞争力，发挥其对产业发展的引领和促进作用。

3. *加快渔业高科技企业的培育*。研究制定支持 3 个产业带和 6 个渔业产业的科技创新战略及其实施规划方案与产业技术政策等。强化渔业高科技产品和企业扶持政策的研究和认定，培育一批符合高科技产品和企业标准的渔业高科技企业，对被认定为渔业高科技企业的，按照税法规定减除 15％的税率征收企业所得税。鼓励和支持渔业高科技企业引进各类创新型人才，为技术创新提供人才智力支持。

（四）加快渔业产业科技园（基地）建设

围绕省级现代农业园区建设，拟选择一批渔业产业基础较好、符合条件、示范带动作用明显的园区（基地），开展渔业产业集群创新，除各类科技计划项目给予重点支持外，拟开展职务科技成果股权和分红权激励试点；标准化研究和标准制订工作；支持渔业产业科技园（基地）依托高校科研院所，创建渔业产业科技创业孵化器，引进一批领军人物和创新团队，加快建设高层次人才创新创业基地；鼓励民间资本在渔业产业科技园（基地）投资组建农村金融机构试点；支持渔业产业科技园（基地）内科技企业在创业板上市；稳步推进水产品期货品种的上市工作；支持渔业产业科技园（基地）内符合条件的企业发行企业债券；鼓励渔业产业科技园（基地）内设立创业投资引导资金；支持开展知识产权等无形资产质押贷款试点和保险业创新试点；优先安排从国外引进加工设备、技术、工艺、产品在国内示范，条件成熟后，在渔业产业科技园（基地）内可设立加工功能区、商品期货交割仓库和开展股份报价转让试点。

六、保障措施

(一) 加快渔业产业科技创新创业人才队伍建设

鼓励和支持创新领军人物带领创新团队，承担重大科技攻关和产业化项目。在政府各类与渔业产业科技创新相关的科技计划项目评审、验收等综合绩效评估中，把创新创业人才培养作为重要的考评指标。实施“百千万创新创业人才培养计划”，着力加强渔业领域创新能力强的高水平学科带头人和优秀科技创新人才群体培养，打破论资排辈，完善学术交流制度，健全同行认可机制，促进中青年优秀科技人才脱颖而出。鼓励成果完成人与项目承担单位以入股、转让等形式，直接进行成果产业化。通过省农业科技突出贡献与成果转化推广奖，奖励一批对培育和发展现代渔业产业有突出贡献和成果转化推广成效显著的科技工作者，特别是科技人员。引导科技人才到渔业企业从事科技开发工作，创办渔业科技企业。

(二) 多渠道筹措经费

充分发挥各级财政对渔业科技投入的引导作用，加大对现代渔业产业共性关键技术研发、产业集群创新及创新成果转化产业化项目经费投入。引导社会资金投入渔业产业科技创新与发展，鼓励以渔业养殖、加工企业为主体建立科技创新风险投资公司和创业风险投资基金。各类金融机构都要为渔业产业科技创新和成果转化推广优先提供融资、担保和保险等服务，创新信贷品种，对符合条件的科技成果产业化基地基础设施提供信贷支持，积极探索利用贴息小额贷款等方式，加大有效信贷投入。支持渔业高科技企业利用资本市场融资，在中小企业和创业板上市筹资；具备条件可进入证券公司代办系统进行股份转让试点，推进未上市渔业高科技企业股权的流通，拓宽创业投资退出机制。

(三) 实施渔业科技知识产权、标准化和品牌战略

加强渔业科技知识产权工作，引导渔业企业、涉农高校和科研院所开发、申请、拥有专利技术特别是发明专利技术，把发明专利作为科技项目立项和绩效考评的重要内容。加强区域优势水产品品牌培育，鼓励注册使用水产品证明商标和原产地标识，鼓励渔业企业申报省知名商号，在全省范围内享受跨区域、跨行业的商号保护政策。加强渔业产业技术标准工作，引导产学研用联合研制渔业产业技术标准；跟踪研究国际标准、国外先进标准和本省水产品主要出口贸易国的技术性贸易措施，增强应对技术壁垒的能动性；鼓励渔业企业和行业组织采用国内外先进标准。

(四) 组织与管理

在省科技厅领导下，由浙江大学、浙江工商大学、浙江海洋学院、浙江万里学院、浙江省淡水水产研究所、浙江省海洋水产研究所、浙江省海水养殖研究所等涉农高校、科研院所有关专家和企业家组成专家组，并建立专家咨询会议制度，负责优先主题的组织与实施，对项目的进展进行调研和咨询，对共性关键技术的立项和产业化示范及基地建设进行可行性论证，对项目的实施进行检查和验收。

执笔人：陈　畅、阮　彪、吴常文、戴志远、徐汉祥

审改：张咸益　打印：戴丹丽　校对：郑荣泉

第十七章　浙江省蔬菜产业科技发展研究

一、蔬菜产业及科技发展现状

（一）蔬菜产业发展现状

1. **国外蔬菜产业发展现状**。蔬菜是人们生活必需之食品，也是世界农业的主要产业。蔬菜从栽培方式上主要可分为设施蔬菜和露地蔬菜，从用途上可分为鲜食蔬菜和加工蔬菜。在荷兰、以色列、日本等一些人多地少、土地资源相对短缺的国家，设施蔬菜生产居世界领先地位；通过装备精良的温室和完善的自动化控制系统，控制蔬菜生产整个过程的温度、光照、营养、水分甚至气体等，使栽培作物发挥最大的效能，获得最高的产量。如荷兰的温室番茄、黄瓜，其产量可达到40～60千克/平方米。美国、法国、西班牙、意大利等国家土地资源丰富，机械化水平较高，种植品种优良，是露地蔬菜生产效率最高的一些国家。加工蔬菜最为发达的是美国、意大利和西班牙等国，主要是依托强大的工业基础，依赖丰富的土地资源和机械化得以生产的廉价的蔬菜原料，使加工蔬菜产品具备强大的竞争力。另一方面，蔬菜生产发达国家的生产规模大、市场体系完善、行业组织健全，服务体系对产业的支撑好，为提高蔬菜生产的技术水平和生产效率发挥了不可替代的作用。我国目前的蔬菜单位产量率仅为荷兰的30%、美国的65%、西班牙的57%左右，尚有很大差距。

2. **我国蔬菜产业现状**。我国是世界上最大的蔬菜生产国和消费国，据FAO统计，2007年我国蔬菜播种面积和产量分别占世界的43%和49%，均居世界第一。其国际比较优势主要体现在生产成本低、总产量大、花色品种多。我国加入WTO以来，蔬菜产业比较优势逐步显现，发展势头强劲。据统计，2008年全国蔬菜种植面积2.68亿亩，产量5.92亿吨，出口量819.71万吨，出口额64.4亿美元，分别比2001年增长9%、23%、108%、175%。另据测算，2008年全国蔬菜生产总产值突破8000亿元，占种植业总产值的比例超过30%；对全国农民人均纯收入贡献740多元，占农民人均收入16%；吸纳从事生产的劳动力约1亿人，从事加工、贮运、保鲜和销售等采后服务的劳动力约8000万人。2009年，蔬菜产业特别是设施蔬菜和夏秋高原蔬菜、高山蔬菜持续稳定发展，成为金融危机下农民增收的一大亮点。

3. **浙江省蔬菜产业发展现状**。蔬菜是浙江省农业十大主导产业之首。2009年，浙江省蔬菜播种面积近1000万亩，总产量约1700余万吨，产值248亿元，在全省种植业中居第一位，为全国蔬菜主产省之一。浙江省蔬菜产业吸纳种植、加工、流通等就业人数在255万人左右；以全省3000万农业人口计，蔬菜产业的贡献值为人均826元，为浙江省农民增收、农业增效、农村就业、新农村建设和社会的安定作出了巨大的贡献。近年来，浙江省蔬菜产业进展明显，主要表现在以下几个方面。一是浙江省蔬菜产业区域特色清晰，特色产业带已基本形成。“十一五”以来，随着产业的发展，浙江省浙北、浙东南设施蔬菜产业带、东南沿海和杭州湾的加工蔬菜产业带、浙西和浙南的山地蔬菜产业带及水生蔬菜产业区块等已经形成并发展良好，成为浙江省蔬菜产业发展投入最多、效益最好、科技水平最高、活力最强的地区。二是蔬菜产业的效益明显提高。2008年，在全省蔬菜播种面积减少7%的情况下，全省蔬菜种植业增加值达到近

50亿元人民币,超过当年全省食用菌产业的总产值。除市场因素外,这主要是由于品种的更新、新栽培技术和设施的应用及抗灾减灾能力的提高。三是蔬菜生产组织化程度的提高。"十一五"以来,全省主要产区的蔬菜生产合作社蓬勃发展,组织化程度明显提高,有力地带动了当地蔬菜产业的发展;特别蔬菜新品种应用、新技术蔬菜生产质量安全控制起到了巨大的不可或缺的作用,如台州临海的西兰花合作社、丽水的豇豆合作社、嘉善的番茄合作社等。

(二)蔬菜科技发展现状

1. **国外蔬菜科技发展趋势**。一是育种目标多样化。培育高产、优质、多抗性(病、虫、逆境)的品种是植物育种的永恒目标。世界蔬菜育种也概莫例外,但是由于不同国家处于不同的社会发展阶段,各国的市场需求不同,由市场导向的育种目标也明显不同,更趋向多样化或专用化发展。随着人们对环保问题、可持续发展问题的日益关注,抗病虫、抗旱、耐寒、耐瘠品种的选育和应用受到了高度重视,这样既可减少或避免施用化肥和农药,节约日益枯竭的水资源和减缓环境劣化,又可达到稳产的目的。此外,用于生产乙醇、甲烷等能源燃料的甜菜、马铃薯,以及榨取菜子油作为农业机械的燃油、代替矿物油等的专用蔬菜品种选育已经得到重视。随着人类生活水平的提高和人们自身健康的注重,一些发达国家已开始了抗癌、抗衰老等各种保健营养性蔬菜的选育和应用。二是利用新技术、新方法,尤其是利用生物技术进行种质创新,提高育种技术及效率。世界各国都十分重视蔬菜新品种的选育和改良,不断提高蔬菜育种的科技含量,由常规育种、杂交育种、优势育种发展到了应用生物技术育种、转基因育种技术,使蔬菜产业又出现新的飞跃。欧美等发达国家和地区的蔬菜育种发展较快,这与科技育种的重视及育种技术的创新密不可分,现在已呈现以蔬菜育种为中心,多领域、多产业相结合的发展态势。随着第一个商品化的转基因产品——耐贮藏番茄的出现,大大地加速了分子育种的应用,现在美国的孟山都生命科学中心已完成大豆、玉米、番茄、西瓜、马铃薯等作物的基因测序,据此按照育种目标选择目的基因进行电脑配组,大大地提高了育种的速度,提高了达到育种目标和选择优良性状的准确度。此外,欧洲的先正达集团、日本一些大商社的生物工程,不仅投资于蔬菜育种与生物工程,还把育种、种子生产、蔬菜生产、农户、市场(国内外)和消费者有机结合,形成一个完整蔬菜种子产业化生产及应用体系,实行由种子到餐桌的全程控制。

2. **我国蔬菜科技发展现状**。一是杂种优势育种已成为多数蔬菜育种的主要方法和途径。我国蔬菜杂种优势育种虽然起步较晚,但是鉴于其所育杂种的优势而发展迅速,已有27种蔬菜进行了杂种优势育种,包括白菜、大白菜、甘蓝、辣(甜)椒、黄瓜、番茄、西(甜)瓜、萝卜、茄子和西葫芦等主要蔬菜。与此同时,杂种优势育种技术的途径和应用基础理论研究也取得了突破,诸如上述蔬菜的质、核及质核互作不育材料的选育。二是抗病育种取得了较大进展。鉴于病害对蔬菜生产的影响,1983年开始国家将白菜(含大白菜)、番茄、黄瓜、辣(甜)椒和甘蓝的抗病育种列入国家重点项目,组织全国40多家科研和教学单位进行联合攻关,目前已基本掌握了它们致病的主要原因,筛选出了一批抗病材料,其中大白菜、番茄、黄瓜、辣(甜)椒和甘蓝等兼抗2~3种主要病害的材料达100多份,育成抗1~3种主要病害的新品种(品系)200个。此外,在西(甜)瓜、菜豆、豇豆、萝卜、花椰菜、青花菜、西葫芦、冬瓜和茄子等蔬菜中也育成了一批抗病品种,从而缩小了与发达国家的差距。三是生物技术在蔬菜育种上已得到广泛应用。除马铃薯、大蒜和姜等无性繁殖蔬菜茎尖培养脱毒快繁技术得到广泛应用外,基因工程技术被用来创新种质资源,进一步选育和繁殖更多具有许多优良性状的种子,如番茄华番1号的育成,使得番茄的贮藏时间大大增加。此外,利用转基因技术还获得了番茄、辣(甜)椒、马铃薯、白菜和甘蓝等蔬菜抗病或抗虫的转基因植株或育种材料。分子标记利用已经在抗病育种上发挥了较大的作用，如番茄叶霉病、根结线虫病等。四是专用型蔬菜品种的选育工作得到了重视。根据专门消费和特定生境而选育蔬菜品种的工作已有开展，如品质优良的鲁萝卜1号、4号、6号，适宜温室栽培的津春3号黄瓜，以及对保护地栽培有良好适应性的浙粉202、中杂8号和9号番茄。

3. **浙江省蔬菜科技的现状和趋势**。一是浙江省蔬菜科技发展现状。浙江省从事蔬菜科研的技术力量有浙江省农业科学院蔬菜研究所、浙江大学蔬菜研究所、地（市）农科院（蔬菜所）和企业或民间育种机构。在蔬菜育种上，浙江省优势种类主要有以下几种。① 番茄。"六五"以来一直主持或承担国家和省番茄育种攻关课题，育成品种在全国覆盖面广，具较大的影响力；在抗青枯病、抗叶霉病育种和耐贮运性育种方面走在全国前列。② 豇豆。有着较长的育种历史和雄厚的研究基础，育成品种在全国覆盖面极广，在全国具有较大影响力。③ 耐热结球白菜。有着良好的研究基础和较高的育种水平，育成品种覆盖长江以南广大地区，在全国影响力较大。④ 茄子。在线茄（细长果型，包括红茄和黑茄）育种上有较好的研究基础，育成品种在华东地区和其他适栽地区有较大的覆盖面，在本省和华东地区有较大的影响力。⑤ 瓠瓜。作为育种上刚起步的品种，在技术和资源上具一定优势并保持着较大的发展潜力。⑥ 辣椒。其主要优势表现在微辣型细长尖椒的育种上，育成品种覆盖本省及江西等省，有一定的影响力。⑦ 花椰菜。以温州种子企业为代表，依靠温州种子企业的群体优势、营销优势和地理气候资源优势，育成了一大批花椰菜品种，在全国有极大的覆盖面和影响力。从种质资源上分析，表现为两种情况：① 浙江省当地的资源优势种类。这些种类主要包括青菜类、芥菜类、毛豆类，以及一些有特色的地方小品种，如瑞安的白银豆，金华、奉化的芋等；② 浙江省育种历史较长，长期引进和积累较多的蔬菜种类，如番茄、豇豆、茄子、白菜等。二是浙江省蔬菜科技发展趋势。除与全国蔬菜育种的发展趋势一样，坚持高品质、利用生物技术进行种质创新及重视生态安全这三大方向外，浙江省的蔬菜科研工作必须从浙江省蔬菜产业发展的特点出发，做到三个坚持：① 坚持与本省的效益农业相结合，提供优良设施蔬菜新品种和新技术；② 坚持与本省外向型农业相结合，提供加工蔬菜、出口蔬菜新的品种和技术；③ 坚持与本省蔬菜特点相结合，提供浙江省特色蔬菜品种（如榨菜、雪菜、高山蔬菜）新的品种、技术和生产方式。三是存在问题。蔬菜产业的科技进步，极大地促进浙江省蔬菜产业的发展，但就目前来说，仍存在着明显的不足，主要表现在以下几个方面。① 拥有自主知识产权的技术创新不够，自育品种覆盖面较小，对产业的支撑度不够强。目前，除番茄、速生大白菜、茄子、辣椒、豇豆、花椰菜等品种在该区域有较大的竞争力和较大的推广面积外，其他种类的蔬菜品种推广面积较小；拥有自主产权的部分蔬菜品种覆盖面不大，优势不强，市场竞争力较弱，与国内蔬菜强省相比差距较大。一些传统特色品种优势正在减弱，榨菜、叶用芥菜、水生蔬菜等传统特色蔬菜育种力量相对薄弱，不能适应产业发展的需要。出口和加工蔬菜品种（如青花菜）多数从国外引进，被国外种子企业所垄断，种子价格昂贵，大大增加了生产成本，降低了农民收入。② 产学研、科技与生产结合的紧密度不强。具有研发能力的企业少，研究单位、高校与企业和农户的联系度不够高，存在研究和生产脱节现象；企业参与度不够，科技成果的应用面针对性弱，科技成果向现实生产力转化速度不快，对产业结构优化升级和提升产业核心竞争力不足。如茄果类蔬菜是长三角地区主要的设施栽培作物，但近年来，一些新的病害甚至毁灭性病害的出现，给茄果类蔬菜生产带来了严重影响，如番茄黄化曲叶病毒病使一些地方番茄产量损失30%以上，严重地区在60%以上，但目前抗番茄黄化曲叶病毒病的品种尚未问世。③ 对大棚蔬菜高效栽培技术研究不足，种植效益仍不平衡。由于长三角地区冬季和早春低温寡照多阴雨、夏季高温干旱多台风,对如何利用现有大棚设施、提高大棚蔬菜栽培效益和产品品质研究不足,不同年份、不同种植户间种植效益相差悬殊,蔬菜产品的商品性、安全性、品质均有待提高。④ 生产的标准化程度低,单位生产规模过小。平均单产、单位面积效益与发达国家和山东等地差距较大。单家独户的分散经营生产方式仍是该地区蔬菜生产的主要形式,产业化、规模化生产主体少。散货、统货仍是蔬菜产品销售的主要方式,优质优价体现度差,产品附加值低。⑤ 育种技术的创新与应用不够,蔬菜育种技术研究及其平台建设滞后。高新技术特别是分子生物学技术在传统育种上的应用研究方面投入不足,蔬菜育种技术研究平台建设滞后,蔬菜育种的创新基础较弱,育种整体的竞争力有待加强。⑥ 质量安全生产体系尚未完善。虽有无公害蔬菜、绿色食品蔬菜和有机食品蔬菜的生产,但与其相配套的农业投入品开发和推广还没有取得突破性进展,从"田头到餐桌"的全程质量控制技术体系尚未建立与实施。⑦ 贮藏、保鲜和加工技术落后。加工能力不强,特别是缺少规模大、带动能力强的大型龙头企业,以及在国内外有较大影响力的品牌。加工品的档次不高,盐渍、腌制产品较多,而深加工产品较少,出口创汇水平与其他省市相比有较大差距。

二、浙江蔬菜产业科技创新发展思路及目标

(一) 基本思路

"十二五"及今后一段时期,浙江省蔬菜产业科技发展的基本思路是"强化自主创新,提升蔬菜产业,保障安全供给,服务城乡民生"。一是统筹全省蔬菜产业的科技资源,从浙江省蔬菜产业的升级和发展的战略高度,从全省各地蔬菜产业特点出发,建立以企业为主体、市场为导向、产学研相结合的技术创新体系,形成省、市、县和企业参与的全省统筹协调的蔬菜产业科技网络,根据浙江省蔬菜产业各个层面上的蔬菜产业技术问题,开展针对性的研究,为浙江省蔬菜产业提供全面的技术支撑。二是跟踪国际蔬菜科技前沿,紧密结合浙江省蔬菜产业实际,开展前瞻性研究和共性关键技术研究,提升浙江省蔬菜科技水平。三是进一步优化蔬菜科技成果转化体制,形成科研、企业(合作社)、农户共同参与的蔬菜产业技术创新体系,促进蔬菜科技成果转化率和转化效果的提升。通过集聚创新要素,组织全省蔬菜技术力量协作攻关,结合浙江省优势蔬菜产业带建设,进行设施蔬菜、露地蔬菜、高山蔬菜、加工蔬菜、出口蔬菜等的育种、栽培技术和安全生产技术等相关共性关键技术的攻关,提高科技成果在全省合适地区最大限度的转化应用水平,促进浙江省蔬菜产业的升级和发展。

(二) 发展目标

1. **产业推进目标**。根据浙江省蔬菜产业优势产业带布局,重点建设浙北和浙东南设施蔬菜产业带、杭州湾两岸和浙东南出口蔬菜产业带、浙中和浙西南山地蔬菜产业带。至 2015 年,基本形成规划布局合理、区域优势明显、生产安全规范、效益显著提升、具有浙江特色的蔬菜产业格局;至 2015 年,浙江省蔬菜播种面积保持在 1000 万亩左右,产量达到 2000 万吨,产值达到 300 亿元;蔬菜产业对全省农业人口的贡献值为人均 1000 元;蔬菜出口额度超过 3 亿美元。

2. **科技发展目标**。到 2015 年,重点在优质、高产、多抗、专用蔬菜新品种选育,蔬菜育种技术研究与应用,蔬菜种质资源鉴定和利用,蔬菜设施高效栽培技术,蔬菜质量安全与标准化生产技术,高品质蔬菜杂交种子繁育、生产与加工技术等 5 个方面组织产业共性关键技术攻关,取得拥有自主知识产权的科技成果 50 项以上,其中获得国家发明专利 15～20 项,育成新品种 20～30 个,提出新技术 10～15 项。推广应用 50 项(个)以上先进适用技术和新品种,覆

盖全省主要蔬菜产区60%以上,浙江省自育优良品种的覆盖率比"十一五"提高10%以上,设施蔬菜效益提高10%~15%;与蔬菜生产或种子企业合作,培育科技创新型企业20个以上。打造一支国内一流的蔬菜产业科技创新团队,到"十二五"末形成一支15人以上在国内外有影响的学科或产业科技带头人、100名左右具有竞争力的创新研究与开发中坚力量。加快蔬菜产业科技创新创业人才培养,为重点蔬菜产区培训基层技术人员和推广骨干1500名以上。

三、发展重点与主要内容

"十二五"及今后一段时期,浙江省蔬菜产业科技发展重点:一是蔬菜种业的培育,主要开展蔬菜种质创新研究、蔬菜新品种选育、蔬菜育种技术和繁种技术研究;二是蔬菜产业技术提升,主要开展设施蔬菜长季节超高产栽培技术、蔬菜生产全程质量控制技术、化肥农药等农业投入品的精准施用和病虫害控制技术。从设施蔬菜、露地蔬菜、山地蔬菜、加工蔬菜、出口蔬菜等5个方面开展研究和成果转化。

(一)蔬菜产业共性关键技术研究

(1) 蔬菜种质资源的收集鉴定和创新利用研究。搜集本省特色地方蔬菜品种和各种濒危种质资源,收集和引进国内外各种蔬菜种质,进行鉴定研究,评价重要农艺性状,发掘功能基因。在青菜、萝卜、毛豆(菜用大豆)、芥菜、瓠瓜等种类上开展收集、整理和鉴定利用;在茄果类、瓜类蔬菜上,积极从国内外大量引种,针对浙江省目前抗病育种和品质育种上资源短缺的情况,引进亟须的抗病、优质种质资源,提高自主育成品种的质量。创新优异种质资源100份以上,收集引进各种种质资源500份以上,鉴定1000份以上。

(2) 蔬菜种质创新技术研究。一是开展分子标记和细胞工程技术研究。研究获得蔬菜主要病害或品质的分子标记,提出利用分子标记技术和细胞工程技术创新抗病种质资源的方法。二是开展雄性不育技术利用常规育种技术研究,研究十字花科蔬菜的雄性不育技术,创造雄性不育新种质材料,开展雄性不育杂交一代新品种的选育工作。三是开展蔬菜生理指标辅助鉴定筛选技术研究,研究利用酶活性、叶绿素荧光参数、电解质渗透率等方法鉴定蔬菜抗逆、耐低温弱光等优异种质材料的技术,提出耐热种质材料鉴定筛选的生理生化指标,用于耐热种质材料的筛选和创新。

(3) 蔬菜杂交种子繁种技术研究。一是开展以提高蔬菜杂交种子产量为目的的杂交技术和栽培技术研究。二是以提高蔬菜杂交种子质量为目的的技术和方法研究,包括提高种子纯度、发芽率、千粒重等质量指标的技术和方法。三是蔬菜杂交种子质量鉴定方法研究,特别是利用分子技术鉴定杂交种子纯度的技术研发。

(二)设施蔬菜新品种选育及高效栽培技术研究

1. 产业共性关键技术

(1) 设施茄果类蔬菜新品种选育和设施高效栽培技术研究:主要选育替代进口、高品质抗浙江省主要设施病害番茄新品种,优质多抗高品质的茄子新品种和优质高产辣椒新品种等设施蔬菜新品种,育成以上茄果类蔬菜新品种10个以上,基本可以替代进口品种并更新现有设施茄果类品种。针对浙江省现有茄果类蔬菜生产设施状况,研究高效栽培技术,提升设施茄果类蔬菜生产水平。

(2) 设施瓜类蔬菜新品种选育和高效栽培技术研究:以南瓜、黄瓜、瓠瓜和丝瓜等浙江省主要设施栽培瓜类蔬菜为对象进行新品种选育。一是以替代进口小黄瓜品种为目标,育成优质高产设施小黄瓜品种；二是育成优质多抗、适合设施栽培的南瓜、瓠瓜和丝瓜新品种，完成新品种的升级换代；三是设施西甜瓜新品种选育，目前浙江省西甜瓜设施栽培面积很大，95%以上的西甜瓜品种从国外或省外引进，浙江省育成品种极少，拟开展以适合浙江省设施栽培为目标的西甜瓜品种选育，替代引进品种，提高浙江省自育品种的覆盖率；四是针对瓜类蔬菜设施栽培存在的种种问题开展高效栽培技术研究，提升瓜类蔬菜设施栽培水平。

2. 成果转化及产业化

(1) 新品种示范与推广。茄果类蔬菜新品种：番茄"浙杂 203"、"浙杂 204"、"浙杂 205"、"浙杂 210"、"浙粉 208"；辣椒"浙椒 1 号"、"千丽 1 号"、"采风 1 号"；茄子"浙茄 1 号"、"紫秋"及其配套优质高效栽培技术。瓜类蔬菜新品种：瓠瓜"浙蒲 2 号"、"浙蒲 6 号"；南瓜"甘栗"、"翠栗 1 号"；丝瓜"衢丝 1 号"；黄瓜"浙秀 1 号"及其配套优质高效栽培技术。

(2) 集约化蔬菜育苗技术的示范推广。在浙北、浙东南等主要设施蔬菜产业带建立集约化蔬菜育苗场，示范推广设施蔬菜嫁接育苗技术。

(3) 设施蔬菜标准化生产和质量安全控制技术。主要示范推广设施蔬菜生产的标准化技术、病虫害控制技术、农药和化肥的精确施用技术。

(三) 露地(山地)、水生蔬菜新品种选育和栽培技术研究

1. 共性关键技术

(1) 豆类蔬菜新品种选育和栽培技术研究。以豇豆、四季豆、豌豆、蚕豆等主要豆类蔬菜为对象，以优质高产多抗为育种目标，育成适合浙江省露地栽培和山地栽培的新一代豆类蔬菜新品种；同时针对浙江省露地和山地栽培条件开展栽培技术研究，提出优质高效露地和山地栽培技术，提高浙江省露地条件下的蔬菜生产水平和产品品质。

(2) 十字花科蔬菜新品种选育和栽培技术研究。以青菜、花椰菜、萝卜、大白菜等蔬菜为对象，以优质高产多抗为育种目标育成新品种，育成替代进口的小型大白菜、耐抽苔萝卜、优质花椰菜、青菜等新品种，促进新品种的更新换代；进行新品种的配套栽培技术研究，充分发挥新品种的潜力和性能，提高十字花科蔬菜的生产水平和种植效益。

(3) 水生蔬菜新品种选育和栽培技术研究。以茭白莲藕等主要水生蔬菜为主开展新品种选育和安全高效栽培技术研究。选育出 3 个适宜鲜食或加工的水生蔬菜专用品种。开展反季节育苗、冬季护苗、割株再生、节水省肥等跨年度特早熟栽培关键技术攻关。

2. 成果转化及产业化

(1) 豆类蔬菜新品种和配套栽培技术的示范推广。长豇豆"之豇 106"、"之豇 108"；豌豆"浙豌 1 号"及其配套优质高效栽培技术。

(2) 十字花科蔬菜新品种和配套栽培技术的示范推广。白菜"浙白 6 号"、"早熟 8 号"；青菜"青丰 1 号"、花椰菜"浙 801"及其配套优质高效栽培技术。

(3) 水生蔬菜新品种和配套栽培技术的示范推广。茭白"丽茭 1 号"、"金茭 1 号"、"金茭 2 号"，莲藕"金藕 1 号"、"金藕 2 号"，菱角"田菱 1 号"等新品种和配套优质高效栽培技术的示范推广。

(四) 加工蔬菜新品种选育和栽培技术研究

1. 共性关键技术

(1) 榨菜雪菜新品种选育和栽培技术研究。选配出优良冬榨菜杂交一代品种 2 个，产量较现有品种增产 10%以上，瘤状茎商品率 90%以上，平均单个瘤状茎重 500 克以上，采收期与

目前品种错开5～7天。选育出加工品质佳的雪菜品种1个，要求冬春季均可采收，分蘖性较强，耐寒性好，产量高于现有主栽品种。获得优良、特异不同生态型叶用和茎用芥菜育种材料50份，包括高芥子油苷的材料以及胞质雄性不育系；创新高抗浙江省主要病害或优异品质性状的雪菜种质材料9份以上。研发提出榨菜雪菜栽培技术规程。

(2) 菜用大豆新品种选育、良种繁育及配套栽培技术研究。选育出优质、高产、抗病、鲜食加工兼用型菜用大豆新品种1个。研究制定一套菜用大豆优质高产良种繁育技术体系，制种田亩产量达到160千克以上。制定菜用大豆优质、高产、高效配套栽培技术规程，通过建立菜用大豆新品种生产示范点，示范应用新品种、新技术。

2. 成果转化及产业化

(1) 鲜食大豆新品种"浙农6号"及其配套优质高效栽培技术。

(2) 加工蔬菜新品种：榨菜"甬榨1号"、"甬榨2号"、雪菜"嘉雪四月蕻"及其配套优质高效栽培技术。

(五) 出口蔬菜新品种选育和栽培技术研究

1. 共性关键技术

(1) 青花菜种质创新与新品种选育。收集鉴定国内外青花菜资源100份以上。获得10个以上小孢子DH系，再生植株500株以上。育成不育性稳定、不育株率达100%、不育度大于98%、综合性状优良的青花菜雄性不育系1～2份，及相对应的性状基本一致且稳定的保持系。培育出具有自主知识产权的优质、高产、商品性好、适于浙江省种植或其他地区种植的青花菜强优势新组合1个，同时建立新品种中试示范点2～3个。建立青花菜高效、经济的繁殖制种技术。

(2) 加工出口萝卜新品种的选育和栽培技术研究。育成替代进口、适合加工出口、优质高产的春栽和秋栽萝卜新品种，提出相应的高产优质栽培技术和杂交种子生产技术。

2. 成果转化及产业化

(1) 青花菜褐茎病防治关键技术的示范推广。

(2) 青花菜集约化育苗技术的推广应用。

(3) 出口青花菜质量控制技术和标准化栽培技术的推广应用。

四、蔬菜产业科技创新载体建设

以建设蔬菜科技强省为目标，有效整合科技资源，建立资源共享机制，加强蔬菜产业科技创新载体建设，形成开放、共享、功能完善、条件一流的，具有创新、转化、推广、服务等功能的蔬菜科技创新载体。

(一) 重点学科和重点实验室建设

围绕蔬菜产业科技创新与发展，整合相关高校科研院所的资源，积极创建蔬菜产业重点学科和重点实验室，添加一批新型研究设备和仪器，招聘一批高层次的科研人才，推进研究方向以"促进学科发展"向"满足蔬菜产业做大做强做优对科技的需求"转变，提高蔬菜科技自主创新能力。

(二) 蔬菜产业科技创新团队及其产业技术创新战略联盟建设

着眼于国家食品和企业乃至蔬菜产业的未来，按照"环境、人才、平台、项目"四位一体要求，加快蔬菜产业科技创新团队建设。同时，进一步组织一批蔬菜生产企业或专业合作社参加协作组，并创建蔬菜产业技术创新战略联盟，形成一批高层次创新人才聚集、创新机制灵活、持续创新能力强、创新绩效明显、具有国内领先或国际先进水平的省级和国家级蔬菜产业科技创新团队及其产业技术创新战略联盟或产业技术创新平台。

（三）加快新型创新主体及其产业集群创新

鼓励和支持蔬菜生产加工企业、专业合作社成为蔬菜科技创新和成果转化应用的主体，加大对蔬菜产业科技创新投入。支持规模以上蔬菜企业吸引国内外高校院所科技人员带项目、技术、成果到企业参与研发机构的创建，建设一批整体达到国内先进水平的企业科研院所。并培育和发展一批蔬菜科技龙头企业，进而推进企业集聚，促进蔬菜产业带或主要蔬菜产业开展蔬菜产业集聚创新，实现科技对蔬菜产业结构调整和发展方式转变。

五、保障措施

（一）加快蔬菜产业科技创新创业人才队伍建设

加强蔬菜产业科技领军人才、核心技术研发人才培养和创新团队建设。实施产学研合作培养创新人才政策，实行“人才＋项目”的培养模式，结合蔬菜产业技术体系、蔬菜产业科技创新团队和战略联盟、科技创新服务平台建设，依托重点项目实施，培养蔬菜科技创新人才。积极鼓励和支持创新型领军人物带领创新团队，承担重大科技攻关和产业化项目。加强企业创新型人才培养。吸纳企业技术人员直接参与科技项目的实施，提高专业知识水平和技能；加强企业、合作社和基层技术人员的培训。鼓励科技成果完成人与项目承担单位以入股、转让等形式，通过自行创办企业、与其他企业合作等渠道，直接进行成果转化。加强农村蔬菜科技带头人和生产型人才培养，提高科技素质、职业技能。到“十二五”末，每个蔬菜主产区的蔬菜村至少有 2～3 名具有较强示范带动能力的带头人。

（二）多聚道筹措经费

充分发挥各级财政对蔬菜产业科技投入的引导作用，加大对蔬菜产业共性关键技术研发、产业集群创新及创新成果转化产业化项目的经费投入。引导社会资金投入蔬菜产业科技创新与发展，鼓励以蔬菜生产、加工企业为主体建立科技创新风险投资公司和创业风险投资基金。各类金融机构都要为蔬菜产业科技创新和成果转化推广优先提供融资、担保和保险等服务，创新信贷品种，对符合条件的科技成果产业化基地基础设施提供信贷支持，积极探索利用贴息小额贷款等方式，加大有效信贷投入。支持蔬菜龙头企业利用资本市场融资，在中小企业和创业板上市筹资；具备条件的可进入证券公司代办系统进行股份转让试点，推进未上市渔业高科技企业股权的流通，拓宽创业投资退出机制。

（三）实施蔬菜科技知识产权、标准化和品牌战略

加强蔬菜科技知识产权工作，引导蔬菜企业、涉农高校和科研院所开发、申请、拥有专利技术特别是发明专利技术，把发明专利作为科技项目立项和绩效考评的重要内容。加强区域优势蔬菜品种品牌培育，鼓励注册使用蔬菜产品证明商标和原产地标识，鼓励蔬菜企业申报省知名商号，在全省范围内享受跨区域、跨行业的商号保护政策。加强蔬菜产业技术标准工作，引导产学研联合研制蔬菜产业技术标准；跟踪研究国际标准、国外先进标准和本省蔬菜产品主要出口贸易国的技术性贸易措施，增强应对技术壁垒的能动性；鼓励蔬菜企业和行业组织采用国内外先进标准。

（四）组织与管理

建立蔬菜产业科技发展专家咨询会议制度。在省科技厅领导下，由浙江省农科院、浙江大学、省农业厅、浙江农林大学、浙江林科院和部分主要市农科院及相关龙头企业组成专家组，并建立专家咨询会议制度，负责蔬菜产业科技创新与发展，对项目的进展进行调研和咨询，对共性关键技术的立项和产业化示范及基地建设进行可行性论证，对项目的实施进行检查和验收。

执笔人：杨悦俭、李国景、朱祝军、喻景权、王世恒

审改：张咸益　打印：戴丹丽　校对：郑荣泉

第十八章　浙江省茶产业科技发展研究

一、茶产业及科技发展现状

（一）茶产业发展现状

1. **国外茶产业发展现状**。茶是世界上最普及的饮料，全球160多个国家和地区有茶叶消费习惯，茶叶以其芳香、解渴、保健的功能已受到人们越来越多的关注和青睐。世界茶叶产量从2000年开始稳步上升，到2008年达到380多万吨，种植面积约为290万公顷(每年增长3%)。从茶叶生产的国际区域布局看，2008年亚洲茶叶产量占世界茶叶产量的83.8%，非洲占13.6%。近10年来，红茶和绿茶产量一直在稳步增长，红茶在世界茶叶总产量中仍占主导地位。

2. **我国茶产业发展现状**。中国是最大的产茶国，茶树种植面积186万公顷，约占世界茶园面积的50%。茶叶产量为134万吨，约占世界茶叶总产量的30%。2008年我国绿茶、乌龙茶、红茶三大茶类产量分别为92.7万吨、14.4万吨和6.97万吨，分别占总产量的74%、11%和6%。绿茶占据绝对主导地位，乌龙茶产量呈现不断增长的趋势。我国茶叶生产初步形成长江中下游名优绿茶、东南沿海名优乌龙茶、长江中上游特色绿茶和西南红茶及特色茶等四个特色优势产业带。2009年茶叶出口量达到30.3万吨，约占世界茶叶出口总量的18%，居世界第二，出口金额7.05亿美元，出口到110多个国家和地区。从出口品种来看，绿茶出口22.93万吨，占我国出口茶叶总量的76%；红茶出口4万多吨，约占我国出口茶叶总量的13%；乌龙茶出口2.4万吨，占我国出口茶叶总量的8%。我国也是最大的茶叶消费国，茶叶消费量接近90万吨，人均茶叶消费量已超过世界平均水平。

3. **浙江省茶产业发展现状**。一是国内领先地位继续得到稳固，名优茶已成为浙江茶叶经济的重要支柱。2009年浙江省茶叶面积264万亩，总产量16.7万吨，产值75.3亿元，面积列全国各省第五位，产量列第三位、产值列第一，比重分别占全国总量的9.5%、12.4%和17.5%；出口16.7万吨、创汇3.8亿美元，均列全国第一，分别占全国总量的54.8%和53.9%；占全国绿茶出口总量的68%。2009年名优茶产量、产值分别达到6.7万吨和68亿元，占全省茶叶总量的39%和90.3%。二是茶树良种化工程成效显著。2009年全省无性系良种茶园面积156万亩，无性良种化率达57.7%，比2000年的12%提高了45个百分点，比全国平均38%高出了19.7个百分点。良种化水平的提高，全面提升了浙江省茶园素质，为浙江茶产业的可持续发展奠定了重要基础。三是引领了全国茶厂优化改造，企业规模化程度不断提高。经过5年的茶厂优化改造工程建设，浙江省8000多家茶厂优化整合到现在的5870家，全面改造了2632家茶厂，并建设省级示范茶厂119家。茶厂优化改造，为浙江茶叶推广清洁化加工和市场准入提供了有力保障。全省茶叶企业规模水平得到较大提升，是拥有国家级茶叶龙头企业最多的省份之一，有国家级技术创新企业和省级农业龙头企业25家。四是全面推进浙江绿茶品牌建设工程。整合资源，着力打造浙江绿茶品牌建设，为浙江绿茶全球化推广战略的实施和国内外市场的开拓奠定了坚实基础，有效提高了浙江绿茶品牌的知名度和影响力，增强了浙江绿茶产业凝聚力和发展后劲。

尽管浙江省茶产业的发展水平依然处于全国前列，但比较优势正逐渐弱化。茶园面积、茶叶产量增长滞缓，全国占比继续下降，进一步增长空间有限；产业特色优势遭到削弱，兄弟省份的绿茶和名优绿茶发展迅猛；茶叶出口企业效益不高，出口茶优势难以保持；产业转型升级难度大，政府对茶产业的支持力度需要进一步加强。

（二）茶叶科技发展现状

1. **国内外茶叶科技发展趋势**。随着分子生物学、遗传学、植物生理学等学科的发展，基因工程技术已开始引入茶树育种研究，育种手段开始向利用优质资源进行定向育种转变。日本、中国和韩国等国家在种质资源的鉴定上，已从依靠形态分类和化学分类，转向以 RAPD、AFLP、SSR、ISSR 等分子标记技术为主，使资源鉴定的精度与水平提升至 DNA 水平。日本通过单株选育及杂交育种等方法育成适应于不同生产区域的良种 52 个；印度针对不同生态区育成了 97 个良种，肯尼亚育成了近 50 个新品种；我国也已选育出国家审（认）定品种 100 多个，但单位面积的良种比例依然较低，尤其在专用品种选育上更为落后。

低碳化、设施化、精准化作业是当前世界茶园栽培与管理的主要发展趋势。日本已基本实现了茶园全程机械化作业，普及养分在线管理技术，推行茶园适量施肥技术。我国茶园标准化程度不高，标准化进程缓慢，农业部在 2009 年底启动标准化茶园建设工程，浙江省现代标准化茶叶示范园区创建工作也提上日程。我国茶园栽培将长期以标准化生态型、保持环境安全和降低成本、提高单位效益为重点发展方向。

茶园有害生物的防治是茶叶生产的关键环节，减少化学农药的使用和强化农业防治及生物防治的作用是必然的发展趋势。日本开发出多种害虫的商品化性信息素以化学生态手段防治茶园害虫，尤其对蛾类害虫效果甚至优于现有化学农药。印度开发了防治茶小卷叶蛾、茶蚜和蓟马的虫生真菌，并开始应用于茶叶生产。斯里兰卡利用虫生真菌防治茶枝小蠹虫，取得了明显的效果；将超声波探测器用于检测茶树白蚁侵害；计划将红外成像技术用于害虫的早期探测；并着手研制茶树病害的免疫学诊断方法，尝试将分子标记技术用于病害早期诊断。我国在利用植物源农药、昆虫病毒制剂、虫生真菌、化学生态学等防治手段控制茶园虫害方面取得了一定进展。除虫菊、印楝素等植物源农药，茶尺蠖、茶毛虫 NPV 生物农药，叶蝉、黑刺粉虱信息素诱捕器等生物防治手段已广泛用于茶园。

日本在 20 世纪 80 年代就已实现茶叶加工的自动化生产，一个年加工约 30 吨成品茶且装备水平一般的小型制茶厂（自制型），只需一个熟练工人操作即可。我国大部分茶叶生产厂家机械陈旧、设备落后、厂房破旧、卫生状况差，难以达到茶叶食品生产的卫生要求。加速茶叶加工技术的现代化改造，实现茶叶生产清洁化、连续化、自动化，减少人为和环境因素的影响，才能有效保障产品质量的稳定，促进茶产业的稳步发展。

近年来，国外茶叶深加工技术研究及产业化取得了较大进展，特别是日本在此领域取得的成绩令人注目，其茶叶深加工率达到 40%。在袋泡茶方面，联合利华研制出新一代金字塔形立体包袋泡茶，使茶叶在 10 秒以内就能被浸出。日本将现代食品加工高新技术（如膜分离技术、酶技术、冷冻干燥等）应用于绿茶饮料，解决了绿茶饮料容易沉淀、香味差的问题。在天然产物提取和利用方面，日本走在世界的前列，已成功地采用生物技术培养合成出天然茶氨酸，并实现工业化生产；20 世纪 90 年代已解决茶多酚的提取与精制问题，以茶多酚类化合物或儿茶素为主要组分的功能性产品已超过 100 种，涉及衣、食、住、行各方面，年销售额达 450 亿日元。

茶叶质量安全控制技术从注重终端检测向过程控制方向发展，茶叶产品质量标准更加科学。茶叶中有毒有害物质检测技术、茶叶生产过程中的质量控制与管理、茶叶质量标准体系与质量监控体系等日趋完善。广泛应用高精尖仪器，由单项为主向多项检测发展，风险性评估技术体系和监测网络建设得到加强，更加注重对生产、加工、销售、贮藏等环节的全程质量控制。

2. **浙江省茶叶科技发展现状**。一是科技创新能力全国领先。浙江省是全国的科技资源集聚地，全国仅有的两家国家级茶叶机构和国家茶学重点学科都落户浙江省；一批国家级、部级茶叶研究平台设施建在浙江省，如国家茶产业工程技术研究中心、国家种质杭州茶树圃（保存资源3000份，茶树资源多样性为世界第一）、国家茶树改良中心、农业部茶及饮料植物加工及质量控制重点实验室；国家和部级茶叶质量检测中心皆建在浙江省。二是“十一五”以来，浙江省茶叶科技取得重要成果。实施一批国家级、省部级重大课题，育成3个茶树新品种，形成80余项关键和实用技术，研制出茶叶新产品20多个，获得国家、省部级科技奖12项，厅局级科技进步奖30多项，授权专利50余项，制（修）定国家和行业标准17项。三是茶产业科技水平明显提高。通过加快实施一批省重大专项和农业成果转化项目，使浙江省无性系良种化比例提高到57.7%，名优茶机械化程度约80%，单位面积茶叶产值继续居全国首位。四是实施人才优先发展战略，培养和造就一批在重点学科领域的领军型人才和科技骨干人才，使各个学科领域人才队伍进一步壮大，人员结构进一步优化，筹建了浙江省茶产业科技创新团队。五是条件建设初见成效。初步完成了“浙江省茶产业科技创新服务平台”建设；由浙江省单位牵头成立的“中国茶产业技术创新战略联盟”获得了科技部批复；浙江农业领域首个国家工程技术研究中心——“国家茶产业工程技术研究中心”目前建设进展顺利。这些平台与“农业部茶及饮料植物产品加工与质量控制重点开放实验室”、“浙江省茶叶加工重点实验室”、“农业部茶叶质量监督检验测试中心”、“国家茶叶质量监督检验测试中心”、“国家种质茶树圃”、“国家茶树改良中心”等构成了集创新、熟化、转化、服务等功能的茶叶科技创新支撑体系，对浙江省茶产业的发展发挥了越来越重要的作用。

（三）浙江省茶产业面临的挑战与科技需求

1. **面临的挑战**。一是茶园防灾能力弱。由于缺少先进的防灾设施与有效的技术措施，春季的晚霜、雪灾冻害已成为影响浙江省名优茶生产的最大因素，特别是2008年1月严重雪灾冻害和2010年3月大范围降雪和冰冻天气，致使百万亩茶园遭受严重冻害，损失惨重，教训深刻。二是采茶劳动力短缺。近年来浙江省茶叶“采工荒”愈演愈烈，用工高峰时采摘劳力缺口在50万人以上，名优绿茶采摘成本高、失采严重、采工短缺已成为名优茶再上台阶的重要“瓶颈”。三是品牌多而小。浙江省虽然开展了“一县一品”整合、十大名茶评选、“龙井茶”证明商标使用与管理以及打造浙江绿茶品牌等一系列品牌建设工作，但浙江省茶叶品牌多而小的状况还没有根本改变；在国际贸易中，浙江省出口的珠茶、眉茶、蒸青茶等仍以原料出口为主，品牌、价格、市场仍受制于人。四是精深加工滞后。目前，我国茶叶天然产物制备技术已基本成熟，初级产品提取的生产布局已基本完成，茶提取物已在天然药物、健康功能食品、日化用品、环保用品等方面有广泛应用。但与世界先进水平相比，我国茶功能产品多样性、产业化开发和市场拓展等方面仍然滞后，目前我国用于精深加工产品开发的茶叶只占茶叶总产量的6%～8%，而日本已达40%以上。五是夏秋茶资源利用率低。根据有关研究，正常采收情况下，夏秋茶的产量可占全年总产量的50%以上，而实际上浙江省近20年来的比重仅为40%～45%，据此按目前春茶产量测算，浙江省夏秋茶产能至少可在现有基础上提高4万～5万吨，夏秋茶的开发利用潜力较大。

2. **科技需求**。根据茶叶科学与技术研究现状和茶产业发展面临的挑战，今后一段时间内的技术需求主要集中在以下几个方面。一是提高单位面积效益的技术。二是茶叶轻简化生产技术。三是茶叶标准化、清洁化生产技术。四是茶叶精深加工多元化产品生产技术。五是茶叶质量安全控制技术。

二、基本思路与发展目标

（一）基本思路

基本思路是以产业需求为导向，瞄准学科发展前沿和未来产业发展重大需求，围绕茶产业转型升级，部署一批有基础、有优势的前沿技术和关键核心技术研究，以提升茶产业科技创新能力，提高茶叶生产效率，增加茶叶附加值，加速茶产业的集约化、设施化、品牌化。按照茶产业链的特色，重点在茶树优质、高效、专用绿茶新品种选育，茶叶质量安全与标准化生产技术，茶产业机械化的设备研制与应用，茶叶的深加工及综合开发利用，茶文化产业培育，茶产业集群创新六大领域取得重大突破。

（二）发展目标

1. **产业发展目标**。根据浙江省特色茶叶区域布局规划，重点建设浙西、浙东、浙南三个优势产区。其中，浙西产区利用生态环境的优势，重点发展名优茶、有机茶和出口眉茶；浙东产区重点扶持和发展名优茶、珠茶和外向型出口加工企业；浙南产区利用气候回暖早和自然环境污染少的优势，重点扶持特早名优茶、有机茶和高山优质绿茶。到 2015 年，全省茶园面积保持在 270 万亩左右，产量达到 18 万吨，产值达 110 亿元。其中，名优茶产量达到 8 万吨，产值突破 85 亿元。

2. **科技发展目标**。到 2015 年，重点在茶树优质、高效、专用绿茶新品种选育，茶叶质量安全与标准化生产技术，茶产业机械化的设备研制与应用，茶叶的深加工及综合开发利用，茶文化产业培育，茶产业集群创新六大领域，组织实施 14 项重大（点）科技攻关项目、5 项产业集群创新项目，取得拥有自主知识产权的科技成果 70～80 项，其中获得国家发明专利 20～25 项，制定和修改国际、国家和行业标准 15～18 项，育成新品种（系）10～12 个，开发新产品 10～15 个，研制机械设备 10～12（台）套，提出新技术 10～15 项。

推广应用 50 项以上先进适用技术，覆盖面占全省茶园面积的 60%，茶树无性良种面积达到 70%以上，茶园标准化率达到 30%，名优茶加工机械化率达到 95%以上，其中连续化自动化达到 30%。建设茶叶企业研发中心 3～5 个；培育国家科技创新型企业 3～5 个，省级（地方）科技型企业 50 个。打造培育 5 个以茶文化为主题的生态旅游区。

进一步提高浙江茶叶科技创新能力。培育省部共建茶叶国家重点实验室和国家茶产业技术创新战略联盟，建设国家茶叶综合试验基地 1 个。组建 3～5 个特色鲜明、熟化能力较强的区域分中心。继续完善国家茶产业技术创新战略联盟、浙江省茶产业创新服务平台、浙江省茶叶加工重点实验室、检测中心等的创新载体建设。

进一步培养打造一支国内一流的茶叶科技创新团队。重点建设茶叶科技创新团队，到“十二五”末形成一支以院士领衔、3～5 名把握国内外科技发展动态的战略科学家、5～8 名百千万工程人选、10～15 名在国内外有影响的学科带头人、80 名左右具有竞争力的创新研究中坚力量。实施基层茶叶科技人才培养工程，为重点产茶县培训基层技术推广骨干 1500 名以上。

三、发展重点与主要内容

(一) 茶树优质高效专用绿茶新品种选育

1. 共性关键技术

(1) 茶树种质资源收集鉴定和创新利用。收集国内外优异和濒危资源;鉴定评价重要农艺品质性状;建立重要资源的分子身份证,发掘优异等位基因和重要功能基因,开发功能分子标记。

(2) 优异、特色茶树新品种选育及配套农艺技术研究。选育优质、不同生育期、适宜机采和高抗逆等优异品种,适合不同(深)加工方式需求的专用新品种,高肥水吸收利用效率新品种;研究茶树新品种配套农艺技术。

2. 成果转化与技术推广

(1) 新品种示范。选择和引进优良茶树品种,建立一批核心示范基地进行品种特征、特性和配套技术的示范。

(2) 种苗快繁技术示范。建设种苗母本园及配套种苗繁育基地。

(二) 高效、绿色、安全、标准化生产技术

1. 共性关键技术

(1) 现代标准化茶园综合栽培技术研究。研究茶树冻害预防技术,冻后应急救灾和灾后恢复技术;研究建立茶园养分管理集成技术及推荐施肥专家系统;研究优化型树冠特征及标准化修剪技术;研究土壤质量提升和污染诊断、修复技术;研究生态型茶园标准化模式及建设技术;浙江省标准化生产综合技术集成与体系建立。

(2) 茶园绿色防控综合技术研究。研究浙江省茶树主要病虫害地理分布与种群变异规律;发掘利用重要天敌资源;研制植物源农药、昆虫病毒制剂、虫生真菌;研究茶园重要害虫-茶树-敌间的化学通讯机制,开发化学生态防治技术。

(3) 茶叶质量安全检测技术与风险评估。研究茶叶内外源污染物、添加物质检测技术;研究茶叶加工过程二次污染成因及来源;开展主要农药和重金属、稀土、铝、氟等元素的风险评估与控制技术。

2. 成果转化与技术推广

(1) 浙江绿茶标准化栽培技术集成与提升。茶园高效施肥技术示范与应用,茶园主要害虫绿色防控技术示范推广,重点示范茶园农药减量化、生物防治等绿色防控技术。

(2) 标准化生态型茶园模式的示范。针对浙江主要气候、土壤和茶树品种特点,示范有机、良好农业规范(GAP)和无公害等标准化生态型茶园建设模式。

(三) 茶叶生产机械与装备研制

1. 共性关键技术

(1) 茶园田间作业机械装备研制。研制适合平地和缓坡地茶园的中耕机、施肥机;研制精量化、机械化、自动化和安全化施药装备。

(2) 名优绿茶机采机制关键设备研制。研制适合浙江省主要名优绿茶加工需要的鲜叶采摘、分级等关键设备,研究相关配套技术,基本解决优质绿茶机械化采摘和分类加工难题。

(3) 名优绿茶加工关键设备研制。研制鲜叶全自动摊放设备;研制连续化揉捻机组、连续化卷曲成形机组和扁形茶连续化炒制机等造形设备;研制名优绿茶加工自动化控制系统;研制

精制加工工序及设备模块化组合。

2. 成果转化与技术推广

(1) 名优茶加工设备示范。开发卷曲形名优茶机械化采摘设备、分级设备的产业化制造技术,推广示范卷曲形名优茶机采机制设备。

(2) 针芽形、扁形名优绿茶连续自动化加工生产线示范与应用。

(四) 茶叶加工、精深加工关键技术研究及新产品开发

1. 共性关键技术

(1) 名优绿茶机械化、连续化加工关键技术和标准研究。研究鲜叶在不同摊青和贮青条件下理化指标的变化规律,提出摊青和贮青优化工艺技术参数;研究连续化揉捻工艺,提出连续化揉捻配套优化工艺技术参数;研究主要名优绿茶(扁形、针芽形、卷曲形)连续化做形技术;名优绿茶加工技术标准研究。

(2) 茶叶功能成分高效绿色制备关键技术研究。重点开展分子结构修饰技术、酶工程技术、膜工程技术、离心萃取分离技术、连续化层析分离技术等在茶叶功能成分制备中的应用研究,开发出茶叶功能成分高效绿色节能制备技术。

(3) 终端产品开发。研究茶黄素、茶多酚、茶氨酸等在食品、医药、化妆品、日化用品中的应用技术,开发具商业化的功能产品。

(4) 茶饮料深加工关键技术创新研究与新产品创制。研究特色和功能茶饮料加工技术,创制天然果味果香、天然花香等特色风味茶饮料产品,开发高茶黄素、高茶氨酸等功能保健茶饮料产品。

2. 成果转化与技术推广

(1) 针芽形、扁形名优绿茶连续自动化加工技术集成、示范与应用。

(2) 新型茶产品加工关键技术集成与产业化示范。开展冷泡茶、饮料专用原料茶、高功能成分含量茶等的加工技术集成与产业化示范。

(3) 茶叶综合利用加工技术应用示范。开展天然果味果香和天然花香特色风味茶饮料等产品的产业化示范;开展茶叶提取物在茶食品、食用油和食品保鲜、饲料、纤维板中的应用技术中试与产业化示范。

(五) 浙江省茶文化产业培育技术

(1) 浙江省茶文化资源保护与发掘。围绕浙江省地方名茶,开展茶文化资源考查、收集、保存和传播技术研究,研究儒家茶礼创意、茶道茶具茶礼设计,实现文化与产业的互动发展。

(2) 茶文化产业发展模式研究与推广。开展都市茶文化休闲、乡村茶文化旅游、企业茶博览园等文化产业发展模式的研究、示范与推广;编制基于孔子学院中国文化传播视角的茶文化教程。

(六) 茶产业集群创新技术

(1) 龙井茶产业集群创新技术。重点开展龙井茶产品和产地鉴别与溯源技术、龙井茶机械化连续化加工技术、龙井茶自动化包装技术、龙井茶集约化规模化生产加工模式等的集成创新、示范与推广。

(2) 白茶产业集群创新技术。优质高产白茶新品种的选育;适合于提高白茶品质的高效栽培技术研究;白茶白化调控技术。

(3) 出口茶产业集群创新技术。鲜叶质量安全控制技术,大宗出口茶节本生产技术,连续

化清洁化加工技术。

(4) 有机茶产业集群创新技术。研究有机茶园生态建设、土壤培肥和病虫害综合治理集成技术，有机茶园节能减排的量化指标及技术措施；研究有机茶消费心态及营销策略。

(5) 深加工产业集群创新技术。茶叶天然提取物绿色节本制备技术、茶深加工终端产品开发技术，功能宣传、市场拓展和产品品牌建设模式等。

四、茶产业科技创新载体建设

(一) 加强浙江省茶产业科学研究院创新能力建设

一是建议核定60名专业科技人员为浙江茶产业科学研究院事业编制，并拨付事业费专项用于下达科研任务和推广任务；二是加强对依托于中国农科院茶叶研究所的农业部茶及饮料植物产品加工与质量控制重点开放实验室、浙江省茶叶加工重点实验室的建设，通过培育，升级为省部共建国家重点实验室；三是继续支持完善依托该院的“国家茶产业工程技术研究中心”的硬件建设投入，到“十二五”末，使中心的工程化条件、工程化人才队伍均达到国内一流水平，创新能力大幅度提升，能支撑茶产业发展对工程技术的需求；四是支持该院创建国家茶叶综合试验示范基地和野外观察圃，基地具备开展茶树创新研究和新技术、新成果熟化与示范的设施条件。

(二) 建立企业研发中心，继续支持完善现有平台的建设

进一步加强浙江省茶产业科技创新服务平台服务能力建设，充分发挥平台的集聚性、公共性、开放性、服务性的特点，建立平台的良性自我发展机制；推动浙江省茶产业科技创新服务平台升级，建设国家茶产业科技创新服务平台；根据浙江茶产业区域发展规划和产业布局特色，围绕浙北山区名优白茶产区、浙中龙井茶产区、浙西南有机茶和名优茶产区、浙南优质早茶产区、浙东出口茶加工与深加工基地，建成3～5个特色鲜明、熟化能力较强的区域服务中心，建立3～5家企业研发中心。

(三) 建设茶产业科技创新团队

在现有浙江省茶叶科技创新团队基础上，在未来几年培养和造就一批在重点学科领域的领军型人才和科技骨干人才，使各个学科领域人才队伍进一步壮大，人员结构进一步优化。重点在茶树资源与改良研究、茶树绿色栽培技术研究、茶叶加工工程、茶叶质量安全与标准研究、培育茶文化与经济发展等领域培养一批创新创业人才。到“十二五”末，初步形成一支以院士领衔、8～10名能够把握国内外科技发展动态的战略科学家、15～20名在国内外有影响的学科带头人、80名左右具有竞争力的创新研究中坚力量组成的队伍。

(四) 构建浙江茶产业技术创新战略联盟

围绕茶产业发展现状及其科技需求，充分利用已建立的浙江省茶产业科技创新服务平台和国家茶产业技术创新战略联盟，选择部分基础好、创新意识强的茶叶龙头企业，采用“利益共享、风险共担”的机制，通过产学研模式，由中国农业科学院茶叶研究所牵头，组建浙江茶产业技术创新联盟，做优做强一批企业，加速成果转化，实现产业转型升级。

五、组织与管理

(一) 建立茶产业科技发展协调小组

为了加快培育茶叶新兴产业、巩固和发展浙江省茶产业的行业优势、优化调整茶产业结

构、促进茶产业转型升级，建立茶产业科技发展协调小组，负责统一协调发展方向、科技政策等重大问题。

(二) 实施专家咨询制度

为进一步完善重大项目决策程序，健全决策机制，提高决策的科学性、可行性，成立专家咨询委员会，建立重大项目咨询、决策、实施、监督的运行机制，不定期举行咨询委员会议，对重大茶产业科技项目的项目实施方案等的科学性、可行性等进行咨询评价。

(三) 建立茶产业专项集中管理制度

拟设立"浙江省茶产业科技创新与发展"专题管理办公室，挂靠在浙江省茶产业科学研究院，具体负责茶产业专题执行实施等有关具体工作。

(四) 建立"浙江省茶产业科技创新与发展"专题实施区域领导责任制度

各产茶县(市、区)要把加快茶产业经济发展、致富农民作为构建和谐社会、推进新农村建设的重中之重来抓，在科技人才、资金资助、研发条件等方面给予重点支持。

执笔人：江用文、阮建云、傅建玉、王丽鸳、袁海波、熊兴平
审改：张咸益、叶祥发　打印：戴丹丽　校对：郑荣泉

第十九章　浙江省竹木产业科技发展研究

一、浙江省竹木产业及其科技发展现状

(一) 竹木产业发展现状

竹产业是竹区农村经济的支柱产业，也是浙江省重点培育的十大主导产业之一。浙江省竹子资源丰富，有19属130多种，竹林面积1228.95万亩。其中，毛竹林面积1043.25万亩，约占全国的六分之一。目前，浙江省已形成浙北、浙东和浙西南三大竹子发展区域，在全省农业和农村经济中发挥着十分重要的作用，更是经济欠发达山区农业增效、农民增收的重要途径。近年来，在省委省政府的高度重视下，浙江省竹木产业快速发展，栽培面积稳中有升，基础设施逐步改善，技术不断进步，效益稳步提高，产业规模不断扩大。2009年全省竹产业产值达310多亿元，约占全国竹业年产值的1/3，竹资源培育直接涉农人口达330多万人，竹子主产区农民50%以上的经济收入来自于竹业。目前浙江省竹业经营水平位于世界前列，享有“世界竹子看中国，中国竹子看浙江”之盛誉。

近些年，浙江省森林资源增长迅速。根据2008年度浙江省森林资源年度监测：全省林地面积664.46万公顷，其中森林面积593.55万公顷；活立木总蓄积2.29亿立方米，其中森林蓄积2.04亿立方米。全省乔木林单位面积蓄积量50.76立方米/公顷。近熟林面积65.03万公顷，占15.15%；蓄积4889.40万立方米，占23.95%。成过熟林面积31.29万公顷，占7.29%；蓄积2223.74万立方米，占10.9%。全省乔木林仍然以幼龄林和中龄林为主体，面积和蓄积分别占总数的77.57%和65.15%，可用的木材蓄积量不多。

随着国民经济的快速发展和人民生活水平的显著提高，木材资源的需求量和消耗量迅速增长，国内木材供给严重不足，不得不以大量的木材进口来补充，“十一五”期间木材供给对国外的依存度曾一度接近50%，达到每年3000万立方米。预计“十二五”期间我国商品材的总需求量将达到3.5亿立方米，珍贵优质用材年需求量在3000万立方米；而国内的商品材供应仅能维持2亿立方米左右，商品材供需缺口约为1.5亿立方米，供需矛盾十分突出。其中珍贵用材严重缺乏，如2006年我国分别进口珍贵阔叶原木和锯材1243.5万立方米和615.3万立方米，分别花费外汇22.2亿美元和17亿美元。近5年来，珍贵用材的进口价格增长了一至数倍。浙江是木材资源小省，却是耗材大省，发达的木制家具、木制玩具、木制工艺品等木业对珍贵优质用材需求量巨大，全省每年耗用的1000多万立方米木材中，自产商品木材仅约200万立方米，其中本省供应还不足30%，70%以上依靠省外和国外进口。为此，浙江省提出建设“森林浙江”，并编制了《珍贵树种发展规划纲要》(2008—2020)，提出将利用13年时间，投资9.9亿元，到2020年建成珍贵树种用材林基地100万亩。

(二) 竹木产业科技创新现状

“十一五”期间，浙江省建成了“浙江省竹产业科技创新服务中心”、“浙江省木材加工科技创新服务中心”、“浙江省林特生物种质资源协作共享平台”等3个省级科技创新服务平台和

“亚热带森林培育技术重点实验室”、“现代森林培育技术重点实验室”等 4 个国家或省级重点实验室，组建了“国家木质资源综合利用工程技术研究中心”。并以平台为依托，整合科技资源，大力开展自主创新研发，取得了显著成效。

1. **竹产业**。强化基础研究，在竹子遗传育种上，针对竹子开花难以预测，并且开花后通常死亡的问题，完成竹子成花机制与调控关键技术研究，为浙江省竹业安全提供技术保障。在竹林培育上，完成雷竹可持续经营原理和技术研究，解决了覆盖栽培雷竹林退化严重的问题，使规模经营雷竹亩产值万元以上；完成了低产低效毛竹林综合生产能力提升技术和竹林生物肥产业化与高效经营技术研究，可使竹林单位面积竹材和鲜笋产量提高近 2 倍。全省约 600 万亩低产低效竹林地，其中近 300 万亩适宜改造，按改造后亩均增加经济效益 200 元计，林农每年可增加收入 6 亿元。在竹产品精深加工上，完成刨切薄竹生产技术开发，开展了竹炭生产关键技术和系列产品开发、防裂缝高强度竹地板中试、三维数控竹材雕刻机中试、彩色竹地板制造技术中试等技术研发，大幅度提高科技含量和附加值，确保浙江省竹产业继续领先全国。

2. **林木产业**。重点开展了生态公益林、沿海防护林工程建设，在生态林经营、湿地生态、碳汇造林、生态效益监测等方面开展创新研究，共承担国家科技支撑项目、国家林业局、省重大科技创新项目等 32 项，取得了创新及集成创新研究成果。开展的浙江省森林生态体系快速构建技术研究，建立了快速构建森林生态体系的技术支撑体系，开发出林业生态建设新型材料和实用技术，在浙江省重点生态公益林建设、阔叶树改造工程中推广应用 160 万亩，实现新增销售额 38424 万元，新增利润 11659.6 万元，新增税收 665.8 万元；开展的沿海防护林综合配套技术研究，成功地解决了特殊困难地段造林关键技术，保存率提高 30%～40%，与防护林工程建设紧密结合，在山东、辽宁、浙江、广东、河北等省已辐射推广面积 80 万亩，共增产值 42150 万元；开展的长江中下游山丘区森林植被恢复与重建技术研究，解决了长江中下游山丘区森林植被破坏严重、农林业生产效益低下等问题，实施后森林群落的经济效益提高到产投比为 8.53∶1，目前已在江苏、安徽、江西等长江中下游山丘区推广应用 300 万亩，生态经济效益显著。林业生态建设领域累计获国家科技进步二等奖 1 项、省科技进步一等奖 2 项、省科技进步二等奖 6 项，总体达到国内领先、国际先进水平。

3. **特色经济林产业**。建成国家星火计划农村区域科技成果转化中心 1 个，省级区域创新服务 3 个，获国家级项目 48 项、省级项目 108 项、厅局级项目 48 项，科研总经费达 5717 万元。以油茶培育和加工科技创新为例，依托中国林科院亚热带林业研究所，建立了国家油茶科学中心和国家林业局油茶工程技术研究中心，分别开展油茶基础性、理论性研究和油茶产业工程技术研究与推广，确立了浙江省在油茶领域的中心科研地位。建成了全国性的油茶种质基因库 600 亩，收集了 1000 多份优质种质，是我国当前最大、最全的种质保存基地。并选育了一批高产新品种，以“亚林”、“长林”、“浙林”系列为主的油茶高产新品种，大面积生产栽培年亩产油量能达到 30～50 千克，为国内最高水平，较现有亩产油量提高近 10 倍。研发了有机茶油生产技术体系，开发出营养强化茶油、全功能茶油营养胶囊、洗涤剂等多种产品，起到延长产业链，提升产品附加值作用，建立了较为完整的油茶产业合作链。特色经济林领域累计获国家科技进步二等奖 1 项，浙江省科技进步一等奖 1 项，省部级科技成果二等奖 2 项，厅局级一、二等奖 21 项；申请国家发明专利 33 项，制定标准 20 项；培育出香榧、山核桃、杨梅等新品种 39 个，其中国家审定（认定）品种 4 个。

4. **珍贵用材林产业**。结合珍贵用材林建设工程，研究突破了木荷、光皮桦、红豆树、南方红豆杉等主要珍贵优质用材树种轻基质容器育苗关键技术，制订了地方标准，建立了 5 个省级和10余个县级轻基质容器育苗基地，实现了珍贵优质用材树种容器苗的工厂化和标准化生产，年产优质苗木近千万株(袋)。完成了全省6个阔叶树采种基地(7万多亩)建设，每年可生产提供数万千克的珍贵优质阔叶树种子，为珍贵用材林基地建设提供了大量经过一定遗传改良的亟需用种。珍贵用材林领域鉴定和验收成果10项，获省科技技术二等奖1项、三等奖2项，省科技兴林二等奖3项、三等奖1项，制定国家行业标准1项、省级地方标准1项，出版专著2本，在核心期刊上发表学术论文50余篇。

5. **竹木灾害防控**。重点开展了松材线虫病RNA干扰研究及其关键防控技术研发与应用、天目山古柳杉群衰退机制和综合调控技术等研究，紧密结合浙江省林业有害生物的发生现状，对危害大、损失重的有害生物进行技术攻关研究，重点研究灾害的发生机制和流行规律，并在此基础上开展防控技术攻关，研制出生物防治、人工物理防治和低毒低残留化学农药三者结合的综合防治技术，成果达到国际先进或国内领先水平。全省林业有害生物防治总面积达1100多万亩，年均防治面积120万亩左右，平均防治率96.4%，无公害防治率79.4%。同时，不断加大森林火灾预防监测、指挥扑救、信息通讯、扑火装备、扑火队伍等森林火灾防控能力的建设，先后实施了浙南、浙西、丘陵地区、杭州地区、浙北和金衢盆地森林重点火险区综合治理工程建设，在森林火灾预防监测系统、指挥扑救系统、扑火机具装备和扑火队伍建设等方面取得了较大成绩。

(三) 竹木产业存在的主要问题

1. **竹木优新良种不足**。目前浙江省主栽竹种仅10余种，主要为毛竹、雷竹、早园竹、高节竹、绿竹等，种质资源利用率不到8%，许多具有良好经济性状和生态适应性的竹子种质资源未得到合理的开发利用。速生、优质的林木良种同样严重不足，珍贵用材树种培育刚刚起步，难以满足生产发展的旺盛需求。

2. **竹木林立地生产力维护**。由于长期过量施用化学品、林地频繁垦复等，致使森林生物多样性锐减，森林生长环境劣变，竹木资源产品经济产量和质量下降，立地生产力退化越趋严重。

3. **竹林、林木产品和生态安全**。由于竹林和一些速生用材林中长期施用化学品，森林群落结构和林地土壤受到人为强度干扰，及工业、生活等方面的点源、面源污染等，竹林森林的持水固土能力下降，水土流失严重，存在着"斑点"式环境污染，对区域竹笋和生态安全产生了不利影响。

4. **竹林和森林抵御频发性气候灾害能力不强**。全球性的气候变化使干旱、雨雪冰冻等气候灾害发生频率明显提高，竹木产业经营的潜在被破坏性日益增强。

5. **竹木产业节本省力轻型培育**。随着劳动力和竹业栽培中投入的物质性成本的不断提高，竹木业经济效益提高越趋困难，迫切需要研发现代化的森林经营技术和机械化经营设备，提高竹林和用材林的经营效率。

二、浙江竹木产业发展面临的新形势及其科技需求

(一) 竹木产业发展中面临的新形势

1. **增加森林碳汇，应对气候变化已成为国家的战略选择**。林业活动是增加森林碳汇、抵消碳释放、应对气候变化的重要途径。我国发布《应对气候变化国家方案》，将增加森林碳汇作为应对全球气候变化的重要选择，且国家出台了相应的《应对气候变化林业行动计划》。2009

年，中央明确提出“大力增加森林碳汇，争取到2020年森林面积比2005年增加4000万公顷，森林蓄积量比2005年增加13亿立方米”的发展目标。可见，林业在增加碳汇、应对气候变化中具有特殊的地位。

2. 建设“森林浙江”，促进生态文明，已成为缓解全省资源与环境约束的重要举措。2009年，浙江省明确提出建设“森林浙江”是现阶段经济社会发展的阶段宏伟目标。浙江省是我国陆地面积最小的省份之一，仅占全国国土面积1.06%，经济相对发达，人口达5160万人，人口密度大，环境容量小，因此，建设“森林浙江”是缓解全省资源与环境约束的重要举措。而以培育和发展森林资源为主要内容的竹木业，是建设“森林浙江”的主体任务，在“森林浙江”建设中占有主导地位。

3. 发展现代林业、提升生活品质，已成为促进浙江省经济社会转型的重要途径。根据发达国家的经验，人均GDP达到3000美元时，经济社会进入转型期。目前，浙江省正处于经济社会的转型时期，2009年人均GDP达到6455美元，经济日趋发达，人民生活水平显著提高，消费需求发生结构转变，对环境品质和生活品质的需求呈现增长态势。林业不仅能为经济社会发展提供日益增长的物质产品，而且更重要的是能为经济社会发展提供环境商品，在经济社会转型过程中发挥着日益重要的作用。

4. 提高林地效益、增加林农收入，已成为加快社会主义新农村建设的迫切需要。浙江素有“七山一水两分田”之称，山区占据全省绝大部分面积，发展空间大。至今，中西部山区仍然属于欠发达地区，经济生活比较落后。山区农民增收是当前乃至今后相当长时期内浙江省新农村建设的重点和难点，而竹木产业既是山区发展的重要资源基础，也是山区农民的主要收入来源，迫切需要依靠科技提高林地经营效益，增加收入，加快社会主义新农村建设。

（二）竹木产业科技发展需求

要确保国家2020年“双增”目标任务完成，支撑“森林浙江”建设，促进浙江省林业生态环境和产业双升级，提高林分质量，增强森林碳汇能力，增加森林资源可持续供给能力，提升人居环境水平，加快林业产业转型，促进林农致富，关键在于依靠科技支撑。

1. 提升林分质量，增加碳汇能力，迫切需要显著提高竹木资源培育技术水平。中央提出到2020年森林面积比2005年增加4000万公顷，森林蓄积量增加13亿立方米，确保实现“双增”目标是当前我国林业发展的第一要务。浙江省属于典型的南方集体林区，是林业应对气候变化、实现“双增”木本的重点区域之一。浙江现有林地面积654.79公顷，但是森林资源问题不足，人均森林面积只有世界人均水平的20%，森林质量不高，平均每公顷蓄积量只有全国的41%。森林资源培育的自然条件下降，现有宜林地质量差的占到52%。为满足经济社会发展对森林资源的刚性需求，发挥科技在林业应对全球气候变化中的引领和保障作用，增加森林碳汇功能，必须加强主要速生丰产、珍贵用材和高抗林木新品种选育、森林资源培育、森林结构优化、森林健康保育和林业碳汇计量监测等关键技术研究，构建高水平森林资源培育技术体系，为到2015年实现全省森林覆盖率超过61%、林木蓄积量净增5000万立方米以上、森林吸收二氧化碳新增1000万吨以上、促进国家实现“双增”目标提供坚实的科技保障。

2. 改善人居环境，提高生活品质，迫切需要集成创新森林多功能经营关键技术。随着浙江经济社会的快速发展，建设生态文明已成为浙江省全面建设小康社会的重要目标和战略任务。浙江省把建设资源节约型、环境友好型社会放在工业化、现代化发展战略的突出位置，坚持走生产发展、生活富裕、生态良好的文明发展道路。林业在生态文明建设中既是基础工程，又是重要保障。森林所具有的生态功能，对改善生态状况、优化人居环境、满足人们多种精神需求、提高生态文明意识有着不可替代的作用。为发挥林业在优化人居环境中的作用，加快森林浙江建设和全省村庄绿化工作，要加强城市和乡村防护林、城市林业、乡村游憩林、庭院复合林业等建设工程中的树种选择、树种配置、美化优化以及生态效益监测和健康评价等方面关键技术研究及示范，构建高水平的城市和乡村林业科技支撑技术体系，为构建绿色生态家园、提高人们生活质量打下坚实的科技基础。

3. **支撑产业升级，提升林业效益，迫切需要攻克制约产业发展的“瓶颈”技术。**竹木业是一项重要的基础产业，建设发达的竹木业产业是现代林业发展的重要任务。“十一五”期间，浙江省林业产业以年均近10%的速度快速增长，2009年达到1575.9亿元，占全国十分之一，一直居于全国首位。然而，当前浙江省林业产业发展面临着严峻挑战，国际木材需求与供给矛盾加剧，自给资源严重不足，产业技术层次较低，结构不尽合理，林业企业技术创新能力薄弱，2009年林业二、三产业占比重为71.2%，产业发展效率显著低于先进的产业，林业资源利用率和循环利用水平较低。为促进传统产业升级，提高资源综合利用效率和产品附加值，提高全省林业产业市场竞争力，亟须依靠自主创新，大力研发高效益的林果经营和深度利用、高值低耗的竹木加工和可持续高产资源培育等核心技术，以及林业生物质新材料、新能源、木本粮油、林药等战略性新兴产业培育和发展的关键技术，为快速提升林业产业水平、实现2015年全省林业总产值超2000亿元提供强有力的科技支撑。

三、基本思路与发展目标

(一) 基本思路

“十二五”及今后一段时期，浙江省竹木产业科技创新与发展的基本思路是，着眼于浙江省“森林浙江”和“生态文明”建设的全局，发挥竹木产业资源优势和比较优势，强化科技创新，推进竹木产业集聚发展、差别发展、开放发展、循环发展、协调发展和全民创业的理念改革。按照“突破前沿技术、提升生态质量、促进产业升级、服务城乡民生”的基本思路，重点围绕“森林浙江”建设、增强竹木产业的生态功能，加快推进竹木资源再造、强化战略资源储备，突破竹木产业发展“瓶颈”、促进农民创业增收等3个层面，开展竹木新品种选育与中试、生态防护林质量提升、优质用材资源培育、人居生态林优化、竹木资源保护与灾害防控、竹产业和特色经济林产业升级等7个科技促进行动，全面提升浙江省现代林业科技水平，促进林业生态、经济和社会协调发展，统筹人与自然的和谐发展。

(二) 发展目标

1. **产业推进目标。**“十二五”及今后一段时期，科技创新推进产业发展目标是，到2015年全省森林覆盖率超过61%，竹木蓄积量净增5000万立方米以上，森林吸收二氧化碳新增1000万吨以上，林业总产值突破2000亿元，科技贡献率达62%，成果转化率达65%，为推进浙江省“森林浙江”和“生态文明”建设提供科技支撑。

2. **科技创新目标。**到2015年，基本建立起适应现代林业发展的竹木产业科技创新服务体系，在新品种创制、生态防护林质量提升、优质用材林资源培育、人居生态林优化、竹产业和特色经济林产业升级等研究领域取得重大突破，竹木产业的多种功能得到充分发挥，主动设计并组织实施一批重点领域重点产业科技创新项目，并通过项目带动科技企业和产业基地建设，用科技示范带动产业提升、结构调整和发展方式转变，促进林业增效、农民增收、城乡居民生活品质提升。到2015年，力争打造一支500人以上规模的产业科技创新队伍，其中具有国内影响力的产业科技创新领军人才30人以上，中青年科学家和学科带头人100人以上，规模以上企业科技创新创业人才400人以上；组织实施各类各级竹木产业科技创新与成果转化推广项目1000项以上；发展林业企业科技研发机构100家以上，培育林业科技企业100家以上；制订100个以上企业和产品生产技术标准，研发100个以上新品种、新产品、新装备，申请100项以上专利和创新成果。

四、发展重点和主要内容

1. *竹木新品种选育及中试。*重点开展竹木性状功能基因组学研究，解析竹木生长发育、木材形成、抗逆性等重要性状形成的分子基础，筛选出决定性形成的关键基因，阐明其作用机制和调控网络；开展竹木功能基因组、结构基因组学研究，解析控制竹木重要性状的功能基因，为培育高产优质速生竹木新品种提供理论支撑。主要开展适合浙江省种植的林木种质资源搜集、保存和利用研究，构建一批杉、松、木荷、油茶等省级和国家级林木种质资源库，加强珍贵树种、特色经济林、生态经济林、生态公益林、沿海防护林、工业原料林、林源药用化工林等林木新品种选育及中试，开展高生产力种子园营建技术以及新品种快繁技术、种苗工厂化繁殖技术和种子加工储藏技术的研究。竹类新品种选育及中试，主要以雷竹、绿竹、毛竹等浙江省重要经济竹种为主要研究对象，开展优良种源选择关键技术研究、杂交育种关键技术研究、转基因关键技术和胁迫育种关键技术研究。同时加快“十一五”期间已经选育并经过审(认)定竹木新品种(系)的扩繁与推广应用。

2. *竹木生态防护林质量提升关键技术研究与示范。*围绕3000万亩重点生态公益林和森林生态廊道建设对科技的需求，重点开展主要树种碳汇计量技术体系、森林生态系统固碳提升技术、森林碳汇交易机制及政策研究；开展困难立地植被恢复、防护林体系构建、天然林生产力提高、高效稳定农林复合、工程效益量化评价等关键技术研究与试验示范；开展防台风防护林、沿海滩涂消浪护岸林、盐碱地改良、防污染等沿海防护林构建关键技术研究与示范；开展沿海泥质、岩质海岸风景游憩林建设关键技术研究；开展沿海防护林动态监测及生态效益评估技术研究；开展新建海防林和沿海基干林带建设配套技术集成研究与示范；开展以路、河、沟、渠、堤为基本框架的生态防护与景观相结合的森林生态廊道建设配套技术集成研究及示范。

3. *竹木宜居环境优化配套技术集成研究与示范。*围绕全省80%以上城镇的森林覆盖率达到30%，基本建成以竹木为主体，总量适宜、分布合理、植物多样、景观优美、生态功能较强的竹木宜居环境。重点开展植物材料筛选、高效空间景观和林分结构配置、可持续经营、效益量化评价等关键技术研究与示范；城镇竹木结构优化、森林保健功能开发、竹木游憩园建设、“苗林”培育、村镇绿化等关键技术研究与示范；多树种、多层次、多功能村庄植被生态系统构建技术集成研究与示范；典型湿地生态系统及关键湿地物种栖息地保护、湿地生态系统恢复、受损湿地生态修复、湿地功能作用机制、湿地生态评价以及合理利用等关键技术研究与示范；集生态教育、生态旅游、生态保护、生态恢复示范等功能于一体的自然生态景观区建设技术集成研究与示范，以满足人类回归自然、改善人居环境的需要。

4. *优质用材竹木资源培育配套技术集成研究与示范。*针对浙江省竹木资源质量及效益低的问题，以树种结构调整、提高林分质量为主线，以绿化、彩化、阔叶化和珍贵化为指导方针，以材质优良、市场价值高、培育前途大的珍贵特有乡土树种和大径材为发展重点，开展抚育经营、低效林改造、竹木资源精准调查、竹木经营规划、收获估算与结构调控等关键技术研究与示范，提出人工林可持续经营和天然林森林健康经营体系，试验林蓄积量提高20%以上，竹木生态功能指数达到0.6%以上，自然度达到0.5以上。重点开展百万亩珍贵树种用材林基地建设配套技术集成研究与示范；百万公顷低产低效林“三个效益”培植技术集成与示范；大径材培育技术集成研究与示范，攻关松杉大径材和中小径材短周期丰产培育和经营、木制玩具等工艺用材短周期栽培、菇木林速生高产栽培和多代更新利用等关键技术研究；加强国内外速生高档用材树种引育繁试验，本省乡土珍贵树种种质资源的挖掘和良种选育及快繁试验；加强松杉采伐迹地的高效生态栽培、结合次生林的近自然经营、与珍稀经济林树种混交栽培等珍贵用材资源培育模式和现代育林关键技术研究。

5. *竹木产业提升技术集成研究与示范*。根据浙江省区域优势、资源条件以及竹木特色，重点开展以下几个方面。① 竹木方面：重点开展500万亩竹林效益倍增和500万亩低产低效林效益倍增配套技术集成研究与示范，竹林亩产效益从现有的300多元提高到600元，一产总产值从现有的50亿元争取突破100亿元，300万山区农民人均年收入争取增加1400元；低产低林高产培育争取森林吸收二氧化碳占当年排放总量的比例从目前的17%提高到25%以上，农民增收400元左右。② 经济林方面：重点开展100万亩油茶和100万亩珍稀干果效益倍增配套技术集成研究与示范。支持产业部门到2015年年发展油茶300万亩，农民增收1000元，产值达到100亿元，在浙西南山区实现构建木本油料产业带的目标；支撑产业部门大力实施香榧南扩、山核桃西进计划，促进高效益的珍稀干果向欠发达地区引种，加大品种改良和低改力度，创新推广高效生态耕作模式，优化种植结构，扩大基地规模，形成产业带，提高集约经营水平，促进山区农民增收。同时加强杨梅、板栗、柿子等优势特色经济树种新品种选育、苗木快繁、高产稳产栽培、低产林改造、病虫害防控、绿色高效加工和质量控制等关键技术研究，形成从种苗到产品、从资源培育到加工利用的经济林产业技术体系。

6. *竹木产业灾害防控配套技术集成研究与示范*。针对全球气候变化下竹木病虫害濒发的态势，重点加强松杉人工林、重要经济林和沿海防护林森林病虫害控制关键技术研究，竹林产业有害生物预警、极端天气等自然灾害对竹木影响的快速评估技术和应急处理，多尺度竹木可燃物类型划分等方面关键技术研究。研究提出商品竹木生物灾害诊断与持续控制、经济林生物灾害绿色防控、生态林有害生物生态调控、外来有害生物预警与防控、极端气候应对等竹木产业灾害防控关键技术、生物药剂，争取无公害防治度达到80%以上，灾害防控测报准确率达到85%以上。竹木火灾监测预防扑救技术，重点开展竹木可燃物综合调控、火行为模型、火灾动态监测预警、火灾区域风险评估与安全扑救、山区森林火灾监测及预防扑救等关键技术研究，要求火灾监测识别准确率达到85%以上，预警准确率达到90%以上。

五、保障措施

1. *加强竹木产业科技创新载体建设*。一是鼓励和支持竹木产业规模以上龙头企业成为科技创新、成果转化应用和投资的主体。加大对竹木产业科技创新、成果转化和产业化投入，支持规模以上企业联合高校科研院所组织申报各类科技计划项目，研究开发新产品、新品种、新技术、新工艺所发生的研发费用，未形成无形资产的计入当期损益，在规定据实扣除的基础上，按照研发经费的50%加计扣除；形成无形资产的，按照无形资产的150%摊销。二是支持规模以上竹木生产企业创建研发机构。支持企业吸引国内外高校科研院所带项目、带技术、带成果到企业参与研发机构创建，建设一批整体达到国内先进水平的企业科研院所，不断增强企业的自主创新能力和市场竞争力，发挥其对产业发展的引领和促进作用。三是培育和发展一批创新型竹木生产科技企业。鼓励和支持竹木生产企业积极借鉴国内外融资经验，利用资产重组、控股、参股、兼并、租赁等多种方式推广企业规模，增加企业实力。同时加强竹业生产企业科技产品和企业扶持政策的研究和认定，培育一批科技型竹木生产企业，对被认定为农业高科技企业的，按照税法规定减除15%的税率征收企业所得税。鼓励和支持各类竹木生产企业引进各类创新型人才，为技术创新提供人才智力支持。四是创建竹木产业的科技创新团队及其产业技术创新战略联盟。继续扶持与竹木产业相关高校科研院所加强重点学科、实验室、竹产业和林木种质资源工程技术研究中心建设，提高原始创新能力建设，创建一批具有浙江省优势和特色的生态定位观测站和科学试验基地，新建林业生态、森林碳汇、森林食品等一批竹木产业科技创新团队及其产业技术创新战略联盟，推进浙江省竹木产业科技创新与发展。

2. **切实加强竹木产业科技创新人才队伍建设。**积极改革人才培养机制，建立科学的人才评价体系，引入信誉评价和绩效管理机制，培养造就一批竹木产业科技创新领军人才；在重点学科和新兴交叉学科领域积极吸引海外高层次优秀科技人才回国工作；紧密结合重大科技专项、各类科技计划项目的实施，加强创新团队及其产业技术创新战略联盟建设；鼓励和支持优秀人才参加国际合作研究与交流，培养国际前沿型科技创新人才；支持创新领军人物带领创新团队承担各类科技计划项目，在各级政府与竹木产业科技创新和发展相关的各类科技计划项目评审、验收等综合绩效评估中，把创新创业人才培养作为重要的考核指标。打破论资排辈，完善学术交流制度，健全同行认可机制，促进中青年优秀科技人才脱颖而出。鼓励成果完成人与项目承担单位以入股、转让等形式，直接进行成果产业化。通过评选省农业科技突出贡献与成果转化推广奖，奖励一批对培育与发展竹木产业有突出贡献和成果转化推广成效显著的科技工作者，特别是科技人员。引导科技人才到竹木生产企业从事科技开发工作，创办企业研发机构和竹木生产科技企业。

3. **多渠道筹措竹木产业科技创新经费。**充分发挥各级财政对竹木产业科技创新经费投入的引导作用，加大对竹木产业共性关键技术研发和创新成果产业化项目经费投入。引导社会资金投入竹木产业促进科技创新与发展，鼓励以竹木生产企业为主体建立科技创新风险投资公司和创业风险投资基金。各类金融机构要为竹木产业科技创新和成果转化推广优先提供融资、担保和保险等服务，创新信贷品种，对符合重要条件的科技成果产业化基地基础设施提供信贷支持，积极探索利用贴息、小额贷款等方式，加大有效信贷投入。支持竹木产业高科技企业利用资本市场融资，在中小企业和创业板上市筹资；具备条件可进入证券公司代办系统进行股份转让试点，推进未上市竹木生产科技企业股权的流通，拓宽创业投资退出机制。

4. **优化竹木产业科技创新的政策环境。**竹木产业的特殊性决定了竹木产业科技创新的周期性和社会公益性，竹木产业科技创新需要有良好的政策环境。围绕"森林浙江"和生态文明建设对科技的需求，进一步完善竹木产业科技创新的政策体系，在科研投入、科技推广、成果转化、产学研合作和科技服务林改等方面制定符合竹木产业科技发展规律、有利于增强创新能力的科技扶持政策，鼓励科技人员利用股份(合作)制等各种形式创办产业科技示范企业和基地；鼓励与竹木产业相关的高校科研院所科技人员通过技术入股、承包、转让等形式参与科技成果转化与推广；鼓励民间组织从事商业性竹木产业，通过创新制度推进产业科技创新，发展竹木产业。

5. **加强对竹木产业科技创新的组织领导。**竹木产业涉及浙江省生态、经济与社会发展众多核心领域，是浙江省传统农业主导产业之一，在国民经济可持续发展中占有重要战略地位。竹木产业科技创新工作事关浙江省林业发展的全局，具有显著的整体性、复杂性和公益性，为提高竹木产业科技创新工作的总体水平，必须加强组织领导，创新竹木产业科技创新管理模式，突破单纯项目管理局限，建立以科学规划布局、完善政策法规、优化管理机制、促进队伍建设、提升科技效率为核心的综合管理模式，在项目设置上，坚持“重点区域、重点品种、重点技术一体化部署”的集成设计思路；在技术内容上，采用竹木新品种选育示范与栽培技术、水土资源利用技术、防灾减灾技术四位一体的技术集成模式；在项目组织管理上，采取“项目统一部署，地方组织实施，人才集中攻关，资源集中配置”的集成化工作机制。加强竹木产业科技要素和科技资源统筹安排及整合管理，将科技管理、科学研究、技术推广三位集于一体，打造一支具有攻坚和创新能力的竹木产业科技创新集团军，加强竹木产业发展的引领和支撑。

执笔人：汪阳东、顾小平、周志寿、桂仁意、何奇江、罗锡平

审改：张成益、叶祥发　打印：戴丹丽　校对：郑荣泉

第二十章　浙江省果品产业科技发展研究

一、形势与背景

浙江省山地资源丰富，果树产业是“山上浙江”的重要产业之一。浙江山地环境与气候适宜于各种果树的种植。目前，全省果树面积已达46.5万公顷，总产量423.81万吨，果品总产值114.4亿元，果品产值占全省农业总产值的7.2%，在全省种植业中居第三位。全省果品从业人数已达380余万人，果树产业已成为浙江省农民致富的重要途径之一。

果树产业也是建设“生态浙江”的重要产业之一。果树是重要的生态林木之一，在自然生态系统中具有保持水土、调节气候、净化空气、美化环境等作用。在浙江省工业化、城镇化步伐不断加快，环境压力与空气污染日益加大的环境下，发展果树生产不仅具有良好的经济效益，而且兼具社会和生态效益。

果品是城乡居民饮食中各种健康营养成分的主要来源，发展果树产业不仅可丰富城乡居民食品营养，提高居民的生活质量。目前，我国水果人均占有量约为55千克，干果人均占有量1.32千克，与健康标准要求的人均年消费水果70千克、干果5千克的水平相比仍有较大的差距。

但在加入WTO后，美国、澳大利亚、新西兰、东盟等一些国家与地区优质干鲜果大量进入浙江省市场，加之国内南北水果的大量涌入，浙江省的水果正面临日益激烈的市场竞争。目前本省的一些原来优势果品与外省的同类果品相比，存在着上市迟、质量低等问题；此外，浙江省果树产业还面临品种更新慢、结构不合理、优质果率不高、产业集中度低等诸多问题，从而导致果品卖难现象频发，果农种植效益不高。果树产业存在的问题表明，浙江省的果树产业创新能力已不能满足适应果树产业发展的需求。目前浙江省葡萄、草莓的主流品种仍依靠引进，杨梅、枇杷、桃、梨、猕猴桃等品种虽以自主选育为主，但进展不快，满足不了产业和消费的多样化需求。因此，亟须充分发挥浙江省果树资源丰富的优势和浙江省特色干鲜果创新的潜力，并加大对果树科技创新的财政支持力度，以应对浙江省水果产业面临的严峻挑战和实现浙江省果树产业的转型升级。

二、浙江省果树产业的现状

（一）主要成效

1. **特色果品产业发展迅速。**“十一五”期间浙江省水果产业发展迅速，2008年全省果树栽培面积和产量分别比2005年增长5.78%和45.45%，果品总产值比“十五”末增加约1倍。果树生产已成为浙江省农民奔小康的重要行业和主要途径之一。在果品种类中，浙江省第一大水果——柑橘的面积趋于稳定，早熟和特早熟品种面积占宽皮柑橘的比重上升，效益差的迟熟温州蜜柑和椪柑面积逐步减少。杨梅、白沙枇杷、山核桃、香榧、葡萄、蓝莓等果树发展迅速。

2. **种质资源利用成效显著。**浙江省果树种质资源丰富，是许多著名品种的发源地。柑橘中“本地早”、杨梅中“东魁”、枇杷中的“软条白沙”、桃中的“奉化玉露”等都出自浙江省。近5年来，浙江省有关科研单位从当地枇杷资源中选出大果白沙枇杷“宁海白”和早熟品种“丽白”，从杨梅资源中选出大果优质品种“乌紫杨梅”和“黑晶”，从猕猴桃资源中选出大果、高Vc毛花猕猴桃“华特”，在桃资源中发现一株珍贵的抗流胶的实生变异株。其中“宁海白”在宁海推广面积达1万多亩，形成宁海重要的农业产业。大果“乌紫杨梅”在象山等地推广5000多亩，“华特”毛花猕猴桃在泰顺等地推广1000多亩。这些资源正在被充分利用，有望成为今后各地农民致富的重要产业。

3. **果树育种工作全面开展**。“十一五”期间，浙江省果树育种工作全面展开。其中梨、柑橘的育种专家分别进入了国家梨、柑橘产业技术体系育种岗位专家。建立了国家桃产业技术体系杭州综合试验站、国家葡萄产业技术体系杭州综合试验站、国家柑橘产业技术体系华东综合试验站、国家柑橘产业技术体系衢州椪柑综合试验站。在品种选育方面，浙江省农科院育成梨新品种“翠冠”、“脆绿”、“清香”、“玉冠”等，杨梅新品种“早荠蜜梅”、“晚荠蜜梅”，葡萄新品种“矢富罗莎”、“早甜”，柑橘新品种“红玉柑”，猕猴桃新品种“华特”等。除在各个树种开展传统的杂交育种外，辐射诱变、分子标记辅助育种、转基因等也在枇杷、柑橘、桃等果树中展开。“十一五”期间，果树研究领域获国家、省的奖励30余项。其中浙江省农业科学院等单位获得省科学技术二等奖2项，三等奖5项。浙江林学院等单位获得经济林方面的国家科技进步二等奖2项，省科技进步一等奖2项、二等奖10余项。

4. **生产技术和果品质量提升明显**。近五年来，浙江省水果产业加快结构调整，大力推广安全、优质、高效标准化生产技术，果实套袋、避雨栽培、“三疏一改”、果园滴灌、肥水同灌、采后分级包装等关键技术得到推广应用，产量与品质有明显提高。浙江省的水果平均单产在700千克以上，高于全国平均水平的20%（全国平均单产587千克/亩），其中柑橘为800千克、梨777千克、桃774千克、葡萄1495千克，而全国依次为柑橘618千克、梨678千克、桃750千克、葡萄946千克。浙江省的温州蜜柑采用完熟栽培、大棚延后栽培等技术，使其品质明显提升，临海涌泉“岩鱼头”牌宫川温州蜜柑售价高达50元/千克；玉环柚、胡柚等在全国评比中多次名列前茅。早熟砂梨质量位居南方各产区之首，浙江省占据了全国早熟砂梨评比三分之一的金奖。在2009年全国“太湖东山杯”优质枇杷评比中，“软条白沙”、“丽白”、“大红袍”等3个品种获全国十大枇杷称号，“宁海白”枇杷特级果售价达到200元/千克。杨梅生产规模、产量均居全国第一。

5. **果品出口产业发展迅速**。宽皮柑橘是浙江的一大特色，国际宽皮柑橘消费呈增长趋势，我国五年间柑橘出口量增长125%，而其中90%为宽皮柑橘。无籽、风味浓、易剥皮、有香味的柑橘品种最受市场欢迎。橘瓣罐头是目前我国罐头出口最大的种类，占全国罐头出口总量的57%。浙江作为国际橘瓣罐头最大生产基地，在国际市场中占有重要份额。砂梨在日本、东南亚及港澳等地有着广阔的市场，近年向美、英、澳等国际市场拓展。品质优良的砂梨出口有增长趋势，我国梨出口量从2000年的14万吨提高到2005年的36万吨。浙江省砂梨一直出口东南亚市场，但年出口量不到2000吨，浙江省梨相比同类型的日、韩梨，在国际市场有先入为主的优势，发展潜力很大。其肉质细嫩、香甜爽口、果皮绿色或黄色，单果重在250～450克的果品最受欢迎。杨梅是浙江省最具特色的水果，色鲜味佳，具有极好营养保健功能，深受国内外消费者的青睐，产品销售范围逐年扩大，并打入欧美市场，其甜酸适口的风味深受欧美市场的欢迎，在继续提高贮运技术、提高果酒、果汁等加工品质量的基础上，国内外市场前景广阔。

目前国内外市场对精品果需求量越来越大。葡萄、桃、枇杷、猕猴桃等产品随着质量的提高，有很大的市场空间。

6. **果树技术推广体系初步建成，老百姓受益明显增加。**浙江省各地以特色果树产业基地建设为载体，形成农业首席专家制度，初步构建省、市、县一体的新型林业科技推广体系，突破了果业科技推广零打碎敲的局面。全省现有县级以上果业科技推广机构 84 个，专职技术人员 826 人，其中拥有高级技术职称的 114 人，占总人数的 13.8%。这些机构与人员在良种繁育、品种改良、平衡施肥、病虫害综合防治、人工授粉、质量控制等果业先进适用技术的整合和推广普及中，起到积极的推动作用，涌现出了一批科技兴农的典型。

（二）存在问题

1. **果品优质果率与世界先进水平相比仍有较大差距。**果品质量是果品竞争力的最重要基础。浙江省水果优质果率在 30%～50%，与世界 80%的先进水平相比仍有较大差距。2008 年浙江省柑橘的卖难现象，也主要出现在质量差、品质低的中晚熟温州蜜柑和椪柑上。因此，亟须加快品种结构调整，大力推广优良品种和标准化配套技术，以大幅提高优质果率。

2. **自主育成的品种少而覆盖面小，国外引进品种仍占生产主要地位，品种结构不合理。**果树育种周期长、投入大。但长期以来，与水稻、蔬菜等作物相比，浙江省果树育种的科研经费投入相对不足。因此，除梨当家品种是通过杂交育成之外，其余的几乎均为选育，如浙江省杨梅、枇杷的主栽品种主要从种质资源中挖掘利用，桃、柑橘、葡萄、草莓等水果的主栽品种基本上从引进品种中筛选。目前，浙江省育种手段落后、品种更新慢、自主知识产权品种少的情况还比较突出。果树品种创新能力还不能满足产业发展及消费的需求。因此，要结合果树育种的特点，在经费上给予稳定支持，以保障果树育种的投入。

3. **果苗生产技术落后，工厂化标准化育苗比例不高。**浙江省的种苗生产体系还比较落后，多数果树种苗的质量参差不齐、没有进行无病毒化处理，导致种植后果树树体生长不整齐，最终导致品质与商品性不整齐。目前，以容器育苗与组织培养技术为核心的果树苗木标准化、优质化、工厂化繁育技术体系刚起步。因此，亟须研发与品种选育相配套的容器育苗、脱毒、快繁为一体的苗木生产综合技术体系，以提高浙江省果树生产水平与品质。

4. **低产低效果树面积大。**浙江省目前干鲜果栽培面积大约 750 万亩(其中水果 470 万亩，干果 280 万亩)，低产低效果树面积接近 300 多万亩，虽然不同果树都存在低效林，但主要集中在柑橘和板栗上。因此，亟须开展新品种引进与开发，调整品种结构；亟须开发相应的高产高效实用技术，提升产业发展水平；促进农业增效，农民增收。

5. **新品种的成果转化和推广服务体系不够完善。**浙江省果树资源丰富，优质品种众多，但与之相适应的栽培技术研发相对落后，多数优质果树品种只在少数地区表现出其优异的性状。因此，需要构建与育种研究相配套的成果转化与推广服务团队，研发与新品种相适应的针对不同生态类型的配套栽培技术，以加快新品种的推广与转化。

6. **山地果树纯林化导致生物多样性下降，生态问题凸现。**浙江省水土流失类型以水力侵蚀为主，水土流失主要分布在山地丘陵地区。山区在发展果树林木的过程中土地利用不合理，特别是随着果树效益的提高，农民开山经营强度加大，林下植被的破坏加剧了水土流失，已严重威胁到产区的生态安全。因此，山地如何建立起环境友好型的现代经营管理模式，如何实现经济效益、生态效益和社会效益的最优化，亟须进行科技攻关。

三、基本思路与发展目标

(一) 基本思路

"十二五"及今后一段时期,浙江省果品产业科技发展的基本思路是,重点抓好优势果树新品种选育及其配套技术开发,提高优果率,提高经济效益;大力扶持特色果业,支持"一村一品、一乡一品"发展,形成区域特色与优势;积极开展产业提升共性关键技术研究与集成,成果转化及产业化,促进果品产业技术升级。

(二) 发展目标

1. **产业推进目标**。"十二五"及今后一段时期,科技促进浙江省果品产业发展的目标是,转化应用一批先进适用科技成果,覆盖面占全省果园面积的60%以上,良种覆盖率95%以上,果园标准化率30%以上。到2015年,全省水果面积保持在500万亩左右,产量达到450万吨,产值达130亿元,其中精品果率30%,果品商品化处理率达75%。干果面积达220万亩左右,产值突破20亿元。

2. **科技发展目标**。围绕果品质量和效益的提升,选育出一批具有自主知识产权、优质营养健康的果树新品种;以及优质高产高效生态安全的标准化栽培技术,建设一批特色化、集约化果品产业生产基地,力争到2015年浙江省在特色果树品质、保健、产量、抗性和分子育种及品质提升等技术上取得明显突破,培养一批从事果品产业的创新创业人才,促进浙江省果品产业可持续发展。

四、发展重点与主要内容

(一) 浙江特色果树种质资源的收集、评价与利用

1. **共性关键技术**

(1) 浙江省特色果树种质资源收集与评价。收集浙江省杨梅、枇杷、梨、桃、柑橘、猕猴桃、香榧、山核桃等特色果树的种质资源,构建浙江省特色果树的核心种质资源库,鉴定产量、品质、抗性等重要农艺性状,应用生理生化、分子标记等手段,开展品质、营养、抗逆、遗传多样性的科学鉴评,构建浙江省种质资源的分子图谱。

(2) 浙江特色果树种质资源的创新与利用。开展优异功能基因的挖掘和利用,利用连锁不平衡法等手段鉴定控制果实品质、数量、性状的等位基因;应用转基因、诱变等新技术进行种质资源的创新;筛选可作为推广或杂交亲本的优良单株。

2. **成果转化与技术推广**

(1) 优异特色果树种质资源单株的示范与推广。筛选一批经多年观察有应用价值的果树种质资源单株,建立示范基地,进行优质高效安全栽培配套技术的示范与推广。

(2) 果树组织培养与容器育苗技术的示范与推广。结合组培脱毒和容器育苗技术,构建浙江省果树无病毒苗的繁殖体系,通过容器育苗培养技术的推广,缩短果树投产的时间。

(二) 浙江特色果树新品种的选育与中试

1. **共性关键技术**

(1) 果树新品种的选育及中试。以浙江省主要果树为研究对象,以优质、营养、健康、高抗为目标,以杂交育种并辅以分子标记辅助育种技术为手段,开展果树大果优质、熟期配套、营养、抗逆的新品种研究。解决浙江省品种结构不合理的问题。

(2) 果树育种技术创新研究。建立快速、准确、高效、安全的特色果树转基因技术体系，开展浙江省主要果树的遗传连锁图构建和重要数量性状的 QTLs 分析研究，研究适合于果树育种的定向育种技术，促使高新技术与传统育种技术相结合，以大幅提升浙江果树育种技术水平，为浙江省果树产业提升提供强大的科技支撑。

2. 成果转化与技术推广

选择一批自主育成的梨、柑橘、杨梅、枇杷、葡萄、桃、山核桃、香榧等果树新品种，建立核心示范基地，进行配套栽培技术示范与推广。

(三) 主要果树标准化生产技术研究

1. 共性关键技术

(1) 果树节水灌溉与肥水同灌技术的研究。应用滴灌技术，研究筛选适于浙江省山地果树的灌水模式与肥水耦合技术，研究节水灌溉与肥水同灌技术应用对产量、品质与生态的影响。

(2) 特色果树循环、生态、低碳种植模式的研究。研究果树光能、水分、养分的最佳利用模式，构建果树低能耗的低碳种植模式。研究果树与其他农业产业结合模式，如种养循环、种-种循环。研究果园有害生物(病、虫、草)的生态化集约管理模式，建立果园有害生物生态管理的栽培模式。

(3) 主要果树标准化生产技术研究。围绕“高产、高效、优质、生态、安全”的农业根本目标，重点开展杨梅、枇杷、梨、桃、柑橘、猕猴桃、香榧、山核桃等产量品质提升关键技术的应用基础和实用技术的研发。建立浙江省主要果树现代生产技术的如水肥同灌、地膜覆盖、设施栽培等集成应用的标准化生产技术标准。

2. 成果转化与技术推广

(1) 果树促早成熟设施栽培技术的示范与推广。在浙江省各农业园区建立一批柑橘、枇杷、葡萄等果树加温促早栽培技术的示范基地，促进浙江省反季节精品水果的产业发展。

(2) 果树品质提升工程的推广与应用。建立一批柑橘生产示范基地，应用日本透湿性膜、植物光能肥料、果蔬品质改良剂等进行果树品质提升的示范与推广。

五、构建果品产业科技创新与技术推广体系

(一) 产业技术创新战略联盟构建

为应对浙江省果树产业面临的严峻挑战和提升浙江省果树产业的水平，“十二五”期间将进一步整合浙江省果树产业链各方的优势资源，集成产、学、研的力量，建设以企业为主体、市场为导向、产学研相结合的浙江省果树产业技术创新战略联盟，在果树新品种、新技术、产销模式等方面进行创新，用创新的理念武装浙江省果树产业。联盟的构建将大大增强浙江省果树产业的自主创新能力，为提升浙江省果树产业水平与竞争力提供强大的科技支撑。

(二) 产业科技创新团队建设

2009 年组建了由浙江省农业科学院牵头，浙江农林大学、浙江师范大学、浙江大学、衢州柑橘科学研究所、金华市农科院、温州市农科院、新昌县西山果业有限公司、丽水市山水果业有限公司、仙居县果品产销协会、衢州市衢江区衢江红柑橘专业合作社、杭州千岛湖环岛农业开发有限公司、温岭市约翰农林特产有限公司、临海市清峰水果专业合作社等 13 家单位参与的“浙江省果品产业科技创新团队”。创新团队致力于果树新品种选育、产业化示范及配套栽培

技术开发。产业科技创新团队的建设对提高浙江省果树产业的创新能力、推动果树产业升级有极大的促进作用,也为构建从源头创新、成果转化到产业化示范的产学研战略联盟奠定了坚实的基础。

(三) 创新型农业科技企业培育

"十二五"期间,将加强对果树果生产企业的自主创新能力培养与引导,通过产学研结合方式,促进果品生产龙头企业与大专院校、科研院所的合作与联合。鼓励果品龙头企业自行设立科研机构,为企业自主创新注入动力。着力打造一批经营与管理水平较高、科技投入大、技术创新能力较强、带动能力明显等特点水果生产龙头企业,创建和培育一批知名的优质果品品牌,参与国内外竞争,为提升浙江省果树产业的现代化水平作出贡献。

(四) 企业创新型人才培养与企业科技研发中心建设

人才资源是自主创新的"第一资源"。大量创新型企业人才的涌现是浙江省果树产业发展的重要人才基础。"十二五"期间,通过创新型示范基地建设、技术培训和国内外交流等方式,加大浙江省果树龙头企业创新型人才培养力度。到"十二五"末,培养一批在种苗培育、果品生产、果品销售和果品加工企业创新型人才。

企业科技研发中心建设是企业技术创新体系建设的核心,通过建立果树龙头企业科技研发中心,使企业具备自主解决生产实际问题与开发新技术的能力,可以大大增强浙江省水果企业的市场竞争力,加快浙江省果品产业的转型与升级。

(五) 特色化和集约化果品产业集群创新

浙江省传统农业生产的一个主要特点是生产规模小而分散,小生产与大市场很难有效地衔接。"十二五"期间,根据浙江省果树产业的实际,围绕农民增收,大力发展专业化、规模化与特色化的农业主导产业。至"十二五"末,通过新品种示范与基地建设,在临海、淳安、建德等形成以晚熟栽培温州蜜柑为主导产业的果品产业集群;仙居、黄岩、象山形成大果杨梅为主导产业的果品产业集群;宁海、余杭形成以白沙枇杷为主导产业的果品产业集群;富阳、慈溪、云和形成以早熟砂梨为主导产业的果品产业集群;温岭、上虞、金华、海宁等地形成以葡萄为主导产业的果品产业集群;奉化、嘉兴、丽水、金华和新昌等地形成以桃为主导产业的果品产业集群;泰顺、江山和上虞等地形成以猕猴桃为主导产业的果品产业集群;衢州、丽水莲都形成以柑橘为主导产业的农业产业集群;诸暨、东阳形成香榧产业集群;临安、淳安等地形成以山核桃为主导产业的干果产业集群。

六、组织与管理(略)

七、保障措施(略)

执笔人:谢 鸣、陈俊伟、黄坚钦、戴文圣

审改:张咸益 打印:戴丹丽 校对:郑荣泉

第二十一章　浙江省桑蚕茧丝绸产业科技发展研究

一、现状与形势

(一) 国内外发展现状

中国是桑蚕茧丝绸产业的发祥地，栽桑、养蚕、丝绸作为我国传统的优势产业，在长达5000多年的生产实践中，为经济发展和中外文化交流作出了巨大贡献。目前，我国仍是世界上最大的茧丝绸生产国与供应国，蚕丝产量占世界总产量的70%，占世界出口市场的90%。蚕桑丝绸是我国具有垄断优势的战略性可循环绿色资源，桑蚕茧丝绸产业已成为我国独具优势的创汇农业。特别是在高品位生丝的生产上，具有技术垄断和生产优势，世界上各著名企业在制织高质量绸缎时，均不得不购买中国产的高品位生丝。

2009年全国桑园面积1170万亩，蚕种饲养量1432万张，蚕茧产量55.6万吨。浙江是全国蚕茧主要产区和最大的优质茧生产基地，2009年桑园面积107万亩，蚕种饲养量129.2万张，蚕茧产量5.8万吨，分别占全国的9.1%、9.0%和10.4%。全国30%的生丝和50%的丝织品是由浙江省企业生产的。而栽桑养蚕对于改善生态环境具有显著作用，是高效生态低碳农业的重要组成部分。

国际上桑蚕茧生产国现主要有印度、巴西、泰国、孟加拉、越南和俄罗斯等。由于目前全球丝绸制品生产的相对过剩使得一些发达国家和经济组织为打破我国在世界茧丝绸产业中的垄断地位，处心积虑地竭力扶持一些竞争对手来“争食”国际丝绸市场份额。世界第二丝绸生产大国和第一丝绸消费大国——印度，近几年在世界银行贷款以及日本技术支持下，已经能够生产2A～4A级厂丝的蚕茧，其最终产品在意大利技术的支持下，服用性能有了很大提高，在国际市场上与我国的茧丝绸产品展开激烈的角逐，对我国的丝绸出口构成了不小的压力，成为我国丝绸产业的强有力的竞争者之一。

受国际金融危机和人民币升值的多重因素影响，近年来我国出口欧美、日本为主的外向型丝绸行业面临很大压力，生丝及制品出口量和价格均下滑，缫丝、绢纺、丝织、服装等行业都出现不同程度的亏损。从而导致蚕茧价格较大幅度下跌或价格波动大，蚕农利益得不到保障，种桑养蚕积极性受损。

2009年全国桑园面积、蚕种饲养量及蚕茧产量分别较2008年下降4.8%、18.6%、15.5%；浙江省桑园面积、蚕种饲养量及蚕茧产量分别下降5.4%、26.9%、21.6%，下降幅度均高于全国平均水平。但是，根据浙江省以占全国9.1%的桑园面积生产10.4%的蚕茧产量，以及2009年蚕茧产量下降幅度明显小于蚕种饲养量的下降幅度等分析，表明浙江省种桑养蚕技术和亩桑综合效益均处于领先水平。

同时，丝绸商品消费结构发生明显变化，丝绸产品重点转向家纺、内衣及装饰品等消费领域，耗丝量加大，如随着我国城乡居民生活水平的不断提高，以“天然、舒适、健康、易储藏”为特点的蚕丝被成为百姓家庭消费的新亮点，国内消费市场稳步增长，给茧丝绸发展带来了新的机遇。目前，全国蚕丝被年产量已达到700万条以上，年消耗蚕丝1.5万吨，内销市场消化蚕丝量已经达到30%左右，并呈现逐年增长的趋势。其中70%以上的蚕丝被生产集中在浙江、江苏和四川3省，如浙江省桐乡市已成为知名的蚕丝被生产基地，仅一个县级市生产的蚕丝被就占了全国生产总量的10%。

到目前为止，蚕丝纤维仍具有不可替代性，其"纤维皇后"、"人体第二肌肤"、"绿色纤维"的美誉决定了茧丝绸产业将进一步存在和发展。我国有13亿人口，是一个现实的消费大国。随着中国经济的发展，国内市场对丝绸产品的消费比例正逐年提高，出口主导型的丝绸产业已逐渐成为国际、国内市场并重的产业，丝绸产品的市场需求将不断扩大。

综合目前桑蚕茧丝绸生产的形势和国内外茧丝绸消费市场的变化，困难和机遇并存。作为经济发达的省份，应探索如何使浙江蚕茧生产向规模化、集约化、标准化方向发展，继续打造优质茧生产基地。同时，围绕桑蚕茧丝绸的多用途开发开展研究，拓展和延伸桑蚕茧丝绸产业链，进一步提高科技对桑蚕茧丝绸产业的贡献，探索出一条经济发达省份桑蚕茧丝绸产业可持续发展的新模式，保持浙江省在全国的技术优势和领先地位。

（二）浙江省发展现状

浙江省作为桑蚕茧丝绸的重要传统产区，拥有显著的区位优势、产业基础、科技积聚和文化底蕴。浙江大学、浙江理工大学（前身浙江丝绸工学院）、浙江农科院蚕桑研究所、浙江省丝绸科学院等一批研究机构汇聚，十一五期间又新组建了浙江省桑蚕茧科技创新服务平台、浙江省湖州蚕桑科技创新服务平台，这些科研、教育机构研究取得了一批重要科技成果，奠定了浙江省桑蚕茧丝绸研究水平一直处于国内领先、国际先进水平行列的基础。与此同时，浙江的中国丝绸城（杭州）、中国轻纺城（绍兴）、中国茧丝绸交易市场（嘉兴）等多个丝绸专业市场的建成，促进了茧丝绸产品的发展。特别是中国茧丝绸交易市场，已经成为中国最大的丝绸电子商务平台，进一步提升了桑蚕茧丝绸产业发展的生命力。

1. *主要成效*。在科技创新与发展方面。一是拥有国内一流的产业科技平台和结构合理的科研创新推广团队。"十一五"期间，在省政府的关注下，集聚全省科技资源建立了国内第一个省级"桑蚕茧科技创新服务平台"，培育了一支由国家知名专家、国家产业技术体系岗位科学家带队，以科研院所、大学为主体的科技创新研究队伍和以各级政府、企业技术推广人员为主体的推广队伍。通过人才资源整合，组建了浙江省桑、蚕产业科技创新团队。二是保存国内外丰富的桑、蚕种质资源，育成了一批具有重要推广应用价值的桑、蚕新品种。浙江省农业科学院和浙江大学建有桑种质资源保存圃和蚕品种保存库，保存了国内外大量的桑、蚕种质资源，其中雄蚕种质资源库是国内外唯一的。桑树新品种选育曾二度荣获国家科技进步二等奖。目前，长江、黄河流域70%和浙江省90%以上的栽培桑品种是由浙江省农科院育成的；家蚕性别控制研究和专养雄蚕实用化技术研究居国际领先水平，育成了"秋丰×平28"、"秋华×平30"、"限7×平48"等雄蚕品种，每张雄蚕种平均可新增效益20%左右，2005年度获浙江省科技进步一等奖。在常规蚕品种选育方面，"十一五"分别育成的"春华×秋实"（茧丝质优）、"明丰×春玉"（高产、易繁）、"钱塘×新潮"（抗逆强）等多对家蚕新品种通过浙江省农作物品种审定委员会审定，目前已逐渐替代现行蚕品种"秋丰×白玉"。"优质高效家蚕系列新品种的育成与应用"获2009年度浙江省科学技术二等奖。三是育种技术和理论研究取得新进展。建立了以系统选育、杂交育种等常规育种技术为主体，辐射育种、诱变育种、多倍体育种等新技术育种为辅、分子标记等现代生物技术相结合的较为完善的桑树育种新技术体系；建立了家蚕分子标记、性别控制和孤雌繁殖技术与常规育种技术相结合的育种新技术体系，使桑、蚕育种效率得到了显著提高。在我国已成功绘制完成家蚕全基因组精细图谱的基础上，浙江省围绕家蚕性连锁平衡致死系、高孵化率孤雌生殖系、限性卵色系等特色蚕品种及常规高产、优质蚕品种及其配套品系重要调控基因、突变基因的筛选与克隆进行研究，分析其基因结构和表达特征、生理生化功能、调控因子和调控方式；应用表达谱芯片技术、转基因技术和 RNA 干涉技术等，初步建立了家蚕分子育种技术平台，通过家蚕蛋白质组学研究，揭示家蚕产量、质量和抗病性等重要经济性状形成的分子机制，并克隆出这些重要经济性状相关的基因，开始研究其遗传基础和生物学功能。收集了特异性状的桑种质资源 50 余个，开始分批构建桑种质资源指纹图谱库，克隆和分析低温诱导蛋白、泛素基因和叶片变异株差异基因等的功能。四是家蚕生物技术研究取得了新突破。转基因家蚕研究已处于国内领先地位，开展了启动子组织专一性、丝腺的蛋白分泌机制、启动子陷阱技术、piggyBac 转座子臂长与转座效率的关系等多方面的基础研究工作，获得了稳定遗传 20 代的不同基因转基因家蚕。申请具有自主知识产权的发明专利 3 项。为转基因家蚕生产外源蛋白及创制家蚕新品种奠定了充分的技术储备。“利用 EST 信息资源大规模克隆家蚕功能基因”研究获 2007 年度浙江省科学技术一等奖。863 项目“家蚕生长发育过程中内分泌激素应答的分子调控网络解析”子课题“家蚕丝蛋白质合成相关调控基因的分离克隆”、973 子课题“家蚕内分泌腺体的功能蛋白分析”研究取得了良好进展。开展了家蚕丝物质合成调控的分子生物学及家蚕丝腺 DNA 特异性基因转录和翻译的调控机制和丝素蛋白基因的结构和功能研究，阐明丝蛋白质合成的关键调节因子结构和表达特征、生理生化功能、调控因子和调控方式，以及基因间的相互作用关系和生物学意义。针对我国特色的家蚕 BmNPV 表达系统，构建了新型高效家蚕重组病毒表达载体及相关技术，为建立家蚕生物反应器技术平台、表达生产具有重要应用价值的药物蛋白、工程疫苗等奠定了基础。五是茧丝绸加工技术研究取得新成果。“十一五”期间，浙江省在茧丝绸加工领域取得了一批新成果，如“基于丝素反应特性调控原理的蚕丝高色牢度染色技术开发及产业化”获 2007 年度国家科学技术二等奖，“桑蚕丝素蛋白结构基础上的功能化研究”获 2007 年度浙江省科学技术二等奖。蚕丝蛋白质结构调控及提高生丝产质量新技术、真丝色织小提花组织数码设计及特殊效果新产品开发、功能性天然染料研究及高档真丝系列产品开发、真丝/PLA 织物的染整技术研究与产品开发、蚕茧解舒检测关键技术和方法的研究等均取得重大进展。六是桑蚕茧丝绸资源拓展应用取得新进展。“十一五”以来，桑蚕茧丝绸资源的多用途开发利用研究呈现良好势头，蚕粪提取叶绿素、桑条培养食用菌、桑枝木板、丝素丝胶化妆品、桑葚饮料等产品已投放市场；家蚕生物反应器蛋白质药物规模化制备技术研究，转基因家蚕丝腺生物反应器表达畜禽用免疫佐剂，桑蚕丝- RGD融合蛋白骨组织修复材料的制备，蚕丝蛋白在保健功能食品、高档化妆品、生物医用医药材料、新功能纺织纤维材料、吸水材料等应用开发，桑树 DNJ 的开发利用等研究得到进一步深化。

在产业提升方面。一是种桑养蚕区域优势明显。浙江省前十位主产县(市)的蚕茧产量占全省总产量的 75%，相当于全国蚕茧总产量的 8%。浙江拥有全国最大的商品桑苗生产基地，年产优良嫁接品种苗达 10 亿余株，约占全国嫁接苗市场 80%的份额。浙江的区域特点、气候环境适合生产优质蚕茧。近年来国内发展较快的广西虽然劳动力资源便宜，但只能以多化性品种为主，传统产区四川湿度大、解舒率低，山东气候干燥、清洁净度差。所以，浙江生产优质茧的地位在近年内难以改变。二是缫丝及设备制造业先进。浙江省拥有的自动缫丝机达到国际先进水平，全国 95%以上企业使用的缫丝机械和新增的自动缫丝机几乎 100%来自浙江。浙江省的出口厂丝等级高，在高品位生丝的生产上具有绝对优势。多年来，生丝整体质量居于全国领先水平，为扩大我国丝绸产品在国际上的影响和提高后加工产品档次打下了坚实的原料基础。三是企业产品创新研发力强。“十五”以来，浙江省的丝绸企业通过加大科技投入和技术改造，为企业开发创新创造了条件。杭州喜得宝集团有限公司、万事利有限公司、杭州纺织机械有限公司、浙江康力亨集团有限公司等著名省市级企业均建立了技术研发中心。在全国丝绸商品出口 50 强中，浙江省企业占据 28 席；前 10 强中，浙江省占了 6 席。随着竹纤维、大豆蛋白纤维、保健功能性纤维的开发成功，交络、网络、包覆、包缠、复合等新工艺的广泛运用，丰富了丝绸产品的花色品种、拓展了桑蚕茧丝绸产业在家纺、化妆品、食品饮料、工业用材等领域的应用。四是产业集群市场网络完善。浙江省茧丝绸行业产业集群特色明显，企业竞争力强，已形成了从产品开发、设计、丝绸织造、印染到成衣生产的完整产业链，建立了以香港为中心，遍及美国、法国、西班牙、意大利、中国等地的国际销售网络。位于杭州的中国丝绸城、绍兴的中国轻纺城和嘉兴的中国茧丝绸交易市场，构成了浙江丝绸产业发达的市场网络和产业平台，特别是中国茧丝绸交易市场已成为中国最大的丝绸电子商务平台，目前在该市场参与交易的国内企业达 1000 余家，全国丝绸百强企业中 95%是该市场的客户。专业市场和展会的形成与发展带动了相关配套产业如资金结算、物流配送、信息服务等体系的发展，从而进一步促进了产业的集聚与辐射，提升了产业发展的优势。五是桑蚕茧丝绸产业竞争力强。浙江省桑蚕茧丝绸产业链中各个环节衔接紧密，产品创新设计能力强，茧丝绸品质好，丝绸产品市场占有份额大。浙江省生产了全国 10%的蚕茧、30%的生丝和 50%的丝织品，全丝绸出口占全国总量的 40%以上。桑蚕茧丝绸产业是浙江省在国内外具有极强竞争力的优势产业。

2. *发展主要不足*。浙江省桑蚕茧丝绸产业的发展还存在着明显的不足，这与桑蚕茧丝绸产业科技的发展和创新水平密切相关，产业的持续发展需要在源头创新和新产品的研发、新技术的应用上得到重大突破。一是桑、蚕品种不够丰富。主要表现为育种的新技术和新方法研究不够，品种问题已成为蚕桑可持续发展的重要制约因素。在桑树方面，新品种培育近几年虽然取得很大进展，但由于缺乏育种技术的创新，且品种资源局限，桑叶质量在提高蚕茧质量方面的作用不明显，在适应规模化和省力化养蚕技术体系建立中发挥的作用不够。在蚕品种方面，品种的多元化虽然取得了较大的进展，但基础品种的研究和育种技术的创新进展不大，导致品种的换代作用不明显，常规品种的进步主要体现在好养和产量兼顾方面，品质的提高幅度不大，品种性状不够稳定。同时由于目前浙江省蚕品种种质资源的收集、保存和利用上资金、人员和设施的投入陷于弱化状态，不利于蚕桑生产的可持续发展。特殊用途蚕品种的选育(如粗纤度茧、细纤度茧、丝胶茧、平面丝茧、彩色茧品种)虽然取得了一定的进展，但品种性状的稳定和市场开发力度有待加强，特别需要茧丝绸龙头企业的加入和后开发研究。二是现代化养蚕技术体系不够完善。蚕桑生产技术难以适应现代蚕业发展的要求，适合蚕桑产业省力化、机械化、规模化、集约化发展的栽桑养蚕综合配套技术有待研究和提高。蚕桑生产尤其是采叶、饲养过程中基本以手工为主，但是，随着其他产业劳动生产效率的提高，浙江省农村工业的发展，相对农业劳动力的减少和老龄化迫切需要实现栽桑养蚕的省力化。在新型养蚕形式下的蚕病流行规律不明，防病体系不够健全，发病率依然居高不下，在导致蚕茧产量下降的同时，严重影响蚕茧的质量和农民的养蚕积极性，造成了蚕桑生产不稳定性。养蚕生态环境的破坏，特别是工业发展中污染物排放的控制不够严格而对生态环境的破坏首先从养蚕中体现，不时还会出现群体性养蚕中毒事件发生，影响蚕农收入。由于桑园管理过程中，缺乏用药的规范操作，以及大田治虫的矛盾，养蚕期间的农药中毒事件频发；长期大量施用无机化肥，造成土壤板结，生态环境破坏。蚕种繁育中微粒子病防治的重要技术成品卵检查技术和叶面消毒技术缺乏突破性研究，防范作用不稳定。省力化养蚕设施、安全蚕茧生产、桑园套种、桑枝栽培食用菌等省力化、适应低碳产业发展、提高桑蚕茧丝绸资源综合利用力度的高效产业经营模式和技术成果转化率不高。三是蚕茧生产过程中的标准化和安全化亟待解决。近几年国家和各省区在桑、蚕种、桑苗和催青等生产环节制定了相应的标准，但这些标准还需进一步完善和科学化。生产主要环节的桑园管理、养蚕过程和上蔟技术未能标准化，突出表现在：桑园管理中的化学肥料和农药使用缺乏科学依据，导致环境的严重污染和生态环境的破坏，桑园科学配方施肥和用药的规范操作缺乏标准；养蚕中大量使用对人体有害的消毒药剂，对消毒药剂的评价缺乏标准；对蚕茧质量有较大影响的上蔟营茧缺乏统一标准，良种良法有待进一步普及。四是蚕业相关产物的附加值提升产业化进展缓慢。从蚕桑综合利用发展到深加工，虽有大量研究成果涌现，但真正实现产业化、能提升蚕业综合经济效益的成果转化不多，至今未能对蚕业生产产生重大推动影响。蚕业副产品的开发需要多学科的交叉协作研究，一些具有较高附加值的产品涉及医药、食品等行业，由于缺乏后期研究的多学科介入以及强势龙头企业的资助，开发资金严重缺乏，虽然潜力巨大，前景看好，但在短期内难于产业化，对提高蚕业综合经济效益的作用不明显。五是丝绸新产品研发及加工技术需要进一步研究。相对其他纤维产品而言，以桑蚕丝为主要原料的纺织产品变化较少，真丝类产品与消费者对面料时尚化的要求之间已存在一定程度的距离，研究与开发符合世界面料市场潮流的新产品、形成具有自主知识产权的加工技术是浙江省丝绸界的一个重要课题。研发具有多元化风格和特性的含真丝新产品，以进一步扩大丝绸产品应用的新领域。新蚕丝品种的出现、蚕丝与其他种类纤维的组合应用、市场对面料产品要求的提高、加工业的环保与节能等均要求采用新的印染后整理加工技术，针对蚕丝相关产品的丝纤维加工技术、先进织造和印染后整理加工技术需要进一步的研究与探索。六是产业环节多，农工贸自成一体，全省的科研力量得不到很好的整合。在整个产业链中，蚕茧生产归农业部门管理，收烘茧由供销系统负责，缫丝织绸归工业系统，而销售主要由外贸系统负责，各自为政，缺少利益共享机制。七是缺少前瞻性和战略性研究，源头创新不够。日本的蚕茧产量虽然目前只占我国蚕茧产量的1%，但长期以来，日本在蚕丝业的前瞻性和战略性研究上从不吝惜资金，大量的源头性创新研究成果使日本在桑、蚕品种的培育、桑蚕茧丝绸产品的后加工和高新技术的介入、家蚕基因组学和生物反应器技术等方面继续保持世界领先地位。浙江省在前瞻性和战略性研究以及源头创新方面明显不够。

二、发展思路与主要目标

（一）发展思路

以提高科技创新能力和推动行业科技进步为宗旨，以产业需求为导向。努力降低桑蚕茧丝绸产业劳动力成本，提高桑蚕茧丝绸产品质量，提升桑蚕茧丝绸产业经济效益，减轻桑蚕茧丝绸产业发展环境负荷，促进桑蚕茧丝绸产业的生态化、低碳化，协调好资源、环境与产业发展规模的矛盾，把桑蚕茧丝绸产业打造成能为农民增收、能为企业增效、促进生态优化的高效产业。

坚持前瞻性与可行性相统一，瞄准学科前沿和未来产业发展重大需求，部署一批有基础、有优势的前沿技术和关键核心技术研究，提升桑蚕茧丝绸产业的创新能力和创新水平。

坚持原始创新与集成创新相结合，近期目标与远期目标相结合，着重解决制约浙江省桑蚕茧丝绸产业发展的关键技术，增加对桑蚕茧丝绸产业发展的科技贡献率。

采取“突出重点，培育特色，总体推进”的发展思路，突出打造优质蚕茧生产基地，突出打造桑蚕茧丝绸新品、名品，拓展桑蚕茧丝绸研究与应用新领域，实现浙江省桑蚕茧丝绸产业的可持续发展，并继续保持在全国的领先地位。

(二) 主要目标

针对目前蚕茧质量、蚕桑生产保障技术和茧丝绸资源的开发利用等关键“瓶颈”问题进行协作攻关研究，争取在桑蚕新品种选育、蚕桑生物技术、先进养蚕技术及装备、低碳节能缫丝技术、茧丝绸加工新工艺和新技术、桑蚕茧丝绸资源新用途的开发和基于特种蚕茧真丝新品种的丝绸生产关键技术等研究方面取得新的突破。育成桑、蚕新品种 3～5 个，获专利授权 30 项，省级以上科技成果 8～10 项。重点推广雄蚕新品种、强桑 1 号等桑蚕新品种，桑枝条栽培食用菌技术、蚕丝被标准化生产技术、节能减排蚕茧干燥新技术和真丝纤维原料多元化复合、加工新技术等新成果，成果转化应用率达到 70%。

“十二五”期间，浙江桑蚕茧生产以稳定规模、提升质量、提高效益为总目标，力争到 2015 年，桑园面积稳定在 100 万亩，蚕茧产量 9 万吨。具备亩桑产茧 150 千克生产能力的标准化桑园园区提高到 70%以上，茧丝龙头企业和蚕农合作社带动农户达到 60%以上，优质茧率提高到 80%以上；丝绸加工以开发新工艺、新技术、新产品为主要目标，主打名牌产品，培育创新型科技企业 3～5家，建设企业研发机构 3～5 个。

三、发展重点与主要内容

(一) 发展重点

1. 针对浙江省桑蚕茧丝绸产业发展需求和存在的主要不足，通过共性关键技术的研究，建立桑、蚕种质创新和高效育种技术体系平台，选育一批综合性状优良或适合产业多用途开发利用的桑、蚕新品种。

2. 利用现代分子生物学技术，加强桑、蚕重要品质、抗性等性状的遗传机制研究，开发相关分子标记，通过远缘杂交、诱变育种和转基因等技术，获得一批有突破性的育种新素材，加快桑、蚕新品种和新资源的开发。

3. 根据现代蚕桑产业发展的需要，开展省力化、机械化、规模化、集约化养蚕技术研究和设施及规模化养蚕中的蚕桑疫病(虫)防治技术研究，建立现代化养蚕技术体系。

4. 拓展桑蚕茧丝绸产业应用范畴，研究桑蚕茧丝绸资源在食品、医学、轻工、化工、农业等领域的新价值，重点研究解决产业化生产的关键技术；研究桑园套种、桑枝条栽培食用菌等，提高单位土地面积的产出率，实现桑蚕茧丝绸资源的高效、多用途开发。

5. 积极开发节能减排、提高茧质的蚕茧干燥新工艺和新设备，研究低能耗、低排放、低污染的新一代缫丝技术和印染、后整理技术，促进低碳经济、低碳产业的发展。

6. 在保持蚕丝优良特性的基础上，攻克蚕丝面料易皱、泛黄等弱点，研究真丝纤维原料多元化复合、加工新技术及含丝新产品，扩大真丝类产品的开发应用范围，适应国际面料市场发展的新需求。

(二) 主要内容

1. **共性关键技术**。桑蚕种质资源库构建、资源创新与资源多用途利用研究。对浙江省桑、蚕种质资源进行收集、整理、保存，对资源的生物学(形态学、生理生态学、遗传学)和经济性状进行调查和评价，采集特征图像，构建具有浙江特色桑、蚕种质资源库；研发基于互联网技术的桑、蚕种质资源库信息平台和数据库查询系统，为浙江省育种单位进行新品种选育、开展国内外学术交流搭建高效的共享平台。应用 AFLP、RFLP、SSR 等技术，对特色优良资源的 2～3 个重要经济性状进行遗传多样性分析。开展转基因技术在家蚕育种素材创制上的应用研究，利用转基因结合 RNAi 技术，选育抗核型多角体病毒病的育种素材；利用转基因技术建立丝腺生物工厂，获得能够在家蚕丝腺中"定点"、"富集"表达高附加值稀有生物制剂的蚕种质资源；利用基因工程方法从丝蛋白一级结构肽链的氨基酸组成和排列顺序入手，通过改变分子结构形态和相对分子质量来调节丝蛋白特性，选育分泌可控生物降解的丝素蛋白的特殊种质资源。

高产优质多抗桑树新品种的选育及应用。筛选桑树抗逆(抗旱、抗寒、抗盐)、抗病抗虫和高产基因的分子标记，克隆相关功能基因，建立桑树分子标记辅助育种技术，完善新的桑树育种技术体系，提高桑树育种效率。通过本项目的实施，培育高产优质多抗桑树新品种 2～3 个，并建立相应的配套栽培技术。

适合于设施养蚕用桑树新品种选育。针对蚕桑产业省力化、规模化、集约化的发展目标，以杂交、多倍体、辐射育种技术结合现代生物技术，实现优良基因重组，培育耐瘠、抗旱、抗寒、抗叶质老化、耐剪伐、发条数多等性状明显优于现行品种，且抗黄花型萎缩病、桑疫病能力优于现行主栽品种、适合于设施养蚕用的桑树新品种 1～2 个；结合桑树新品种繁育、省力化栽培和收获技术研究，有效节省桑树的繁殖、栽培、收获及养蚕用工成本。

优质高效家蚕新品种选育及省力化配套技术的研究与应用。筛选与家蚕抗核型多角体病、抗高温等重要性状连锁的分子标记，建立分子标记辅助育种技术体系，结合转基因等手段培育育种素材；针对浙江省嘉湖蚕区养蚕气候条件相对较差和劳动力不足的状况，以强健性为重点选育中丝量家蚕新品种，为养蚕向省力化、规模化、简易化方向发展提供品种保障；针对浙江西南蚕区养蚕气候条件优良和劳动力相对富裕的状况，以优质为重点选育多丝量家蚕新品种，为打造浙西南优质蚕茧生产基地提供配套品种；开展家蚕新品种的高效、省力化配套技术研究，进行新品种的中试示范，结合已育成并在生产上逐步应用的品种，进一步优化当地品种推广结构。

资源节约型多丝量雄蚕新品种选育及低成本制种技术研究。根据雄蚕种只有一种交配方式和杂交种只利用雄性的特点，利用家蚕伴性成熟基因和伴性卵量基因等控制家蚕主要经济性状的伴性基因，对雌雄双亲设置不同的选育重点，利用自主创建的平衡致死系改良方法，分别对多丝量育种材料开展限性斑改造，构建多丝量平衡致死系材料并进行强健性选择，组配资源节约型多丝量雄蚕新品种。通过对多丝量雄蚕新品种繁育饲养技术研究，提出多丝量雄蚕品种各级蚕种的繁育饲养操作规程，并在浙西南淳安等主蚕区进行试养，通过杂交、回交和系统选择等方法，进一步选育经济性状优良、实用孵化率高的雌蚕无性克隆材料，并与家蚕性连锁平衡致死系杂交组配低成本新型雄蚕品种，降低雄蚕杂交种的生产成本。

蚕丝被专用型蚕品种选育及高效省力化配套技术的集成与应用。近些年国内蚕丝被消费快速增长，为满足蚕丝被生产企业对蚕茧稳步增长的需求，加强蚕丝被专用型家蚕新品种选育。筛选产量高、强健性好的育种素材，采用杂交育种方法，结合抗高温、抗病性选择进行茧层量的定向选拔，选育好养、茧层率高、适合蚕丝被生产需求的专用型蚕品种。制定蚕丝被专用型品种的高效、省力化配套饲养技术，降低蚕茧生产成本，并在浙江省蚕丝被主产地区进行中试和示范。通过产学研结合，探索蚕丝被品种高效省力化饲养、蚕茧收购及蚕丝被生产销售的一条链模式，与现行蚕丝被生产的综合效益比较分析。

高产、优质、特色蚕品种分子标记筛选及辅助育种。充分利用家蚕基因组研究基础，围绕家蚕性连锁平衡致死系、高孵化率实用化雌蚕无性克隆系、限性卵色系及常规高产、优质蚕品种及其配套品系重要调控基因、突变基因、相关的染色体片段及优良性状的连锁分子标记的筛选，建立家蚕特色蚕品种选育技术创新体系，利用分子标记，将相关性状和相关基因准确、高效地导入我国现行系列优良蚕品种中，育成经济性状优良的实用型家蚕优良蚕品种。主要包括克隆家蚕性连锁平衡致死系中几个与性别控制相关基因紧密连锁的分子标记，利用分子标记把性别控制相关的特殊基因准确、高效地导入我国现行系列优良蚕品种中，选育雄蚕新品种；利用甲基化敏感扩增多态性技术对家蚕高孵化率实用化雌蚕无性克隆系的基因组水平上DNA甲基化修饰进行比较研究，筛选与其密切相关的分子标记。采用杂交技术，将与常规反复回交，用分子标记辅助从杂交后代中筛选高孵化率雌蚕无性克隆系，建立一系列与现有高产、优质、特色实用性蚕品种配套的雌蚕无性克隆系，加速新型高产、优质蚕品种的培育进程；通过对家蚕性连锁平衡致死系、限性卵色系卵色控制突变基因和易位基因的克隆研究，以及W染色体上易位染色体片段连锁分子标记的筛选与克隆，利用分子标记把限性卵色控制相关基因及分子标记导入到我国现行系列优良蚕品种中，构建和充实家蚕限性卵色系种质资源库，形成一个具有卵色限性特征、高产、优质的蚕种资源库。

省力化养蚕设施设备研究。针对目前蚕桑生产上迫切需要解决的设施化、省力化、规模化养蚕技术，开展家蚕转基因技术和生物反应器技术研究。

桑蚕茧丝绸多用途开发研究。

蚕丝蛋白规模化生产及应用研究。

桑、蚕病防治及蚕茧安全生产技术研究。鉴于浙江省每年因蚕病和化学因子中毒危害造成的蚕茧损失将近10%，家蚕微粒子病的危害依然未得到有效控制；蚕区粮食作物和经济作物混栽，常发生农药污染桑园现象，使家蚕中毒；桑树害虫发生日益频繁，局部病害潜伏待发。严重影响蚕茧产量、质量和蚕农的经济效益。通过本项目研究，开发新型蚕用药剂2～3个，申请专利2～3项。形成新的家蚕微粒子病防控技术；开发高效安全低腐蚀蚕用药剂(包括蚕室蚕具消毒药剂、蚕体蚕座消毒药剂、桑叶叶面消毒药剂等)，适应现代规模化、设施化养蚕的蚕病防治技术；研发对桑树病虫害防治效果好、残毒期短、对蚕安全的桑园病虫害防治药剂；开发快速检测农药新方法，提出适应农药市场和农作结构变化的家蚕农药中毒防范技术，建立蚕茧安全生产技术体系。

蚕茧质量检测关键技术、评茧方法研究及小型蚕茧干燥设备开发研究。作为蚕茧生产技术构成要素的评茧方法，最重要的是应能体现产丝量的多少(出丝率)和缫丝解离的难易(解舒率)等蚕茧品质属性。新型、快速、有效的蚕茧评价技术及配套设备的研发对激励和引领优质蚕茧生产、提高蚕丝业综合经济效益、推动蚕丝业的发展有重要意义。随着规模养蚕大户和蚕桑专业合作社数量的增加，开发小型蚕茧干燥设备显得十分必要，使得专业合作社在与茧丝绸公司商谈、确定蚕茧价格时更具公平性，维护广大蚕农的利益。通过本项目研究，研制完成1套能快速、准确评定蚕茧质量的评茧仪，并提出新的蚕茧质量评定标准和实用操作规程；研发1套适合蚕茧专业合作社、规模养蚕大户的蚕茧干燥设备；申请专利2～3项。

低碳节能缫丝技术和设施研究。在缫丝生产中，缫丝-复摇等生产环节中，需要消耗大量的能源干燥丝片。因此，如何减少缫丝生产中的能耗，是缫丝生产企业的共性关键技术问题，不但对缫丝企业降低成本具有重要的作用，而且还具有十分明显的社会效益。利用新型的干燥装置替代传统的蒸汽管辐射加热装置，研究新型干燥装置与传统装置热效率的差异；新型的干燥装置对生丝等量指标的影响。在保证生丝质量的前提下，能耗下降15%，废气排放量减少20%。生丝质量除了与原料茧质量本身有关外，还与缫丝机械有很大的关系，国内现有缫丝机械生产的生丝在偏差、总差指标、生丝的抱合(或茸毛)等指标上尚不能满足有些面料特别是缎类面料的要求，与立缫相比，生丝手感偏硬。通过对现有控制系统的改良，提高缫丝生产过程中的中心粒数符合率和允许粒数符合率；生丝偏差和总差指标明显改善，在同样原料茧情况下，生丝偏差和总差值减小10%以上；生丝抱合指标提高10次以上；生丝手感明显改善。

基于特种蚕茧真丝新品种的丝绸生产关键技术研究。研究利用粗纤真丝、细纤真丝、彩色真丝和雄蚕茧等新型蚕品种研究成果、研究与开发新型差别化蚕丝纤维新品种，并形成相应的加工新技术，克服蚕丝纤维原料单调不变的现状。利用天然彩色茧丝，减少或甚至完全消除染色等传统生产工艺，形成无染色生产新技术，促进丝绸产品风格多样化。项目研究内容包括：① 粗纤度茧、细纤度茧、雄蚕茧和彩色茧等蚕茧新品种生丝规格优化设计及其性能研究；② 粗纤度茧、细纤度茧和彩色茧等蚕茧新品种生丝织造技术研究；③ 粗纤度茧真丝产品服用性能、风格特性研究与新产品研发；④ 细纤度茧真丝产品服用性能、风格特性研究与新产品研发；⑤ 彩色茧生丝颜色特性研究与无染色织造加工技术研究；⑥ 彩色茧真丝产品服用性能、风格特性研究与新产品研发技术；⑦ 粗纤度茧、细纤度茧、雄蚕茧和彩色茧真丝产品的设计方法研究等。

新颖真丝纤维为主面料研究。目前浙江省主要出口的真丝产品主要为几十年不变的双绉、素绉缎、乔其纱、斜纹绸等老品种，创新品种少，已影响了浙江省真丝产品出口效益。因此，组织省内外丝绸界的科研、开发、生产和销售等方面的力量，有组织、有计划地开展真丝新产品的研发和生产，从根本上改变丝绸产品落后的面貌。

真丝和其他纤维的交织混纺技术研究。纤维材料科学的发展促使一大批新型纤维的出现，这些新纤维的出现一方面对传统蚕丝纤维产生了竞争的态势，但另一方面，也为利用蚕丝这种具有特殊性能的纤维创造了新机遇。以蚕丝为基础，组合其他种类的纤维，采用纤维加工新技术研究形成新型纱线，研发具有多元化风格和特性的含真丝新产品，以进一步扩大丝绸产品应用的新领域。

真丝产品新型外观风格和生产新工艺技术研究。运用真丝纤维与复合、CAD/CAM织造技术，在研究形成真丝产品新型、特殊外观风格或功能原理的基础上，深入探讨其相应的设计新方法，研究形成其织造生产新技术，并进行产业化的探索。真丝产品特殊外观风格或功能主要包括：① 采用异送经织造技术实现表面高凸纹外观风格；② 超高密真丝产品及其防羽绒功能的实现；③ 双面提花技术及其双面异花、同花风格；④ 运用与真丝纤维的组合或复合新技术实现含真丝产品的防缩、抗皱、易洗、高弹等功能；⑤ 采用电子提花、数字化喷印、电子绣花等现代技术手段进行丝绸产品的复合加工技术研究，达到丝绸产品的技术提升和创新的目的；⑥ 研究开发服装用、装饰用及工业用具有特殊性能或外观风格的真丝新产品。

2. **成果转化及产业化**。新一代“强桑系列”桑树新品种的推广应用。以优质高产桑基地建设为载体，实施农业成果转化项目为抓手，在全国范围内继续做好农桑系列桑树新品种的推广应用和技术咨询服务的同时，对2009年通过浙江省农作物品种审定委员会审定的“强桑一号”新品种开展省内外的推广应用。

雄蚕系列新品种的中试、示范及推广应用。继2005年第1对雄蚕品种“秋华×平30”(强健、易繁)通过浙江省农作物品种审定委员会审定后，目前有2对各具特色的雄蚕新品种“秋丰×平28”(茧层率高、丝质优)、“限7×平48”(茧形大、产量高)通过浙江省农作物品种审定委员会审定，适合浙西南淳安等地区饲养的多丝量家蚕新品种“华菁×平72”正在参加浙江省家蚕新品种实验室鉴定。通过总结前几年的推广模式和经验，加快雄蚕系列品种在省内外的推广应用。

优质高效家蚕系列新品种的推广应用。针对浙江省嘉湖和浙西南两大蚕区的不同特点，重点对“十一五”期间育成的家蚕新品种“春华×秋实”、“明丰×春玉”进行推广应用，提出新品种的配套饲养和繁育技术，建立新品种推广基地和繁育基地，建立家蚕新品种示范推广技术体系，采用“丝绸公司＋科研院所＋基地农户”模式在嘉湖和浙西南蚕区进行推广应用，加大新品种宣传和技术培训，优化蚕品种的结构，努力打造优质蚕茧生产基地，提升浙江省蚕茧产质量。

节能减排蚕茧干燥工艺及设备的推广应用。蚕茧干燥除了便于储存外，还有一个重要目的就是调整茧质，使丝胶适当变性。而丝胶一旦变性，要想回复是很困难的。因此，选择合理先进的蚕茧干燥新工艺和设备不但能节能减排，同时还能提高蚕茧质量。推广应用“十一五”研究成果——过热蒸汽干燥蚕茧技术，达到废气排放率减少 50％以上，热效率提高 15％以上，蚕茧解舒率增加 5％，万米吊糙次数降低 10％以上。

真丝纤维原料多元化复合、加工新技术及含丝新产品研发与产业化。针对国内真丝产品变化较少、新型纤维原料不断出现、消费者对高档面料风格需求多样化、国际面料纤维原料复合化等现状，研究以真丝纤维为基础的多元纤维复合技术，研究开发风格多样化含丝新产品并实现产业化。内容主要包括：通过蚕丝纤维与其他纤维多元化复合及其加工新技术研究，形成具有多元化风格特性的含真丝新颖线型产品，建立纤维组合或复合加工新技术，为丝绸新产品的研究与开发提供新原料，扩大真丝类产品的开发与应用范围，改善真丝产品的风格特性。

四、构建产业科技创新服务体系

（一）产业技术创新战略联盟构建

产业技术创新战略联盟的构建是加强产学研结合，促进技术创新体系建设的重要举措。浙江省桑蚕茧丝绸产业集群优势明显，通过构建桑蚕茧丝绸产业技术创新战略联盟，集聚浙江省桑蚕茧丝绸产业领域的主要技术力量，实施产学研强强联合，农工贸一体，资源共享、优势互补，实现产前、产中、产后的多学科交叉、技术链衔接，共同开展桑蚕茧丝绸产业发展战略研究和共性关键技术研究，通过原始创新、集成创新和引进消化吸收再创新，开发具有自主知识产权的核心技术，提升产业核心竞争力，促使桑蚕茧丝绸产业结构优化和升级，支撑和引领桑蚕茧丝绸产业技术创新的发展。目前浙江省已组建省级“桑蚕茧科技创新服务平台”和“湖州蚕桑科技创新服务平台”。浙江省“桑蚕茧科技服务平台”由浙江省农科院牵头，以浙江大学、浙江理工大学和浙江省农业厅经作局等单位为核心单位；“湖州蚕桑科技创新服务平台”由湖州市农科院为牵头单位，浙江大学等 4 家单位为核心单位。两个平台相互融合、紧密合作，实现了资源共享、优势互补，创新和服务能力明显提高。如能在上述平台建设的基础上，进一步融入相关的茧丝绸研究力量，构建完整的产业技术创新战略联盟，对促进桑蚕茧丝绸产业整体协调发展、提升科研创新能力和对产业的服务能力具有重大推进作用。

（二）产业科技创新团队建设

产业科技创新团队建设整合了省内桑蚕茧丝绸产业科研、教育、推广各方面的技术人才优势和资源，使之集产业研究开发、技术推广、人才培养为一体。创新团队以高层次人才队伍建设为战略抓手，以提高创新能力和弘扬科学精神为核心，推进团队内学科带头人队伍建设和青年学术骨干培养。构建定位明确、层次清晰、衔接紧密、促进优秀人才可持续发展的培养和支持体系。目前浙江省在桑、蚕产业科技创新团队基础上，拟组建桑蚕茧丝绸产业重点科技创新团队，围绕浙江省的桑蚕茧丝绸产业发展，提出科技创新主攻方向和重点。通过原始创新、集成创新和引进消化吸收后再创新，发展高新技术与提升常规技术，科技创新与转化应用相结合，紧紧围绕浙江省桑蚕茧丝绸产业的发展需求，密切跟踪国际发展的最新成果和高科技前沿，主动设计一批科技攻关项目，提升浙江省桑蚕茧丝绸产业的科技含量和产业层次。

（三）创新型农业科技企业培育

以浙江省桑蚕茧丝绸产业生产企业为对象，发挥浙江省农业龙头企业的创新能力。通过产学研结合，引导和鼓励创新型企业承担国家和地方科技计划项目，支持企业开发拥有自主知识产权和市场竞争力的新产品、新技术和新工艺，建立健全具有内在动力的新的技术创新机制，促进产业科技的进一步发展。在"十二五"期间，培育桑蚕茧丝绸产业创新型农业科技企业8～10家。培育的方式主要为引导企业参与各类科技计划项目的实施、开展紧密联系生产实际的研究和成果转化，提高企业的科技含量。同时，支持和帮助企业自主申报科研项目，通过项目实施进行技术改进，提高产业效益。

（四）企业创新型人才培养与企业研发机构建设

企业成为技术创新主体，是"国家中长期科学和技术发展规划"中科技体制改革与国家创新体系建设的重点任务。规划中的主要思路是：发挥政策导向作用，使企业成为研究开发投入的主体；改革科技计划支持方式，支持企业承担国家研究开发任务；完善技术转移机制，促进企业的技术集成与应用；加快现代企业制度建设，增强企业技术创新的内在动力；营造良好创新环境，扶持中小企业的技术创新活动。"十二五"期间要积极培养企业创新型人才，组建企业研发机构，促使浙江省桑蚕茧丝绸产业的企业成为产业科技发展的创新主体。企业创新型人才培养主要通过三个途径：一是企业人员参与项目的实施，提高自身专业知识水平和技能；二是项目参加单位定期或不定期对企业人员进行技术培训；三是协助企业申报科技项目，并指导企业开展科技创新。企业研发机构依托科研院所建立。企业研发机构工作重点在于面向生产实际进行创新和中试性，科研成果的中试推广，科研院所的研究与企业研发中心的应用紧密结合，是促进科研成果转化的有效举措。"十二五"期间拟培育和强化桑蚕茧丝绸产业企业研发机构5家以上。

（五）产业集群创新

根据浙江省桑蚕茧丝绸产业的发展规划和战略布局，通过近几年的发展，逐渐形成了以嘉湖、浙西南两大桑蚕茧生产产业带和杭嘉湖绍为中心的茧丝绸生产加工集群。"十二五"期间，桑蚕茧丝绸产业科技发展项目的实施，要服务于两大蚕茧产业带和杭嘉湖绍茧丝绸产业集群的科技创新能力提升。嘉湖蚕区以"蚕桑规模小区建设与改造，规模化、省力化种养技术推广，蚕茧产业化经营"为核心，大力实施蚕桑优化改造工程，要大力推广强健好养、适合规模化、省力化推广应用的桑、蚕新品种，提高亩桑产出效益；浙西蚕区以"开发拓展蚕桑新基地、提高种养水平、打造优质蚕茧生产区"为核心，要大力推广耐瘠、抗旱的桑树新品种及优质高产的常规或雄蚕新品种，有效提高茧丝产质量。杭嘉湖绍茧丝绸生产产业集群重点开发"低碳"、高效、符合国际潮流的茧丝绸新产品，提升茧丝绸产业的效益。

五、保障措施

（一）明确目标，加强领导

桑蚕茧丝绸产业环节多，农工贸自成一体，产业的发展需要积聚全省各相关科研和推广体系的力量，实施联合攻关。拟建议组建桑蚕茧丝绸产业科技创新协调小组，建立协调会商制度。

（二）加大对桑蚕茧丝绸产业的科技投入

组织浙江省科技力量，发挥创新团队的优势，针对影响浙江省桑蚕茧丝绸产业的重大关键技术、共性技术及相关设备研发，开展科技集中攻关。加大投入力度，稳定科研推广队伍，围绕“十二五”科技规划，在实施经费上予以保障。

（三）构建产业科技创新服务新体系

通过建立省重点产业科技创新团队，产业科技创新服务平台，组建产业技术创新战略联盟，培育创新型科技企业、企业创新型人才和企业创新研发机构，整合省内科研、教育、推广、生产和管理各方面的技术人才优势和设施设备资源，构建产业科技创新服务的新体系。

（四）建立科技成果转化促进机制

桑蚕茧丝绸产业链长，需要参与的研究单位多，其中的蚕茧生产，目前仍以千家万户农民为主体。项目成果的转化，需要政府的大力支持，同时也需要企业的积极参与，必须建立起一种由地方政府和企业共同推动的成果转化促进机制。通过政府引导，积极鼓励企业推进产业技术进步，促进浙江省桑蚕茧丝绸产业的升级和拓展。

（五）积极开展国内外交流与合作

加强与国内外桑蚕茧丝绸产业界的合作与交流，积极引进新技术、新品种、新设备、新产品，确保浙江省桑蚕茧丝绸产业在国内外的领先地位。

执笔人：孟智启、计东风、王永强、傅雅琴、朱良均
打印：戴丹丽　校对：郑荣泉

第二十二章　浙江省花卉产业科技发展研究

一、现状与形势

(一) 国内外花卉产业发展现状

至2009年,世界花卉贸易额超过4000亿美元,成为国际贸易的大宗商品。截至2009年底,我国花卉种植面积达1250万亩,占全世界的30%,从业人员430万人,是世界最大的花卉生产国,重要的花卉消费国。国际金融风暴后,世界花卉产业越来越重视生产的专业化、产品的精品化和产业链体系的完整化。花卉产业逐步形成由制种、种苗、成品、加工、拍卖等环节相互独立、多方协同的现代产业价值链体系。荷兰、美国等发达国家依靠先进设备、技术和科学的管理手段积极推进现代化、工厂化花卉生产,哥伦比亚等发展中国家通过推行有限品种的专业化生产,以大量质优的产品占领国际市场。而在我国中西部地区,在各级政府大力推动下,花卉苗木产业正以前所未有的速度发展。

(二) 浙江省花卉产业及其科技创新现状

1. **科技创新现状**。"十一五"期间,组织实施了彩化木本花卉新品种引育繁及栽培技术研究与示范、梅兰菊竹传统名花种苗快繁配套技术研究及基地建设、百合种遗传育种及种球快繁关键技术研究及产业化、牡丹花冬季开花人工脱休眠技术研究与种质资源圃建设、名贵花卉卡特兰产业化关键技术研究、生态园林城市建设花茎植物引选及其应用技术研究、优质多抗百合新品种选育及产业化配套技术研究与示范、浓香型兰花品种选育和快繁技术体系研究与示范、蝴蝶兰品种创制及产业化关键技术研究、杜鹃花属植物优良种质筛选及创新利用研究、兰花杂交后代选育与品种改良及产业化研究、浙江主产盆花抗逆高效转基因育种研究及新品种创制等一大批花卉产业培育关键技术研发项目;选育并审(认)定花卉苗木新品种141个,玉兰、茶花、红叶石楠、百合、中国兰、朱焦等品种选育、种苗工厂化、容器苗培育技术等属国内领先;嵊州农民王飞罡选育出"飞黄玉兰"等8个玉兰品种,获国家新品种保护权,种苗远销荷兰、日本、加拿大等10多个国家和全国20多个省市区;中高档盆花等现代花卉生产技术,浙江森禾种业公司通过引进、消化、吸引再创新,以仙客来为主的中高档盆花生产规模和品质均达到国际先进水平;省级农业高科技园区的生物技术公司与日本麒麟集团建立技术合作,短时间内提高了火鸡等组培苗生产技术水平;并通过项目带动和机制创新推动了一批花卉生产企业或专业合作社与高校科研院所联合创建企业研发机构,培育和发展了一批创新型科技企业、特色花卉产业基地和产业集群,创建了花卉产业科技创新服务平台和创新团队,用科技示范带动了浙江省花卉产业提升、结构调整和发展方式的转变。

2. **产业发展现状**。"十一五"期间,浙江省花卉种植面积保持在150万亩左右,圃地产值年均增长10%左右。到2010年,花卉圃地产值可突破100亿元,全省有花卉苗木企业和专业户8万多家,其中企业5700多家,从业人员40余万,每年可给农民增加80多亿元的销售收入,平均每年可为"森林浙江"建设提供26.6亿株苗木,有效保障了重点防护林工程、森林城市

(城镇)和绿化示范村镇建设,阔叶林改造、生物防火林带建设、珍稀树种发展等重点工程建设的种苗供应,在植树造林应对气候变化、改善生态环境和人居生态环境、提高生活质量、丰富精神生活、创建和谐社会等方面具有其他农业产品无法媲美的作用。产业发展特点如下。首先是呈现出产业集聚发展态势。主要集中在杭嘉湖宁绍金 6 个市的萧山、长兴、嵊州、余姚、北仑、慈溪、绍兴、婺城、富阳、海宁等 17 个县(市、区),占全省种植面积 90%。各产业集群不仅生产规模大,而且各具特色,形成了萧山花灌木,金华茶花、佛手,北仑的杜鹃、茶梅,奉化的五针松,嵊州的玉兰,绍兴的兰花,余姚的红枫,海宁的鲜切花,普陀的水仙等享誉省内外的特色花卉区域品牌。其次是产品结构以观赏绿化苗木为主,是全国第一大省。总生产面积 85%为观赏苗木,1.7%为盆栽植物,4.2%为鲜切花,9%为种子种球和药用食用花卉。

3. *存在主要问题*。一是产业结构不合理,同质化比较严重;二是生产方式落后,设施生产面积不到 50%;三是品种选育等自主创新能力较弱,主要品种依赖引进或进口;四是工程用苗为主,居民消费拉动不足;五是物流成本增加,竞争优势明显削弱;六是组织化程度低,生产经营分散。总的来讲,"十二五"及今后一段时期,全球花卉消费市场将稳步扩大,浙江省的花卉产业发展将面临不可多得的机遇。一方面,应对气候变化林业行动计划需要苗木先行。要完成森林面积增加 4000 万公顷、森林蓄积量增加 13 亿立方米的目标任务,必然需要相应的苗木供应。另一方面,经济社会快速发展扩大家庭花卉消费需求。浙江省目前人均 GDP 已超过 6000 美元,根据国际经验和浙江省居民消费传统,园艺产品有望成为家庭日常消费品。目前浙江省庭院绿化已逐步红火,室内植物布置已逐渐成为家具软装的重要部分,"三台"(露台、阳台、窗台)园艺收到追捧,家庭园艺市场前景十分广阔。浙江省花卉产业面临的挑战主要是东部地区大规模城市建设结束,苗木市场外移;中西部地区生产规模迅速扩大、花卉苗木面临本地低价苗的冲击;劳动力短缺,用工成本增加;物流成本高等带来需求减少等。推进产业转型升级是应对挑战的有效途径。

二、基本思路与发展目标

(一) 基本思路

"十二五"及今后一段时期,浙江省花卉产业科技创新优先发展主体的基本思路是:加强生物育种,发展设施栽培,培育创新主体,强化集群创新,拉动居民消费,降低物流成本,促进结构调整,实现产业升级。加快发展种子种苗产业、市场物流产业和设施栽培、机械化作业、标准化生产,推动浙江省花卉产业由苗木生产大省向生物育种大省、市场大省转变,由露天粗放生产向设施集约生产转变,由自发分散发展格局向优势特色集群发展格局转变。到 2015 年争取成为全国花卉生物育种中心、标准化栽培技术创新和示范中心,花卉苗木物流交易中心、花卉竞争优势继续保持全国领先地位。

(二) 发展目标

产业推进目标:自主创新能力明显提高,生产技术水平明显提升,产业结构明显优化,区域特色更加明显,区域分工更加合理,区域品牌更加强劲,产业链更加完善。到 2015 年基本建立花卉科技创新体系、生产示范体系、市场营销体系和社会化服务体系,内涵式发展成为产业发展的主动力,全省花卉种植面积稳定在 150 万亩左右,种植业产值达到 150 亿元,标准化生产面积达到 20%以上,小苗容器培育面积达到 50%以上,增加农民收入突破 20 亿元。

科技发展目标：围绕做大做强花卉产业对科技需求，着力加强以分子设计和全基因组选择为核心的花卉生物育种前沿技术研究，构建优势特色商品花卉设施栽培技术体系，攻关一批花卉产业共性关键技术，创制一批观赏性好、效益高的花卉新种质、新材料和新品种(系)，创建一批新品种(系)良种繁育和中试示范基地，打造一批花卉种子种苗产业现代企业，造就一批具有国际水平或国内领先水平的花卉产业科技创新团队和学术带头人，以及花卉产业技术创新战略联盟，推动浙江省花卉产业转型升级。到 2015 年，着力打造一支由 300 人组成的花卉产业科技创新创业人才队伍，制订 100 个以上花卉品种(系)生产技术标准，申请 100 个以上专利或新品种保护权，打造 100 个以上现代花卉种子种苗生产企业，创建 100 个企业科技研发机构(中心)，创造 100 个以上花卉新品种(系)，转化应用 100 项以上科技创新成果，建设 100 个 1000 亩以上的现代花卉(优势特色)产业科技示范、精品花卉科技示范、设施花卉栽培示范或造型苗木培育示范等种苗繁育和产业化示范基地，为引领和支撑浙江省花卉产业发展提供科技示范与技术支撑。

三、发展重点与主要内容

(一) 浙江省优势特色花卉产业培育和提升

1. 共性关键技术

(1) 优势特色花卉种质资源保育、评价及利用研究。重点建设省花兰花、石蒜、杜鹃、山茶、观果类盆景佛手、食药用花卉、水生花卉等浙江省特色花卉种质资源圃，构建以上花卉的核心种质资源库，鉴定其观赏性状、抗性等重要农艺性状，应用生理生化、分子标记等手段，开展抗性、遗传多样性的科学鉴评，构建其分子图谱，开展种质离体保存技术研究。

(2) 优势特色花卉新种质创制及育种关键技术研究。重点开展省花兰花、玉兰、杜鹃、佛手、石蒜等浙江省特色花卉优异功能基因的挖掘和利用，克隆相关花色、花型、花香、叶色等优质观赏性状和环境友好型的抗逆性基因，应用转基因、诱变等育种新技术进行新种质创制，研究品种遗传机制与亲本效应，阐明分子生物学机制及其代谢调控，为花卉新品种的可持续改良提供科学基础，同时探索缩短育种周期的关键技术环节。

(3) 优势特色花卉标准化生产技术研究。应用喷滴灌技术，研究筛选适于浙江省设施花卉的灌水模式与肥水耦合技术，研究节水灌溉与肥水同灌技术应用对花卉品质与生态的影响；加强花卉花期调控技术研究，明确每一种花卉的节日供花前期的最佳发芽调控发育时期及温度调节、肥水管理；将上述技术综合集成，建立标准生产操作规程，并在产区开展示范研究和推广应用，为优质花卉生产提供高效、安全的标准化生产技术，为精品花卉的培育奠定基础。

2. 成果转化及产业化

(1) 特色花卉新品种及标准化生产技术示范与推广。将选育或人工培育出的新品种和标准化生产技术及时向省内各大花卉企业进行转化和推广，以降低浙江省对引进花卉品种和技术的依赖度。

(2) 特色精品花卉花期精准调控技术示范与推广。根据花卉种类和产业集群的分布，将花期调控技术进行示范和推广，尤其满足节日花卉消费需求。

(二) 传统优势园林苗木产业提升

1. 共性关键技术

(1) 优势特色园林苗木种质资源保育、评价及利用研究。主要针对浙江省优势苗木石楠类植物、桂花、玉兰(木兰)、樟树、含笑属植物、梅花、槭树、樱花,在建立传统优势苗木种质资源库的基础上,对所搜集资源进行综合评估、审定和分级,重点对一些性状优良的传统品种进行重新认定,制定利用和保护策略;在原有产品类型的基础上,开发高档盆栽产品,促使产品提升,实现传统名优观赏花木现代化、高档化和多元化;同时,利用常规育种技术和现代育种技术进行传统名花的性状改良和种质创新。

(2) 精品观赏苗木规模化培育集成技术开发。针对浙江省观赏苗木量大、价格下滑问题,通过苗木整形、断根、大容器苗等培育技术集成与研发,建立示范基地,实行标准化栽培,提升苗木质量,缩短精品苗木培育周期,提高苗木附加值,促进产业转型升级。

2. 成果转化及产业化

(1) 观赏苗木容器育苗技术示范与推广。结合组培脱毒和容器育苗技术,构建浙江省优势园林苗木无病毒苗繁殖体系,通过容器育苗培养技术的推广,缩短园林苗木投产时间。

(2) 优异特色观赏苗木种质资源单株的示范与推广。筛选一批经多年观察有应用价值的观赏苗木种质资源单株,建立示范基地,进行优质高效安全栽培配套技术的示范与推广。

(三) 大宗商品花卉产业提升

1. 共性关键技术

(1) 浙产优势切花、切叶新品种引进与新种质创制。在浙江省现有优势鲜切花百合、非洲菊及切叶发展基础上,根据主栽地区的气候特点和立地条件,引进优势切花、切叶新品种,对浙江省现有品种进行性状改良和新品种选育,获得一批具有自我知识产权的栽培品种和优良品系。

(2) 重要商品花卉种苗标准化生产及种植关键技术研究与集成。主要开展市场占有率高的重要商品花卉火鹤、蝴蝶兰、大花蕙兰、比利时竹芋、百合、非洲菊、其他观叶植物等种苗工厂化生产关键技术研究;开展低毒高效的综合防治技术和主要病虫害综合治理技术研究,以减少农药的面源污染,结合不同花卉种类,完善标准化栽培技术体系,进行示范栽培,建立示范基地。

2. 成果转化及产业化

(1) 花卉新品种及标准化生产技术示范推广。对研发的商品花卉新品种结合组培脱毒和容器育苗技术,构建浙江省商品花卉无病毒苗的繁殖体系,通过容器育苗培养技术的推广,缩短花卉商品苗投产时间。

(2) 花卉病虫害防治技术的示范和推广应用。集成浙产主要花卉病虫害防治技术,建立高效低毒综合防治方案,通过农民信箱和科技信箱等现代传播媒体,及时发布主要病虫害的预测预报信息和无公害防治技术,同时在重点产区建立示范基地,逐步建立点面结合的立体化推广应用体系。

(四) 新型家庭园艺资材开发

1. 共性关键技术

(1) 家庭园艺专用材料研发。家庭园艺适用环境包括室内、阳台、露台、窗台以及墙面等,针对以上环境,从植物选择、植物造型与造景、特定植物的培育(包括容器苗)、组合盆栽等方面着手,进行家庭园艺专用品种创制、新型资材开发及新产品的工厂化培育技术研究,申请家庭园艺专用新产品专利。

(2) 设施专用栽培基质及装备研发。研发替代泥炭的新型环保、可再生的花卉专用栽培基质，开发低生产成本、低盐分含量、低环境危害和高效（“三低一高”）的基质配方；研发适合江浙地区的冬季加温设施等现代花卉生产设施与装备，及其配套的设施环境控制技术。

2. 成果转化及产业化

（1）新型肥料、栽培基质的推广应用。

（2）新型园艺资材的推广应用。

四、新型创新主体培育及其产业集群创新

（一）新型创新主体培育

通过承担科技项目攻关，产学研合作研发，成果转化及产业化引导和支持花卉生产企业创建企业研发机构，做大扶强三个层次的花卉生产科技企业，并成为花卉生产科技创新的研发主体。第一层次是优秀集团企业（如浙江森禾种业）。主要由规模较大的企业构成，具有雄厚的技术力量和资本实力，有独自企业研发机构；具有自主进行发明性创新的能力，其创新成果达到国内领先或国际先进水平；具有进行技术扩散、引导和带动其他企业发展的能力，是花卉产业科技创新的核心力量。第二层次是花卉产业的小型巨人。这些企业具有独自的研发机构，或有与科研机构、高等院校合办的研发机构；具有较强的引进吸收消化创新能力，其创新成果达到国内先进或领先水平，具有自主知识产权、有成长优势的新兴产业；产品具有较高的技术含量和附加值，具有较高的市场占有率和市场号召力，具有一定的技术扩散能力，是浙江省花卉产业的中坚力量。第三层次是中小型花卉生产科技企业。这些企业技术力量较强，科技人员比重一般在30%以上，R&D费用占销售收入的比重在5%以上，产品档次、质量和附加值高，生产工艺和技术装备接近国际国内先进水平，具有创新发展能力，是浙江省花卉产业的新兴力量。鼓励三个层次的花卉生产企业积极借鉴国内外融资经验，利用资产重组、控股、参股、兼并、租赁等多种方式扩大企业规模，增加企业实力。

（二）产业集群创新

所谓的产业集群是指在既竞争又合作的特定领域内，彼此关联的公司、专业化供应商、服务供应商和相关产业的企业以及政府和其他相关机构（如大学、研究机构等）的地理集聚体。产业集群的优势在于各个企业既竞争，又合作，而且可以共享各种优质的资源。其目标是：攻关一批产业共性关键技术，形成一批经济增长点，推进一批知名品牌，培养一批创新创业人才，建立一批企业研发机构，造就一批高竞争力的高科技企业。产业集群创新牵头单位均为同一产业集群中的科技行政主管部门或经济管理部门，参加单位均为同一产业集群的众多企业和高校科研院所，形成科技产业链和产品市场，实现科技对产业的振兴。根据浙江省气候环境、区位特色、种植传统、现有产业基础等，重点开展浙北花卉产业和浙南花卉产业2个产业带，现代花卉、精品花卉、设施花卉和造型花卉4个类型30个优势特色花卉产业集群创新。浙北产业带重点在萧山、北仑开展花灌木产业集群创新；长兴、奉化、余姚、嵊州、慈溪、桐乡、婺城、诸暨、鄞州、富阳10个生产区开展乔木花卉产业集群创新；海宁、临安、新昌3个生产区开展鲜切花切叶产业集群创新；嘉善、余杭、金东、绍兴4个生产区开展盆花产业集群创新。浙南产业带重点在景宁、缙云2个生产区开展越夏高档花卉；瓯海、永嘉2个生产区开展热带室内观花观叶花卉；柯城、江山、临海、黄岩开展珍贵用材林、珍稀或野生树种苗木；龙泉、庆元开展食用药用花卉产业集群创新。

五、保障措施

(一) 加快花卉产业科技创新创业人才队伍建设

鼓励和支持创新领军人物带领创新团队,承担重大科技攻关和产业化项目。在政府各类与花卉产业相关的科技计划项目评审、验收等综合绩效评估中,把创新创业人才培养作为重要的考评指标。实施"百千万创新创业人才培养计划",着力加强花卉产业科技创新能力强的高水平学科带头人和优秀科技创新人才群体的培养,打破论资排辈,完善学术交流制度,健全同行认可机制,促进中青年优秀科技人才脱颖而出。鼓励成果完成人与项目承担单位以入股、转让等形式,直接进行成果产业化。调整省本级农业科技计划项目劳务费开支比例,由原来不超过科研项目财政资助总额的10%提高到15%,并在开支范围中增加引进人才费用,其资助标准在不突破项目劳务费支出总额的前提下,由承担单位根据实际情况确定。通过省农业科技突出贡献与成果转化推广奖,奖励一批对发展花卉产业有突出贡献和成果转化推广成效显著的科技工作者,特别是科技人员。引导科技人才到花卉生产企业从事科技开发工作,创办农业科技企业。

(二) 多渠道筹措经费

充分发挥各级财政对花卉产业科技投入的引导作用,加大对花卉产业共性关键技术研发、产业集群创新及创新成果转化产业化项目经费投入。引导社会资金投入花卉产业科技创新与发展,鼓励以花卉生产企业为主体建立科技创新风险投资公司和创业风险投资基金。各类金融机构要为花卉产业科技创新和成果转化推广优先提供融资、担保和保险等服务,创新信贷品种,对符合条件的科技成果产业化基地基础设施提供信贷支持,积极探索利用贴息小额贷款等方式,加大有效信贷投入。支持花卉生产企业利用资本市场融资,在中小企业和创业板上市筹资;具备条件的可进入证券公司代办系统进行股份转让试点,推进未上市农业高科技企业股权的流通,拓宽创业投资退出机制。

(三) 实施农业科技知识产权、标准化和品牌战略

加强花卉产业科技创新知识产权工作,引导生产企业、涉农高校和科研院所开发、申请、拥有专利技术特别是发明专利技术,把发明专利作为科技项目立项和绩效考评的重要内容。加强区域优势特色花卉产品品牌培育,鼓励注册使用花卉产品证明商标和原产地标识,鼓励生产企业申报省知名商号,在全省范围内享受跨区域、跨行业的商号保护政策。加强花卉生产技术标准工作,引导产学研联合研制花卉生产技术标准;跟踪研究国际标准、国外先进标准和本省花卉产品主要出口贸易国的技术性贸易措施,增强应对技术壁垒的能动性;鼓励花卉企业和行业组织采用国内外先进标准。

(四) 组织与管理

建立花卉产业科技专家咨询会议制度。在省科技厅领导下,由省林业厅种苗站、浙江大学、浙江农林大学、浙江省农科院、浙江省林科院等涉农高校科研院所有关专家和企业家组成专家组,并建立专家咨询会议制度,负责对花卉产业科技创新项目的进展进行调研和咨询,对共性关键技术的立项和产业化示范及基地建设进行论证和决策,对项目的实施进行检查和验收。

执笔人:骆文坚、孙崇波、李云涛

审改:张咸益、叶祥发　打印:戴丹丽　校对:郑荣泉

第二十三章　浙江省食用菌产业科技发展研究

一、现状与形势

(一) 国内食用菌产业发展现状

食用菌是浙江省十大特色优势农业主导产业之一。2008 年全省食用菌总产量 98 万吨，种植产值 43 亿元。全省有 40 余万户农户从事食用菌生产，菇农超过 100 万人，因此食用菌是浙江省近 20 个食用菌主产县市农村经济的重要支柱和农民收入的重要来源。据测算，栽培食用菌的效益是粮食的 20 倍、蔬菜的 6 倍、水果的 9 倍；同时食用菌是利用农作物秸秆、林业废弃物及牲畜粪等废弃资源栽培的生态产业，食用菌产业的发展，推动着整个农业产业由“二维结构”的传统农业向动物、植物、菌物(真菌)资源组成的“三维结构”现代农业变革；食用菌又是一种天然的、具有保健功能的健康食品，是人类现在与未来重要的食品与药品来源，具有广阔的市场发展前景。因此，近半个世纪来，食用菌产业得到了持续稳步发展。省委省政府已把食用菌产业列为推进浙江省现代农业建设的十大主导产业之一。

我国是世界食用菌产量和消费量增长的重要来源，1986 年我国食用菌总产量为 58.5 万吨，世界总产量为 218 万吨；至 2002 年，我国总产量达 865 万吨，世界总产量为 1225 万吨，占世界总产量的 70%以上；2008 年的产量已突破 1680 万吨，占世界总产量的 75%以上。食用菌已成为我国农业产业的重要组成部分，我国食用菌总产值仅次于粮、棉、油、果、茶，居第六位。

浙江是我国食用菌生产和出口大省，“十一五”以来，食用菌产业得到了持续稳定的发展，2008 年食用菌产量和产值分别从 2006 年的 83.2 万吨和 36.1 亿元，增加到 98 万吨和 43 亿元。但与二十世纪八九十年代的快速发展期相比，目前由于受传统生产方式的制约，许多产区进入了相对的慢速期，甚至已引起某些产区的生产水平停滞不前、产业规模萎缩下降。其主要内因：一是香菇等木腐菌生产发展受阔叶林资源约束强，资源短腿效应日益显现；二是家庭副业型小规模生产方式与经济市场发展不相适应，随着浙江省经济的发展，原材料和劳动力价格的不断上升以及农民收入要求的提高，传统食用菌生产方式的比较效益日益下降，产业发展动力减弱；三是食用菌产业链延伸不足，产品质量档次低、同质化程度高，市场竞争力不强。

同时，由于外部的市场竞争日益激烈，数量型低端产品的竞争优势正在逐渐失去。在国际市场竞争中，尽管欧洲、美国和日本等发达国家的食用菌产量徘徊不前，甚至下降，但近年来印度、波兰、匈牙利等发展中国家食用菌生产快速发展，已成为我国食用菌产品在国际市场竞争中的强劲对手。在国内市场竞争中，河南、河北、山东、辽宁等地方政府和主管部门，利用当地丰富的原料和劳动力资源，将食用菌列为农民脱贫和发展效益农业的优选项目加以引进、大力发展，正在以浙江省二十世纪八九十年代快速发展期的速度迅猛发展，“南菇北移”之势强劲，浙江省作为传统主产区的优势正被逐渐削弱。

因此，浙江省食用菌产业发展正面临资源约束和生产成本高升的双重压力，面临国内、国际市场竞争日趋激烈和自身竞争优势弱化的双重压力，面临菇农收入期望值增高和比较效益下降的双重压力。为解决浙江省食用菌产业发展中面临的压力和挑战，在“十二五”期间，必须依靠科技，着力加快转变食用菌发展方式，推进食用菌产业转型升级，积极探索具有浙江特色的食用菌产业科学发展之路。

(二) 浙江省发展现状

1. **主要成效。**“十一五”期间，在浙江省以推进生态高效现代农业发展为目标的一系列政策的引导下，通过省科技厅各类产学研项目的实施，在食用菌种质创新、栽培和加工技术水平提高方面取得了一批重大科技成果，食用菌的产、加、销都得到了长足发展。经过多年的努力，食用菌产业已发展成为浙江省十大特色优势农业主导产业之一，已初步建立以基地为基础、以市场和加工企业为龙头、内外销结合的产业发展格局，在浙江省农业产业结构调整、农村经济发展、农民增收以及循环农业发展中发挥着重要作用。主要表现在以下几个方面。

(1) 产业长足发展，成为农村经济发展和农民增收的重要渠道，产业地位不断提高。2007年，全省食用菌总产量 91.8 万吨(鲜品)，种植产值 39.6 亿元，出口数量 2.49 万吨，出口金额 6380 万美元，产量、产值、出口量、出口额均居全国第 6 位，其中香菇、金针菇生产规模居全国前三位，鲜香菇出口居全国首位。2008 年浙江省食用菌总产量 98 万吨，种植直接产值达 43 亿元，产业总产值近 100 亿元。2003—2008 年，全省食用菌产量、产值迭创历史新高，产量年均增长 8.1%、产值年均增长 10.1%。期间累计生产食用菌 471.2 万吨，种植产值 197.7 亿元。目前，食用菌产量超万吨的县有 16 个，种植产值超亿元的县有 15 个。

(2) 产业结构持续优化，区域特色日益明显，优势产业带雏形初步形成。通过“十一五”规划的实施，优势区域进一步得到巩固和发展，主产区高度集中，一县一品，并呈区域块状发展，形成了浙西南和浙中香菇黑木耳产业带、浙西金针菇、秀珍菇产业带，及浙南、浙北两大蘑菇产区。品种结构不断优化，在保持香菇基本稳定的基础上，金针菇、黑木耳、蘑菇总量不断增加，比重分别占 21%、8%和 7%，同时，珍稀食用菌新菇种、新品种开发成效明显，以秀珍菇、杏鲍菇和茶树菇为代表的食用菌新品种不断涌现。品种结构的不断调整和优化，有力地促进了浙江省食用菌产业的稳定发展。

(3) 发展方式初步转型，产业化水平不断提高。通过“十一五”规划的实施，浙江省食用菌生产方式逐步实现了以下五个转变：由传统段木栽培向代料栽培转变，提高了资源利用率和生产效率，缓解了菌林矛盾；由平面栽培向立体栽培转变，提高了土地利用率，缓解了土地资源短缺的矛盾；由单一季节生产向周年生产转变，提高单位面积的年产出率，缓解了食用菌季节性生产与市场周年需求的矛盾；由资源单级利用向再生多次利用转变，不仅提高了资源利用效率，还解决了食用菌栽培废料污染环境问题；初步从分散的作坊式生产向集约化、规模化、工厂化生产转变。目前，全省规模化集约化生产基地 100 余个，产量约占全省总量的 30%；工厂化食用菌生产企业近 40 家，产量约 2 万吨，占全省总产量的 2.5%。这为浙江省食用菌产业的转型升级奠定了良好基础。

(4) 循环型生产得到培育，成为产业发展新动力。食用菌不仅可以变废为宝，转化大量的农、林、牧业的废弃物，并且立地条件要求低，可利用丘陵缓坡发展，切合人多地少、资源缺的省情，具有一高(高效益)二低(低耕地占用，低用水)特性，栽培后的废料又可作为有机肥料还田。食用菌产业成为建设资源节约型、环境友好型农业的重要载体。目前，菇稻轮作、蚕桑黑木耳、奶牛—蘑菇—牧草、水稻—蘑菇—芦笋、菌糠多级利用等一批以食用菌生物转化为核心环节的生态高效循环生产模式已在生产上推广应用，为产业发展注入了新活力和新的发展机遇。

(5) 建立了一批以外向型为基本特征的食用菌加工企业，食用菌产品加工率和质量档次得到了有效提高，产品附加值不断增高。“十一五”以来，为适应食用菌出口发展需要，全省已建立了鲜香菇脱水加工、鲜菇出口加工、速冻与冷冻保鲜加工和食用菌多糖等功效成分提取加工四种类型的加工企业100多家，年加工值13.5亿元，出口创汇1.5亿美元。

(6) 建立了一批集散功能较强的食用菌交易市场，食用菌市场体系得到较好的培育，成为全国食用菌重要集散中心之一。“十一五”以来，全省已兴办有一定规模的食用菌专业市场7个，年交易干鲜菇30余万吨，交易额近40亿元。这不仅为浙江省食用菌产品销售建立了良好的市场通路，同时吸引了福建、湖北、河南等全国食用菌产品进场交易或转销出口，已成为全国食用菌重要集散中心之一。

2. *发展主要不足*。当今我国经济、社会快速发展，国内、国际市场对食用菌产品的多元化、优质化要求不断提高，而浙江省食用菌产业存在的数量型、粗放型增长方式没有得到根本改变，食用菌产业的整体效益增长受限、比较效益下降，产品市场竞争力不强，产业发展面临着严峻的挑战。主要表现在以下几个方面。

(1) 食用菌产业结构不够合理，香菇等木腐菌生产发展受阔叶林资源约束强，利用农作物秸秆栽培的珍稀草腐菌未能形成规模化栽培，影响着浙江省食用菌的健康、可持续发展。

(2) 食用菌品种选育与菌种繁育生产工艺技术水平落后，优新品种选育跟不上生产和市场发展，菌种无法实现标准化生产与产业化经营，菌种质量事故时有发生，影响食用菌产业良种覆盖率的提高和品种结构调整目标的实现。

(3) 当前食用菌栽培技术和生产方式落后，传统的家庭分散经营的生产模式、集约化、标准化生产水平低，专业化程度低，影响产量和质量水平提高；同时，随着劳动力和原材料成本的日益提高，菇农栽培比较效益不断下降，食用菌产业在农村经济发展中的贡献率难以提高。

(4) 产品多元化开发欠缺，产业链延伸不足，产品附加值较低，产品质量档次不高，产业化程度较低，产业综合效益不高。

二、发展思路与主要目标

(一) 发展思路

围绕“创业富民、创新强省”的总战略，按照发展高效生态低碳的现代农业的要求，以加快转变食用菌生产和增长方式、推进食用菌产业转型升级为出发点，着力改变食用菌产业组织化、规模化、产业化水平低，比较效益下降，以及产品附加值低、产业总体效益提升不足的状况。以食用菌产业科技创新团队、产业技术创新战略联盟为载体，以政府引导、市场推动、产学研结合、多学科集成联合为手段，既努力通过提高食用菌产业科技自主创新能力，围绕解决阻碍浙江省食用菌产业的转型升级发展的关键共性技术问题开展协作攻关，突破制约浙江省食用菌产业转型升级发展的技术“瓶颈”，又积极引进和消化吸收国内外先进适应技术、装备和优良品种，结合浙江省食用菌产业发展实际，开展集成创新，加快科技创新和产业升级的步伐，同时加快现有先进实用技术的组装配套和推广应用。以实现浙江省食用菌学术队伍水平大幅度提高和产业经济效益显著提升为最高目标，逐步推动浙江省食用菌生产方式从传统的分散小规模生产方式向集约化、规模化乃至工厂化生产的现代农业生产方式转变，以推动浙江省食用菌从脱贫产业向富民产业转变；推动浙江省食用菌从注重数量的低附加值的低端产品向注重质量效益的高附加值的中高端产品转变，以推动浙江省从食用菌大省向食用菌强省转变。

(二) 主要目标

“十二五”期间，将以转变食用菌生产和增长方式、推进食用菌产业转型升级、提高食用菌产业的整体经济效益和生态效益为核心，重点构建食用菌菌种繁育、集约化生产、产后加工与贸易三条产业链，构建林菌、果菌、菜菌、粮菌等生态循环产业链。在浙江省现有技术成果，以及引进、消化、吸收国内外先进成果的基础上，组织浙江省食用菌及相关学科力量，开展6项关键共性技术的联合攻关，并在食用菌产业科技创新团队、产业技术创新战略联盟的龙头企业与特色产业基地中应用示范，进而在全省推广。通过成果转化、示范推广，"十二五"期间推广食用菌新品种10个、开发新产品5个、实施技术成果转化项目15项；指导20家食用菌龙头企业、专业合作社通过国际认证，扶持10家龙头企业创建科技研发机构，培育一批创新型食用菌科技企业，使全省食用菌种植产值达60亿元，产业总产值超过120亿元。建立不同菇种划分的区域化生产基地、食用菌出口加工区域化基地和食用菌保健食品、药品加工区域化基地三大产业集群，显著提升食用菌产业化水平和整体经济效益，使全省食用菌科技水平和产业化水平均居国内领先行列。

三、发展重点与主要内容

（一）发展重点

1. **食用菌种质资源创新利用与优新品种选育**。重点开展食用菌种质资源的收集、保护和利用研究，构建重要种质资源库，研究应用具有国际先进水平的现代育种技术，提升食用菌育种技术水平，选育具有高科技含量的优新品种，增强产业发展的品种支撑力。

2. **食用菌菌种质量检测与控制技术及产业化繁育生产技术**。引入具有国际先进水平的菌种质量检测与繁育生产工艺技术，重点开展食用菌菌种种性保持与评价、菌种质量检测与控制、菌种专业化生产与产业化经营关键技术研究与集成创新，提升菌种产业化生产水平和质量，增强产业发展的菌种保障力。

3. **食用菌基质生态化高效循环利用及产业化生产技术**。一是以提升食用菌基质生产与质量水平为目标，开展食用菌栽培基质生物降解规律与标准化配方技术研究，探索食用菌基质专业化生产、产业化经营技术模式；二是以提升基质循环利用水平为目标，开展以食用菌栽培为核心的农林牧业有机废弃物的循环利用技术研究，构建林菌、果菌、菜菌、粮菌等生态循环产业链。

4. **食用菌集约化、工厂化生产装备与精准化生产工艺技术**。在食用菌栽培方面，引入现代机械、自动化控制和数字农业技术，重点开展食用菌现代园区集约化生产装备和关键技术集成研究，以及食用菌工厂化生产装备与精准化生产关键工艺技术的研究，分层、逐步推动食用菌生产方式的提升转变。

5. **食用菌生产与加工质量安全控制技术**。重点开展影响食用菌质量安全的因子及其形成规律与防控关键技术研究，构建食用菌生产与加工质量安全控制技术体系。

6. **食用菌功能活性物质与加工增值技术**。重点开展食药用菌活性物质及次生代谢产物深层发酵、新型液-固生态发酵、分离与纯化、精准检测、结构鉴定与分子修饰、功能因子生物活性稳态化技术等关键技术集成创新，开展食药用菌活性物质免疫增强剂、功能食品和药品研发，促进食用菌从餐桌蔬菜初级农产品向高附加值的功能食品、药品领域拓展，全面提高食药用菌产品的附加值和精深加工水平。

（二）主要内容

1. **共性关键技术**。根据浙江省食用菌产业升级发展的需求，着力在专用品种选育、标准化安全高效生产和功能活性物质精深增值加工等领域开展技术创新，主动设计科技攻关项目，组织各学科协作攻关。近五年重点开展菌种、栽培和加工三大方面的共性关键技术攻关。

(1) 食用菌种质资源创新利用与优新品种选育。开展食用菌种质资源的收集、保护、种质创新和现代育种关键技术研究，重点开展深加工、工厂化设施栽培和深层发酵等专用型食用菌品种选育。

(2) 食用菌菌种质量检测与控制技术及产业化繁育生产技术。重点开展香菇、蘑菇、金针菇、黑木耳、杏鲍菇、秀珍菇等主栽特色菇种的种性保持、复壮与评价技术研究；针对菌种质量水平和产业化水平低的问题，重点开展菌种质量检测与控制、菌种专业化生产与产业化经营关键技术研究与集成创新，主要包括菌种基质配方、菌种容器、生产装备、培育工艺、菌种贮运和质量检测等技术。

(3) 食用菌基质生态化高效循环利用及产业化生产技术。在研究不同食用菌营养生理与栽培基质生物降解规律的基础上，重点开展主栽菇种标准化配方技术研究，探索主栽食用菌基质专业化生产、产业化经营技术模式；开展以食用菌栽培为核心的农林牧业有机废弃物的循环利用技术研究，建立林菌、果菌、菜菌、粮菌等生态循环产业链。

(4) 食用菌集约化、工厂化生产装备与精准化生产工艺技术。重点开展食用菌现代园区集约化生产装备和关键技术集成研究，以及食用菌工厂化生产装备与精准化生产关键工艺技术的研究；研究开发不同菇种的集约化、精准化高效栽培设施设备与环境调控系统，以及标准化、精准化栽培工艺技术。

(5) 食用菌生产与加工质量安全控制技术。在研究影响食用菌质量安全的因子及其形成规律的基础上，重点研究包括食用菌栽培环境、基质、生产管理、病虫害防控、采收和加工等环节在内的全程质量控制关键技术研究，构建食用菌生产与加工质量安全控制技术体系。

(6) 食用菌功能活性物质与加工增值技术。在食药用菌活性物质及次生代谢产物深层发酵、新型液-固生态发酵、分离与纯化、精准检测、结构鉴定与分子修饰、功能因子生物活性稳态化技术等关键技术集成创新基础上，重点开展食药用菌活性物质免疫增强剂、功能食品和药品研发，并开展食用菌安全保鲜技术研究，提高鲜菇产品的商品价值和货架期。

2. *成果转化及产业化*。在分析影响浙江省食用菌产业水平和综合效益提高关键因素的基础上，结合浙江省的经济发展水平、自然气候条件和栽培条件，集成应用共性关键技术攻关成果和国内外先进技术成果，开展成果的转化和产业化开发。

(1) 食用菌种质资源与优新品种利用。在浙江省食用菌主产区及其周边地区，对育成的食用菌优新品种进行生产性中试和示范推广，建立优新品种生产示范基地/企业 5～8 个，在全省推广食用菌新品种 12 个以上。

(2) 食用菌菌种质量检测与控制技术及产业化繁育生产技术。在浙江省的香菇、蘑菇、金针菇、黑木耳、杏鲍菇、秀珍菇等主栽特色菇种主产区和生产企业，对共性关键技术攻关项目取得的成果进行集成和产业化示范，分别培育香菇、蘑菇、金针菇和黑木耳四大主栽菇种的标准化、专业化优质菌种生产企业各 2～3 个；分别在金针菇和杏鲍菇等特色工厂化生产企业建立优质菌种专业化生产线各 2～3 条。

(3) 食用菌基质生态化高效循环利用及产业化生产技术。在食用菌产业园区、基地或生产企业，对共性关键技术攻关项目取得的成果进行集成和产业化示范，建立以食用菌栽培为核心的农林牧业有机废弃物基质资源高效循环利用示范基地 3～5 个；培育专业化基质或菌棒(袋)生产企业或合作社 2～3 个。

(4) 食用菌集约化、工厂化生产装备与精准化生产工艺技术。在食用菌现代园区、基地、生产大户与企业，对共性关键技术攻关项目取得的成果进行集成和产业化示范，建立食用菌集约化生产现代园区示范基地、生产大户与企业 15～20 个，培育食用菌工厂化周年精准生产示范企业 5～8 个。

(5) 食用菌生产与加工质量安全控制技术。在食用菌产业园区、基地、生产企业，对共性关键技术攻关项目取得的成果进行集成和产业化示范，建设标准化安全生产示范基地 50 个，指导 40 家食用菌龙头企业、专业合作社通过国际认证。

(6) 食用菌功能活性物质与加工增值技术。在全省食药用菌加工企业，对共性关键技术攻关项目取得的成果进行集成和产业化示范，培育食用菌加工出口企业 3～5 个，及食药用菌功能食品、保健品和药品生产企业 5～8 家。

四、构建产业科技创新服务体系

(一) 产业技术创新战略联盟构建

以提高食用菌科技创新能力和推动行业科技进步为宗旨，构建由企业、高校、科研院所等多个独立法人组成的浙江省食用菌产业技术创新战略联盟，从科技创新、成果转化到产业化，着力构建源头创新、成果转化与产业化应用和成果推广三个层次的产学研战略联盟，根据产业发展需要，在创新联盟技术支持下开展技术示范推广，建立全省技术协作网，并通过技术培训与咨询、社会化服务等方式实现新技术、新成果的大范围辐射应用(图 1)。

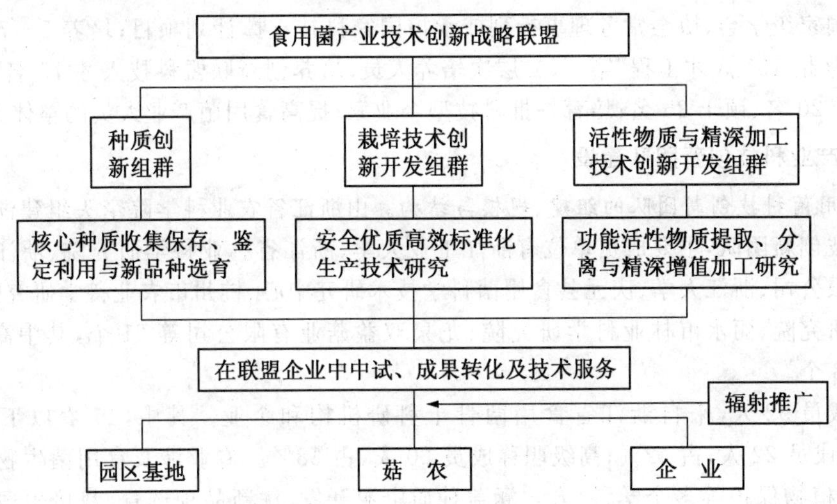

图 1　食用菌产业技术创新联盟架构示意图

产业联盟的企业成员应处于骨干地位，高校和科研机构在合作的技术领域须具有前沿水平，并吸纳协会、食用菌生产管理、科技推广等组织机构成为联盟成员。各联盟成员通过签署具有法律约束力的联盟协议建立决策、咨询和执行等组织结构，并健全联盟的经费管理和监督制度、利益保障机制及开放发展机制。

联盟的主要任务包括：组织企业、高校和科研机构等围绕浙江省食用菌产业发展中的关键问题，开展技术合作，形成核心技术，突破产业化发展的技术“瓶颈”，形成重要的产业技术标准，提升自主创新能力，促进产业升级发展；建立公共技术和信息交流平台，促进信息、仪器设备、中试设备等资源共享，为企业技术创新活动提高公共服务和支撑，实行知识产权共享与保护；为技术成果提供高效便捷的转移平台，加速科技成果的商业化运用，推动和提升产业整体竞争力；联合培养人才，加强人员的交流互动，增强联盟的创新活力，通过国内外人才交流合作、技术培训、工作任职等多种途径为产业持续创新提供人才支撑；探索建立联盟良性发展的运行机制，协调成员分工及产前、产中、产后配套形成产业链，围绕开发共同目标市场，探索实现联盟市场利益最大化的运转模式。

联盟的发展目标。一是构建浙江省食用菌产业技术创新体系。通过有机整合国家食用菌产业体系，省级重点学科、重点实验室（中试基地），以及省市食用菌科创中心（平台）等食用菌创新载体和研究机构的装备条件和人才优势，建成产学研结合、规模结构合理、持续创新能力居国内一流的食用菌创新团队，为食用菌产业的转型升级和持续稳定发展提供人才保证和技术支撑。二是开展食用菌关键共性技术协作攻关。围绕食用菌产业的转型升级发展和关键共性技术问题开展协作攻关，组织实施国家支撑计划项目、863课题、948项目和省重大重点项目等18项，科研经费达到1800万元以上；取得国内领先水平的科技成果7～8项、国际领先水平的成果2～3项，获奖成果不少于5项；选育具有自主知识产权的食用菌新品种7～8个，申报发明专利15～18项、获授权发明专利6～7项、发表B级以上论文100篇，其中SCI收录论文30～40篇。三是开展成果转化、示范推广。推广食用菌新品种12个、开发新产品10个、实施技术成果转化项目30项，指导40家食用菌龙头企业、专业合作社通过国际认证，扶持15家龙头企业创建企业研发机构和建设标准化基地50个，成果应用创食用菌产值达50亿元，示范区农民人均收入增加1000元以上，安排返乡农民工就业3万人次。四是联合培养人才，为食用菌产业转型升级提供人才支持。培养1～2名本领域国内知名专家，进入国家产业技术体系岗位专家和国家级学会、协会常务理事行列或承担国家科技支撑计划项目；培养5～7名省内知名人才成为省“151人才工程”第一、二层次培养人员；培养创新联盟科技人才75名，其中高级35名、博士20名、硕士25名；培育一批科技型企业家；提高食用菌产业人员的整体素质。

（二）产业科技创新团队建设

1. *食用菌科技创新团队的组建、规模与结构*。由浙江省农业科学院牵头组建浙江省食用菌产业科技创新团队，主要成员单位有浙江工业大学、浙江省林业科学研究院、浙江寿仙谷生物科技有限公司、浙江大学、庆元县食用菌科学技术研究中心、杭州市农业科学研究院、丽水市农业科学研究院、丽水市林业科学研究院、龙泉双益菇业有限公司等21个，其中高校院所8个，企业13个。

团队成员52人，来自浙江省食用菌骨干科研机构和企业。其中，45岁以下34人，占65%；基层成员22人，占42%；高级职称成员20人，占38%。专业涉及食用菌生物学、农学、食品科学、植物保护等多个学科，人才涵盖种质资源开发、优新品种选育、栽培生理与栽培技术，以及保鲜与精深加工等整个食用菌产业技术领域。

2. *主攻方向与目标*。主攻方向：围绕目前浙江省食用菌产业发展中存在的关键技术“瓶颈”问题，以提升转变浙江省食用菌生产方式和增长方式、提高食用菌产业化水平、提高产品附加值为主线，重点开展以下技术的研发和成果转化：① 食用菌种质资源创新利用与优新品种选育；② 优势特色食用菌提质增效关键技术研发；③ 集约化、规模化、工厂化生产关键技术研发；④ 食用菌活性物质及精深增值加工技术研发。

工作目标：构建浙江省食用菌产业技术创新体系。建成产学研结合、规模结构合理、持续创新能力居国内一流的食用菌创新团队；承担一批国家科技计划项目，特别是“十二五”计划项目；为浙江省食用菌产业的转型升级提供技术、人才、信息支撑，推进食用菌产业的升级发展。

食用菌产业科技创新团队将根据产业的发展方向和企业的发展需求，组织开展科技攻关，使科技创新、产品开发和市场开拓有效衔接起来。

（三）新型创新主体培育

通过浙江省食用菌产业科技创新团队建设与发展及食用菌产业技术创新战略联盟的构建，培育和发展 20 家以上食用菌科技企业或农业高新技术企业。

（四）企业创新人才培养与企业研发中心建设

通过浙江省食用菌产业科技创新团队建设与发展及食用菌产业技术创新战略联盟的构建，培养一批企业创新创业型人才，培育创新型农业科技企业，联建企业创新研发机构。

以高校和科研机构为依托，开展企业经营管理人才和专业技术人才合作培养。企业定期选送各类创新人才到高等院校和科研机构进行专业定向培养，高校和科研机构定期为企业开办具有针对性的专业技术知识课程班，培养企业亟须的各类创新人才。实施高校和科研机构面向企业委派技术顾问岗位制度，以及选聘企业优秀创新人才兼职高校和科研机构短期教员或研究员制度。扶持有条件的企业建立博士后科研工作站。

支持和推动企业重点实验室和研究院所的建设，提高企业自主创新能力，促进企业成为技术创新的主体、研发投入的主体和科技成果转化的主体。培育一批拥有自主知识产权的核心技术和知名品牌，以及在国内乃至国际上具有较强竞争力的创新型企业。并由此推进产学研实现多种形式的有效结合，逐步形成以市场为导向，符合科技和经济发展规律的技术创新体系。力争在“十二五”期间，建立健全的创新型农业科技企业研发机构 15～20 家。

（五）产业集群创新

在现有的不同菇种区域化布局的基础上，以专业交易市场和创新型食用菌科技企业为中心，建立由菌种、栽培、加工、市场贸易、农产品检测、贮藏、物流、培训、信息、研发等食用菌生产加工企业、物流贸易企业和食用菌机构、团体等形成的食用菌产业集群。重点建立丽水、金华的香菇与黑木耳，衢州的金针菇，及嘉兴、温州的蘑菇三大产业带。建立以不同菇种划分的区域化生产基地、食用菌出口加工区域化基地和食用菌保健食品、药品加工区域化基地为中心的产业集群。并通过健全产业集群交流机制、产业集群专业联结与分工机制、产业集群科技资源共享机制等建立有机的产业链接，同时通过产业技术创新战略联盟和产业科技创新团队吸纳整合外部科技资源，在产业创新集群内重点建立技术创新服务中心，强化信息服务、产品开发、科技示范、技术培训等功能，搭建关键共性技术和行业技术支撑平台，支持和服务整个产业集群的技术创新活动，形成食用菌产业创新集群，从而提高食用菌产业创新的有效性、针对性和创新成果商品化转化的实效性，加快对引进技术的消化、吸收和创新，增强企业的核心竞争力。同时以产业创新集群形成区域特色的竞争优势，带动区域经济的快速发展。

同时，大力实施产业集群品牌工程。既强化技术创新，又重视推进集群形象建设，逐步在全省培育一批有深厚技术创新能力支撑的食用菌产业区域集群品牌。

执笔人：蔡为民、孙培龙、吴学谦、李明焱、陈　青

审改：张咸益、叶祥发　打印：戴丹丽　校对：郑荣泉

第二十四章　浙江省中药材产业科技发展研究

一、现状与形势

(一) 国内外发展形势

中医药临床疗效确切，预防保健作用独特，治疗方式灵活，费用比较低廉，特别是随着健康观念和医学模式的转变，中医药越来越显示出独特优势。中药作为天然植物药的代表，在世界范围内一直保持着较快的增长速度，市场需求逐年增加，具有良好的行业成长性。中药产业已成为我国为数不多的具有自主知识产权的民族产业之一，也是我国在国际市场上最具竞争力的产业之一，是国家大力扶持的一个战略性产业。2009 年 9 月 21 日开始实施的国家基本药物目录，第一批目录共收载 307 个，其中中成药 102 个，实现了三分天下有其一，大大拓展了中药的发展空间，有效提升了中药产业在我国医疗体系中的地位。从发展趋势上看，中药的国际化之路也将越来越宽，完全可能发展成为我国最大的具有自主知识产权的现代化产业之一，必将成为 21 世纪我国参与世界经济竞争的重要优势产业，前景十分广阔。

(二) 浙江省中药材产业现状

1. **浙江省中药产业在全国具有较强的竞争力。**浙江省中药资源丰富，中药材种植和加工历史悠久，浙贝母、元胡、白术、菊花、玄参、杭白菊、麦冬、温郁金等“浙八味”及灵芝、山茱萸、厚朴等道地药材在国内外享有盛誉，优势明显。其中，浙贝母、元胡、白术的种植面积和产量占全国总量的一半以上，杭白菊占全国总量的近 70%，厚朴、玄参占全国总量的 1/3，铁皮石斛占全国总产量的 90%。2008 年，全省中药材种植面积 44.91 万亩，产值 18.34 亿元，分别比 2002 年增长 32.8%和 118.9%，占农业产值比重的 2.2%；中药材出口额 3259.78 万美元，比 2002 年增长 158%。

国内许多知名中药生产企业，如北京同仁堂药业有限公司、浙江康恩贝制药有限公司、浙江康莱特药业有限公司、浙江天皇药业有限公司等纷纷在浙江省药材主产地建立了规范化种植基地，有效提高了浙江省中药材基地的规模化、规范化生产水平。全省已有薏苡、山茱萸、铁皮石斛 3 个药材基地率先通过国家食品药品监督管理局组织的 GAP 认证。自 2005 年浙江省农业厅正式启动中药材新品种认定工作以来，已有 14 个中药材新品种通过浙江省非主要农作物品种认定委员会认定，有 3 个中药材新品种通过浙江省非主要农作物品种审定委员会审定。

浙江省中药饮片加工、提取物和保健食品行业近年来发展也很快。中药饮片加工企业 70 余家，产值约 7 亿元。规模以上从事提取物生产的企业 7 家，2009 年提取物销售额约 7 亿元。保健食品的加工更是发展迅速，全省仅铁皮石斛类保健食品的年销售规模近 10 亿元，拉动相关产业产值十几亿元。灵芝亦是浙江省特色中药材，以灵芝为原料的相关产品畅销国内外。

2. **中药材产业已列入浙江省 10 大农业主导产业。**浙江省中药材种植区域相对集中，主要集中于自然环境条件优越的山区和半山区，往往也是欠发达地区，如磐安县有近 10 万人从事中药材生产，种植面积稳定在 8～10 万亩，中药材收入占农业收入的 40%。中药材产业既是浙江中药产业可持续发展的需要，又是浙江欠发达地区农民增收的主要手段。为了加快本省中药材产业与欠发达地区的发展，省委省政府出台了一系列相关政策，将中药材作为特色优势农产品纳入区域布局规划，并列入浙江省农业的10大主导产业之一，从整体上规划和指导中药材生产，以加快浙江省中药材产业的发展。

3. **资源保护和新品种选育有新的突破**。2005年浙江省正式启动了中药材新品种认定工作，在省科技厅重大专项、国家科技支撑计划等项目的支持下，在相关科研单位、高校和企业的积极努力下，新品种选育工作进展明显加快。2005—2009年有17个中药材新品种通过浙江省非主要农作物品种认(审)定委员会认(审)定，结束了浙江省中药材生产没有新品种的历史，大大提高了中药材的品种水平、良种覆盖率和生产效率，为实现中药材生产的优质、稳产、高产提供了坚实基础。

为了提升中药材种子种苗质量，提高中药材良种覆盖率和商品化供种水平，基本建成了浙江省中药材种子种苗繁育中心，初步建立了集良种保存、繁育、示范和推广应用为一体的产业化示范体系，显著提高了优质中药材种子种苗的繁育能力和产业化水平。

初步建成了浙江大盘山自然保护区(国内唯一以药用植物种质资源为主要保护对象的国家级自然保护区)，完成了保护区的基础设施建设，成立了专门的管理部门——大盘山管理局。对区内的物种进行了普查，明确了区内的物种总数及可供药用的物种总数。

浙产重要药材种质资源圃和“浙八味”等药用植物种质资源圃建设已正式启动。浙产重要药材种质资源圃位于淳安县枫树岭镇，总面积100亩，种质资源圃内立地条件丰富，到2009年底种质资源圃内保存的浙产重要药材种质资源5000份以上。“浙八味”等药用植物种质资源圃位于磐安县尚湖镇，到2009年底种质资源圃内保存的种质资源在2000份以上。

为了进一步理清浙江省药用植物种质资源的现状，明确存在的主要问题，以利于更好地开展药用植物种质资源的保护与利用工作，开展了全省首批中药材种质资源普查工作，在各县市区的大力配合下，普查涉及药用植物资源300多种，其中列入2005版药典的重点药材190种，发现扁枝玉桔、槲寄生等新药用植物资源7种和三叶青、金线莲等珍稀药用植物10余种，完成了97种药用植物资源普查实地考察信息、特征特性信息的登记工作，为进一步系统整理、保护和开发利用奠定了较好基础。对浙产重要药用植物种质资源描述规范、数据标准和数据质量控制规范进行了研究，设计了种质资源描述规范简表，规定了各种种质资源的描述符及其分级标准，制订了种质资源共性与特性描述标准，建立了种质资源标准化评价体系。基本完成了重要种质资源的共性信息录入，并在浙江省农作物种质资源信息网(http://zj.zjseed.cn)正式发布，初步实现了种质资源的有偿共享和交换共享。

4. **规范化生产技术不断提高**。在省科技厅重大专项和国家相关项目的支持下，对浙贝母、元胡、白术、薏苡、铁皮石斛、山茱萸等10余种药材开展了规范化种植研究，按照国家食品药品监督管理局《中药材生产质量管理规范》和《中药材生产质量管理规范认证管理办法》的要求建立了上述中药材的标准操作规程(SOP)，建立相应的示范基地，极大地推动了中药材产业的发展，指导企业建立薏苡、山茱萸、铁皮石斛GAP基地1.2万亩。

5. **地方标准制订步伐明显加快**。为进一步建立健全中药农业标准化生产体系，完善标准化技术服务体系，加快浙江省中药农业标准化步伐，2009年成立了浙江省种植业标准化技术委员会——中药材专业委员会，有效推进中药材标准化生产工作的深入开展。近五年来制订了《无公害中药材：延胡索》、《无公害中药材：温郁金》等20个浙江省中药材省级地方标准。“桐乡杭白菊”、“天台乌药”通过国家质量监督检验检疫总局的农产品原产地域保护。“磐安中药材”(诸源牌、科信牌)的白术、元胡、浙贝母、玄参、白芍、天麻、桔梗等7个品种和鄞州区的“樟村浙贝”、“天目山铁皮石斛”,及“龙泉灵芝”、瑞安“温郁金”获得国家原产地标记产品注册证书,近期,“新昌白术”、“东阳元胡”等产品也在积极申报保护工作。

6. *产品创新有新的起色*。以企业为主体,产学研紧密结合,大力推进以浙产药材为主要原料的新产品创制,研制的“复方紫贻贝胶囊”、“复方铁皮石斛胶囊”、“灵芝破壁孢子粉”、“化纤丹胶囊”、“红曲胶囊”、“刺五加绞股蓝口服液”、“景天太子参胶囊”等一批以中药材为原料的保健食品获国家食品药品监督管理局颁发的国产保健食品证书。国家保健食品审评中心数据显示,全国以铁皮石斛为原料的保健食品生产企业共有30家,产品有40多种;而浙江省铁皮石斛生产企业达20家,产品有30多种。2010年1—3月,全省有规模以上的保健食品制造企业52家,占全国同行业的10%,数量居全国第2位;实现总产值7.35亿元,居全国同行业第4位。

中药提取物发展也很快,宁波绿之健药业公司、湖州恩贝希生物原料有限公司等企业生产银杏叶、千层塔等20余种提取物,宁波绿之健公司出口额名列全国提取物出口企业前三位。

7. *科技成果水平显著提高*。取得了一批创新科技成果,科技成果水平显著提高,“新鲜益母草制剂的研究”、“浙八味良种选育及规范化基地建设与示范”、“厚朴、雷公藤、肿节风3种重要木本药材品种选育与资源培育”等获得浙江省科学技术进步二等奖,获得发明专利20余项,发表科技论文100余篇,出版书籍10余册。

8. *科技成果转化成效显著*。2008年正式成立了浙江省农业技术推广中心,中药材被列入种植业分中心,明确了本领域新品种、新技术的推广应用计划,落实了推广应用责任,制订了推广应用计划的考核机制,有效推进了新品种、新技术的推广应用和中药材产业升级。在磐安、鄞州区、桐乡、东阳等主产区建立了“浙八味”规范化示范基地3万余亩。在新昌、兰溪、淳安等地建立了雷公藤、石蒜、千层塔等重要药源植物示范基地5000余亩。已建立特色优势中药材生产基地21万余亩,年产值达7.6亿元。这对推动山区农民增收致富、促进欠发达地区经济发展、建设新农村起到了极其重要的作用。

9. *科技创新体系和推广应用体系正在逐步建立和完善*。“十一五”期间通过整合浙江省现有中药材产业科技资源,筹建了省中药材科技创新团队、中药材产业科技创新战略联盟、国家级科技特派员中药材创业链,其中国家级科技特派员中药材创业链已获得科技部的立项批复,成立了浙江省种植业标准化技术委员会—中药材专业委员会、浙江省农业技术推广中心种植业分中心—中药材专业委员会、浙江省非主要农作物新品种审定委员会—中药材专业委员会,初步形成了国内同领域具一定竞争力和影响力的创新体系和推广应用体系。

(三)发展过程中存在的主要制约因素

1. *新品种创制能力不强*。与农作物相比,中药材新品种选育工作起步较晚,科技力量和研究经费投入相对不足,从育成的新品种来看,在新品种的品种水平、新品种创制能力等方面与农业新品种相比还有较大差距,另外与新品种相配套的规范化栽培技术、良种繁育体系和推广应用体系还不十分健全,致使新品种的遗传潜力和优良特性还未充分显现,后备品种选育工作推进力度不强。导致一些地方在生产上还以地方品种和农家品种为主,品种混杂较为严重,致使同一批药材的质量参差不齐。

2. *规范化种植技术研究有待加强*。不少重要中药材还未按照国家食品药品监督管理局《中药材生产质量管理规范》和《中药材生产质量管理规范认证管理办法》的要求开展规范化种植研究和制订符合GAP要求的标准生产操作规程(SOP),致使不同农户、不同生产基地、不同地区生产的中药材质量差异较大，产品质量不稳。中药材种植中滥用化肥、滥施农药现象时有发生，中药材农药残留、重金属和硫超标问题仍然较为突出，严重影响中药材质量。

3. **药材加工技术相对落后**。中药材加工工艺落后，成本高、劳动强度大、品质不稳，药材初加工以农户分散进行为主，规模化加工企业少，药材硫黄熏蒸、水分超标等现象较为严重，卫生指标和质量指标达不到相关标准要求。炮制工艺存在不统一、加工方式不规范等问题，与自动化、智能化加工的发展要求差距较大。

4. **中药材为原料的新产品创制相对滞后**。中药材大多停留在初级农产品的阶段，产品附加值低，精深加工少，产业链较短，如果遇到市场价格过低、销路不畅的年份，就会“药贱伤农”，既影响农民增收，又会挫伤群众的生产积极性。浙江省饮片加工、保健品和中药提取物生产企业大多生产规模较小，企业创新能力不强，生产技术水平较低。

5. **创新体系和推广应用体系不够健全**。由于缺乏健全的新品种和新技术的推广应用体系，新品种和新技术推广“最后一公里”及新品种推广和新技术推广“最后一道坎”的问题较为突出，使许多中药材最新科技成果的推广应用效率大打折扣。特别是一些偏远山区，种植户还以传统地方品种和传统种植技术应用为主，严重影响农民中药材种植的经济效益和药材产品质量。

二、发展思路和主要目标

(一) 发展思路

以科学发展观为指导，以科技进步为动力，以转变中药材产业发展方式和产业升级为主线，以实现中药材“安全、有效、稳定、可控”为核心，以培育龙头企业和建设中药特色优势产业为重点，以提升中药材品质为着力点，以提高中药材生产综合竞争力和经济效益为目标，强化技术创新体系和推广应用体系建设，提升浙产药材种植技术水平和新产品创制能力，打造浙产药材品牌，增强市场竞争力。

(二) 主要目标

“十二五”及今后一段时期，浙江省中药材产业科技创新与发展的总体目标是，建成以省中药材科技创新团队、中药材产业科技创新战略联盟、国家级科技特派员中药材创业链等为载体的国内同类研究领域具有较强竞争力和影响力的创新体系和推广应用体系，形成集产学研一体化的中药材科技产业体系，促进中药材产业向高新技术产业的跨越，大幅提升中药材产业技术水平，中药研究、加工、生产的装备条件和基础设施显著提高，使浙江省中药材产业发展成为技术密集型、可持续发展的现代产业，至2015年中药材及相关产业产值达200亿元。

具体目标：

1. 建成国内同类研究领域具有较强竞争力和影响力的科技创新团队和产业技术创新战略联盟，科技型企业5家，企业研发中心10家，申请发明专利50项，培养研究生300名，培养各类骨干人才100名。

2. 收集药材种质资源300种5000份，建立种质资源圃300亩。育成中药材新品种10个，制订种子种苗标准5个，建立良种繁育体系和推广应用体系，全省主要药材的良种覆盖率从目前的50%提高到65%，完成20种主要药材规范化栽培技术研究，建立新标准10个，建设“浙八味”等浙产特色药材的规范化核心示范基地1万亩，辐射带动20万亩，提高中药材种植的经济效益，增加农民收入。

3. 创建10个名牌中药材和中药饮片，培育3个中药材初加工和饮片加工一体化加工企业，延长产业链，促进当地劳动力转移。研发以灵芝、杭白菊等浙产药材为主要原料的新产品20个，获得功能食品批文30个，建立符合GMP要求的保健食品示范生产线10条。

4. 培育产值在亿元以上的企业10家、5000万元以上的企业20家、1000万元以上的企业100家，形成5个中药材产业带和特色优势明显的中药材产业10强县(市)，到2015年中药材及相关产业产值达到200亿元。

三、发展重点与主要内容

针对浙江省中药材产业发展的需求，重点围绕中药材新品种选育和规范化种植技术研究及示范推广、中药材精深加工新产品创制和装备创制及中试、产业集群创新和特色产业带建设，主动设计关键和共性技术科技攻关项目，组织开展产学研紧密结合的多学科产学研联合攻关，着力开展新品种创制、技术创新和产品创新。选择一批市场前景好、技术带动作用强的新品种、新技术和新产品在中药材产业龙头企业和重点县(市、区)示范、推广应用，在促进中药材及相关产业发展的同时有效带动当地农民特别是欠发达地区农民致富。通过成果的转化，逐步形成由龙头企业、高校和科研院所组成的战略联盟，促进浙江省中药材产业的品种更新、技术升级和产品换代。

(一) 中药材新品种选育和规范化种植技术研究及示范推广

1. 种质资源的收集、保存和利用研究

(1) 种质资源圃建设。在现有种质资源收集保存的基础上，进一步开展中药材种质资源收集，着力推进大盘山(药用植物)国家级自然保护区、浙产重要药材种质资源圃、“浙八味”等药用植物种质资源圃、义乌丹溪药博园建设，收集保存种质资源13000份以上。

(2) 种质资源普查。在现有工作基础上，继续做好全省中药材种质资源普查工作，开展三类资源的普查工作：一是浙江省有分布且被2010版药典收载的300种重要药用植物种质资源；二是未被2010版药典收载但具有较好开发前景的40种特色药用植物种质资源；三是30种一般药用植物种质资源。

(3) 种质资源共享信息平台建设。在广泛收集资源的基础上，对浙产重要药用植物种质资源描述规范、数据标准和数据质量控制规范进行研究，设计种质资源描述规范简表，规定各种种质资源的描述符及其分级标准，制订种质资源共性与特性描述标准，建立种质资源标准化评价体系和浙江省药用植物资源共享信息平台，逐步实现资源共享。

(4) 种质资源开发利用关键技术研究。开展中药材种质保育策略研究、重要中药材种质快繁与保存技术研究、重要中药材种质多样性研究与种质标签构建、特殊种质离体保存共性技术研究与基因库构建等中药材种质资源开发利用关键技术研究，为产业可持续发展提供技术支撑。

2. 优势特色新品种的选育及中试

(1) 中药材高效育种共性关键技术研究与新品种创制。运用现代育种技术，在现有研究基础上进一步开展“浙八味”、石斛、灵芝等浙产重要药材高效育种共性关键技术研究，通过生态适应性评价，结合有效成分含量消长规律、产量性状、抗病虫特性、抗逆性等关键性状与生物学特性分析，筛选出生态适应强、高产、优质、多抗的育种材料。按照《浙江省非主要农作物品种审定办法》浙农政发〔2009〕4号和《浙江省非主要农作物品种审定标准等规定》的要求以及品种试验的基本程序，创制一批综合性状优良的新品种。

逐步建立科学合理的评价标准，特别是对有效成分基本明确和不太明确的药材，要引入药效评价的方法，如药材生物测定技术等有效性、安全性试验，检定新品系、新品种(药材)的有效性、安全性，为新品种的科学合理评价提供客观指标和技术依据。

(2) 启动快速繁育技术、种子种苗质量控制等基础研究。探明药材的繁殖特性，建立快繁技术体系，重点加强浙贝母、元胡、石蒜等繁殖较低的中药材的繁育技术研究，探明繁殖特性，运用现代生物技术开展快速繁育技术研究，建立高效的繁育技术体系，改变因繁殖率较低而影响新品种推广应用的局面，开展种子种苗质量与产量、成分的相关性研究，研究制订种子种苗质量标准。建立良种繁育技术操作规程和良种繁育制度，繁育新品种种子和种苗，扩大新品种群体，为生产提供优质良种。

(3) 种子产业化开发技术研究。运用种子丸化技术等现代种子加工技术，开展中药材种子产业提升技术研究，提高种子的商品化率，为生产提供优质中药材种子。以企业为主体开拓中药材种子产业，改变目前农民自繁自留中药材种子的不合理现状。

(4) 育成品种的示范和推广应用。研究制订中药材新品种推广应用计划，逐步建立推广应用体系，着力开展技术培训，采用现场技术指导和集中授课培训等形式，提高基层科技人员和药农的技术水平，打造新品种推广和新技术推广“直通车”，有效解决新品种和新技术推广“最后一公里”和新品种及新技术推广“最后一道坎”问题，逐步实现中药材新品种产业化过程中产业链的上下游无缝衔接。

3. 规范化标准化生产技术研究及中试

(1) 中药材规范化种植关键技术研究。按照国家食品药品监督管理局《中药材生产质量管理规范》和《中药材生产质量管理规范认证管理办法》的要求，重点开展“浙八味”、金银花、栀子、铁皮石斛、灵芝、薏苡、益母草、雷公藤、石蒜等浙产重要中药材、地方特色中药材和菌类药材的主要病虫害发生规律研究，开展低毒高效的综合防治技术研究和主要病虫害综合治理技术研究，降低中药材农药残留，减少农药的面源污染；开展连作障碍因子和防治策略研究；开展下种量、密度、施肥等种植关键技术研究；加强中药材采收加工技术研究，明确最佳采收年限、采收季节和采收方法。将上述技术综合集成，建立标准生产操作规程(SOP)，并在产区开展示范研究和推广应用，为中药材生产提供高效、安全的规范化生产技术。

(2) 中药材种植新技术的集成、示范和推广应用。研究制订中药材种植新技术的推广应用计划，紧紧依靠浙江省农业技术推广种植业分中心特别是中药材专业组的技术网络，通过示范基地建设、技术培训，大力推广应用中药材规范化种植新技术。

(3) 中药材病虫害防治技术的示范和推广应用。集成浙产主要药材的病虫害无公害防治技术，建立高效低毒综合防治方案，通过农民信箱和科技信箱等现代传播媒体，及时发布主要病虫害的预测预报信息和无公害防治技术，同时在重点产区建立示范基地，逐步建立点面结合的立体化推广应用体系。

(4) 示范基地和推广应用基地建设。在5大优势产业带和10强市(县)建立规范化栽培技术示范基地15个和推广应用基地20个，示范和推广应用面积分别为1万亩和20万亩。

(二) 中药材精深加工、新产品创制和装备创制及中试

(1) 中药材产地初加工和饮片加工技术研究。根据中医药理论和药物性质，以及临床和制药企业生产的需要，进行中药材的加工技术研究。重点开展中药材直接在产地加工成饮片的加工技术研究、传统中药材加工方法的改良与设备升级、新型中药饮片的研发。引导和支持专业合作社、专业加工企业开展中药材初加工技术研发和设备改造。

(2) 中药材新产品创制与中试。重点开展中药保健品的研发、功能性成分提取及应用技术研究,为提高中药材附加值、延长中药材产业链提供技术支撑。

栀子有效成分提取分离关键技术的研究与产品研制及产业化。应用大孔树脂分离技术,分离纯化栀子黄色素、栀子苷,优化生产工艺,建立中试生产线。

以绿豆为主要成分的促排铅保健食品的研制及产业化。以绿豆为主,辅以薏苡仁等药材,通过有效成分分离、纯化、促排铅功能评价试验、安全性评价试验、质量控制试验和稳定性试验,研制具排铅功能的保健食品。

灵芝功能产品的品质提升、新产品中试及产业基地的建设。开展灵芝功能成分高效提取技术的产业化应用,提升灵芝功能产品的质量,建立质量控制方法,形成大规模生产。研究灵芝功效成分的分离纯化技术,创制提高免疫功能、改善睡眠等功效的功能食品,完成产品中试。

菊花抗氧化物质提取分离技术研究与新产品开发及产业化。开展杭白菊抗氧化功能成分的高效提取、分离纯化,研制具抗氧化功效的功能食品,获得国家功能食品的批文,实现产业化生产。

白术缓解体力疲劳功能保健食品的研制。以浙产白术为原料,经成分提取分离,缓解疲劳功能试验、安全性评价试验、质量标准制定和稳定性试验,研制缓解疲劳功能的保健食品。

辅助降血脂保健食品"心福牌复方紫贻贝胶囊"产业化。复方紫贻贝胶囊以紫贻贝、荷叶等为主要原料,经匀浆、提取等工艺研制成辅助降血脂功能食品,建成符合 GMP 标准的产业化示范生产线,逐步实现产业化生产。

(3) 中药材产地加工技术的示范和产业化。大力推广应用产地加工新技术,特别是生鲜加工技术,提高加工效率和药材质量,引导企业到产地建立加工企业,降低因药材产地初加工和药材饮片加工的二次加工引起的能耗、人工等浪费,提高生产效率和药材有效成分含量,提高药材的成品率。

(4) 中药材精深加工技术和新产品的示范及产业化。以企业为主体,强化产学研结合,集成现有中药材精深加工技术,强化应用研究和示范研究,形成较为成熟的精深加工新技术和新工艺,加快中药材精深加工技术的产业化,提高加工技术水平和产品质量,促进企业转型升级;在市场调研和分析的基础上开展新产品的中试和示范,促进企业产品结构调整,提高企业经济效益,为市场提供新一代产品。

(三) 产业集群创新和特色产业带建设

1. *培育产业集群*。创新型农业科技企业培育。通过技术创新、产品创新、体制创新,"十二五"期间着力将浙江省中药研究所有限公司、勿忘农集团浙江中信药用植物种业有限公司、浙江森宇实业有限公司等企业培育为创新型农业科技企业,为全省的中药材规范化栽培、中药材种质资源保护利用、新品种选育推广、中药材精深加工和产品的研发及其产业化提供示范。做大一批企业。培育亿元企业 10 家,5000 万元企业 20 家,1000 万元企业 100 家,500 万元中药材生产专业合作社 200 家。打造 5 大优势产业带。浙北产区主要是杭白菊、银杏叶、栝楼,浙东产区主要是浙贝母、麦冬、海洋药物,浙中产区主要是白芍、白术、浙贝母、元胡、玄参、铁皮石斛,浙西产区主要是山茱萸、西红花、栀子、杜仲,浙南产区主要是厚朴、温郁金、温山药、薏苡、金银花、红豆杉、灵芝、铁皮石斛。培育 10 强市(县)。重点培育磐安、东阳、新昌、桐乡、淳安、天台、景宁、瑞安、鄞州、武义等市(县),大力发展高附加值的特色中药材,推广应用"浙八味"、铁皮石斛、薏苡、金银花、天麻、无患子、栀子等规范化栽培技术和产地加工新技术,通过示范基地和推广应用基地建设,形成主栽品种突出、主导产业明显的区域特色中药材产业区。

2. **企业创新型人才培养与企业研发中心建设。**鼓励龙头企业建立企业研发中心，以项目建设为载体和手段，培养具有创新意识和创新能力的人才，重点培养中药材研究领域的优秀创新研究人才、高级工程技术人才，造就一批学术基础扎实、具有较强的创新能力和发展潜质的中青年学术骨干，形成结构合理的学术梯队。

3. **中药材产业科技创新能力建设。**在整合已有仪器设备的基础上，确定亟须新购置的仪器设备，完成仪器设备选型、购置、调试和投入运行等工作。完成国家药用植物种质资源库、中药材种质创新与遗传改良实验室、中药材快速繁育实验室、中药材质量评价实验室、种子种苗质量检测中心、中药材加工中试车间、中药材质量安全检测室、功能食品研究等实验室的建设与改造。重点突破一批影响中药材产业发展的关键共性技术，加速科技成果转化与应用，强化技术推广与服务，有效提高科技对产业发展的贡献率。

4. **市场和物流。**加快"浙八味"特产市场(磐安中国药材城)建设。要充分发挥良好的中药材市场基础和地产药材优势，加大投入，完善功能，提高档次，建设一个高规格、高档次的现代化市场，使"浙八味"特产市场成为全省中药材交易的龙头和浙产药材集散中心，带动全省中药材产业的发展。加大招商力度，引进更多经营户入场经营，加快市场繁荣，逐步使磐安药材市场成为全国重要的中药材集散中心，争取列入国家级中药材专业市场。

5. **科技特派员创业链建设。**充分依靠现有科技特派员制度，发挥科技特派员在成果转化、新品种新技术推广应用中的催化剂作用，建立和完善科技特派员创业链的长效发展运行模式和管理制度。以抓创办利益共同体、创建科技示范基地和产业科技服务组织为重点，推进科技特派员创业链的建设步伐。

6. **推广服务体系建设。**充分利用浙江省农业技术推广种植业分中心特别是中药材专业组的技术网络，不断充实技术力量，完善相关制度，打造一个层次清晰、职责明确、专业技术水平较高的中药材产业技术推广服务体系。

7. **推进产业化服务组织和信息建设。**扶持发展与农民结成利益联结机制的中药材生产、加工龙头企业、农民专业合作社等，增强其带动能力，促进中药材规模化生产经营。扶持建立若干个省级中药材示范性专业合作社。开展"浙江省道地优质药材种植基地"评选及授牌活动，加强对浙产道地中药材原产地域产品、地理标志产品和注册商标的申报保护工作，加强中药材行业规范和自律，积极创建浙产中药材品牌，发挥品牌带动效应。完善"浙江中药材信息网"专业服务平台建设，在各主产区、市场建立定点、定期信息收集点，及时发布相关信息，防止中药材生产大起大落。创办服务浙江简报1份。

四、保障措施

(一) 加强源头创新能力建设

积极推进以重点实验室、创新团队和产业科技创新战略联盟构建为核心的源头创新能力建设，不断完善科技创新链，提高中药材产业技术源头创新能力。以高校和科研院所为依托，整合现有科技资源，加大财政投入力度，建设重点实验室，提高源头创新能力。以高校和研究院所为主体，企业为依托，以项目为载体和手段，培养具有创新意识和创新能力的人才，造就一批学术基础扎实、具有较强的创新能力和发展潜质的中青年学术骨干，形成结构合理的创新团队。以企业为主体，高校和科研院所为技术依托，构建产业科技创新战略联盟，促进产业健康发展。

（二）新型创新主体建设

积极引导和支持科技人员、科研机构和企业家利用创新成果创办科技型企业，鼓励高校、科研院所拥有创新成果的科技人员和科研团队，以兼职或离岗等形式，走出来创办、领办科技型企业，或与企业家合作创办科技型企业。加快建设由政府、企业、高等院校、科研机构、行业组织等多元投入、面向社会、资源共享的区域创新中心，把区域创新中心建设成公共研发平台、公共技术平台、公共检测平台、公共科技信息平台，为区域自主创新提供有力的支撑。鼓励和引导企业建立研发中心、研究所、研究院等，不断提高企业创新能力。通过扶持和培育，逐步把规模企业和技术创新能力较强的企业培育成高新技术企业。

（三）完善人才培养机制

营造优秀人才脱颖而出的政策环境，建立人才激励机制，初步形成人才价值实现机制和人才梯队培养体系。贯彻落实好国家和浙江省有关人才激励政策，营造人尽其才、才尽其用的利于人才成长的良好环境，鼓励科技人员创业、带技术到企业参与管理和任研发中心主任，允许科技人员以技术要素参与利益分配，充分调动科技人员的积极性和创造性。充分发挥市场对人力资源配置的基础性作用，围绕优化人才结构，提高人才素质，培养创新创业的拔尖人才，全方位、多层次培养和凝聚优秀人才。

（四）加大资金投入

完善以政府投入为引导，企业投入为主体，各种机构投资者共同参与的多元化资金投入体系。继续发挥政府资金的引导作用，鼓励企业增加自身投入，使企业真正成为投入的主体。营造良好投资环境和回报机制，大幅度提高全社会投入中药材科技产业的积极性。

五、加强组织管理

成立省、市、县专家咨询委员会，负责本地区产业科技发展总体规划、年度科研计划及研究项目的咨询和论证，决定研究方向、发展规划，对项目执行情况、项目经费使用情况、项目取得经济和社会效益情况、项目成果情况、项目管理情况等进行评估，对进展较慢的项目应及时提出整改意见，督促相关单位认真组织实施。实行产业集群所在县市领导责任制，负责区域内的相关工作的落实、检查、协调和监督。建立省市县会商制度，在充分酝酿和讨论的基础上开展重大项目的主动设计工作。建立工作交流会议制度，每年召开 1～2 次工作交流会，总结前一阶段工作，安排下一阶段任务。

执笔人：杨苏蓓、王志安、斯金平、陶正明、何伯伟、陆中华、吕有根、潘心禾、李明焱、俞巧仙

审改：张咸益、叶祥发　打印：戴丹丽　校对：郑荣泉

第五篇　相关政策文件

XIANG GUAN ZHENG CE WEN JIAN

第二十五章　浙江省高新技术促进条例

第一条　为了促进高新技术及其产业的发展，加快传统产业改造提升，推动经济转型升级，根据有关法律、法规，结合本省实际，制定本条例。

第二条　在本省行政区域内从事高新技术研究开发及其产业化和与之相关的活动，适用本条例。

第三条　本条例所称的高新技术，是指科技含量高，应用性强，具有创新性、先导性等特征，能促进现有产业改造提升或者转化为新兴产业的技术。

本条例所称的高新技术企业，是指按照国家规定认定并取得高新技术企业证书的企业。

本条例所称的高新技术产业，是指具有知识密集、技术密集、高成长性等特征，能对国民经济和社会可持续发展产生重要作用的产业。

第四条　企业是技术创新的主体。县级以上人民政府应当鼓励、引导和支持企业加强高新技术的研究开发、成果转化和产业化，提高企业的自主创新能力。

第五条　省人民政府应当将发展高新技术及其产业作为重要战略任务，制定高新技术及其产业发展规划，确定高新技术及其产业发展的重点领域和布局。

县级以上人民政府应当把发展高新技术及其产业纳入国民经济和社会发展规划，制定相关政策和措施，促进高新技术及其产业的发展。

第六条　县级以上人民政府科技、发展和改革、经济和信息化、财政、税务、国土资源、质量技术监督、人力资源和社会保障、环境保护等部门应当按照各自职责，做好高新技术及其产业发展的相关工作。

县级以上人民政府有关部门应当通过网络、报刊、广播电视等媒体发布与高新技术及其产业发展相关的科技信息、政务信息和服务信息，开展政策咨询，提高服务水平。

第七条　省人民政府应当设立创业风险投资引导基金，引导创业投资资金重点投向符合本省高新技术产业发展规划的领域。

市、县、区人民政府可以根据当地实际，设立创业风险投资引导基金。

第八条　县级以上人民政府应当按照国家和省的有关规定，加大科技经费的投入力度，确保财政科技投入的增长幅度高于财政经常性收入的增长幅度。

科技经费的投入，重点用于高新技术研究开发和成果转化项目，加大对中小企业技术研究开发、成果转化的扶持力度。

第九条　县级以上人民政府应当建立和完善科技经费投入、使用、监管的体制机制，组织开展对财政资助的科技计划项目的后评估工作，加强对科技经费投向的整合和监管，提高科技经费的使用效益。

第十条　拥有高新技术成果的单位和个人，可以采取创办高新技术企业等方式转化高新技术成果。以高新技术成果作价入股创办高新技术企业的，其知识产权所占注册资本的比例由出资各方依法约定。

第十一条　高等院校、科研机构对职务科技成果依法自行投资实施转化的，应当在项目投产后连续三至五年，从实施该职务科技成果转化项目的新增留利中提取不低于百分之五的经费，奖励完成职务科技成果的研发人员和为职务科技成果转化作出贡献的人员，其中对关键研发人员和为转化作出重大贡献人员的奖励应当不低于奖金总额的百分之七十。

高等院校、科研机构以技术转让方式将职务科技成果提供给他人实施的，应当从技术转让所得的税后净收入中提取不低于百分之二十的经费，奖励完成职务科技成果的研发人员和为职务科技成果转化作出重大贡献的人员。

高等院校、科研机构与其他单位合作实施职务科技成果转化的，单位应当在项目投产后连续三至五年，从实施该职务科技成果转化项目的新增留利中提取不低于百分之五的经费，奖励完成职务科技成果的研发人员和为职务科技成果转化作出重大贡献的人员，或者参照该比例给予一次性奖励。

高等院校、科研机构以股权投入方式实施职务科技成果转化的，可以采取股权或者出资比例的方式，奖励完成职务科技成果的研发人员和为职务科技成果转化作出重大贡献的人员；采用股权奖励方式的，其用于奖励的股权应当占该科技成果所占股份的百分之二十以上。

第十二条　高新技术企业实行申请认定制度。高新技术企业认定和复审按照国家有关规定执行。

第十三条　高新技术企业减按百分之十五的税率征收企业所得税。

企业为开发新技术、新产品、新工艺发生的研究开发费用计入当期损益，未形成无形资产的，在据实扣除的基础上，按照研究开发费用的百分之五十加计扣除；形成无形资产的，按照无形资产成本的百分之一百五十摊销。

第十四条　对单位和个人从事技术转让、技术开发业务和与之相关的技术咨询、技术服务取得的收入，免征营业税；个人转让著作权的，免征营业税。

企业在一个纳税年度内，技术转让所得未超过五百万元的部分，免征企业所得税；超过五百万元的部分，减半征收企业所得税。

第十五条　鼓励发展与高新技术企业和高新技术成果转化相关的科技中介服务机构，为高新技术企业提供多样化的科技成果转化服务。

对在发展高新技术企业、促进高新技术成果转化和产业化中有重大贡献的科技中介服务机构，县级以上人民政府应当根据科技发展需要和财力可能安排相应的资金给予支持。

第十六条　鼓励运用民间资本建立创业投资机构和信用担保机构。

创业投资企业采取股权投资方式投资未上市的中小高新技术企业两年以上的，可在股权持有满两年的当年按照其投资额的百分之七十抵扣该创业投资企业的应纳税所得额；当年不足抵扣的，可以在以后纳税年度结转抵扣。

县级以上人民政府应当建立和完善信用担保机构的风险补偿机制，鼓励信用担保机构加大对高新技术企业的融资担保力度。

第十七条　在高新技术研究开发、成果转化和产业化发展中有突出贡献的高新技术企业人员，可以破格申报相应的专业技术职务资格的评审。

第十八条　县级以上人民政府应当建立健全高新技术人才引进机制，增加对高新技术人才引进的资金投入，积极吸引境外、省外从事高新技术研究开发的人才来本省工作，鼓励留学人员及华人华侨专业人士携带高新技术成果来本省实施高新技术产品研究开发和生产，并在工作和生活条件等方面给予相应的保障。

第十九条　鼓励有条件的企业在境外、省外设立高新技术研究开发机构，与境外、省外高等院校、科研机构、企业联合建立研究开发机构，充分运用境外、省外的人才、信息和科研成果等科技资源，提高研究开发能力，并依法给予相应的支持。

第二十条　建立和完善权属清晰、流转顺畅、保护有力的现代知识产权制度，鼓励单位和个人加强知识产权的创造和运用，强化知识产权的保护。

鼓励单位和个人将取得自主知识产权的科技成果，纳入相关标准，提升科技产品和科技企业的市场竞争力，促进产业结构调整。

省标准化行政主管部门应当会同省科技行政主管部门建立完善技术标准转化机制，加强对重大自主创新成果转化为国际标准、国家标准、行业标准或者企业联盟标准的指导和协调，加大支持力度。

第二十一条　鼓励金融机构开展知识产权质押业务，鼓励和引导金融机构在信贷等方面支持高新技术研究开发、成果转化及产业化。科技行政主管部门应当为办理知识产权质押提供相应的服务。

鼓励保险机构开展高新技术研究开发、成果转化及产业化的保险业务。

第二十二条　县级以上人民政府应当鼓励科研机构、高等院校、企业开展原始创新、集成创新、引进消化吸收再创新，实施关键、共性技术的研究开发和应用推广。

第二十三条　县级以上人民政府应当加强公共科技条件平台建设，引导、鼓励和支持科研机构、高等院校和企业联合创建高新技术领域的公共科技基础条件平台、行业专业创新平台、区域创新服务平台。

公共科技条件平台应当建立资源开放共享机制，为高新技术研究开发、产业化提供技术服务和支撑，提升企业的自主创新能力。

县级以上人民政府应当加强公共科技条件平台管理，促进公共科技条件平台建设和运行的规范化、制度化。

第二十四条　县级以上人民政府应当根据国家和省有关规定，加强高新技术产业开发区（含园区、基地，下同）的建设和管理，协调解决高新技术产业开发区建设和管理中的重大问题，提高高新技术产业开发区的研究开发、成果转化和辐射能力。

第二十五条　鼓励和支持省内外企业、科研机构、高等院校及其他投资主体创办高新技术企业孵化器，培育科技型中小企业。高新技术企业孵化器应当拓展服务领域，强化服务功能，提高服务质量。

符合国家规定条件的高新技术企业孵化器，按照有关规定享受相应的优惠政策。

第二十六条　高新技术企业和高新技术成果转化、产业化项目的产品，列入国家《政府采购自主创新产品目录》的，政府应当按规定实施优先采购或者首购；由政府出资或者立项研究开发的重大创新技术、产品和工艺等，政府可以实行择优订购。

第二十七条　省人民政府设立科技成果转化奖，对在高新技术成果转化、促进高新技术企业和产业化发展工作中作出重大贡献的单位和人员给予奖励。

第二十八条　企业采取欺骗手段骗取高新技术企业认定证书的，由负责认定的部门取消其资格，在五年内不再受理该企业提出的高新技术企业资格认定申请，并可以处五万元以上二十万元以下的罚款。

前款规定的企业已享受的各种优惠所得，由有关部门予以追回。

第二十九条　在高新技术研究开发、成果转化和产业化项目立项中采取欺骗手段，骗取项目和奖励的，由负责认定的部门取消该项目和奖励，没收违法所得，并可以处五万元以上二十万元以下的罚款。

第三十条　在高新技术研究开发、成果转化和产业化活动中侵犯他人专利权及其他知识产权的，按照《中华人民共和国专利法》、《浙江省专利保护条例》等有关法律、法规的规定承担法律责任。

第三十一条　有关部门工作人员在高新技术及其产业发展管理工作中滥用职权、玩忽职守、徇私舞弊的，依法给予行政处分；构成犯罪的，依法追究刑事责任。

第三十二条　本条例自 2010 年 1 月 1 日起施行。

第二十六章 关于加大统筹城乡发展力度加快农业农村发展的若干意见

浙委〔2010〕34号

近年来,各地各部门认真贯彻落实科学发展观,大力发展高效生态农业,着力拓宽农民增收渠道,扎实推进社会主义新农村建设,“三农”工作呈现稳定较快发展的良好态势。2009年,全省农民人均纯收入突破万元大关,统筹城乡发展进入到全面推进城乡融合的新阶段,为全省应对国际金融危机、实现经济回升向好、促进社会和谐稳定起到了重要作用。同时,也要清醒看到,保持农民收入较快增长的难度越来越大,转变农业发展方式的要求越来越高,破除城乡二元结构的任务越来越重。全省各级党委、政府务必居安思危,继续高度重视“三农”工作。今年浙江省“三农”工作的总体要求是:认真贯彻党的十七届三中、四中全会和《中共中央国务院关于加大统筹城乡发展力度进一步夯实农业农村发展基础的若干意见》(中发〔2010〕1号)精神,深入贯彻落实科学发展观,按照深化改革、整体推进、转型升级、增收惠民的基本思路,进一步加大统筹城乡发展力度,全面创新体制机制,大力推进农业发展方式转变和农民创业就业方式转变,切实加强中心镇中心村建设和农村基础设施建设,着力改善农村民生,进一步提高农村社会管理服务水平,加快促进传统农业向现代农业转型、传统村落向现代社区转型、传统农民向现代农民转型,努力开创城乡经济社会一体化发展新局面,确保农业生产稳定发展、农村各项事业全面发展、农民人均纯收入增长7%。

一、大力推进农业发展方式转变,提升农业现代化水平

1. **确保粮食安全**。进一步完善粮食安全行政首长负责制,按照“落实责任、强化考核,完善政策、增加投入,依靠科技、主攻单产,创新机制、提高收益”的要求,加大工作力度,力争粮食播种面积和总产量比上年有所增加。编制和实施新增5亿斤粮食生产能力建设规划,在规划确定不会被征占用的标准农田中划定一批粮食生产功能区。各地要切实增加投入,统筹相关资金、政策,扶持粮食生产功能区建设。稳定“订单粮食”奖励补贴政策。完善储备粮仓储和流通设施。全面落实新增粮食储备规模,引导加工经营等用粮大户科学储粮,多渠道增加粮食库存。健全粮食安全预警体系,提高应急保供水平。

2. **做大做强特色农业**。编制和实施农业主导产业发展规划,培育一批农业特色优势产业强县强镇强村。实施农产品品质提升工程,加快制订并推广应用特色农产品生产技术标准,健全农业标准体系和农产品质量安全检测体系,逐步建立农业投入品使用登记制度和农产品可追溯制度,加强农产品产地准出管理,扩大无公害农产品、绿色食品、森林食品生产。加快低效竹林改造和高效竹林培育,积极发展油茶和干果产业。支持捕捞业结构调整,加快发展远洋渔业,推进远洋渔船更新改造。支持发展农家乐休闲旅游业、休闲农业和森林旅游业,打造农家乐精品区块和精品旅游线路,开展“迎世博农家乐推进年”活动。

3. **启动现代农业园区建设**。争取用5年左右时间,建设100个左右现代农业综合区、200个以上主导产业示范区和500个以上特色农业精品园。现代农业园区建设实行申报制,一次

规划,分年建设。各级要增加财政资金投入现代农业园区建设。继续大力发展设施农业和农业机械化,支持先进农业技术实验园建设,增加农机具购置补贴,扩大补贴种类,重点提高水稻机插、植保、粮食烘干等设施装备水平。

4. **加强农业基础设施建设**。全面落实和完善耕地保护责任制,加强耕地占补平衡管理,推进“百万造地保障工程”建设。深入实施“千万亩标准农田质量提升工程”和农业综合开发高标准农田示范工程,加快中低产田改造和山区小流域农业生态工程建设,建立耕地质量信息系统。加强林区基础设施建设,启动10万公里林道建设工程。深入实施“强塘固房”工程,加快病险水库、“屋顶山塘”和海塘、堤防除险加固,抓好重点中小河流治理,加强农田水利基本建设,推进大中型泵站更新改造,推广喷微灌技术。各地要根据财力状况,结合当地水利工程管理体制改革具体情况,逐步取消定额内农业用水收费。探索水利设施运行管理的长效机制。加快推进重点围涂项目和标准鱼塘、标准渔港等建设。加强动植物防疫基础设施建设。

5. **提高农业科技创新和推广能力**。把加快发展现代种业作为建设现代农业的战略重点,深入实施种子种苗工程。支持种子企业与科研单位联合开发,加快选育一批优质、高效品种,培育若干个有核心竞争力的种业龙头企业。深入实施重大农业科技专项和科技富民强县行动计划,推进农业科技创新服务平台建设。实施现代农业技术推广工程,加快推广新型农作制度和农业科技成果。积极组建农业主导产业科技创新团队,鼓励农业科研机构、高等院校参与农业科技推广,培养农业科技领军人才,继续实施科技特派员制度,建立产业发展会商机制,形成“专家团队+农技人员+科技示范户”的科技成果转化、推广机制。鼓励高校涉农专业毕业生到基层农业技术推广机构工作。2010年基本建成农业技术推广、动植物疫病防控、农产品质量监管“三位一体”的基层农业公共服务体系。

6. **提升农产品加工流通业**。支持农业龙头企业加快技术改造和产品升级,重点扶持一批与农民建立紧密利益联结机制的农业龙头企业、示范性农民专业合作社和农产品行业协会,支持农民专业合作社自办农产品加工项目。统筹制定全省农产品批发市场布局规划,重点支持国家和省级农产品批发市场升级改造,落实农产品批发市场用地等扶持政策。支持农产品加工流通企业、大中型连锁超市投资建设农产品物流设施,完善农产品冷链物流体系。全面推进“农超对接”,支持农产品生产基地、农民专业合作社、农业龙头企业与大型连锁超市、餐饮店、学校、大型企业等农产品经营消费单位进行产销对接。鼓励农业龙头企业、农民专业合作社参加国内外知名展会。加强粮食产销协作,加快区域性粮食物流中心建设。加快农产品品牌建设,大力培育特色农业和休闲观光农业品牌,完善农产品品牌评价和跟踪管理等制度。加强农产品行业协会、农民专业合作社联合会建设,充分发挥其行业管理、自律和服务的职能。

7. **提高农业对外开放水平**。继续支持出口农产品标准化基地建设,加大农产品境外参展补贴力度,对进出口农产品提供出口通关、检验检疫便利和优惠。继续举办中国义乌国际森林产品博览会。加强省际农业合作,扩大对台农业交流与合作,推进台湾农民创业园建设。引导农业龙头企业、农民专业合作社、专业大户等到省外建立农产品生产基地。充分发挥各级新农村建设促进会的作用,积极开展农业和农村建设项目对外招商。

二、积极推进农民创业就业,着力拓展农民增收领域

1. **拓展农民创业就业领域**。开展“充分就业村”创建活动。支持农民发展农业服务业和农村社区服务业。发挥小商品市场的带动作用,引导企业将劳动密集型生产环节向家庭经营扩散,支持农民发展来料加工业。继续扶持农村中小企业发展,促进其规模化、专业化生产,并

向工业园区、乡镇工业功能区集聚，发挥其吸纳农民就业的作用。

2. **加强农村创业就业主体培训**。以实施百万农村“两创”实用人才培养计划为重点，深入实施“千万农村劳动力素质培训工程”。切实加强对农民专业合作社和农业龙头企业经营骨干、行业协会负责人、家庭工业业主、农家乐经营业主、农村经纪人、渔船职务船员等各类人才的培训。推进农村劳动力“双证制”教育培训，加强对未继续升学的初中、高中毕业生的职业技能培训，增强农民后备劳动力的创业就业能力。

3. **加强农民创业就业服务体系建设**。支持适合农民特点的创业基地、创业园区建设，鼓励农民、村集体经济组织、各类企业以多种形式投资建设标准厂房、民工公寓和其他物业设施，增加农民物业经营收入。进一步优化土地流转、建设用地、信贷、技术、人才等多方面服务，加快建立健全农民创业服务体系。鼓励和支持大中专毕业生、大学生“村官”、返乡农民工、复退军人、青年农民等在农村创业，有条件的地方要采取薪酬补贴、社保补贴等办法，鼓励大中专毕业生到农民专业合作社就业。进一步建立健全省、市、县三级中小企业创业辅导服务网络，加快构筑中小企业创业融资、创业基地、共性技术攻关和对外合作等公共服务平台，推动中小企业转型升级。加快推进城乡一体的公共就业服务体系建设，健全乡镇（街道）和村劳动保障管理服务平台。

三、加快推进村镇规划和建设，优化农村产业、人口布局和人居环境

1. **完善村镇布局和建设规划**。以县市域总体规划为指导，结合新一轮土地利用总体规划修编，完善村镇与农村社区布局规划，明确县市域内中心镇、中心村的数量与定点，优化和合理安排市县域城镇建设、农田保护、产业聚集、村庄分布、基础设施、生态涵养等空间布局。加快修编完善中心镇镇域总体规划，扩大中心镇详细规划覆盖面。力争完成1200个中心村和大部分保留村村庄规划的编制或修编工作。

2. **加快培育发展中心镇**。引导优势项目落户中心镇，探索通过以宅基地换城镇住房等途径引导农村人口向中心镇集聚。按照管理权限多放、资源要素多配、基础设施多投的要求，完善中心镇财税、投融资等政策，优先安排建设用地指标。省财政对中心镇基础设施建设给予一定补助，力争全省培育发展200个左右中心镇，并选择一批中心镇开展培育小城市试点，着力提高中心镇综合承载能力和基本公共服务能力。

3. **加快培育建设中心村**。按照中心村、保留村、特色村、撤并村分类推进的要求，深入实施“千村示范、万村整治”工程，今年完成3000个村的整治任务。实施“中心村培育工程”，推进中心村公共服务发展和基础设施建设，优化农村人口和村庄布局。积极引导撤并村人口向中心村集聚。加大对中心村建设的投入力度，省财政给予一定补助，并整合各类财政资金，集成项目实施。按照“先减后用、增减挂钩、平衡有余”的原则，农村建设用地复垦产生的耕地增减平衡后，增加部分允许置换用于建设用地，并优先用于中心村内的农民住房、基础设施、公共服务管理设施建设和非农产业发展。对愿意放弃并退出老宅基地、选择跨村建房的农户所涉及的宅基地，允许按照平等协商、等价交换的原则，通过调整、互换或经济补偿进行置换。加强文化村落、文化遗存的保护、开发和利用。

4. **加快推进农村住房改造建设**。把农村住房改造建设与村庄整治建设、中心镇中心村建设有机结合起来，落实好用地保障、规费减免、资金扶持和宅基地置换等相关政策，引导农民科学建房。今年完成农民住房改造建设30万户，其中完成农村困难家庭危房改造4万户，危房改造救助覆盖面扩大到低保收入标准（2007年）150%以下的农村困难家庭。有关市县要尽快

研究并解决"连家船"渔民上岸定居问题。

5. **加强农村基础设施建设**。推进城市供水和污水处理设施向农村延伸，全面建成太湖流域城镇污水处理设施，基本完成其他地区中心镇和钱塘江流域建制镇污水处理设施，加快推进污水处理管网设施建设。深化乡村康庄工程建设，全面完成符合建路条件的行政村通村公路建设任务，城乡客运一体化率达到48%以上，落实乡村公路管护长效机制。继续推进农村安全饮用水工程和清水河道建设，2010年新解决150万农村人口的安全饮水问题。推进新农村电气化提升扩面，实施农村电气化项目建设，提高电气化村、镇、县建设水平。支持农村电信和互联网基础设施建设，健全农村综合信息服务体系。推广农村新能源、低碳技术和节能减排新技术。

6. **强化农村生态环境建设**。全面建设"森林浙江"，加强森林资源管理和森林抚育经营，提高森林质量。强化林地和湿地保护。实施省级重点生态公益林扩面任务，并按现行标准纳入补偿范围。组织开展园林城镇创建活动，开展森林城镇和森林村庄建设，扎实推进高标准平原绿化和防护林体系建设。加强林业支持保护体系建设，适时建立造林、抚育、保护和管理投入补贴制度。加强森林防火和病虫害防治工作。探索建立林业碳汇市场机制。以山区小流域农业生态工程建设为着力点，抓好水土流失治理，推进生态乡镇、生态村创建工作。加快农村山区地质灾害隐患调查和治理。积极养护水生生物资源，加大增殖放流力度。加强农业面源污染治理，深入实施肥药减量增效控害工程，深化畜禽养殖污染治理，推进生态畜牧业、洁水保水渔业等生态循环农业建设。健全农业气象服务体系和农村气象灾害防御体系，推动公共气象服务向农村延伸。

四、深入实施"低收入农户奔小康工程"，提高扶贫工作成效

1. **加快推进异地搬迁**。以县城、中心镇、中心村为主要入迁地，推进高山远山下山搬迁、地质灾害避让搬迁、重点库区出库搬迁和海岛县区小岛搬迁，2010年异地搬迁6万人以上。启动海岛县区"小岛迁、大岛建"工程和紧水滩(石塘)库区第二期帮扶工程。加快推进整体搬迁村落的宅基地整理复垦。保障异地搬迁农民土地、山林承包经营权和村级集体资产分配收益权等合法权益。

2. **加大产业开发力度**。整合相关部门项目和资金，集中支持低收入农户集中村基础设施建设和特色产业开发。扶持一批扶贫龙头企业、扶贫专业合作社和特色农业基地，培育发展一批种养专业大户，加快形成特色农业"一乡一业"、"一村一品"发展格局。

3. **进一步加强扶贫工作**。落实省级职能部门的扶贫职责，并将扶贫实绩列入省政府对部门的年度考核。深入推进结对帮扶，完善对低收入农户集中村和低收入农户的结对帮扶机制。积极动员社会力量参与结对帮扶，发挥扶贫基金会等非政府组织的作用。扎实推进金融扶贫，完善扶贫小额信贷制度，增加财政贴息额度。继续开展低收入农户集中村发展资金互助组织试点。鼓励专业担保公司、龙头企业、工商企业、农民专业合作社和其他个人为低收入农户提供贷款担保。

五、加快发展农村公共事业，提升农村民生水平

1. **提升农村社会保障水平**。加快推进城乡居民社会养老保险制度全覆盖。从今年起，确保符合条件的本省户籍60周岁以上城乡居民按规定享受政府提供的每人每月不低于60元的基础养老金。不断扩大参保覆盖面，积极引导符合条件的城乡居民参保缴费。继续提高新型

农村合作医疗补助标准,2010 年所有县(市、区)新型农村合作医疗人均筹资标准达到 185 元以上,大病住院补偿最高支付限额提高到当地农民人均纯收入的 6 倍以上,国家基本药物目录内药品全部纳入报销范围。加强新型农村合作医疗与城镇职工基本医疗保险、城镇居民基本医疗保险、城乡医疗救助等制度的衔接。全面推行医疗救助即时结报方式,2010 年人均筹资额不低于 8 元。进一步扩大农民工的工伤、医疗、养老等保险覆盖面。加强对农民工的职业病防治和健康服务。

2. **提升农村教育发展水平**。推动优质教育资源向农村配置,新增教育经费向农村和欠发达地区倾斜。建立健全农村中小学教师定期培训进修制度和财政资助政策,进一步落实农村中小学教师绩效工资制度。实施农村中小学校舍安全工程,推进乡镇中心幼儿园建设。落实中等职业学校农村家庭经济困难学生和涉农专业学生免学费政策,继续对在农广校就读农业种养专业的学生免收学费。

3. **完善农村公共卫生服务体系**。推进农村医疗卫生服务体系标准化建设,所有乡镇建设一所达到国家标准的农村社区卫生服务中心(卫生院),加快村级医疗卫生服务网点建设。推进城乡医疗卫生资源统筹配置,探索建立"大院带小院、县院带乡镇、乡镇带村级"的城乡医疗卫生统筹发展新机制。加强乡村卫生技术人员队伍建设,加强全科医生培训,健全乡村卫生技术人员职称晋升制度。落实基层医疗卫生事业单位绩效工资和村卫生室运行补助。积极推进基本公共服务均等化,加强疾病预防控制工作。加强对农村食品和药品等健康相关产品和场所的卫生监管。继续实施新农村新家庭计划和少生快富工程,稳定农村低生育水平。

4. **推进农村文体事业发展**。进一步加强县乡村三级公共文化设施网络建设,重点推进乡镇综合文化站建设。深入实施文化信息资源共享工程,推进文化共享工程市县级支中心规范化建设。广泛开展"送文化"和"种文化"活动,办好"第二届农民文化艺术节"。继续实施广电惠民工程,提升广播电视对农节目质量,建立"村村通"、"村村响"长效管护机制,推进广电"低保工程",确保农村"低保"家庭免费看上有线电视。抓好农村电影放映工作。充分发挥乡镇(村)广播站(室)在扩大农村宣传阵地、加强政府应急管理等方面的作用。推进农村体育设施建设和小康体育村创建,广泛开展全民健身活动。

六、扎实推进城乡配套改革,增强农业农村发展活力

1. **稳定和完善农村基本经营制度**。加快土地承包经营权流转市场和流转服务体系建设,全面建立县级土地承包纠纷仲裁机构,依法调处土地承包纠纷,促进土地承包经营权流转。深化集体林权制度改革,采取均股均利等方式,进一步落实山林产权,推进林权管理服务平台建设,加快森林资源流转。加快推进国有林场改革,加强国有林场基础设施建设。稳定渔民水域滩涂养殖使用权。鼓励以土地承包经营权、林地承包权作价入股农民专业合作社。

2. **有序推进农村土地管理制度改革**。加快农村集体土地所有权、宅基地使用权、集体建设用地使用权等确权登记颁证工作。开展城乡建设用地增减挂钩工作。农村宅基地和村庄整理后节约的土地仍属农民集体所有,确保城乡建设用地总规模不突破,确保复垦耕地质量,确保维护农民利益。积极稳妥地探索农村集体建设用地使用制度改革。

3. **加大金融支持"三农"力度**。落实涉农贷款税收优惠、定向费用补贴、增量奖励等政策,并强化对金融机构涉农贷款比例的考核和支农信贷政策的导向效果评估,引导金融机构加大对"三农"的信贷投入。加大政策性金融对农村改革发展重点领域和薄弱环节的支持力度,拓展农业发展银行业务领域,大力开展农业开发和农村基础设施建设等中长期政策性信贷业务。

农业银行、农村信用社、邮政储蓄银行等银行业机构都要进一步增加涉农信贷投放。深化农村合作金融机构改革，落实有关扶持政策，增强其对“三农”的信贷发放能力。组织开展“银行业支农深化年活动”，扩大发展新型农村金融机构的试点，继续在县域开展小额贷款公司试点，积极稳妥推进农村资金互助社试点，继续推进农民专业合作社开展信用合作试点。支持各类金融机构到金融服务空白乡镇设立网点，年内全面消除159个基层金融服务空白乡镇。全面推广“丰收小额贷款卡”、“金穗惠农卡”等新型农村金融产品。拓展农村抵押担保物范围，扩大无形资产质押贷款、海域使用权抵押贷款、大型农用生产设备抵押贷款试点，探索确权登记后的农民住房、依法取得的农村集体经营性建设用地使用权、农民土地承包权抵押融资的有效途径。扎实开展林权抵押贷款，落实林权抵押贷款财政贴息资金。加强农村信用环境建设，深入实施“便农支付工程”，积极推进支付系统向农村所有银行机构营业网点延伸，改善农村金融服务环境。鼓励各地探索设立政府主导的“新农村建设投融资公司”，建立向政策性金融机构融资的有效机制。各级财政要增加农业贷款和小企业贷款风险的补偿资金，加大对农业贷款的贴息力度。扩大政策性农业保险，增加险种，提高覆盖率和补贴比例。鼓励保险公司探索小额保证保险。鼓励更多的渔民加入渔业互助保险。

4. **大力推进农村流通改革发展**。支持城市各类大型流通企业向农村延伸服务，大力发展连锁超市、物流配送、电子商务等现代流通方式。加快建设“千镇连锁超市万村便利店”工程龙头企业配送中心和日用消费品、农产品、生产资料等经营网点，提升服务功能和质量，探索日用消费品销售、农产品销售、农资供应、金融服务、邮政服务等“多位一体”的基层便民服务综合体建设。鼓励农民和农民专业合作社参与各类农村流通网点建设和经营。结合浙江省工业品产业集群和农产品产业优势，联合国内外大型连锁企业，开展专业性产销对接会，促进优质工业品下乡、优质农产品进城。加大家电、汽车、摩托车等下乡实施力度，采取有效措施，推动建材下乡。深化供销合作社改革，保持供销社集体资产的独立和完整。支持供销合作社参与农村现代流通网络体系建设，加快发展农业生产资料、日用消费品、农副产品和再生资源回收利用的现代购销网络。支持供销合作社的企业法人按照市场准入条件参与组建村镇银行。

5. **加快推进户籍管理制度改革**。加快落实放宽中小城市和城镇落户限制条件的政策。积极探索按居住地登记户口的新型户籍管理制度，逐步取消农业户口与非农业户口的户口性质划分，加快与户籍制度相关的管理制度配套改革。

6. **积极推动农村基层治理机制创新**。发展和完善党领导的村级民主自治机制，加强民主选举法制化、民主决策程序化、民主管理规范化、民主监督制度化建设，充分发挥党组织的领导核心作用，扎实做好新一轮村级组织换届选举准备工作。深化完善村级民主决策“五步法”，充分发挥村务监督组织的作用，推进村务公开和民主管理“难点村”治理。加快建设集管理、服务、教育等多种功能于一体的村社区服务中心，进一步拓展村级组织活动场所的综合功能，培育发展农村社区服务性、公益性、互助性社会组织，不断深化“网格化管理、组团式服务”，创新农村管理新模式。强化乡镇政府社会管理和公共服务职能，建立健全综合服务平台和社区服务中心。加强专业化、职业化的农村社区工作者队伍建设。

7. **积极推进村级集体经济发展方式创新**。积极推动村经济合作社发展，激活集体闲置资产，搞活集体资产经营，促进集体资产保值增值。探索财政扶持农业龙头企业和专业合作组织发展与壮大村级集体经济的有效形式，通过让村级集体经济在财政扶持的农业龙头企业和专业合作组织中占有一定股份或固定分红等形式，促进村级集体经济发展。充分利用集体建设用地、村级留用地发展集体物业项目，增加集体收入。全面落实推进村级集体经济发展的财政、土地和金融等扶持政策。切实加强农村集体资产、资金、资源管理。积极推动村庄合并后集体资产的融合，采取股份合作制形式建立产权清晰、股权合理的集体资产管理新体制。

七、切实加强对“三农”工作的领导，优化“三农”发展环境

1. **完善农村工作领导体制机制**。进一步健全党委统一领导、党政齐抓共管、农村工作综合部门组织协调、有关部门各司其职的农村工作领导体制和工作机制，把重中之重的要求落实到领导分工、机构设置和干部配备上，不断提高农村工作领导水平。切实加大农村各项工作的推进力度和各项政策的落实力度，加强和改进对新农村建设的督查考核。巩固深入学习实践科学发展观活动成果，建立党员干部受教育、科学发展上水平、农民群众得实惠的长效机制。切实加强舆论宣传工作，进一步形成推动农村改革发展的浓厚氛围。

2. **继续加大对“三农”的投入力度**。按照总量持续增加、比例稳步提高的要求，不断加大对“三农”的投入，确保财政支出优先支持农业农村发展，预算内固定资产投资优先投向农业基础设施和农村民生工程，土地出让收益优先用于农业土地开发和农村基础设施建设。各级财政对农业的投入增长幅度都要高于财政经常性收入增长幅度。预算内固定资产投资要继续向重大农业农村建设项目倾斜。耕地占用税税率提高后，新增收入全部用于农业。加大“一事一议”筹资筹劳财政奖补政策实施力度。建立增加“三农”投入的监督检查机制，加强“三农”资金使用监管，确保已出台的各项投入政策落到实处。

3. **积极引导社会资源投向“三农”**。各级各部门都要主动服务“三农”，在制订规划、安排项目、增加资金时切实向农村倾斜。大中城市要发挥对农村的辐射带动作用，鼓励各种社会力量开展与乡村结对帮扶，参与农村产业发展和公共设施建设。鼓励企业通过公益性社会团体、县级以上政府及其部门或者设立专项的农村公益基金会，捐资建设农村公益事业项目。继续引导工商资本投入“三农”领域。推动人才反哺乡村，推进科技、教育、文化、医疗下乡，完善精神物质奖励、专业技术职务聘任制、定向免费培养等措施，引导更多城市教师、医生、科技人员等到农村服务。

4. **加强农村基层党的建设**。推动农村基层党组织工作创新，扩大基层党组织对农村新型组织的覆盖面，推广在农民专业合作社、专业协会、外出务工经商人员相对集中点建立党组织的做法。加强乡镇领导班子建设。选好配强村党组织领导班子，注重从转业退伍军人、务工回乡青年、致富能手、大学生“村官”等党员中选拔村党组织书记，不断提高农村党组织带头人队伍素质。探索党组织书记跨村任职制度，及时调整软弱涣散的农村基层党组织班子。进一步健全选派机制，更好地发挥农村工作指导员作用。推进从优秀村干部、优秀大学生“村官”中考录公务员，从优秀村干部中选任乡镇领导干部工作。健全农村基层组织运行经费、村主职干部基本报酬、党员干部培训资金保障机制。推进农村惩治和预防腐败体系建设，推广村党组织书记、村委会主任离任经济审计制度。

5. **确保农村社会稳定**。加强农村矛盾纠纷排查化解工作，创新发展“枫桥经验”，深入开展基层平安创建活动，加强农村社会治安综合治理，严厉打击黑恶势力和各类违法犯罪活动。加强农村消防工作。全面落实党的民族政策和宗教工作基本方针。加强农村法制教育，推进农村法律援助制度规范化建设。完善维护群众权益机制，做好信访工作，切实解决损害农民利益的突出问题。

第二十七章　国家技术创新工程浙江省试点方案

（浙政发〔2009〕81号）

为贯彻落实科学发展观和《国务院关于发挥科技支撑作用促进经济平稳较快发展的意见》（国发〔2009〕9号）精神，深入实施“创业富民、创新强省”总战略和《中共浙江省委关于深入学习实践科学发展观加快转变经济发展方式推进经济转型升级的决定》（浙委〔2008〕88号），以及浙江省自主创新能力提升行动计划，根据《国家技术创新工程总体实施方案》，结合浙江实际情况，制定本试点方案。

一、试点基础

改革开放以来，浙江经济持续稳定快速发展，人民生活水平不断提高，民营经济繁荣活跃，块状经济特征明显。2008年全省生产总值21487亿元，地方财政收入1933亿元，城镇居民人均可支配收入和农村居民人均纯收入分别为22727元和8263元，民营企业增加值占全省生产总值的72.5%，产值10亿元以上的块状经济占工业总产值的52%。随着浙江经济的快速发展，科技投入大幅增加，2008年全省科技投入600亿元，其中财政科技投入86.8亿元。这些为在浙江省开展国家技术创新工程试点工作提供了良好的经济基础。

省委、省政府高度重视科技创新工作，把自主创新作为浙江实现又好又快发展的核心战略，作为经济建设的首要任务，作为保增长、促转型的根本措施，建设创新型省份和科技强省在全社会达成共识。浙江省在全国率先推行并坚持完善党政领导科技进步目标责任制，实施八大创新工程和重大科技专项，加强各类创新载体和公共创新平台建设，落实创新政策，优化创新环境，取得了明显成效。新江省不断深化改革，激活创新要素，优化资源配置，提升创新绩效。推行技术要素参与分配，探索建立产学研结合的体制机制。实行政府科技管理职能的“五个转变”，加强了科技工作的宏观管理和综合协调。这些为浙江省开展国家技术创新工程试点工作提供了良好的工作基础。

近年来，浙江企业自主创新意识不断增强，创新需求日益旺盛，创新机制比较灵活，吸纳技术、转化成果和实现产业化的能力不断增强。据国家统计局2007年全国工业创新调查显示，浙江省59.2%的企业开展创新活动，企业的科技投入、科技人员、研发机构、科研项目、授权专利均占全社会的80%～90%，初步形成了以企业为主体、市场为导向、产学研结合的创新体系。这些为浙江省开展国家技术创新工程试点工作提供了良好的企业基础。

随着国内外经济环境深刻变化，市场竞争日趋激烈，资源环境约束日益加大，浙江省长期积累的结构性、素质性矛盾进一步暴露，浙江企业特别是广大中小企业的自主创新能力还比较低，公共科技创新服务还比较薄弱，以企业为主体、市场为导向、产学研相结合的技术创新体系有待进一步完善。这些问题都需要通过深入实施技术创新工程来加以解决。

二、指导思想、总体目标和实施原则

（一）指导思想

以科学发展观为指导，认真贯彻落实党的十七大精神，继续深化改革，扩大开放，深入实施

“创业富民、创新强省”总战略，以建设创新型省份和科技强省为战略目标，结合浙江省情和经济发展的特点，全面推进科技进步，切实增强自主创新能力和核心竞争力，充分发挥科技支撑发展、引领未来的重要作用，推进经济结构的战略性调整，加快发展方式转变，积极探索持续提高创新能力的途径，促进经济社会又好又快发展。

（二）总体目标

通过国家技术创新工程的实施，力争经过“十一五”后两年和“十二五”时期的努力，进一步确立企业的创新主体地位，引导创新要素向企业集聚，着力改善创新服务，大幅度提高企业创新能力，建立比较完善、以企业为主体、政府为主导、市场为导向、产学研紧密结合的区域创新体系，为经济转型升级，提高国际竞争力提供有力支撑。

到2015年，浙江省全社会科技投入、科技活动人员总量、发明专利申请量和授权量、新产品销售收入、高新技术产业产值等均比2009年翻番，位居全国前列，全社会科技投入1500亿元以上，R&D经费占GDP的比重2.2%以上；科技活动人员90万人以上，其中企业科技人员75万人，R&D人员40万人年以上；发明专利申请量和授权量分别达到26000件和6700件以上；规模以上工业企业新产品销售收入13000亿元以上，新产品销售收入占产品销售收入的比重达20%以上；高新技术产业产值19000亿元以上，其中高新技术产业产值9000亿元以上。

（三）实施原则

1. **企业主体，政府主导。**充分发挥市场机制在配置科技资源中的基础性作用，支持和引导创新要素向企业集聚，进一步确立企业的主体地位。充分发挥政府在实施创新工程试点工作中的主导作用，深化改革，勇于创新，进一步发挥公共科技资源的引导作用，建立和完善产学研结合的体制机制，激发企业自主创新的内在动力。

2. **创新管理，协同推进。**科技部门牵头抓总，有关部门协同配合，合力推进试点工作。充分发挥市、县（市、区）的积极性，省、市、县（市、区）联动推进试点工作。综合集成创新资源，提高企业自主创新能力。

3. **立足当前，着眼长远。**坚持科技与经济紧密结合，既支撑当前发展，又引领未来方向，统筹安排试点工作，进一步动员各方面的力量帮助企业提高自主创新能力，应对危机，为经济长远发展奠定坚实的基础。

三、试点内容

（一）开展一批创新型企业试点示范工作，着力培育具有较强自主创新能力、拥有知名品牌的行业龙头骨干企业。到2015年，培育行业龙头骨干企业200家以上，建设县级以上创新型企业5000家以上，其中省级创新型企业500家以上，国家级创新型企业50家以上，带动广大中小企业开展自主创新。

加强创新型企业试点示范工作的系统规划和分类指导，明确工作目标和建设进度，制定和完善创新型企业的评价指标，认真做好评价、验收和巩固提高工作。深入探索建立有利于自主创新的企业体制机制和创新文化。鼓励和支持企业不断加大科技投入，大力培养和引进创新人才，联合高校和科研院所共建研发机构和实验室，组织实施研究开发、成果转化和产业化项目，积极承担各级科技计划项目，开发和实施专利，特别是重大发明专利，形成一批核心自主知识产权和技术标准，打造国际知名自主品牌。

（二）建设一批公共科技创新平台，建立创新服务专家组和首席专家制度，促进传统块状经济向现代产业集群转变。加快科研院所、重点实验室等“6个一批”创新载体和三类重大创新平台建设,进一步办好现有33个基础、行业和区域创新平台,提升平台服务功能,强化对区域经济发展的支撑,促进区域块状经济向现代产业集群转变。到2015年,建立和完善大型企业研究院150家以上,省级企业研发中心、技术中心2500家以上,规模以上企业建立研发机构的比例达到15%以上,建设重点实验室、试验基地150家以上,区域科技服务中心120家以上,省级以上孵化器100家以上,重点科技中介机构100家以上,扶持培育重点科研院所40家以上,建设科技基础平台10个以上,行业创新平台和区域创新服务平台50个以上。

积极探索建立和完善平台建设与发展的机制体制,跨单位整合科技资源,强化公共服务,促进科技资挥的集聚、优化和开放共享。加快国家和省级工程(技术)研究中心、国家和省级企业技术中心、省级高新技术企业研发中心、企业研究院所等一批重点企业研发机构建设,使其成为引领浙江省企业技术创新的重要基地。依托高校、科研院所和大中型企业,共建一批“开放、流动、协作、共享”的国家和省部级重点实验室、试验基地。大力培育和引进一批自主创新能力位居国内领先、国际先进水平的重点科研院所。加快一批重点科技企业孵化器建设,完善配套服务,强化服务功能,扩大孵化规模。加快一批重点区域科技创新服务中心(生产力促进中心)建设,强化服务功能,提高服务水平,创新服务机制。大力发展和规范技术评估、技术咨询、技术服务、技术转移、专利代理、科技信息等各类科技中介组织,使之成为技术市场发展的服务平台和科技成果转化的桥梁。

结合21个省级块状经济向现代产业集群转型升级示范区的建设,为每个区块建立一支产学研结合,科技、管理等各方面专家组成的专家服务组,并实行首席专家制度,协助当地制定产业规划,帮助、指导企业联合省内外高校、科研院所引进培养人才,开展关键共性技术攻关、科技成果转化、推广应用、技术咨询等服务。

(三)构建一批产业技术创新战略联盟,支撑重点高新技术产业发展和传统支柱产业改造提升。围绕浙江省高新技术产业发展和11个重点支柱产生转型升级的需要,鼓励和支持以企业为主体,市场为导向,联合高等院校,以股份制、理事会、会员制等多种形式,建立利益共享、风险共担的产业技术创新战略联盟,推进创新链上下游的对接和整合。到2015年,在纺织、轻工、装备制造、汽车、船舶、医药、建材、有色金属、石化、钢铁等传统产业和电子信息、新能源等高新技术产业中建设50个左右的技术创新战略联盟,并在其中选择符合条件的争取列为国家产业技术创新战略联盟。

探索支持、促进联盟发展的各种有效措施和方式,推动联盟建立和完善联合攻关与成果共享、扩散机制,形成和完善产业技术创新链。通过各类科技计划,委托联盟组织实施国家和省级重大科技项目,提高产业技术创新能力和国际竞争力。把产业技术制新战略联盟与公共创新平台建设有机结合起来,加快先进技术向中小企业的辐射和转移。

(四)引进一批大院名校大企业共建创新载体,集聚国内外优质创新资源。围绕全省经济社会发展和产业结构优化升级的需要,在充分发挥浙江大学等省内高校院所作用的同时,进一步加强国内外科技合作,大力引进国内外科研院所、高等院校、大企业,联合共建科技创新载体,集聚国内外优质创新资源。到2015年,引进共建各类科技创新载体300家以上,其中具有较大规模的高水平重点创新载体50家以上。集中力量、规划建设集聚国内外优质创新资源的省科研机构创新基地(科技城)。

加强与中国科学皖、中国工程院、著名高校和国防科技系统的全面合作。从今年开始与中科院联合实施“432”工程,即每年推广转化400项以上科技成果,互派300名人员挂职，实现新增产值200亿元以上。进一步鼓励支持浙江民营企业与国防科技系统的紧密合作，支持企业参与军工产品的研制、生产和军民两用技术成果的转化、产业化。鼓励和支持有条件的企业通过各种方式到海外设立、兼并和收购研发机构，加强技术引进、消化、吸收再创新。

（五）建设一批特色产业基地，加快高新技术开发区（园区）的发展，加速构筑现代产业体系。统筹规划全省高新技术产业开发区、园区和特色产业基地发展，加快布局调整，促进扩容提升。把杭州、宁波两个国家级高新区建设成为全国一流的国家级创新型高新开发区，加快绍兴、嘉兴、湖州等条件较好的省级高新区的建设，提升发展水平。

对省级高新技术产业园区和特色产业基地进行整合提升，拓展园区和基地的发展空间，同时推动现有经济技术开发区和工业园区向高新技术产业园区转型升级，使高新技术产业园区、基地成为技术创新和高新技术产业发展的集聚区、示范区，充分发挥其带动、辐射作用。

（六）实施一批以创新型企业、行业龙头骨干企业为主体的重大科技专项，提高企业核心竞争力。组织企业联合高校、院所积极参与国家"863"、"973"等重大专项、支撑计划。进一步凝练主题，突出重点，加快组织实施可再生能源利用、高效节能、重大机电装备、汽车及关键零部件设计制造、绿色化工、现代纺织和服装加工与装备、软件与集成电路设计、网络与通讯技术及装备、生物医药技术、农业新品种选育、农产品精深加工、水污染防治与水资源综合利用等省重大科技专项，着力突破重点产业发展的重大关键共性技术，提高企业国际竞争力。同时，继续加大中小企业技术创新基金支持力度，提高量大面广中小企业的技术创新能力。

（七）推广一批重要科技成果和共性技术，促进企业转型升级。依托各类创新平台和产学研联盟，优选一批对浙江省产业转型升级有重要影响，近期能形成新增长点的重要科技成果和共性技术，加大转化和推广力度，力争形成新的发展优势，赢得新的发展先机。组织实施节能技术、减排技术、光伏技术、制造业信息化、服务业数字化、新材料、重大工程配套装备、民生科技、新农村建设、现代农业生产技术等十大科技成果转化推广工程，充分发挥科技成果的示范和推广效应，提高广大中小企业的技术创新水平。发挥创新型企业和产学研技术创新战略联盟在技术推广转化中的重要作用。

（八）造就一批企业创新人才，提高企业自主创新能力。结合国家"千人计划"和浙江省"百千万科技创新人才工程"、"海外高层次人才引进计划"的实施，重点引进一批直接面向企业，掌握核心关键技术的海外高层次人才，培养一批一流的创新领军人才、一批研究开发骨干，形成梯队合作的强大创新团队。实施浙江省企业家人才创业创新能力素质提升行动计划，在实践中培育和造就一批善经营、会管理、勇于开拓、敢于创新的企业家。培育和造就一批企业技术研发骨干。培育和造就一支具有创新意识，知识型、技术型的高素质企业职工队伍。推动高校和有条件的科研院所根据企业对技术制创新人才的需求，调整教学计划和人才培养模式，鼓励企业与高校、院所联合培养人才。到2015年，培育300个以上产学研相结合的省重点技术创新团队，引进海外高层次人才1000人。

四、保障措施

（一）统筹集成相关科技计划资源，发挥财政科技投入的引导作用。按照环境、人才、平台、项目"四位一体"的要求，调整财政科技经费支出结构，引导创新资源向企业集聚，保证创新工程重点任务的实施。建立和完善以企业技术创新需求为导向的科技计划立项机制，积极探索发挥企业主体作用、产学研结合开展重大技术创新活动的有效方式和项目组织管理方式。

发挥各部门各类科技计划对企业创新的支撑作用，对以企业为主体，产学研结合建设的企业研发中心、重点实验室、试验基地、创新平台、创新团队、中介机构及实施的重大、重点项目等优先予以重点支持。以技术和产品开发为主要目的的科技项目原则上以企业为主实施，高校和科研院所配合企业进行技术和产品开发。加大成果转化资金的投入力度，强化技术和成果转移的审核机制。从2009年起到2015年，力争省、市、县(市、区)三级财政累计科技投入750亿元以上，引导全社会科技投入6000亿元以上。

(二) 全面落实自主创新政策，激励企业自主创新。进一步落实企业研发经费150%抵扣应纳税所得额、高新技术企业减按15%的税率缴纳所得税、政府采用自主创新产品、创业投资企业和科技企业孵化器税收优惠等政策，引导、支持和鼓励企业增加研发投入，降低企业创新的成本和风险；创新型示范、试点企业必须按规定切实增加研发投入，企业研发投入占销售收入的比例达到5%以上。

(三) 加强科技金融合作，完善科技投融资体系。发挥财政科技资金的杠杆和增信作用，探索建立金融科技贷款的风险补偿机制，鼓励银行积极发放科技开发贷款，支持有条件的市、县(市、区)设立商业银行科技分支机构或业务部门。通过贷款贴息、担保、风险补偿等手段，鼓励企业利用银行贷款加大科技投入，积极推行知识产权质押贷款和科技保险，推动科技担保体系的建设。支持创新型示范、试点企业上市或进入浙江省未上市公司股份转让平台，拓宽融资渠道。大力发展科技创业投资，设立省创业投资引导基金，今年首期投入5亿元，鼓励支持有条件的市(县)设立创业投资引导基金，鼓励担保公司开展面向科技型企业的担保业务。创新财政资金扶持方式，引导和鼓励社会资金参与、支持试点工作，各类金融机构加强对实施技术创新工程的支持，每年科技金融贷款余额增长的幅度要高于银行贷款余额增长的幅度。

(四) 深化体制改革，加强产学研合作。深化高校和科研院所改革，建立和完善高校、院所的分类考核、多元评价制度，形成正确的导向，引导和鼓励科技人员面向市场、服务企业，积极参与试点工作。促进科技资源共享，引导和鼓励高校、院所的科研基础设施、大型仪器设备、科学数据、科技文献等向企业开放，为企业提供检测、测试、标准等服务，将开放工作纳入工作计划，作为绩效考核的重要指标。鼓励高校、院所与企业开展人才交流，企业科技人员可以访问学者的身份参与高校、院所的教学、科研工作。鼓励和支持高校、院所建立专门的技术转移机构，向企业转移技术成果。鼓励高校、院所与企业合作开展技术创新，科技人员承担企业委托的横向项目与政府计划的纵向项目在业绩考核中一视同仁。深化技术要素参与股权与收益分配，鼓励专利、商标等知识产权出资，探索推行期权期股。鼓励以企业为主体，联合高校、院所，以股份制、理事会等多种形式建立利益共享、风险共担的产学研利益共同体。省科学技术奖向企业重大科技成果倾斜，同时增设科技成果转化奖，强化对企业自主创新的激励。引导企业建立和完善激励技术创新的业绩考核与分配制度。

(五) 加强知识产权保护，全面提高知识产权创造、运用和管理的水平。深入实施知识产权战略。加快创造一批具有跨越发展优势的核心自主知识产权群，积极培育知识产权优势企业，不断提高自主知识产权与密集型商品的比重和出口比例。建立知识产权预警机制，合理规避境外企业的知识产权诉讼。积极推进专利技术标准化。加强知识产权行政执法队伍建设。完善知识产权侵权防范机制，加大对知识产权违法犯罪行为的打击力度。建立知识产权海外维权援助机制。建立重大产业政策制定、重大技术与装备引进的知识产权特别审查制度，形成科技创新的知识产权导向。

（六）加强组织领导，确保试点工作顺利推进。建立由省政府领导担任组长的省试点工作领导小组，加强对试点工作的组织领导和综合协调，省科技、组织、财政、发改、经信、教育、人力社保等部门根据试点内容，结合各自的职能，抓好有关工作的落实，部门合力推进试点工作。强化部省会商制度，将有关试点工作纳入部省会商内容，并选择若干有条件的市作为省技术创新工程的试点市，在科技部的直接指导和支持下开展试点工作。建立部门协调制度，完善厅市会商制度，省、市、县（市、区）集成联动推进试点工作。实施考核评价制度，将国家技术创新工程试点工作有关内容、组织实施情况纳入科技进步统计检测和市县党政领导科技进步目标责任制考核，作为科技强县（市、区）建设的评价、考核重点，确保试点任务圆满完成。